KB143989

역(易)의 문을 여는 자가 세상을 주도한다

주역
인생전략

변화를 읽고 선도하는 주역 경영법

서동석 지음

일러두기

이 책은 주로 공자가 정리한 십익(十翼), 즉 단전(彖傳) 2편, 상전(象傳) 2편, 계사전(繫辭傳) 2편, 문언전(文言傳), 서괘전(序卦傳), 설괘전(說卦傳), 잡괘전(雜卦傳) 각 1편 총 10편(十篇)을 중심으로 주역을 현대적으로 해석하고 있다. 여기에 성인(聖人)들의 말씀, 역사적 사실, 현대과학의 근거 등으로 보충하고 있다. 일반적인 인용은 이름이나 작품명만 밝혔다.

변혁의 시대에 역(易)의 의미

주역은 우리에게는 점서(占書)로 유명하다. 과거에는 나라의 중대사는 물론이고, 개인의 길흉화복도 주역점을 통해 미래를 예측했다. 지금도 이런 심리는 여전하다. 그러나 주역을 점서로만 활용하는 것은 너무 소극적인 방법이다. 무엇보다 잘못 활용될 경우 너무 위험하고, 변화와 관계로 인연을 맺고 나아가는 대자연의 인과율에 맞지 않다.

고대에는 일반 사람들이 아직 미개했기 때문에, 달리 그들을 통솔할 방법이 없었다. 따라서 점을 통해 미래를 예측하고 통치에 활용하는 것이 효율적이었다. 주역도 그런 관점에서 통치의 수단이었고, 제왕과 일부 계층만 활용할 수 있던 학문이었다.

반면 주역을 의리역으로 푸는 것도 일반인들에게는 너무 어려운 일이었다. 고도의 암호풀이 같은 주역은 성리학자들의 현학적인 놀이가 되기 십상이었다. 머릿속으로만 이상세계를 그리는 경향이 많았다. 점서로서의 주역이 너무 무속적이라면, 의리역은 삶의 현실과 너무 동떨어져 있었다.

이제 세상은 모든 것이 융합되고 있다. 주역도 새롭게 융합될 필요성이 있다. 본서는 의리역이나 점서의 한계를 극복하려는 시도를 담고 있다. 그 점에서 점서와 의리역을 통합하고 모든 사상을 융회관통하는 관점에서 논의하고 있다. 주로 공자가 정리한 십익(十翼)을 중심으로 주역을 해석하고 있지만, 공자 이외의 성인(聖人)들의 말씀 등으로 보충하고 있다. 특히 과학적이고 상식적으로 이해될 수 있도록 현대적 해석을 덧붙였다. 현시대의 변화에 맞게 주역을 새롭게 해석하는 것은 역(易)의 순리를 따르는 것이라고 할 수 있다.

주역을 새롭게 해석해야 하는 이유는 무엇보다 시대가 변했기 때문이다. 과거 봉건주의 시대는 태어날 때부터 운명이 어느 정도 결정되었다. 그러나 지금 민주주의 시대에는 운명을 변화시킬 수 있는 가능성이 열려 있는 시대라고 할 수 있다.

특히 앞으로 미래사회는 그 가능성이 더욱 확대될 것이다. 한마디로 인간의 운명을 한정할 수 없는 시대를 맞이하고 있다. 모든 사람들에게 무한한 가능성이 열려 있다. 그런 의미에서 주역도 새롭게 활용될 필요가 있다.

보다 적극적이고 합리적으로 주역을 활용하는 방법은 역의 원리를 통찰하고 체득해서, 일상의 삶속에서 도리에 맞게 사는 일이다. 주역의 근본 취지는 우주의 변화원리를 인생의 변화원리로 풀어낸 것이다. 물리의 법칙을 인문적으로 해석한 것이기 때문에, 주역 속에서 우리는 과학적인 삶의 법칙을 터득할 수 있다. 또한 인문학적 관점에서 인간의 상상력과 의식수준을 높이고, 세상을 통찰하는 힘을 기를 수 있다. 세상과 삶의 변화이치에 통달한 사람은 따로 점을 칠 필요가 없다.

역경(易經)에 대한 학자들 간의 평가는 다양하다. 지금까지 알려진 것을 종합하면, 역경은 8천여 년 전 상고시대 복희씨가 만든 팔괘에서 비롯되었다. 현재 첨단 디지털 체계인 이진법의 원형인 음양체계를 그 당시에 이미 만들어 사용했다는 것은 경이로운 일이다. 동양의 3대 정신인 유불도 중에서 유교와 도교가 역경에서 시작됐을 만큼 역경의 통찰력은 깊고 심원하다.

역경에는 세 가지가 있다. 간괘(艮卦)를 앞에 둔 연산역(連山易), 곤괘(坤卦)를 중심으로 한 귀장역(歸藏易), 그리고 현재 우리가 사용하는 주역(周易)이다. 주역은 3천여 년 전 주(周)나라 문왕(文王)이 당시의 단사(彖辭)를 한데 묶어 정리하고 수정 보완한 것으로 보인다. 여기에 그의 아들 주공(周公)이 효사에 해석을 붙여 상사(象辭)를 짓고, 최종적으로 공자가 정리하여 단전(彖傳)과 상전(象傳)을 만들었다고 한다.

그러나 이에 대한 많은 이설이 존재한다. 사실상 공자가 이 모든 것을 정리했으므로, 주역은 공자의 편저라 해도 무방할 것이다. 그러나 주역은 시대에 따라, 보는 관점에 따라 보완과 첨삭이 이루어졌다. 따라서 상고시대의 역경과 지금의 주역은 상당히 다를 수 있다. 같은 맥락에서, 공자 시대의 주역과 현재의 주역이 완전히 같다고 볼 수도 없다.

주역은 주문왕이 유리(羑里)의 감옥에서 정리한 것으로 알려져 있다. 감옥에서 탈출한 주문왕은 이후 강태공(姜太公)과 함께 상(商)나라를 뒤엎고 주나라를 건국했다. 그 과정에서 정권의 정당성을 역경을 통해 확보했을 가능성을 배제할 수 없다. 새로운 정권은 이전의 정권과 다른 정통성을 확보하고자 하는 법이기 때문이다.

이처럼 모든 경전이 시대마다 새롭게 해석되고 번역되면서 본래의 뜻과 달라졌듯이, 역경도 그런 과정을 거쳐 현재의 주역이 됐기 때문에, 진실이 왜곡될 가능성을 배제할 수 없다.

그럼에도 불구하고 주역이 우리에게 큰 영향을 미친 것은 공자의 영향이

지대하다. 공자는 죽간(竹簡)으로 묶은 주역을 닳도록 참구해서 도(道)를 얻은 것으로 유명하다. 공자는 주역에 가려진 역경의 본뜻을 파악하고 도를 깨칠 수 있었다. 공자가 주역을 보다 쉽게 이해할 수 있도록 정리한 열권의 해설서, 즉 십익(十翼)은 지금도 주역해설의 기준이 되고 있다.

비록 우리가 보는 주역이 본래의 역경과 거리가 있더라도, 우리도 공자처럼 주역을 통해 역경의 진리로 돌아갈 수 있다. 주역의 핵심은 중도, 중용, 또는 황금률이라고 부를 수 있다. 이 도리는 도를 깨친 모든 성인들이 공통적으로 한 말씀이기도 하다. 우리는 성인의 말씀들을 기준으로 삼아서 주역의 본뜻을 조금이라도 엿볼 수 있다. 이런 점을 감안해서 주역을 본다면, 변화를 읽고 이끌어가는 역동적인 역(易)의 지혜를 얻을 수 있다.

주역은 8개의 기본 괘(卦)가 만들어내는 64괘의 변화유형을 담고 있다. 그리고 하나의 괘에 6개의 효사(爻辭)가 있으므로, 총 384개 효(爻)의 세부 변화와 그에 따른 행동지침이나 경책이 있다. 본서는 주역에 대한 점서적, 예시적 해석과 의리역의 현학적 해석 중에서 공통적이거나 핵심적인 요소를 취하고, 더불어 시간(天)과 공간(地)과 인간(人)의 3대 요소 간의 역학(力學) 관계가 만들어내는 세상사에 관해 말해보고자 한다. 무엇보다 우주와 인생의 이치를 쉽게 풀어서, 변화의 위기 시에, 위기를 오히려 기회로 전환시키는 지혜에 초점을 두고 있다.

세상에는 두 가지 종류의 진리가 있다. 하나는 불변의 진리이고, 다른 하나는 변화의 진리다. 불변의 진리는 우주가 형상화되기 이전의 변화하지 않는 진리 자체를 말한다. 변화의 진리는 우주가 생성된 이후 팽창, 진화되는 과정의 변화이치를 말한다. 변화의 근본은 변화가 없지만, 변화의 현상은 무궁하다. 마치 태풍의 눈은 고요하고 변화가 없지만, 중심의 눈을 벗어난 밖은 엄청난 변화의 소용돌이에 있는 것과 같다.

우리는 종종 본질과 현상을 혼동할 때가 많다. 세상을 성공적으로 살기 위해서는 변하지 않는 본원의 진리를 마음속 중심에 두고, 끝없이 변하는 현상의 진리에 입각해 살아야 한다. 본원의 진리만 추구한다면, 인생이 공허하고 자칫 지나친 신비주의에 빠져, 허깨비와 같은 삶을 살기 쉽다. 반대로 현상의 진리만 추구하면, 중심을 잃고 물질주의에 빠져, 인생을 탕진하기 쉽다. 최상은 중심을 바로 잡고, 인생의 무대에서 어떤 상황에서도 자유롭게 조율할 수 있는 삶이다.

이 책은 운명으로부터 자유롭고 싶은 필자의 오랜 소망에서 비롯된 것이지만, 아마도 이 소망은 모든 사람들의 공통적인 희망사항일 것이다. 인공지능이 지배하는 21세기는 단순히 종교적 믿음만으로 세상을 살 수는 없다. 인간의 의식수준이 낮을 때는, 종교가 무지한 사람들을 안내하는 좋은 수단이 됐다.

그러나 인간의 의식이 깨어나는 본격적인 인공지능시대에는 종교, 과학, 그리고 철학이 통합되는 시대다. 앞으로 모든 종교적 가르침은 철학적으로 이해되고, 과학적으로 실증될 때, 사람들에게 받아들여질 것이다. 그런 측면에서 주역은 종교와 과학과 철학이 가장 잘 융합된 사유체계다.

이제 인간은 자신의 운명을 스스로 주재하는 주인공이 되는 시대에 접어들었다. 운명의 주재자가 되는 첩경은 우주의 이치를 우리가 몸소 깨닫고 실천하는 일뿐이다. 모든 성인들이 공통적으로 희망한 말씀도, 우리 각자가 스스로 우주의 중심이 되어, 진리의 길을 가도록 하는 가르침이다.

주역은 우주의 변화원리를 기호체계로 만들고, 그것을 다시 인문체계로 해설한 것이다. 인간은 소우주로서, 대자연의 변화원리가 인간의 몸과 마음 그리고 삶에도 그대로 투영된다. 물리의 변화현상을 이해한다는 것은 곧 인간에 대한 이해이기도 하다.

물리의 현상은 인간 심리에도 동일하게 영향을 미친다. 주역은 인간 심리에 대한 심원한 통찰을 보여준다. 변화의 단계 마다, 각 단계에 해당하는 사람들의 심리가 여실하게 투영되어 있다. 이 점에서, 주역은 인간 심리학이라고 할 수 있다. 인간의 심리를 제대로 파악한다면, 정치, 경제, 문화 등 모든 영역에서 성공을 거둘 수 있다. 따라서 주역은 인간교육서로뿐만 아니라 최고의 경영전략서로 활용할 수 있다.

자신의 삶을 성찰하는 수단으로 이 책을 활용한다면, 정신성장에 도움이 될 것이다. 주역의 지혜를 통해서 정신을 극도로 고양시키면, 본원의 이치와 현상의 이치를 모두 통달할 수 있다. 이 책은 나(필자) 자신부터 진리의 길을 가기 위한 준비 작업이다. 더불어 독자들도 진리의 길에 동행하길 기대하는 마음으로 시작한 일의 결과물이다.

우리 사회를 비롯해 전 세계가 혼란스럽다. 새로운 변화가 세상을 휩쓸고 있기 때문이다. 이 시대는 변화의 원리를 담은 주역이 꼭 필요한 세상이 되었다. 특히 이 사회를 이끌어가고 있는 지도자나 지도자를 꿈꾸는 사람들은 평생 옆에 두고 반드시 참고해야 할 책이다. 현 시대의 난국을 풀기 위해서는 정치, 경제, 문화, 종교 등 모든 영역의 지도자들이 새롭게 태어나야 한다.

새롭게 태어나기 위해서는 무엇보다 인간으로서 각성이 필요하다. 이 책은 그런 목적으로 기획되었다. 주역을 인간교육에 활용해서 각계의 지도자들과 앞으로 지도자를 꿈꾸는 사람들을 일깨운다면, 우리 사회가 크게 밝아질 것이다.

지금은 문명의 전환기다. 미래 학자의 예상에 따르면, 2045년경에 문명의 특이점 시대가 온다고 한다. 새로운 문명의 변화 속에서 살아남기 위해서는 변화에 휩쓸리지 말고, 그것을 역이용해서 새로운 삶의 변화를 이끌어내야 한다. 대변혁의 시대에 주인공이 되기 위해서는 역(易)의 도리를 알아야 한다. 그래야 변화의 주체가 되는 원리와 방법을 알 수 있다.

언택트 시대에 변화의 주인공이 되기 위해서는 무엇보다 인간의 의식이 한 단계 도약해야 한다. 그런 의미에서, 앞으로는 삶의 수행이 필요한 시대다. 이 점에서, 주역은 최고의 수행서(修行書)이기도 하다. 나는 개인적으로 수행을 연구하면서, 이 시대에는 수행이 가장 실질적인 교육이자, 경제적인 사업이 될 수 있다는 사실을 깨달았다.

나는 그동안 동서양 종교의 공통핵심인 중도의 이치를 건강, 인생학, 종교사상 등으로 정리했고, 그 이치를 교육에 적용한 균형조율프로그램(BMP)으로 만든 바 있다. 이제 수행을 교육시스템으로 만드는 마지막 준비 작업으로, 주역을 인간교육을 위한 인생역학으로 만들었다.

세상을 경영하고 싶은 사람은 예전부터 주역을 옆에 두고 틈틈이 읽고 음미했다. 지금도 그렇게 할 필요성이 있다. 현재 사회지도자들 대부분이 미숙한 것은 인생과 세상의 변화원리를 잘 모르기 때문이다. 순행과 역행의 이치와 방법을 모르면, 세상의 모순과 갈등을 조율할 수 없다.

사회지도층이 아니더라도 모든 사람은 최소한 자신의 인생에서는 주인공이다. 그러므로 인생을 성공적으로 살기 위해서라도, 주역은 꼭 읽어야 한다. 주역은 각자의 입장에서 세상의 난제를 풀어가는 다양한 해결책을 제시하고 있기 때문이다.

그러나 주역은 이해하기 힘든 책이다. 이 책은 역(易)을 처음 접하는 사람들도 이해하기 쉽게 인간교육이라는 측면에서 설명하고 있다. 또한 꼭 필요한 경우가 아니면, 난해한 어원풀이나 해설상의 논쟁점들은 가급적 배제했다. 자세한 어원풀이 등은 다른 책에서 할 예정이다. 이 책에서는 해석과 설명을 가능한 지금 삶의 관점에서 이해하기 쉽게 했다.

그럼에도 불구하고 주역을 처음 접하는 사람들은 어려울 것이다. 어렵다고 포기하지 말고, 시간 날 때 마다 반복해서 읽다 보면, 이해가 조금씩 가기 시작할 것이다. 독서백편의자현(讀書百編義自見)이란 옛날식 독서법이 주역을 이해하는 데는 아직도 유효하다. 한편 이 책에서는 상수(象數)를 다루고 있진 않지만, 상수에 능통해서 주역을 점괘로 보는 사람들에게도, 새로운 삶의 지혜를 선사할 것이다.

마지막으로 이 책이 세상에 나올 수 있게 된 것은 진리를 구현한 성인들의 말씀과 더불어 많은 선생님들의 가르침과 배려 덕분이다. 진리를 알아가는 것은 세상의 비밀을 훔치는 것과 같다. 필자도 성현들의 가르침을 훔쳐서 이 책을 썼다. 다행히 그 분들은 지적 재산권을 요구하지 않았다. 진리는 누구의 소유가 아니기 때문이다.

모든 인연들께 감사드린다. 이 책에 부족한 것이 있다면 제현(諸賢)의 지도를 기대하며, 앞으로 계속 개선해나가도록 노력하겠다.

2021년 1월 1일 새해 벽두에
북한산 기슭에서
서동석

I

역의 기본 개념들

역(易)은 자연의 물리현상을 기호로 만들고, 그것을 인간세상의 변화 이치에 적용한 것이다. 그런 의미에서, 역은 인류역사상 최초의 기호학이라고 할 수 있다. 음(陰)과 양(陽)을 각각 --와 —으로 표시하고, 음효(陰爻)와 양효(陽爻)의 조합으로 세상의 변화 이치를 표현하고 있다.

　참고로 주역에 대한 지식이 많은 사람은 이 장(章)을 건너뛰고, 주역 본론으로 바로 들어가도 된다. 여기서는 초보자를 위해 가장 기본적인 개념들을 소개하고 있다. 이 부분을 자세히 설명하자면, 별도의 책이 필요하다. 보다 자세한 것은 해당 분야의 다양한 책들을 참고하기 바란다.

음(陰)과 양(陽)

　　역은 기본적으로 음양(陰陽)으로 구성되어 있다는 것을 반드시 기억할 필요가 있다. 공자는《계사전(繫辭傳)》에서 "음양이 번갈아 도는 것을 도라 한다(一陰一陽之謂道)."라고 정의한 바 있다. 양은 하늘을 대표하고, 음은 땅을 대표한다. 하늘의 양기(陽氣)와 땅의 음기(陰氣)가 만나 천지만물을 생성하고 있다.

　　음은 물질과 수렴을 대표하고, 양은 정신과 발산을 대표한다. 그러나 물질과 정신, 수렴과 발산이 서로 갈마드는 과정에서, 상황에 따라 다양한 변화와 그에 따른 해석이 가능하다.

　　음은 정지, 후퇴, 휴식 등 정적(靜的)인 생명활동을 의미한다. 반대로 양은 움직임, 전진, 활동 등 동적(動的)인 활동을 상징한다. 한편 음은 여자, 소인, 악(惡), 어둠, 무지, 무명 등 부정적인 의미와 더불어 온순, 부드러움, 순종, 너그러움, 덕(德) 등 포용하는 이미지를 담고 있다. 그리고 양은 남자, 군자, 선(善), 밝음, 지혜, 광명 등의 긍정적 의미와 더불어 강경함, 굳셈, 대립, 투쟁, 결단 등 전투적인 이미지를 내포하고 있다.

　　이러한 구분은 상대적인 해석일 뿐이다. 시대가 바뀌었으므로 현대적으로 재해석할 부분이 많다. 여자라도 남자의 역할을 한다면, 양이 된다. 시간과 장소의 변화에 따라, 역할은 달라진다. 관계의 변화에 따라, 음양이 바뀔 수 있는 것이다. 또한 모든 사물엔 음양이 공존하고 있다. 양 속에 음이 있고, 음 속에 양이 있다.

양의 속성을 가장 잘 담고 있는 괘는 중천건(重天乾, ☰)이고, 음의 속성을 가장 잘 표현하는 괘는 중지곤(重地坤, ☷)이다. 만물은 하늘과 땅으로부터 시작된다. 그래서 공자는《계사전》에서 다음과 같이 말했다.

건은 큰 시작을 주관하고, 곤은 만물을 이룬다(乾知大始, 坤作成物).《계사전》

건은 형이상학적 본체이고, 곤은 형이하학적 실체라고 할 수 있다. 건의 정신과 곤의 물질이 결합을 해서 현상계가 형성되었다. 따라서 모든 사물 속에는 건곤의 작용이 내재해 있다. 역은 이러한 이치를 그대로 적용하고 있다. 이 두 효가 분화되고 서로 새롭게 짝을 이루면서 64괘가 만들어졌다. 그러므로 모든 괘는 음과 양의 자식이라고 할 수 있다. 음과 양의 구체적인 해석은 괘의 전체적인 구성과 각 효의 함수관계에 의해 결정된다.

이것은 물리현상으로 설명할 수 있다. 마치 2진법으로 모든 현상을 표현하는 것처럼, 음양의 형성방식에 따라 물리의 구체적 구성이 달라진다. 각 물리적 요소들이 조화롭게 구성된 것도 있을 수 있고, 조화롭지 못한 것도 있다. 그리고 조화로운 것 중에서도 부조화가 있고, 부조화 속에서도 조화를 추구하는 요소가 있다. 이런 물리현상은 인간사회에서도 동일하게 적용된다. 또한 마음의 변화에도 동일한 역리(易理)가 적용된다.

괘사, 단사, 상사, 효사

괘사(卦辭)는 64괘 각각의 뜻을 간단하게 요약한 정의(定義)라고 보면 된다. 단사(彖辭)는 괘사를 풀어서 괘의 전체 의미를 설명하는 문구다. 상사(象辭)에는 두 가지가 있다. 전체 괘상(卦象)에 대한 상사와 각 효(爻)에 대한 상사가 있다. 효사(爻辭)는 각 효에 붙여진 정의다.

중요한 것은 단사와 효사다. 《계사전》에서 공자가 단(彖)과 효(爻)에 대해 내린 정의를 참고해보자.

> 단이란 것은 괘의 모양을 말하는 것이다. 효라는 것은 변화를 말하는 것이다(彖者, 言乎象者也, 爻者, 言乎變者也).《계사전》

괘는 하나의 커다란 상황을 의미한다. 괘사는 괘상(卦象)의 전체 의미를 확정적으로 판단한다는 의미에서 단사(彖辭)라고도 한다. 단사와 괘사는 사실상 같은 것이라고 봐도 무방하다. 효는 음양이 교류한다는 뜻으로, 변화의 단계를 담고 있다. 따라서 괘사는 전체 상황을 관통하는 핵심을 설명하고, 효사는 각 단계의 변화를 설명하고 있다. 하나의 괘에는 6단계의 변화에 대한 효사가 있다.

한 가지 주의할 점은 한 괘의 전체 뜻을 담고 있는 괘사, 단사, 상사와, 세부 변화를 표현하는 효사와 상사는 그 의미가 전혀 다를 수 있다는 사실이다. 괘의 전체 의미는 좋은데, 각 효의 의미는 사뭇 다르다. 그것은 전체와 부분의 관계와 같다.

예를 들어, 한 사회가 아무리 편안하고 부유해도 어느 부분에서는 불편하고 가난한 부분이 있다. 어찌 보면 사회의 어두운 측면이 있기 때문에, 그 반면교사로서 밝은 쪽이 있다고 말할 수 있다. 어둠과 밝음, 선과 악 등 양극적 요소들이 갈등하고 대립하고 서로 견제하면서, 한 몸이 되고 다시 흩어지는 과정을 반복하는 것이 역의 흐름이다.

분열과 통일이 반복되면서 역은 끝없이 변화하고 있다. 그래서 공자는 《계사전》에서 역에 대해 "낳고 낳음을 역이라 한다(生生之謂易)."고 말했다. 중천건(重天乾, ䷀), 중지곤(重地坤, ䷁)으로 시작된 역이 수화기제(水火旣濟, ䷾)로 완성되지만, 곧 바로 화수미제(火水未濟, ䷿)로 다시 시작된다. 천부경(天符經)에서, 일시무시(一始無始)이자 일종무종일(一終無終一)이라고 한 것과 일맥상통한다. 시작도 없고 끝도 없으며, 시작이 곧 끝이자 끝이 바로 시작인 것이 우주의 운행법칙이다.

따라서 괘를 해석할 때 이 점을 고려해서 균형감각을 가지고 부분과 전체를 평등하게 볼 수 있어야 한다. 좋은 것이 반드시 좋은 것도 아니고, 나쁜 것이 영원히 안 좋은 것도 아니다. 모순과 갈등, 순환과 보상의 관계로 부분과 전체가 뫼비우스의 띠처럼 하나로 얽혀 돌아가고 있다.

상경(上經)과 하경(下經)

　　　　　　　　　　　　　주역은 상경과 하경으로 구성되어 있다. 상경은 건(乾)과 곤(坤)으로 시작해서 감(坎)과 이(離)로 끝난다. 상경은 하늘의 이치와 땅의 도리, 즉 성(性)과 덕(德)에 관한 가르침이라고 할 수 있다. 상경은 주로 하늘과 땅의 도리를 문명사적 관점에서 설명하고 있다.

　　하경은 함(咸)과 항(恒)으로 시작해서 기제(既濟)와 미제(未濟)로 끝난다. 하경은 성덕(性德)이 구체적으로 구현되는 모습을 다루고 있다. 하경은 주로 인간사(人間事)의 문제를 설명하고 있다.

　　그러나 인간교육의 측면에서는 상하경의 의미를 특별히 구분 지을 필요는 없다. 천지인(天地人)은 각기 분리될 수 없는 것이기 때문이다. 인간이 존재하지 않는 곳에 하늘과 땅은 무의미하다. 따라서 존재의 측면에선, 하늘이 있는 곳에 땅이 있고, 그 시간과 공간 속에서 인간이 엮어가는 삶의 역학이 존재할 뿐이다.

　　인간은 대자연의 일부다. 하늘과 땅을 이어주는 가교역할을 하는 존재로서, 인간은 하늘의 영과 혼을 받고, 땅의 기와 몸을 받아 살고 있다. 때문에 인간은 하늘과 땅의 자식이라고 할 수 있다. 그래서 죽으면 몸은 땅으로 돌아가고, 영혼은 하늘로 돌아간다. 혼비백산(魂飛魄散)하는 도리다.

괘(卦)의 구성

음양(陰陽)의 부호를 중첩해서 만든 것이 괘(卦)다. 이 음양부호에는 만물의 이치가 걸려 있다는 의미로 '걸 괘(卦)'라 했다. 효(爻)는 괘를 이루는 음양부호 하나하나를 지칭한다.

최초의 우주는 무극(無極)이다. 공자의 표현을 빌리자면, 무극은 '적연부동(寂然不動)'한 상태와 같다. 적연부동이란 만물의 발생 이전의 본체로서 조금도 움직임이 없는 것이다. 음양이 없는 상태로 음과 양의 상호작용이 없기 때문에, 어떤 생각도 어떤 행위도 없는 도의 본체다. 따라서 어떤 현상도 없다. 그렇지만 완전히 죽어있는 상태와는 다르다. 공즉시색(空卽是色)이라고 할 수 있다.

무극이 태극(太極)으로 변하면, 음양이 하나로 중화된 상태가 된다. 이 상태에서 '감이수통(感而遂通)'이 일어난다. 음과 양의 감응이 있으면 통하게 된다. 통함으로써 비로소 우주의 만법이 될 수 있다. 이 상태가 천지 만물의 뿌리다. 세상만사는 음이나 양 어느 하나만으로는 성립이 안 되며, 반드시 양자가 서로 교감해서 통해야 이루어진다.

태극에서 분리된 음양은 다시 사상(四象), 즉 태양(太陽), 소음(小陰), 소양(小陽), 그리고 태음(太陰)으로 갈라진다. 태양과 태음은 곧 변화될 운명이므로,

각기 노양, 노음이라고 달리 부르기도 한다.

사상은 또 분화되어 팔괘를 이룬다. 8괘는 자연계의 기본 요소인 건(乾: ☰), 곤(坤: ☷), 감(坎: ☵), 이(離: ☲), 태(兌: ☱), 간(艮: ☶), 손(巽: ☴), 그리고 진(震: ☳)이다. 8개의 기본 괘를 중첩해서 만든 것이 바로 8×8=64괘다. 하나의 괘에는 6개의 효(爻)가 있으므로, 모두 합치면 8×8×6=384개의 효가 만들어진다.

괘는 내괘(內卦)와 외괘(外卦)로 구성되어 있다. 내괘는 중첩된 6개의 효 중에서 밑에 있는 3개의 효를 지칭한다. 그리고 외괘는 위에 있는 3개의 효를 말한다. 내괘는 밑에 있기 때문에 하괘(下卦), 외괘는 위에 있기 때문에 상괘(上卦)라 하기도 한다.

하괘의 초효가 양이면 양을 대표하는 구(九)를 써서 초구(初九)라 하고, 음이면 음을 대표하는 육(六)을 써서 초육(初六)이라고 한다. 밑에서 두 번째 효가 양이면 구이(九二)라 하고, 음이면 육이(六二)라 한다. 이런 식으로 5효까지 올라가고, 마지막 효가 양이면 상구(上九)라 하고, 음이면 상육(上六)이라 한다.

한편 주역은 하늘, 땅 그리고 사람이 만들어가는 세상의 변화도를 담고 있다. 천지인(天地人) 삼재(三才)는 6개의 효 중에서 위의 두 효는 천(天), 가운데 두 효는 인(人), 그리고 밑의 두 효는 지(地)를 의미한다. 변화의 시작은 밑에서 이루어져서 위로 향한다. 밑에서 자신의 기반을 다지고, 사회에 나아가 관계의 도리를 다한 연후에, 하늘의 사명을 완수하는 이치를 담고 있다.

팔괘의 의미

기본 팔괘의 의미를 알고 있으면, 괘의 해석이 편리하다. 후천팔괘의 의미를 담고 있는 《설괘전(說卦傳)》의 내용을 정리하면 다음과 같다. 보다 자세한 것은 이 분야의 관련서적을 참고하기 바란다. 여기서는 개략적인 것만 소개하고 있다.

건(乾: ☰)은 방위는 서북방(西北方)이다. 하늘이다. 건은 비록 순양의 기운이지만, 음기가 힘을 쓰는 입동에 해당한다. 따라서 "건에서 싸운다(戰乎乾)."고 한다. 건은 강건함(健)을 의미한다. 한편 말(馬), 머리(首), 아버지(父), 하늘(天), 원형(圓), 주군(君), 옥(玉), 금(金), 차가움(寒), 얼음(冰), 크게 붉음(大赤), 좋은 말(良馬), 늙은 말(老馬), 여윈 말(瘠馬), 얼룩말(駁馬), 나무 과일(木果) 등을 의미한다.

곤(坤: ☷)은 방위는 서남방(西南方)이다. 곤은 땅이다. 만물은 땅에서 일하고 양육된다. 곤은 순함(順)을 의미한다. 한편 소(牛), 배(腹), 어머니(母), 베(布), 가마솥(釜), 인색함(吝嗇), 고른 것(均), 새끼 있는 암소(子母牛), 큰 수레(大輿), 문채(文), 무리(衆), 자루(柄), 땅에서는 검은 것(黑) 등을 의미한다.

진(震: ☳)은 방위는 동방(東方)이다. 진에서 천지만물의 작용이 시작된다. 진은 움직임(動)을 의미한다. 한편 용(龍), 발(足), 장남(長男), 검누런 것(玄黃), 널리 퍼짐(敷), 큰 길(大塗), 결단에 조급함(決躁), 푸른 어린 대나무(蒼筤竹), 갈대(萑葦), 빨리 달리는 말(馬) 등을 의미한다.

손(巽: ☴)은 방위는 동남(東南)이다. 만물은 손에서 평등하다. 손은 들어감(入)을 의미한다. 한편 닭(雞), 넓적다리(股), 장녀(長女), 나무(木), 바람(風), 곧은 먹줄(繩直), 장인(工), 하얀 것(白), 긴 것(長), 높은 것(高), 진퇴(進退), 과감하지 못함(不果), 냄새(臭), 조급한 사람의 괘(躁卦) 등을 의미한다.

감(坎: ☵)은 방위는 북방(北方)이다. 만물이 돌아가 쉬는 곳이다. 감은 빠짐(陷)을 의미한다. 한편 돼지(豕), 귀(耳), 중남(中男), 물(水), 도랑(溝瀆), 숨어 엎드림(隱伏), 휜 것을 바로 잡음(矯輮), 활이나 바퀴(弓輪), 심병(心病), 이통(耳痛) 등을 의미한다.

이(離: ☲)는 방위는 남방(南方)이다. 이는 밝음(明)이다. 이는 붙음과 아름다움(麗)을 동시에 의미한다. 한편 꿩(雉), 눈(目), 중녀(中女), 불(火), 태양(日), 번개(電), 갑옷과 투구(甲冑), 창과 병기(戈兵), 사람의 큰 배(大腹) 등을 의미한다.

간(艮: ☶)은 방위는 동북(東北)이다. 만물의 이루어짐이 끝나고 다시 시작하는 곳이다. 간은 그침(止)을 의미한다. 한편 개(狗), 손(手), 소남(少男), 산(山), 지름길(徑路), 작은 돌(小石), 궁궐 같은 문(門闕), 내시(閽寺) 손가락(指), 쥐(鼠) 등을 의미한다.

태(兌: ☱)는 방위는 서방(西方)이다. 한가을이다. 가을은 만물이 기뻐하는 곳이다. 태는 기쁨(說)을 의미한다. 한편 양(羊), 입(口), 소녀(少女), 연못(澤), 무당(巫), 입과 혀(口舌), 헐고 꺾임(毀折), 첩(妾), 양(羊) 등을 의미한다.

주역은 팔괘로 인간만사의 길흉(吉凶)을 정하고 있다. 공자는 《계사전》에서 "길흉이 대업을 낳는다(吉凶生大業)."고 설파했다. 좋은 것과 나쁜 것이 서로 상호작용을 일으켜 큰일을 이루는 것이다. 그런 의미에서 보면, 길흉은 상대적 관념에 불과하다.

한편 후천팔괘와 달리 선천팔괘는 방위, 계절 등 의미하는 바가 다르다. 주역에는 두 가지 해석이 혼합되어 있다. 한편 정역(正易)의 입장에서 해석하면, 또 다른 세계가 펼쳐진다. 따라서 괘의 전체 흐름과 효사의 구체적 변화 양상을 파악하고, 역의 이치와 지혜를 얻는 것이 중요하다.

64괘의 순서

　　　　　　　　　주역의 64괘의 순서에 관한 설명
은 공자의 《계사전》, 《설괘전》, 그리고 《서괘전(序卦傳)》을 참조하는 것이 가
장 도움이 된다. 먼저 음양기호의 변화에 주목해서 64괘의 상(象)을 순서대
로 한 번 보는 것이 좋겠다.

　괘상(卦象)을 자세히 보면 뭔가 일정한 변화의 흐름이 있음을 알 수 있
다. 역을 처음 대하는 초보자는 기호만 보면 무슨 뜻인지 이해가 힘들 수도
있다. 기호와 함께 뜻을 담은 한자를 음미하면서 64괘의 순환을 먼저 보도
록 하자.

01. ䷀ 　중천건(重天乾)
　　　　변화의 하늘

02. ䷁ 　중지곤(重地坤)
　　　　관계의 땅

03. ䷂ 　수뢰준(水雷屯)
　　　　새로 생김

04. ䷃ 　산수몽(山水蒙)
　　　　어리석음

05.	수천수(水天需) 기다림	06.	천수송(天水訟) 소송
07.	지수사(地水師) 전쟁	08.	수지비(水地比) 협력
09.	풍천소축(風天小畜) 작은 축적	10.	천택리(天澤履) 밟아감
11.	지천태(地天泰) 큰 조화	12.	천지비(天地否) 막힘
13.	천화동인(天火同人) 하나됨	14.	화천대유(火天大有) 큰 이룸
15.	지산겸(地山謙) 겸양	16.	뇌지예(雷地豫) 즐거움
17.	택뢰수(澤雷隨) 따름	18.	산풍고(山風蠱) 적폐
19.	지택림(地澤臨) 대업(大業)	20.	풍지관(風地觀) 관찰
21.	화뢰서합(火雷噬嗑) 합(合)함	22.	산화비(山火賁) 장식
23.	산지박(山地剝) 깎아냄	24.	지뢰복(地雷復) 양기의 회복
25.	천뢰무망(天雷无妄) 헛됨이 없음	26.	산천대축(山天大畜) 큰 축적

27.	산뢰이(山雷頤) 바르게 기름	28.	택풍대과(澤風大過) 큰 허물
29.	중수감(重水坎) 위험의 중첩	30.	중화리(重火離) 광명
31.	택산함(澤山咸) 감응	32.	뇌풍항(雷風恒) 항구함
33.	천산돈(天山遯) 물러남	34.	뇌천대장(雷天大壯) 강성함
35.	화지진(火地晉) 나아감	36.	지화명이(地火明夷) 무명(無明)
37.	풍화가인(風火家人) 가정	38.	화택규(火澤睽) 어긋남
39.	수산건(水山蹇) 고난	40.	뇌수해(雷水解) 해빙
41.	산택손(山澤損) 덜어냄	42.	풍뢰익(風雷益) 이익을 베풂
43.	택천쾌(澤天夬) 결단	44.	천풍구(天風姤) 새로운 만남
45.	택지췌(澤地萃) 모여듦	46.	지풍승(地風升) 상승
47.	택수곤(澤水困) 곤궁	48.	수풍정(水風井) 우물

49.	택화혁(澤火革) 혁명	50.	화풍정(火風鼎) 새로 취함
51.	중뢰진(重雷震) 힘차게 나아감	52.	중산간(重山艮) 거듭 멈춤
53.	풍산점(風山漸) 점차 나아감	54.	뇌택귀매(雷澤歸妹) 시집보냄
55.	뇌화풍(雷火豊) 풍요	56.	화산려(火山旅) 떠돎
57.	중풍손(重風巽) 공손	58.	중택태(重澤兌) 기쁨
59.	풍수환(風水渙) 널리퍼짐	60.	수택절(水澤節) 절도
61.	풍택중부(風澤中孚) 진실한 믿음	62.	뇌산소과(雷山小過) 작은 허물
63.	수화기제(水火旣濟) 완성	64.	화수미제(火水未濟) 미완성

자세히 보면 두 개씩 짝을 이루며 무한히 순환하고 있음을 알 수 있다. 음양, 대조, 작용과 반작용, 시작과 끝, 원인과 결과, 전후 등으로 의미가 연결되고 있다. 괘의 내용을 함께 보면, 전체의 흐름 속에서 문명세계의 성장 과정과 영고성쇠(榮枯盛衰)가 반복되고 있음을 알 수 있다. 음과 양이 다양한 조합을 이루며, 수렴과 발산을 반복하고 있다.

그러나 위와 같이 일정한 순서대로 세상사가 흘러가는 것은 아니다. 이것은 전체적인 문명사와 인간사의 흐름을 보여줄 뿐이다. 그렇지만 이것도 나름의 이치가 있기 때문에, 그 의미를 되새길 필요는 있다. 먼저 원리를 이해하고 각 개별 상황에 적용하는 훈련을 하면, 세상의 흐름을 파악하는 데 도움이 된다.

잡괘(雜卦)

　　　　　　　　잡괘란 하나의 괘 안에 있는 6개
의 효를 여러 방향으로 섞어보는 것으로서, 이것을 통해 역의 변화 양상을
다각도로 검토할 수 있다. 음도 양도 아닌 무극(無極)에서 음양이 하나인 태
극(太極)이 나오고, 태극에서 음과 양이 분리되어 나와 수많은 조합을 통해
세상이 구현되었다. 이러한 이치로 보면, 음과 양은 본래 한 몸이라는 사실
을 알 수 있다.

　　따라서 괘를 볼 때 가장 기본적인 방법은 효의 음양을 바꾸어보는 것이
다. 6개의 효를 동시에 바꾸는 것을 착괘(錯卦)라 한다. 괘의 상괘를 뒤집어
아래에 놓고, 하괘를 뒤집어 위에 놓은 것을 종괘(綜卦)라 한다. 그리고 맨 밑
에서부터 맨 위의 효 중에서 2, 3, 4번째 효를 내괘로 두고, 3, 4, 5번째 효를
외괘로 조합하는 것을 호괘(互卦)라고 한다.

　　이런 것을 염두에 두고 실례를 보겠다. 예를 들어, 택수곤(澤水困, ䷮) 괘가
있다. 이 괘는 위에 태괘(兌, ☱)와 아래 감괘(坎, ☵)로 구성되어 있다. 만약 자
신의 상황이 이 괘에 해당한다면, 곤란하다고 느낄 수 있다. 그러나 역은 변
화를 품고 있으므로, 실망할 필요가 없다.

　　　　　　　　　　　　　　　　　　　　　　　　역의 기본 개념들

이때 변화를 모색해야 한다. 이 괘의 상괘를 뒤집으면, 바람을 상징하는 손괘(巽, ☴)가 된다. 그리고 택수곤(䷮)의 하괘는 뒤집어도 그대로 감괘가 된다. 이 상태에서 위아래 반대로 놓으면, 택수곤(䷮)의 종괘, 즉 수풍정(水風井, ䷯)이 된다. 택수곤(䷮)의 착괘는 각 효의 음양을 바꾸면 되므로, 위에 간괘(艮, ☶)와 아래 이괘(離, ☲)로 구성된 산화비(山火賁, ䷕)가 된다.

한편 택수곤(䷮)에서 아래서부터 하나씩 음양이 바뀌면, 또 다른 양상이 펼쳐지게 된다. 초효가 음에서 양으로 바꾸면, 감괘(坎, ☵)가 태괘(兌, ☱)로 변한다. 따라서 택수곤(䷮)은 중택태(重澤兌, ䷹)가 된다. 구이(九二)가 양에서 음으로 바뀌면, 하괘는 곤괘(坤, ☷)가 된다. 그 결과 택수곤(䷮)은 택지췌(澤地萃, ䷬)가 된다. 육삼(六三)이 음에서 양으로 바뀌면, 하괘는 손괘(巽, ☴)가 된다. 그러면 택수곤(䷮)은 택풍대과(澤風大過, ䷛)가 된다.

상괘의 구사(九四)가 양에서 음으로 바뀌면, 태괘(兌, ☱)가 감괘(坎, ☵)로 변하므로, 택수곤(䷮)은 중수감(重水坎, ䷜)이 된다. 구오(九五)의 양이 음으로 바뀌면, 상괘가 진괘(震, ☳)로 변하므로, 택수곤(䷮)은 뇌수해(雷水解, ䷧)가 된다. 마지막으로 상육(上六)이 음에서 양으로 바뀌면, 상괘가 건괘(乾, ☰)로 변하므로, 택수곤(䷮)은 천수송(天水訟, ䷅)이 된다. 여기에 변효(變爻)에 의해 생긴 괘가 다시 잡괘를 이룬다면, 또 다른 수많은 변이가 일어날 수 있다.

택수곤(䷮)의 상황에서 변화의 위치를 선점하고 대비한다면, 얼마든지 위기를 기회로 반전시킬 수 있음을 알 수 있다. 이처럼 역은 통상적인 순서를 뛰어넘을 수 있다. 천지인(天地人)의 변화에 따라 개별상황이 각기 다르기 때문이다.

하나의 괘가 나머지 63개의 괘로 변화될 수 있다. 그것은 1개의 효 속에는 384개의 변화 요소가 잠복해 있기 때문이다. 따라서 점괘로 하나의 괘를 얻거나, 어떤 괘의 상황에 처했다 할지라도, 본인의 의지, 지혜, 행동 등에 따라 얼마든지 다른 상황으로 전환할 수 있다.

역의 해석

상하 두 개의 상(象)으로 구성된 역에서, 주의할 점은 상괘와 하괘의 의미 단위가 다르다는 사실이다. 말하자면, 상하괘가 담고 있는 음양의 조합은 의미의 차이가 크다. 예를 들어, 수화기제(水火旣濟, ䷾)와 화수미제(火水未濟, ䷿)에서, 물(水)과 불(火)은 정반대의 위치에 있고, 그 의미도 사뭇 다르다.

또한 상하괘의 음양 조합이 같을지라도, 놓여있는 위치에 따라 의미가 달라진다. 예를 들어, 중천건(重天乾, ䷀)에서 상괘의 건괘와 하괘의 건괘는 그 의미가 전혀 다르다. 시간과 공간이 다르기 때문이다. 중지곤(重地坤, ䷁)에서도 마찬가지다.

한편 역에서 홀수는 양수(陽數), 짝수는 음수(陰數)다. 6개의 효로 구성된 괘의 밑에서부터 1, 3, 5번째 효는 양효(陽爻)의 자리다. 그래서 양위(陽位)라 부른다.

1효는 처음 시작하는 단계이므로 사태의 전개를 알기 어렵다. 3효와 5효는 같은 양위지만, 귀천이 다르다. 따라서 3효는 흉(凶)이 많고, 5효는 공(功)이 많다. 양위에 음효가 자리하면 위태로움이 많고, 양효가 있으면 승리를 얻을 확률이 높다. 그러나 이것도 괘의 구조와 상황에 따라 다르기 때문에 주의를 요한다.

그리고 2, 4, 6번째 효는 음효(陰爻)의 자리다. 그래서 음위(陰位)라 부른다. 2효는 가운데 자리이기 때문에 칭찬이 많지만, 4효는 위태롭고 근심이 많은 자리다. 6효는 사태의 끝이므로 결과를 알기 쉽다. 보통 2, 3, 4, 5효를 자세히 보면, 존망과 길흉을 대체로 판단할 수 있다.

양효가 1, 3, 5 자리에 그리고 음효가 2, 4, 6자리에 있으면, 음양이 제자리를 차지한 것이다. 바름(正)을 얻은 경우다. 그리고 하괘의 가운데 자리인 2효와 상괘의 가운데 자리인 5효를 중(中)이라 하고, 음효가 2효에, 양효가 5효에 자리를 잡으면, 중(中)과 정(正)을 동시에 얻게 된다.

한편 상괘와 하괘의 상호관계가 전체 괘의 의미와 각 효의 의미를 결정한다. 하괘의 1, 2, 3효는 상괘의 4, 5, 6효와 각각 대응한다. 대응하는 쌍이 음양의 조화를 이루면 정응(正應)한다고 한다. 각 쌍이 바르게 상응하면, 대개 효사가 좋다. 물론 상하괘의 관계가 좋지 않을 때는 효사도 좋지 않다. 큰 상황이 작은 부분에도 영향을 미치기 때문이다.

역을 해석할 때 또 한 가지 중요한 점이 있다. 6개의 효가 전체적으로 유기적인 관계를 맺고 하나의 괘를 이루고 있지만, 각 효는 각기 다른 뜻을 갖고 있다. 따라서 각 효에 대한 해석은 효사를 중심으로 다른 효와의 상호관계 속에 보아야 하지만, 단계별 요점은 각 효의 입장에서 본다는 점이다.

말하자면, 각 효마다 상황이 바뀌기 때문에, 입장도 바뀐다는 사실이다. 때문에 전체 괘의 해석과 각 효의 해석 사이에 모순이 생기게 된다. 이 점을 이해하고 전체 괘를 봐야 부분과 전체가 함께 눈에 들어오게 된다.

기본 팔괘, 즉 건(乾), 곤(坤), 감(坎), 이(離), 태(兌), 간(艮), 손(巽), 그리고 진(震)이 어떤 조합을 이루느냐에 따라 음양의 효가 다른 기능을 하게 된다. 마치 4가지 기본요소의 염기서열이 수많은 DNA 구조를 만들 듯이, 팔괘가 64

괘와 384개의 변화 양상을 내포하고 있다.

이렇게 많은 변화를 한꺼번에 모두 파악하기란 사실 불가능하다. 그럼 변화를 간단하게 파악할 수는 없을까? 공자는 《계사전》에서 이에 대한 힌트를 우리에게 주고 있다.

삼효와 오효의 변화를 보고, 그 역수를 착괘와 종괘로 보고, 그 변화에 통하면, 드디어 천지의 문채를 이룬다. 그 역수를 지극히 하면, 마침내 천하의 상을 정한다(參伍以變, 錯綜其數, 通其變, 逐成天下之文, 極其數, 逐定天下之象).《계사전》

역은 안에서 밖으로 변화해나간다. 그러므로 괘사와 더불어 시작부터 끝까지 전체의 흐름을 일단 파악하고, 괘의 핵심이 된 효를 먼저 보는 것이 좋다. 예를 들어, 간(艮)괘가 있다면 괘주(卦主)인 맨 위의 양효를 보고, 그것과 전체 괘의 효사와의 관계를 파악해보는 것이 좋다. 그리고 나서 공자가 위에서 말한 대로 괘의 변화도를 그려보면, 변화의 흐름을 파악할 수 있다.

길흉회린(吉凶悔吝)

세상은 정체되어 있지 않고 끝없이 변화하고 있다. 그런데 문제는 세상을 구성하는 요소들이 서로 모순되어 있다는 점이다. 세상의 기본 구성요소인 음과 양이 그렇고, 음양에서 파생된 8괘가 그렇다.

양극적 요소들이 한데 어우러져 64괘의 변화를 만들고 있다. 세상의 변화 이치가 그렇다. 따라서 살아가는 동안 행복보다 불행이 더 크고 길 수밖에 없다. 조화와 균형을 이루는 순간은 잠시에 불과하기 때문이다. 그래서 주역은 인생의 행복과 불행을 길흉회린(吉凶悔吝)이란 네 글자로 표현하고 있다.

우리가 길흉회린의 의미를 정확히 파악하고 불행을 예방할 수 있다면, 행복을 보다 오래 유지할 수 있을 것이다. 주역에 그 답이 있다. 공자는《계사전》에서 행복을 유지하고 불행을 예방하는 실마리를 우리에게 제시하고 있다.

길흉은 득실을 말한다. 회린은 작은 결점을 말한다. 허물이 없다는 것은 잘못을 잘 고치라는 뜻이다. 이런 이유로 귀천을 나누는 것은 위치에 있고, 작고 큼을 분별하는 것은 괘에 있으며, 길흉을 판단하는 것은 사에 있고, 회린을 걱정하는 것은 미세한 조짐에 있으며, 움직여서 허물이 없는 것은 뉘우침에 있다(吉凶者, 言乎其失得也, 悔吝者, 言乎其小疵也, 无咎者, 善補過也. 是故列貴賤者存乎位, 齊小大者存乎卦, 辨吉凶者存乎辭, 憂悔吝者存乎介, 震无咎者存乎悔).《계사전》

지위에 따라 일을 추진하는 방식이 달라지고 귀천이 생긴다. 그 과정에서 득실(得失)이 있을 수밖에 없다. 따라서 득실의 정도에 따라 길흉이 있기 마련이다. 또한 성인(聖人)이 아닌 이상, 일처리에 크고 작은 결점이 있을 수밖에 없다. 공과(功過)를 평등하게 보고, 공(功)은 공대로, 과(過)는 과대로 평가해야 한다. 흑백논리로 보면 정확한 실체를 파악할 수 없다.

이 점에서, 득실을 공정히 하고, 자신의 허물을 반성하는 것이 중요하다. 평소에 작은 잘못들을 미리 잘 보완하고 고치고, 무엇보다 변화의 미세한 조짐(介)을 미리 간파해서 방비한다면, 불행을 예방하고 행복을 오래 유지할 수 있다. 유비무환의 정신을 갖추고 있다면, 크게 성공할 가능성이 높고, 더불어 성공을 오래 유지할 수 있다.

세상은 끊임없는 재난과 고통을 통해 인간을 담금질하고 있다. 기쁨은 잠시고 고통은 긴데, 유일한 해답은 올곧음을 지키고 변화를 잘 살펴, 자신이 처할 위치를 잘 잡으라는 것이 주역의 일관된 주제다.

우리는 인생을 일장춘몽과 같다고 한다. 어찌 보면 인생은 한편의 드라마라고 할 수 있다. 주역을 드라마에 비유한다면, 각각 6개의 막(幕)으로 구성된 64편의 대하드라마다. 그 속에 384개의 개별 상황과 스토리가 인간의 희로애락과 생로병사에서 우주의 영고성쇠와 성주괴공(成住壞空)에 이르기까지 모두 담고 있다.

어찌 보면 우리가 한평생 경험할 수 있는 것보다 더 많은 극적 요소를 주역이 포함하고 있다고 할 수 있다. 주역의 변화원리를 잘 알고 실생활에 활용할 수 있다면, 우리는 드라마 같은 인생무대에서 주인공으로 살 수 있을 것이다.

주역을 보는 요령

　　　　　　본론에 들어가기에 앞서 마지막
으로 초보자에게 이 책을 효과적으로 읽는 법을 안내하겠다. 초보자는 각
괘의 전체 의미를 풀이하고 있는 앞부분만 먼저 읽고, 전체적인 흐름을 파
악하는 것이 좋다. 그런 다음 괘사와 세부 효사를 함께 읽어보면, 내용 파악
이 조금 될 수 있다.

　　괘의 전체적 의미를 설명하는 부분은 비교적 이해하기 쉽다. 그러나 구
체적인 효사는 난해하다. 전자가 숲의 전체 모습이라면, 후자는 숲속의 다
양한 상황이다. 숲의 전체 모습은 아름다울지 모르지만, 구체적인 식생(植生)
은 적자생존의 치열한 투쟁현장이다.

　　우리 삶에 적용하면, 전체적인 괘의 설명은 상하괘가 작동하는 삶의 원
리이고, 6개의 효사는 모순으로 가득한 현실이다. 삶의 원리는 하나로서 전
체를 꿰고 있지만, 현실은 모순과 충돌로 복잡다단하다. 이상과 현실이 어
긋나 있듯이, 괘사와 효사는 모순되어 있다. 따라서 괘의 전체 모습과 효의
부분적 차이를 모두 파악해야, 주역을 이해할 수 있다. 때문에 초심자는 더
욱 주역에 접근하기 힘들다.

주역은 한두 번에 이해되지 않는다. 공자도 20년간을 읽고 참구한 끝에 역의 도리를 관통할 수 있었다. 따라서 우리는 주역을 옆에 두고 수시로 음미하는 것이 좋다. 예를 들어, 힘든 일이 있을 때, 위기 시에, 중요한 결정을 해야 할 때와 같이 특별한 경우에 주역을 통해 수시로 변화의 지혜를 참고하는 것이 현명하다. 변화의 위기에 앞서, 대비하는 정신을 기르는 것이 유비무환이라는 역의 도리에 맞다.

Ⅱ

인간교육 384효

01.

중천건(重天乾)

변화의 단계에 맞게 행동하라

크게 길하고, 올곧으면 이롭다(元亨, 利貞)

건(乾)은 강건함(健)과 굳셈(剛)을 의미한다. 중천건은 위와 아래가 모두 양(陽)으로만 구성된 괘로서 하늘을 상징한다. 하늘은 텅 비어 있기 때문에 삼라만상을 하나로 포괄하고 천도에 따라 운행할 수 있다. 건덕(乾德)은 만물을 포용하고 이끄는 힘이 있다.

그리고 하늘은 시간을 상징한다. 건괘는 시간의 변화에 따른 세상의 변화 이치를 상상의 동물인 용을 내세워 단계별 역할의 차이로 보여주고 있다. 중천건은 시간의 6단계 변화를 보인다. 단사(象辭)에서 공자는 이 과정을 여섯 마리 용이 끄는 수레의 운행에 비유했다.

하루의 시작과 끝은 여섯 단계로 이루어져 있으며, 육룡이 끄는 수레를 타고 하늘을 운행한다(大明終始, 六位時成, 時乘六龍以御天).

원문의 종시(終始)는 역의 시간 개념을 보여주고 있다. 현재는 과거의 끝이자 미래의 시작이다. 현재 속에 과거와 미래가 다 들어있음을 알 수 있다. 매우 과학적인 표현이 아닐 수 없다. 주역의 표현 한 글자마다 곱씹어볼 의미가 내포되어 있다.

한편 하늘은 한마디로 시간의 변화라고 할 수 있다. 여기서는 시간의 변화에 맞는 인간의 도리와 역할을 말하고 있다. 건괘는 예전 같으면 군주의 도리를 말하는 것이겠지만, 요즘으로 말하면 위로 국가의 대통령, 기업의 회장 등에서 아래로 작은 모임의 회장에 이르기까지 모든 수장(首長)이 참고해야 할 단계별 변화의 이치를 설명하고 있다.

중천건은 모든 변화의 중심이 되는 근본 괘로서, 이것을 중심으로 모든 것은 크게 성장한다. 중천건은 우주의 섭리를 베풀며 돌아가는 만물의 바른 이치를 담고 있다. 그래서 중천건의 괘사를 한마디로 원형이정(元亨利貞)이라고 한다.

문언전(文言傳)에서 원(元)을 '선의 으뜸(善之長),' 형(亨)을 '아름다움의 집합(嘉之會),' 이(利)를 '의리의 조화(義之和),' 그리고 정(貞)을 '일의 중심(事之幹)'이라고 설명했다. 다른 측면에서, 원(元)은 만물의 시작, 형(亨)은 형통함, 이(利)는 만물이 교류하는 정(情)이 주는 이로움, 그리고 정(貞)은 본체의 올곧음을 의미한다. 이러한 하늘의 품성에 대해 공자는 단사(彖辭)에서 다음과 같이 말했다.

위대하다. 으뜸인 하늘이여. 만물이 하늘의 성품을 받아 시작되고, 온 세상을 통솔하는구나. 구름은 흐르고 비가 내리며, 만물은 유전하며 번식하고 있다(大哉乾元, 萬物資始, 乃統天, 雲行雨施, 品物流形).

중천건 전체를 그대로 두고 얻을 수 있는 잡괘(雜卦)는 중지곤(重地坤, ䷁)

하나다. 이 두 괘가 만물을 생성, 변화시키는 한 쌍의 기본 괘라는 것을 알 수 있다. 중지곤(☷☷)과 더불어 각 효의 변화로 얻을 수 있는 잡괘를 함께 고려하면, 중천건의 각 단계별 변화 양상과 그에 따른 행동지침을 종합적으로 파악할 수 있다.

중천건은 봉건주의 시대에는 왕이나 군주의 괘라고 할 수 있다. 그러나 시대가 바뀌었기 때문에, 괘에 대한 해석도 달라질 수밖에 없다. 지금은 누구나 자기 분야에서 최고가 될 수 있다. 이 괘를 통해, 우리는 자신을 단련하고, 세상에 나아갈 때가 되면 나아가 뜻을 성취하고, 물러날 때가 되면 자신을 비우는 지혜를 얻을 필요가 있다.

초구(初九)

잠룡은 쓰지 않는다(潛龍勿用).

초구는 변화의 1단계에 해당한다. 여기서 잠룡이란 요즘 정치에서 흔히 말하는 대권후보를 의미하지는 않는다. 시대가 바뀌었으므로, 해석도 달리 할 필요가 있다. 장차 사회의 각 분야에서 기둥의 역할을 할 재목을 잠룡이라고 보면 된다. 수면 아래 잠긴 용이니, 아직 완성되지 않은 상태다.

초효는 양위(陽位)의 자리다. 초효에 양효가 있으므로 바른 위치를 잡고 있다. 그러나 가장 낮은 단계에 있으므로 힘이 미약하다. 그러므로 아직 사회에서 쓸 수 있는 단계는 아니다. 힘을 기르는 온양(溫養)의 단계를 거쳐야 한다.

물리의 법칙으로 설명하자면, 중천건은 순양(純陽)으로서 태양을 상징한다고 볼 수 있다. 잠룡물용의 단계는 태양이 아직 뜨지 않은 상태와 같다. 태양이 아무리 큰 효능을 발휘할지라도, 아직은 빛의 효용을 볼 수 없는 단계이다. 밝은 빛을 뿌릴 수 있을 때까지, 인내하며 힘을 기르고 자연의 이치를 배우는 훈육(訓育)의 시간이 필요한 때다.

괘의 변화를 보자. 만약 중천건의 초효가 음으로 변하면 천풍구(天風姤, ䷫)가 되고, 초효는 그대로 있고 나머지 효가 음으로 바뀌면 지뢰복(地雷復, ䷗)이 된다. 둘 다 새로운 시작을 암시하는 괘로서, 모든 일은 시작 단계에서는 숨어서 힘과 지혜를 길러야 한다는 뜻을 담고 있다.

다른 해석도 가능하다. 문언전(文言傳)에서 공자는 '물용(勿用)'의 의미를 좀 더 확대해서, 은사(隱士)에게 적용하고 있다. 세상의 이치를 통달하고 있지만, 세상에 나가지 않고 유유자적(悠悠自適)의 삶을 사는 숨어 있는 잠룡(潛龍)이다. 유비를 만나기 전의 제갈량과 같은 사람이다. 이런 유의 사람은 자신의 정체성이 확고하기 때문에, 사회의 시류에 흔들리지 않는다.

구이(九二)

용이 땅 위에 모습을 드러내니, 대인을 만나면 이롭다(見龍在田, 利見大人).

구이는 변화의 2단계에 해당한다. 드디어 용이 세상에 모습을 드러냈다. 리더가 세상에서 널리 쓰이자면, 그를 도울 사람이 필요하다. 때가 되면 주위에 사람이 모인다. 사람이 주변에 없다면, 아직 때가 되지 않음을 역(逆)으로 알 수 있다.

일을 성사시키는 데에는 여러 종류의 사람들이 필요하다. 그 중에서도 리더를 바르게 인도할 사람이 중요하다. 넓게 보면 도움이 되는 모든 사람들이 대인이자 귀인이다.

한편 여러 사람을 거느리기 위해서는 덕을 갖추어야 한다. 그래서 상사(象辭)에서 용이 땅 위에 모습을 드러낸 목적을 "덕을 널리 베풀기 위함이다(德施普也)."라고 설명하고 있다.

2효는 음의 자리다. 음위(陰位)에 양효가 있으므로 위치는 바르지 않지만, 뻗치는 힘을 조절할 수 있는 위치다. 또한 다행히 하괘의 가운데에 있으므로, 구이는 중(中)을 얻었다. 힘을 조율하기에 적당한 자리다.

비록 대응하는 구오와 정응(正應)하고 있지 않지만, 상괘의 주인인 구오가 중정(中正)의 자리에 있으니, 믿음을 지키면 좋은 결과를 기대할 수 있다. 문언전(文言傳)에서 공자는 구이의 덕목을 다음과 같이 설명했다.

용의 덕을 갖춘 중을 바르게 갖춘 자다. 말의 조리가 있어 믿음이 있고, 행동이 도리에 맞게 부지런하며, 사악함을 막아 성실함을 보존하고, 세상에 좋은 덕을 베풀면서도 뽐내지 않으니, 덕이 두터워 교화가 이루어진다(龍德而正中者也. 庸言之信, 庸行之謹, 閑邪存其誠, 善世而不伐, 德博而和). 〈문언전〉

물리 현상으로 보면, 이제 태양이 대지 위에 떠올라, 빛을 투사하고 있는 상태다. 모든 생명이 이 빛과 더불어 협력할 준비가 되어 있다. 물리세계에선 홀로 이루어지는 것은 아무것도 없다. 모든 것이 상대하면서, 관계의 망을 형성하고 있기 때문이다. 따라서 상호협력과 소통을 통해 자신의 그릇을 키우고 실력을 쌓아가면서, 때를 기다려야 한다.

괘의 변화를 보자. 만약 중천건의 2효가 음으로 변하면 천화동인(天火同人, ䷌)이 되고, 2효는 그대로 있고 나머지 효가 음으로 바뀌면 지수사(地水師, ䷆)가 된다. 모두 믿음을 통해 만나서 협력하는 의미를 내포하고 있다.

구삼(九三)

군자는 종일 쉼 없이 노력하고, 저녁에도 두려워하듯, 긴장을 늦추지 않으면 허물이 없다(君子終日乾乾, 夕惕若, 厲无咎).

구삼은 변화의 3단계다. 군자는 성인(聖人)의 도를 추구하는 사람이다. 성인의 도는 하늘의 섭리에서 체득한 것이다. 하늘의 섭리는 조금도 쉬지 않고, 변함없이 일정한 법칙을 세상에 드리우고 있다. 상사(象辭)에서 이러한 도리를 설명하고 있다.

하늘의 운행은 강건하고 쉼이 없으므로, 군자는 스스로 힘씀으로써 그침이 없다(天行健, 君子以自強不息).

이 단계에서 행동의 도리를 상사(象辭)는 "반복하는 것이 도다(反復道也)."라고 부연 설명했다. 반복도야의 이치는 1만 시간의 법칙과 통한다. 이 법칙은 심리학자 앤더스 에릭슨(K. Anders Ericsson)이 1993년 발표한 논문에서 처음 등장한 개념이다. 어떤 분야의 전문가가 되기 위해서는 최소한 1만 시간 정도의 훈련이 필요하다는 내용이다.

공자는 이 과정을 한마디로 '진덕수업(進德修業)'이라고 했다. 여기서 덕(德)이란 도리에 맞는 행위다. 그리고 업(業)은 살아가는 데 필요한 기술이나 학문이다. 따라서 진덕(進德)이란 자신의 행위를 도리에 맞게 함양하는 것이고, 수업(修業)이란 생계를 위한 실용적 기술이나 학문을 닦는 것을 의미한다.

예전의 학습방법 중의 하나가 반복학습이다. 서당에서 한권의 책을 다 외울 때까지 반복해서 낭송했다. 반복을 통해 습득된 지식은 일상 속에서 체험을 통해 삶의 지혜로 전환될 수 있다. 그러나 일시적인 필요에 의해 단순히 암기한 지식은 단편적인 지식에 불과하다. 지식이 생활 속에서 반복적으로 체화될 때, 융통적인 지혜가 발현된다.

한편 3효는 양효의 자리다. 비록 양효가 제자리에 있지만, 중심을 벗어나 내괘의 가장 높은 단계에 있기 때문에 위태롭다. 인생에서 가장 활동이 왕성한 시기에 해당한다. 생명활동이 왕성한 만큼 변화도 심하다. 그에 따라 곳곳에 위기가 도사리고 있다. 이때는 항상 조심하는 수밖에 없다. 스스로 노력하고 매사에 조심한다면, 위기 상황이 와도 크게 잘못될 일이 없다. 위기를 잘 관리하면, 오히려 위기가 자신을 개발하고 발전시키는 위대한 기회가 된다.

양(陽) 속에는 음(陰)이 도사리고 있다. 만약 중천건의 3효가 음으로 변하면 천택리(天澤履, ☰)가 되고, 3효는 그대로 있고 나머지 효가 음으로 바뀌면 지산겸(地山謙, ☷)이 된다. 괘의 변화를 살펴보면, 이 단계에서는 자신을 낮추고 조심스럽게 나아가야 형통함을 알 수 있다.

양의 발산과 음의 수렴의 순환 반복을 통해 세상이 돌아가고 있다. 휴식은 활동을 위한 생명력을 보충하는 활동이다. 자연은 휴식기에도 보이지 않는 생명활동을 왕성하게 한다. 그러나 활동이든 휴식이든 지나치면 무리가 생긴다. 그런 의미에서, 발산과 수렴의 활동이 상황에 맞게 균형을 잡아야 오래 지속할 수 있다.

구사(九四)

혹 도약하다 연못으로 다시 들어가도, 잘못이 없다(或躍在淵, 无咎).

구사는 변화의 4단계다. 구사는 초구와 대응하는 괘인데, 초구는 세상에 나오지 않은 상태이고, 구사는 세상에서 나오고 들어감을 자유롭게 하는 단계다. 4효의 자리는 대신(大臣)의 자리로, 요즘으로 말하면 정부의 총리나 장관급, 기업의 이사급 정도의 자리라고 할 수 있다. 힘을 쓰는 자리이기 때문에, 자신의 역할에 맞는 실력을 발휘할 수 있다.

그러나 양효가 음의 자리에 있기 때문에, 지나친 경거망동은 화를 초래할 수 있다. 이때 잡괘의 변화 양상을 전체적으로 양면(兩面)에서 음미해 볼 필요가 있다.

만약 중천건의 4효가 음으로 변하면 풍천소축(天天小畜, ☰)이 되고, 4효는 그대로 있고 나머지 효가 음으로 바뀌면 뇌지예(雷地豫, ☳)가 된다. 괘의 변화 양상을 검토해보면, 뜻을 강하게 세우되 행동은 순리에 맞게 계단을 밟아가듯, 조금씩 힘을 쌓아가는 것이 허물이 없음을 암시하고 있다.

한편 나아가고 물러날 때도 도리가 있다. 아무 때나 도약하고 아무 때나 내려오는 것은 아니다. 이에 대해 공자는 문언전(文言傳)에서 다음과 같이 해설했다.

> 위아래로 오르락내리락 하는 것은 일정함이 없지만, 삿된 행동이 아니다. 나아가고 물러남도 고정된 법칙이 없지만, 무리를 떠나고자 하는 특별한 행동은 아니다. 군자가 덕을 쌓아가고 학업을 닦는 것은 시대에 맞게 하고자 함이다. 그러므로 허물이 없다(上下无常, 非爲邪也. 進退无恒, 非離群也. 君子進德修業, 慾及時也, 故无咎).〈문언전〉

인간의 고정관념으로 세상을 보면 높고 낮음이 있지만, 진리의 차원에서는 높고 낮음이 없다. 다만 위아래의 위치가 다르기 때문에, 역할의 차이는 분명 존재한다. 역할이 세상의 변화와 섭리에 따라, 위치에 따라 달라질 뿐, 인간의 존엄성과 본성은 변함이 없다.

공자가 여기서 강조하고자 하는 것은 상황의 변화, 즉 시기와 위치에 맞는 적절한 처사다. 시간과 공간에 맞지 않는, 즉 너무 앞서거나 너무 뒤처진 행동은 위기를 초래할 수 있다. 그러나 언제든 준비는 되어 있어야 한다.

구오(九五)

용이 하늘을 날아다니니, 대인을 만나면 이롭다(飛龍在天, 利見大人).

구오는 변화의 5단계다. 구오는 양효가 양위에 있고, 더불어 중도를 지니고 있다. 중정(中正)을 동시에 얻은 구오는 중천건의 주인이 되는 자리에 있기 때문에, 가장 큰 힘을 발휘할 수 있는 단계다.

비룡(飛龍)은 인격을 완성한 지도자를 말한다. 조직을 마음대로 장악할 수 있는 군주의 단계다. 그런데도 구이처럼, "대인을 만나면 이롭다."는 효사를 지니고 있다. 이것은 무슨 의미일까?

아무리 높은 곳에 올라가더라도, 도움이 필요하다는 뜻이다. 현상계에 홀로 완전한 것은 아무것도 없다. 특히 권력의 핵심에 있는 사람은 오히려 여론에 어두울 수 있다. 자신을 둘러싼 사람들에 의해 정보가 왜곡되기 쉽고, 그렇게 되면 세상을 보는 눈이 흐려질 수밖에 없다.

이때 지혜를 주는 멘토(Mentor)나, 직언하는 임직원이 필요하다. 예전에 현명한 왕은 지혜로운 스승이나, 대쪽 같은 신하를 가까이 두고 쓴 소리를 들을 줄 알았다. 지금의 정치인이나 기업가도 쓴 소리를 경청할 줄 알아야, 실패하지 않을 수 있다. 주위의 비난과 쓴 소리를 자신을 비춰보는 거울로 삼는다면, 실패를 예방하고 큰 성공을 거둘 수 있다. 미국의 철학자 에머슨은 비난의 소리가 높을수록 성공을 예감한다고 했는데, 그것은 비난을 반면교사(反面敎師)로 삼을 수 있기 때문이다. 비난이 상대방을 깨우는 반작용을 일으키는 법이다.

물론 격(格)이 맞아야 한다. 아무리 좋은 충언(忠言)도 격이 맞지 않고 상황에 어울리지 않으면, 오히려 화를 불러올 수 있다. 구오는 세상을 이끄는 존재이기 때문에 대인이라 할 수 있다. 따라서 대인은 대인을 만나야 뜻을 크게 펼칠 수 있다. 문언전(文言傳)에서 구오에 대한 공자의 해석은 매우 고명하고 철학적이다.

> 같은 소리는 서로 응하고, 같은 기운은 서로 구한다. 물은 습한 곳으로 흘러가고, 불은 건조한 곳으로 나아간다. 구름은 용을 따르고, 바람은 호랑이를 뒤따른다. 성인이 출현하니 만물이 우러러본다. 본래 하늘에 있던 것은 위로 친하고, 땅에 있던 것은 아래로 친하다. 각기 같은 부류에 따르는 법이다(同聲相應, 同氣相求. 水流濕, 火就燥, 雲從龍, 風從虎. 聖人作而萬物睹, 本乎天者親上, 本乎地者親下. 則各從其類也).〈문언전〉

괘의 변화를 보자. 만약 중천건의 5효가 음으로 변하면 화천대유(火天大有,䷍)가 되고, 5효는 그대로 있고 나머지 효가 음으로 바뀌면 수지비(水地比, ䷇)가 된다. 이 단계의 변화의 상을 볼 때, 상하의 조화를 통해 발전하는 의미를 담고 있다. 대인이 대인을 만나 조화를 이루면, 대업을 성취할 수 있음을 알 수 있다.

상구(上九)

≡≡

너무 높이 올라간 용은 후회가 있다(亢龍有悔).

상구는 변화의 6단계다. 상구는 양효가 음위에 있고, 중도도 없다. 군주보다 높은 상왕(上王)의 자리에 있는 자다. 상구와 정응(正應)하는 자도 없기 때문에, 외롭고 쓸쓸할 뿐이다. 항룡(亢龍)은 너무 올라가서, 이제는 내리막길이 있을 뿐인 존재이자, 그런 단계를 의미한다.

원심력이 극에 달하면, 구심력이 작동하기 마련이다. 만사, 만물은 시작이 있으면 끝이 있는 법이다. 그래서 노자는 《도덕경》에서 "공(功)이 다하면 물러나는 것이 하늘의 도(道)다."라고 말했다.

그러나 인간세상에서 이 도리를 실천하는 사람은 별로 없다. 항룡의 항(亢)자는 인간의 심리를 대변한다. 문언전(文言傳)에서 이 말의 의미를 다음과 같이 풀이하고 있다.

> 항이란 말이 의미하는 것은 나아가는 것만 알고 물러서는 것은 모르고, 사는 것만 알고 죽는 것은 모르며, 얻는 것만 알고 잃는 것을 모르는 것이다(亢之爲言也, 知進而不知退, 知存而不知亡, 知得而不知喪).《문언전》

인간의 이러한 집착 때문에, 세상에 불행이 끝이 없다. 마지막 순간까지 손에 쥐고 있는 것을 놓지 않으려 애쓴다. 그러나 결국 놓지 않을 수 없다. 공자는 상구의 상황을 《계사전》에서 다음과 같이 해석했다.

> 귀하지만 지위가 없고, 신분은 높지만 다스릴 백성이 없고, 밑에 현인이 있어도 도움을 받을 수 없다. 그러므로 움직이기만 하면 후회할 일들이 생긴다(貴而無位, 高而無民, 賢人在下位而無輔. 是以動而有悔也).《계사전》

모든 변화는 6단계를 거친다. 마지막 6단계는 새로운 전환의 시발점이 된다. 그런 의미에서 황금기의 정점에 이르렀다면, 계속 덜어내는 작업이 필요하고, 어느 순간에는 물러나는 일만이 자신의 생명과 명예를 동시에 살리는 비결이다.

상구의 변화 상황을 봐도 알 수 있다. 만약 중천건의 6효가 음으로 변하면 택천쾌(澤天夬, ䷪)가 되고, 6효는 그대로 있고 나머지 효가 음으로 바뀌면 산지박(山地剝, ䷖)이 된다. 모두가 위험한 상황해서 결단을 요하고 있다.

막막한 상황에 이르면, 많은 사람들이 소외감을 견디지 못하고 일탈행위를 한다. 심지어 자살을 하는 경우도 있다. 이때 가장 절실하게 필요한 일은 자신의 내면을 되돌아보는 정신적 수행이다. 물질적인 부와 권력은 공수래공수거(空手來空手去)의 도리를 벗어날 수 없지만, 정신적 깨달음은 영원히 함께 하며, 의식상승을 이어갈 수 있다.

시간은 6단계의 변화를 영원히 반복하고 있다. 인간의 생로병사(生老病死)처럼 생장소멸(生長消滅)의 과정을 우주도 반복하고 있다. 따라서 좋은 시절에는 나가서 활동하고, 때가 되면 되돌아와 그 다음 생명활동을 대비하는 것이 우주의 섭리다. 인생 황혼기의 적막함이 오히려 영적 성장에는 최적의 조건이라고 할 수 있다.

용구(用九)

뭇 용이 머리를 감추니, 길하다(見群龍无首, 吉).

용구란 효를 지칭하는 것이 아니라, 중천건의 활용을 의미한다. 용구는 중천건의 변효(變爻)에 얽매이지 않고, 자유롭게 처신하는 방법을 설명하고 있다. 그런 의미에서, 머리를 감춘다는 말은 여러 가지로 해석할 수 있다.

첫째, 앞에 나서지 않고 일을 처리하는 것을 뜻한다. 노자가 앞에 나서지 않음을 자신이 지닌 세 가지 보배 중의 하나라고 한 말과 같은 맥락이다.

자신을 내세우지 않고 일을 처리할 수 있다면, 최상의 처세술이라고 할 수 있다.

둘째, 머리로 하는 관념적 사고에 사로잡히지 않는 의미를 내포한다. 노자의 위무위(爲無爲)를 실천하는 것이다. 석가의 무위법(無爲法)이기도 하다. 자신을 세상에 드러내지 않고 대업을 성취하는 것이나, 하되 함이 없이 하는 것이나, 둘 다 세상에 걸림이 없는 삶이다. 무위(無爲)의 정신을 통해 중천건이 뜻하는 원형이정(元亨利貞)을 원만히 성취할 수 있다.

셋째, 변화를 대표하는 용이 머리가 없다는 것은 변화의 방향이 정해져 있지 않다는 것을 암시한다. 운명적으로 정해진 것은 아무것도 없다. 따라서 자신의 운명은 자신의 의지와 지혜에 따라 얼마든지 변화될 수 있음을 알 수 있다. 그런 의미에서, "미래를 예측하는 가장 좋은 방법은 미래를 만들어가는 것이다(The best way to predict the future is to create it)."라고 한 링컨(Abraham Lincoln)의 말을 되새길 필요가 있다.

넷째, 수행적 측면에서 용구를 설명할 수 있다. 중천건은 천문으로 보면, 음력 4월에 해당한다. 절기로 입하(立夏)와 소만(小滿)이 있다. 순양(純陽)의 기운이 가득한 시기다. 그러나 양기가 극에 이르면, 음기가 발동하게 된다. 양기를 보존하는 길은 음기와 동거 동락하는 수밖에 없다. 양기를 고집하지 말고, 음양의 율려작용(律呂作用)에 몸과 마음을 맡기면 된다. 심신이 고요한 상태에 이르면, 천도의 운행처럼, 음양의 기운이 알아서 균형을 잡고 돌게 된다.

시간의 변화는 공간을 만나야 생명을 갖게 된다. 어떤 공간을 만나느냐에 따라 변화의 의미가 달라진다. 중천건으로 선천(先天)의 하늘이 열렸다면, 중지곤(重地坤, ䷁)으로 후천(後天)의 세상이 시작되게 된다. 중천건 다음에 중지곤(䷁)으로 이어지는 것은 정신세계와 물질세계의 융합으로 인간세상의 토대가 만들어지는 과정을 말하는 것이기도 하다.

02.
중지곤(重地坤)

관계의 도리를 지켜라

곤은 으뜸이고 형통하다. 암말의 지조면 이롭다. 군자가 갈 곳이 있으면, 처음에는 어렵지만 뒤에 얻는 바가 있고 크게 이롭다. 서남쪽으로 가면 친구를 얻으나, 동북쪽으로 가면 친구를 잃는다. 마음을 편안히 하고 올곧음을 지키면 길하다 (坤, 元亨, 利牝馬之貞. 君子有攸往, 先迷後得主利. 西南得朋, 東北喪朋. 安貞吉).

곤(坤)은 순함(順)과 부드러움(柔)을 의미한다. 중지곤은 중천건(重天乾, ☰)과 완전히 반대의 모습이다. 위와 아래가 모두 음(陰)으로만 구성된 중지곤은 땅을 상징한다. 곤은 천도(天道), 즉 우주의 법칙과 자연법칙을 따르고 있다.

천도에 순응하면 길(吉)하고, 역행하면 흉(凶)하다. 건덕(乾德)이 하늘의 정신이자 목적이라면, 곤덕(坤德)은 하늘의 뜻을 구현하는 물질이자 수단을 제공한다. 하늘이 시간의 변화라면, 땅은 공간 속에서 생명공동체를 이루는 관계의 망을 대표한다.

그래서 땅은 하늘이 주는 모든 것을 받아서 길러내는 어머니의 역할을 한다. 수말을 온순히 따르는 암말의 지조처럼, 하늘의 이치에 순응하는 땅의 도리를 중지곤은 담고 있다. 단사에서 공자는 다음과 같이 곤의 품성을 설명하고 있다.

지극하도다. 곤의 으뜸이여, 만물이 의지해 살아가며, 하늘을 본받아 따르는구나. 대지는 두터워 만물을 빠짐없이 싣고, 그 덕은 끝이 없어 원만하고도 광대하니, 만물이 모두 형통한다(至哉坤元, 萬物資生, 乃順承天. 坤厚載物, 德合无疆, 含弘光大, 品物咸亨).

곤의 모성(母性)은 또한 고통을 수반한다. 생명의 탄생과 기름은 인고의 과정을 거쳐야 하므로, 처음에는 어렵지만 뒤에 결실을 얻을 수 있다. 중천건(☰)의 이상인 원형이정이 중지곤의 도리와 노력을 거쳐, 결국 세상에서 실현된다는 것을 암시하고 있다.

"서남쪽으로 가면 친구를 얻으나, 동북쪽으로 가면 친구를 잃는다."는 말은 사실 의미가 모호하다. 여러 가지 해석이 있지만, 주역이 본래 천문(天文)에 근간한 것임을 잊지 말아야 한다. 천문에선 중천건(☰)이 태양을 상징한다면, 중지곤은 달을 상징한다.

달은 서남(西南) 방향에서 떠서, 동북(東北) 방향으로 사라진다. 역(易)의 원리에 입각해서 수행의 원리와 방법을 논한 위백양(魏伯陽)의 《참동계(參同契)》를 보면, '동북상붕(東北喪朋)'은 '동북상기명(東北喪其明)'이란 구절과 연관됨을 알 수 있다.

붕(朋)자를 명(明)자로 바꾸어 해석하면, 수행적 측면에서 보다 이해하기 쉽다. 서남쪽에서는 달의 밝음을 얻을 수 있고, 동북쪽에서는 그 반대다. 천문의 해와 달이 일정한 주기로 돌고 있듯이, 인체의 음양이기(陰陽二氣)도 천도의 영향을 받고 더불어 돌고 있다.

천문은 우주의 흐름과 세상의 영고성쇠를 하나의 궤로 보고 있다. 우주의 흐름을 대표하는 해와 달이 돌고 돌듯이, 세상의 길흉화복도 돌고 돈다. 때문에 운명론적으로 주역을 봐도, 좋고 나쁨이 없다. 좋고 나쁨이 상대적으로 존재할 뿐이다.

본래 주역은 운명을 논한 책이 아니다. 다시 한 번 더 강조하지만, 주역은 수행서(修行書)다. 정신과 물질을 통합한 수행의 측면에서 보면, 좋고 나쁨이 없다. 음의 현상과 양의 현상이 모두 인간을 단련시키는 풀무질과 같다. 생명은 양기(陽氣)만으로 유지될 수 없다. 음기(陰氣)가 양기를 품고 보충해주어야, 생명을 완성할 수 있다. 때문에 음양이 서로 보상관계를 이루면서 완성을 향해 나아가는 것이 역이다.

음양의 조화가 건강은 물론 수행의 기본이다. 수행은 먼저 몸의 기운을 고르게 하고, 이어 그 힘으로 마음을 고요하게 하면서, 자신의 본체에 이르는 여정이다. 달은 땅을 상징하므로, 서남 방향에서 음기가 시작되어 동북 방향에서 사라지는 여정은, 결국 태양이 낮 동안 방사한 빛에너지를 지구와 달의 지기(地氣)를 통해 회복하는 과정과 같다.

음양의 순환을 통해 자연은 유지되고 있다. 그래서 공자는 《계사전》에서 "음양이 번갈아 도는 것을 도라 한다(一陰一陽之謂道)."고 했던 것이다. 인간 또한 자연의 일부분으로서 음양의 순환법칙에 따라 생명을 유지하고 있다. 음양의 법칙이 인간의 굴레이기도 하지만, 음양의 법칙을 이용해 본원의 에너지를 회복함으로써 생명의 제약으로부터 벗어날 수 있음을 참동계는 밝히고 있다.

생명의 현상뿐만 아니라 물질현상도 그렇고, 사회현상도 크게 보면 음의 수렴과 양의 발산에 불과하다. 물리의 법칙으로 음양의 작용을 보면, 수렴의 양상에 따라 발산의 현상이 달라진다. 수렴한 만큼 발산하는 법이다. 그러므로 겉으로 보이는 에너지의 표출은 보이지 않은 에너지의 응축에 달려있다.

생명의 차원에서는 일양(一陽)보다 일음(一陰)이 앞서는 것이 현상세계의 이치다. 현상세계는 물질에 기초하기 때문이다. 그런 의미에서 상사(象辭)에서, "땅의 생명에너지가 곤이고, 군자는 두터운 덕으로써 만물을 가꾼다(地

勢坤, 君子以厚德載物)."라고 중지곤의 상(象)을 풀이하고 있다. 문언전(文言傳)의 해설을 보면, 곤의 덕성을 보다 정확히 이해할 수 있다.

> 곤은 지극히 부드러운 기운이지만 그 움직임은 강하고, 지극히 고요한 모습이지만 그 덕은 곧게 사방에 미친다. 하늘의 도를 따른 연후에 일정한 땅의 도리가 생기고, 만물을 포용하여 화육의 덕이 빛난다. 곤의 도는 참으로 유순하구나. 천도에 따라 때에 맞춰 행한다(坤至柔而動也剛, 至靜而德方. 後得主而有常, 含萬物而化光. 坤道其順乎! 承天而時行).〈문언전〉

하늘과 땅, 즉 시간과 공간이 하나의 작용으로 세상을 만들고 있다. 중천건☰이 하늘의 이치로써 지도자의 리더십을 말하고 있다면, 중지곤은 땅의 도리로써 일반적인 처세를 설명하고 있다. 하늘과 땅의 질서가 있듯이, 인간 세상에도 위아래의 질서가 있다.

권위적인 위계질서가 아니라, 생명의 질서다. 질서는 모든 생명의 관계가 함께 만드는 조화다. 인류 생명활동의 질서가 만든 것이 바로 문명이다. 문명이 꽃피는 과정에서 일정한 때와 적절한 작용이 있음을 알 수 있다.

한편 중지곤 전체의 잡괘(雜卦)는 중천건☰ 하나다. 중천건☰과 중지곤이 모든 변화의 기본 괘라는 것을 다시 한 번 알 수 있다. 이 한 쌍의 괘를 염두에 두고, 중지곤 각 효의 변화에 따른 잡괘를 함께 고려하면, 중지곤의 각 단계별 변화흐름과 대처요령을 알 수 있다.

초육(初六)

서리를 밟으면, 땅이 곧 단단히 얼어붙으리라. 상사에서 이르기를, 서리를 밟으면 땅이 곧 단단히 얼어붙으리라 함은 음기가 응축되기 시작됨을 말하는 것이다. 이러한 도리를 순순히 따라가면, 단단한 얼음에 이르게 된다(履霜, 堅冰至. 象曰, 履霜堅冰, 陰始凝也. 馴致其道, 至堅冰也).

초육은 생명활동의 1단계에 해당한다. 곤(坤)은 천문으로 음력 10월에 해당한다. 절기상 입동(立冬)과 소설(小雪)이 있다. 곤은 달의 운행으로 보면 그믐달에 해당한다. 음기(陰氣)가 잠복해 있는 때다. 새로운 문명은 새로운 생명활동과 함께 한다.

초육은 음효가 양위에 있다. 뭔가 발아하고 싶지만, 힘도 미약하고 여건도 좋지 못한 상태다. 새로운 것이 발아되는 환경은 최초에는 아무것도 보이지 않는 황량한 동토(凍土)와 같다. 겉보기에 아무런 움직임이 없지만, 사실 엄청난 변화가 내부에서 일어나고 있다. 우리가 인식할 수 없을 뿐이다.

생명에너지는 음기가 응축되는 시기에 새롭게 시작한다. 새로운 활동에너지는 단단히 응결된 씨에 비축되게 된다. 응결이란 고요함의 극치를 말한다. 고요함을 지키면, 생명의 도리가 스스로 길을 찾아가서 생명을 발현시킨다.

순치기도(馴致其道)는 그러한 도리를 설명하고 있다. 이러한 도리는 인간 세상에도 그대로 적용이 된다. 문언전의 설명을 들어보면 좀 더 이해가 간다.

선을 쌓은 집에는 반드시 경사가 뒤따르고, 선을 쌓지 못한 집에는 반드시 재앙이 뒤따른다. 신하가 임금을 죽이고, 자식이 아버지를 죽이는 것은 짧은 시간의 연고가 아니다. 그 유래를 보면 조금씩 쌓여 온 사유가 있다. 그것을 일찍 분별하지 못함에 문제의 원인이 있다. 역에서 이르기를, 서리를 밟으면 땅이 곧 단단히 얼어붙으리라 함은 순리를 대체로 말한 것이다(積善之家, 必有餘慶, 積不善之家, 必有餘殃. 臣弑其君, 子弑其父, 非一朝一夕之故, 其所由來者漸矣! 由辯之不早辯也. 易曰, 履霜堅冰至. 蓋言順也).〈문언전〉

여기서 문제시 되는 것은 '선(善)'과 '불선(不善)'이다. 윤리적 관점에서 보면, 선은 좋은 것이고 불선은 나쁜 것으로 생각하기 쉽다. 그러나 여기서는 이 둘을 선과 악의 대립적 개념으로 말한 것은 아니다.

자연의 이치인 중도를 삶의 이치로 제시한 것이 공자의 중용이다. 이것을 주역에서는 중도라고 했다. 중도는 상황의 도다. 관계와 변화에 맞는 행동, 즉 중도의 도리는 선(善)이고, 중도의 도리에 맞지 않는 것은 불선(不善)이다. 그런 의미에서, 단순히 자리를 보존하기 위해 가운데를 찾는 것도 불선이다.

중도는 세상의 변화와 관계를 따르는 것이다. 자연의 이치를 따르는 중도적 삶은 조화로운 결과를 가져오게 된다. 그러나 자연법칙을 어긴 삶은 모순과 갈등을 야기하고, 결국 작게는 개인 간의 다툼, 크게는 국가 간의 전쟁을 유발하는 원인이 된다.

문명의 1단계인 초육에서, 괘의 변화상을 보면 이 시기에 행동의 지혜를 알 수 있다. 만약 중지곤의 1효가 양으로 변하면 지뢰복(地雷復, ䷗)이 되고, 1효는 그대로 있고 나머지 효가 양으로 바뀌면 천풍구(天風姤, ䷫)가 된다.

두 변효(變爻) 모두 새로운 시작을 의미한다. 새로운 시작은 그에 따른 결과를 야기하는 법이다. 지뢰복䷗ 초구의 양이 6효까지 순양(純陽)의 길을 따라가면, 중천건䷀에 이르게 된다. 반대로 천풍구䷫ 초육의 음이 6효까지 순음(純陰)에 이르면, 중지곤이 된다.

음은 양을 지향하고, 양은 음으로 돌아감을 알 수 있다. 생명에너지의 수렴은 발산을 위함이고, 에너지의 발산이 다 끝나면 다시 생명력을 회복하기 위해 수렴하는 것이 생명의 법칙이다. 시작하는 대로 끝나고, 끝나는 대로 다시 시작하는 에너지 순환의 법칙이 모든 생명활동에 적용이 된다. 인간사회의 활동도 마찬가지다.

육이(六二)

곧게 사방으로 뻗으니 크고, 익히지 않아도 불리함이 없다. 상사에서 이르기를, 육이의 움직임이 곧게 사방으로 뻗으니 크고, 익히지 않아도 불리함이 없다 함은 땅의 도리가 스스로 빛나기 때문이다(直方大, 不習无不利. 象曰, 六二之動, 直以方也. 不習无不利, 地道光).

육이는 생명활동의 2단계에 해당한다. 땅의 도(道)는 음기(陰氣)를 품고 있다. 음기의 현상을 육안으로 볼 수 있는 것은 달이다. 육이는 달의 운행으로 보면, 상현달에 해당한다. 음기가 발동하기 시작한 때다. 달이 뜨면, 그 빛이 사방을 곧바로 널리 비추게 된다. '직(直)'과 '방(方),' 그리고 '불습(不習)'에 대한 문언전의 해설을 보면, 육이에 관한 효사와 상사의 뜻이 보다 분명해진다.

직은 바른 것이고, 방은 의로운 것이다. 군자는 경으로써 마음을 바르게 하고, 의로써 행동의 품격을 갖춘다. 경과 의가 확립되면 덕은 외롭지 않다. 곧게 사방으로 뻗으니 크고, 익히지 않아도 불리함이 없다고 함은 행위에 대해 아무런 의문을 품지 않는다는 뜻이다(直其正也, 方其義也. 君子敬以直內, 義以方外. 敬義立而德不孤. 直方大, 不習无不利, 則不疑其所行也).〈문언전〉

자연의 현상인 직방(直方)이 삶의 원칙인 경의(敬義)로 구현되는 도리를 설명하고 있다. 여기서 경(敬)은 단순히 예의를 지켜 존경하는 것이 아니라, 언행을 절제해서 지나침을 삼가는 것을 의미한다. 하늘은 둥글고 땅은 곧고 네모진 것이라고 한 것은 하늘의 이치는 원만하지만, 땅의 도리는 엄격한 질서가 있다는 것을 암시하기도 한다.

한편 자연의 현상이 시간의 변화에 따라 그 모습을 달리하는 것처럼, 삶의 현상도 이와 다르지 않다. 중도의 도리를 깊이 간직한 사람은 삶의 변화에 맞게 합당한 결과물을 만들어낸다.

"덕은 외롭지 않다."와 "익히지 않아도 불리함이 없다."는 말이 의미하는 바는 조화로운 결과는 이미 시작단계에 그에 합당한 원인을 품고 있다는 것이다. 새로운 문명은 그 자체 안에 문명을 꽃피울 에너지를 갖고 있다. 그렇기 때문에, 어떤 마음으로 어떻게 시작하느냐가 그 결과를 좌우하게 된다. 초발심이 깨달음을 이룬다는 말의 이치와 같다.

이것은 수행의 이치이기도 하다. 생명의 기운을 모으기 위해 별다른 행위가 필요하지 않다. 오직 바른 뜻을 내고, 고요하게 마음을 전일하게 지키기만 하면 된다. 그러면 기(氣)가 알아서 제 길을 가게 되고, 도(道)가 스스로 구현된다.

육이는 가운데 자리에 있고, 음효로서 음위(陰位)에 있다. 중정(中正)을 모두 겸비하고 있다. 괘의 변화를 보자. 만약 2효가 양으로 변하면 지수사(地水師, ䷆)가 되고, 2효는 그대로 있고 나머지 효가 양으로 바뀌면 천화동인(天火同人, ䷌)이 된다. 조화로운 생명의 기운은 무리를 형성하며, 반드시 커다란 문명 공동체가 지상에 형성될 수밖에 없다는 사실을 알려주고 있다.

육삼(六三)

아름다운 빛을 머금고 있어 올곧을 수 있다. 혹 국가의 일에 참여한다면, 이룸은 없더라도 유종의 미는 거둘 수 있다. 상사에서 이르기를, 아름다운 빛을 머금고 있어 올곧을 수 있음은 때가 되면 발현된다는 뜻이다. 혹 국가의 일에 참여함은 지혜의 빛이 크기 때문이다(含章可貞, 或從王事, 无成有終. 象曰, 含章可貞, 以時發也, 或從王事, 知光大).

육삼은 생명활동의 3단계다. 육삼은 가운데 자리도 아니고, 음효로서 양위에 있다. 따라서 중정(中正)이 모두 결여된 상태다. 이 상황에서는 이룰 수 있는 일이 없다. 다만 육삼이 곤(坤)의 덕성을 갖고 있기 때문에, 땅의 도리에 순종한다면 유종의 미는 걷을 수 있다. 문언전의 해설을 보면, 육삼의 뜻을 보다 분명히 이해할 수 있다.

비록 음이 아름다움을 갖고 있지만, 안에 감추고 있으므로 국가의 일에 종사하면서도, 감히 성과를 취하려 하지 않는다. 이것이 땅의 도리요, 아내의 도리요, 신하의 도리다. 땅의 도리는 성과를 드러냄이 없으나 좋은 결과를 물려받는다(陰雖有美, 含之以從王事, 弗敢成也. 地道也, 妻道也, 臣道也. 地道無成而代有終也).〈문언전〉

육삼은 자신을 내세울 수 없는 위치다. 그러나 음의 속성, 즉 곤의 도리를 올곧게 지키고 있으면, 아름다운 생명의 발현을 볼 수 있다. 비록 자신을 내세우지는 않지만, 실질적인 성공의 결실을 함께 누릴 수 있다.

'장(章)'은 생명 속에 내포된 아름다움과 진리의 빛을 동시에 의미한다. 모든 생명 속에는 진선미(眞善美)가 구현될 정보가 내장되어 있다. 천문학적으로 '함장(含章)'은 달이 가장 밝은 상태, 즉 보름달을 뜻한다. 보름달에는 지혜의 광명이 투영되어 있다. 이러한 덕성을 지니고 있기 때문에, 이 단계에서는 국가의 일을 하더라도 무난하고, 지혜를 크게 함양할 수도 있다.

괘의 변화를 보자. 만약 3효가 양으로 변하면 지산겸(地山謙, ䷎)이 되고, 3효는 그대로 있고 나머지 효가 양으로 바뀌면 천택리(天澤履, ䷉)가 된다. 겸양의 정신으로 조심스럽게 나아가므로, 앞으로 형통할 수 있는 근기(根機)를 갖추고 있음을 알 수 있다.

육사(六四)　

자루를 단단히 동여맨다면, 허물도 명예도 없다. 상사에서 이르기를, 자루를 단단히 동여매어 허물이 없다 함은 신중하여 피해가 없다는 뜻이다(括囊, 无咎 无譽. 象曰, 括囊无咎, 愼不害也).

육사는 생명활동의 4단계다. 육사는 음위에 음효가 있으므로, 바름(正)을 얻었다. 그러나 가운데 자리는 아니다. 상괘의 중심인 육오의 바로 밑에 있으므로, 일인지하(一人之下) 만인지상(萬人之上)의 자리라고 할 수 있다. 따라서 지위가 높고 임무도 막중하다. 이런 자리에 있다면, 신중을 기해야 탈이 없다. 물론 지나치면, 오히려 문제가 생길 수 있다. 육사의 입장에 관한 문언전의 해설을 참고해보자.

천지가 변화하면 초목이 번성하고, 천지가 막히면 현인도 숨어든다. 역에서 말하기를, 자루를 단단히 동여맨다면 허물도 명예도 없다고 함은 조심하고 삼갈 것을 큰 줄기로 말한 것이다(天地變化, 草木蕃, 天地閉, 賢人隱. 易曰, 括囊, 无咎无譽. 蓋言謹也).〈문언전〉

지도자를 보좌하는 위치에 있는 사람은 말 한마디, 행동 하나에도 신중을 기해야 탈이 없다. 특히 요즘 같은 대중화된 정보사회에서는 뜻하지 않은 작은 실수가 큰 화를 초래하는 경우가 많다. 특히 입을 함부로 열면 큰 화를 불러온다.

그리고 아무리 뛰어난 사람도 때가 아니면, 조용히 물러나서 때를 기다리는 것이 상책이다. 그런데 많은 사람들은 이와 반대로 한다. 기다리는 지혜가 없기 때문이다. 현명한 자는 변화의 도리를 역으로 활용할 줄 안다. 재주가 아무리 많아도 쓸 데가 따로 있는 법이다. 변화의 길목을 지키고 있다가, 기회를 낚아채는 자가 성공할 수 있다.

괘의 변화를 보자. 만약 4효가 양으로 변하면 뇌지예(雷地豫, ䷏)가 되고, 4효는 그대로 있고 나머지 효가 양으로 바뀌면 풍천소축(風天小畜, ䷈)이 된다. 괘의 변화에서 알 수 있듯이, 손순(巽順)하게 곤(坤)의 도리를 지켜나가면서, 신중하게 일을 추진해야 하는 것이 중지곤 육사의 상황이다.

육오(六五)

황색 치마와 같은 상태로서 최고로 길하다. 상사에서 이르기를, 황색 치마와 같은 상태로서 최고로 길하다는 것은 문화 속에 중용의 덕성이 있다는 뜻이다 (黃裳元吉. 象曰, 黃裳元吉, 文在中也).

육오는 생명활동의 5단계다. 육오는 양위에 음효가 있지만, 가운데 자리를 얻었으므로 중(中)의 도리를 갖추고 있다. 황색은 중앙 토(土)의 색깔이다. 그러므로 황상(黃裳)은 중용의 이치를 터득한 지도자를 의미한다. 문언전에서 중도를 체득한 군자의 아름다움을 다음과 같이 설명하고 있다.

군자는 안팎에서 중용을 꿰뚫어 구현하고, 바른 자리에 처신하므로, 아름다움이 그 가운데 있고, 동시에 사지로 뻗어나가, 사업에서 발현되므로, 아름다움의 극치에 이른다(君子黃中通理, 正位居體, 美在其中, 而暢於四支, 發於事業, 美之至也).〈문언전〉

군자가 중도의 도리를 체득한 것은 맹자의 호연지기(浩然之氣)를 성취한 상태와 같다. 중도의 도리를 체득하여 생각과 말과 행동으로 구현되므로, 일체의 언행이 우주의 섭리와 조화를 이루어 아름답다. 진선미(眞善美)가 삶 속에서 실현되고 있는 것이다. 원문의 황중통리(黃中通理)는 중도의 상태를 가장 잘 표현하고 있다. 겉과 속, 마음과 몸이 중도의 기운으로 하나가 된 상태다.

괘의 변화를 보자. 만약 5효가 양으로 변하면 수지비(水地比, ䷇)가 되고, 5효는 그대로 있고 나머지 효가 양으로 바뀌면 화천대유(火天大有, ䷍)가 된다. 중용의 도리를 잘 활용하면, 상하가 협력하며 크게 형통함을 알 수 있다.

한편 상(裳)은 하의를 지칭하므로, 천문학적으로 황상은 하현달을 의미한다. 하현달은 옅은 노란색을 담고 있다. 불행하게도 어떤 사람도, 어떤 사회도 황금기를 영원히 누릴 수는 없다. 달도 차면 기울 듯이, 마지막 변화의 단계로 넘어갈 수밖에 없다.

상육(上六)

용이 들에서 싸우는데, 그 피가 검붉은 황색이다. 상사에서 이르기를, 용이 들에서 싸운다는 말은 그 도가 끝에 도달했다는 뜻이다(龍戰于野, 其血玄黃. 象曰, 龍戰于野, 其道窮也).

상육은 생명활동의 6단계다. 상육에서는 중천건▤처럼 용이 다시 등장한다. 중천건▤은 중지곤의 유일한 잡괘로서, 중지곤의 상육에 이르러서, 하늘과 땅이 만나고 있다.

중천건▤ 상구에서 "너무 높이 올라간 용은 후회가 있다(亢龍有悔)."고 하듯이, 중지곤 상육에서는 용의 싸움을 통해 세상의 도가 극에 달했음을 말하고 있다. 한 시대의 문명이 다함을 암시하는 것이다. 문언전에서 이런 이치를 풀어서 설명하고 있다.

음이 극에 이르러 양에 비기려하면 반드시 싸움이 벌어진다. 양이 없는 것을 혐오한 결과다. 그래서 용이라 한다. 그렇지만 같은 유를 벗어나지 않는다. 때문에 혈이라 한다. 현황이란 천지가 뒤섞인 것으로, 하늘은 검고 땅은 누렇다(陰疑於陽必戰. 爲其嫌於无陽也, 故稱龍焉, 猶未離其類也, 故稱血焉. 夫玄黃者, 天地之雜也, 天玄而地黃).〈문언전〉

상육에 이르면, 새로운 시대가 멀지 않음을 알 수 있다. 음양이 뒤섞여 새로운 문명을 만드는 과정을 용의 싸움으로 비유하고 있다. 음양은 본래 태극(太極)의 한 뿌리에서 나왔으므로, 동류라고 할 수 있다. 6단계는 음양의 피가 섞여 또 다른 새로운 문명을 만드는 과정이므로, 몹시 위중한 상황이다. 구시대를 정리하고 새로운 시대를 맞이할 준비를 해야 한다.

6효의 변화도를 봐도 상황을 알 수 있다. 만약 6효가 양으로 변하면 산지박(山地剝, ▤)이 되고, 6효는 그대로 있고 나머지 효가 양으로 바뀌면 택천쾌(澤天夬, ▤)가 된다. 모두 극한 상황에 이르러, 새로운 결단을 요한다는 것을 알 수 있다.

용육(用六)

영원히 올곧으면 이롭다. 상사에서 이르기를, 용육으로 영원히 올곧으면, 위대하게 끝맺게 된다(利永貞. 象曰, 用六永貞, 以大終也).

용육은 특정한 효가 아니라, 중지곤의 활용을 의미한다. 중지곤의 용육은 중천건(☰)의 용구처럼, 전체 효를 관통하는 지혜다. 비록 세상은 변화가 일상지만, 변화의 위험 속에서도 영원히 올곧음을 지켜나가면, 형통하고 큰 결실을 맺게 될 것이라는 사실을 알려주고 있다.

천문으로 볼 때, 중지곤은 음력 10월이다. 절기로 입동(立冬)과 소설(小雪)이 있다. 중천건(☰)과 정반대로 순음(純陰)이 가득한 시기다. 수행적 측면에서 말하면, 고요하게 순음을 지키고 있으면, 순음의 극에 이르러 양기가 발동하게 된다. 수행자가 할 일은 고요함을 전일하게 지키고 있으면 된다. 나머지는 하늘의 이치에 따라 절로 음양의 순환작용이 일어난다. 그래서 노자는 고요함을 생명의 근본으로 들어가는 길이라고 보았다.

용육의 올곧음은 불변하지 않는 어떤 것을 붙들고 집착하는 것이 아니라, 변화의 흐름을 따르는 것이다. 올곧음은 곧 중정(中正)의 이치를 말한다. 중정은 달리 말하면, 변화와 관계의 도(道)라고 할 수 있다. 변화에 따른 바른 관계를 유지하는 것이 바로 중정의 이치이자 삶의 지혜다.

모든 생명을 아우르는 문명에는 생장소멸(生長消滅)의 법칙이 내재해 있다. 생장소멸을 한마디로 한다면, 음과 양의 생명에너지가 자아내는 발산과 수렴의 하모니라고 할 수 있다. 전체 문명에너지 파동의 흐름을 잘 타면서, 자신의 생명에너지를 구현하는 것이 변화와 관계를 선도하는 비결이다.

03.

수뢰준(水雷屯)

시작은 험난하니 조력자를 구하라

준은 크게 형통하고 올곧으면 길하다. 나아갈 바가 있으나 움직일 단계가 아니므로, 제후를 세우면 이롭다(屯, 元亨利貞. 勿用有攸往, 利建侯).

하늘이 열리고 땅이 생긴 다음에 수뢰준이 나오는 것은 천지자연의 발생 현상과 관련이 있다. 준(屯)이란 한자는 어렵게 세상에 나온다는 의미를 담고 있다. 여기서 확장되어, 준은 '처음 생김(始生)'과 더불어 그로부터 확장된 '가득함(盈)'을 의미한다. 혼돈 속에서 천지만물이 생성되어 처음에는 세상에 힘들게 나왔지만, 점차 두루 충만해지는 이치를 담고 있다.

수뢰준은 중지곤(☷)의 초육이 양으로 변해서 하괘의 진(震)을 이루고, 중지곤(☷)의 육오가 양으로 변해서 상괘의 감(坎)을 이루면서 괘상이 성립되었다. 수뢰준의 형상을 물리적 현상으로 보면, 물속에서 우레의 진동이 일어나는 모습이다.

수뢰준은 생물이 물에서 진화되어 나왔다는 사실을 상징하고 있다. 물속에서 생명이 진화되어 나오는 과정은 장구한 시간이 필요하지만, 생명이 처음 생길 때는 뭔가 큰 작용이 있었을 것이다. 감괘 밑에서 진괘가 생명에너지 파장을 촉발시키는 상황은 마치 고요한 우주가 빅뱅(Big Bang)으로부터 현재의 우주로 팽창한 것과 같다.

수뢰준은 이러한 물리적 상황을 인간 세상에 적용하고 있다. 단사에서, 지상에서 큰 변화가 일어나는 상황을 보다 구체적으로 표현하고 있다.

> 단사에서 이르기를, 준은 강유가 처음 만나 교류하여 어렵게 태어남이다. 위험 속의 움직임이지만, 올곧으면 크게 형통한다. 우레와 비가 난무하며 세상을 가득 채우고, 세상이 만물을 싹트게 하나 아직 어두운 때이다. 제후를 세워야 마땅하나 편안하지는 않다(象曰, 屯, 剛柔始交而難生, 動乎險中, 大亨貞. 雷雨之動滿盈, 天造草昧. 宜建侯而不寧).

강(剛)과 유(柔)의 양극적 요소가 만나 교류하면, 큰 변화가 생긴다. 생물도 이러한 격변 속에서 생성되었다. 이런 물리적, 생물학적 현상은 인간사회 현상에서도 마찬가지로 일어나고 있다. 새로운 사회가 형성될 때는 모순과 갈등이 극을 이룬다. 극과 극이 충돌하는 혼돈 속에서 새로운 것이 탄생된다.

우리 사회의 혼란과 갈등도 이러한 관점으로 이해할 수 있다. 우리는 지금 새로운 세상으로 진입하고 있다. 우리사회뿐만 아니라 세계적인 현상이다. 진정한 혁명의 시대라고 할 수 있다. 코로나로 촉발된 세상의 변화는 인공지능시대와 언택트(Untact) 사회를 가속화시키고 있다.

고대에도 양상은 다르지만, 문명의 변화가 여러 차례 있었다. 과거 봉건주의사회에서 새로운 사회가 아직 자리를 잡지 않은 때는 적당한 제후를 세워야 했다. 제후는 요즘으로 말하면, 자치 단체장이나 고위 공무원을 말한다. 초과학시대에는 전문과학자나 정신물리학자 또는 인문과학자를 배치하는 것도 포함된다.

물론 새로운 사회가 자리를 잡아가는 초기에는 안정을 이루기 힘들지만, 인재를 적재적소에 잘 등용하면 점차 안정을 찾아가게 된다. '불령(不寧)'이란 말이 암시하듯이, 그 과정이 그리 녹록치 않음을 알 수 있다. 개인의 안녕보다는 공공의 번영과 행복을 위해 어려움을 무릅쓰는 지도자와 전문가를 제대로 뽑는 일이 매우 중요한 일임을 알 수 있다.

새로운 시대의 사람들이 특히 명심해야 할 덕목은 올곧음(貞)이다. 미래 사회는 모든 정보가 통합되어 거짓 정보가 자리를 차지하기 힘들 것이다. 물론 그 와중에도 거짓 정보를 만들고 사람들을 미혹시키는 무리들이 있겠지만, 결국 생명의 알맹이가 없는 쭉정이는 싹을 틔울 수가 없다. 오직 산고의 아픔을 견디고 나온 진실한 씨앗들이 새로운 세상을 만든다. 준(屯)의 의미가 그렇다. 올곧은 자만이 크게 형통할 수 있다.

한편 공자는 상사에서 수뢰준의 의미를 다른 각도에서 해석하고 있다. 수뢰준의 경책이라고 할 수 있다.

> 상사에서 이르기를, 구름과 우레가 준이니, 군자는 이로써 경륜을 행한다(象曰, 雲雷, 屯, 君子以經綸).

물 대신 구름을 내세우고 있다. 구름과 우레는 조화가 무궁한 것을 의미한다. 구름과 우레를 부리듯 군자의 역량이 매우 커서, 경륜을 발휘하기에 부족함이 없다. 경륜(經綸)이란 가로와 세로를 얽어 짜듯 완벽하게 세상을 경영을 하는 것을 말한다. 지도자가 그렇다는 것이 아니라, 그렇게 하라는 경책이다.

수뢰준 괘의 변화를 보면 수뢰준의 상황을 알 수 있다. 수뢰준의 잡괘로 얻을 수 있는 괘는 뇌수해(雷水解, ䷧), 산지박(山地剝, ䷖), 화풍정(火風鼎, ䷱), 산수몽(山水蒙, ䷃) 등이다. 어려운 상황에서 위기를 헤쳐나가기 위해서는, 경거망동하지 말고 자신을 갈고 닦아 새롭게 거듭나야 함을 알 수 있다.

초구(初九)

제자리에 머뭇거리며 전진하기 어려운 때에는, 바르게 자리를 지킴이 이로우며, 제후를 내세우는 것이 이롭다. 상사에서 이르기를, 비록 제자리에 머뭇거리며 전진하기 어렵지만, 뜻과 행동이 올바르다. 아래에 있는 천한 이들을 귀하게 여김으로써, 백성을 크게 얻는다(磐桓, 利居貞. 利建侯. 象曰, 雖磐桓, 志行正也. 以貴下賤, 大得民也).

초구는 기다림의 미학을 말하고 있다. 초구는 양효가 양위에 있지만, 아직 생명의 활동을 하기에는 시기가 이르다. 새로운 것이 세상에 처음 나오자마자 환영받는 일은 매우 드물다. 새로운 사업도 마찬가지다. 시기가 너무 빠르면, 미친 짓으로 오해받을 수도 있다. 새로운 사업을 위한 환경이 아직 준비되어있지 않기 때문이다.

따라서 초기에는 전진하기 어려운 상황일 수 있다. 이때는 경거망동하지 말고 상황을 면밀하게 분석하면서, 사업 목표와 방향을 바르게 세워야 한다. 그리고 무엇보다 생명에너지를 키우는 일이 시급하다.

그리고 대표는 사업을 총괄하고 나머지는 각 분야에 맞는 적절한 인재를 뽑아 일을 맡기는 것이 효과적이다. 직원을 귀하게 여겨야, 그 직원도 대표를 귀하게 여기고 회사를 위해 최선을 다하는 것은 일반적인 인간 심리다. 만약 일인(一人) 기업인 경우는 전문 네트워킹을 잘 활용하면서, 네트워킹 간에 신뢰를 쌓으면 된다.

새로운 사회를 건설할 때는 더욱 상황이 엄중할 것이다. 새로운 지도자가 사회의 대표성을 가지려면, 새로운 사회에 합당한 덕망, 비전, 실력 등을 두루 갖추어야 한다. 그러나 초기에는 새로운 지도자가 모든 지역이나 영역의 지지를 동시에 받기 힘들다. 지역마다 영역마다 이해관계가 다르기 때문이다. 때문에 초기에 대표성을 두루 인정받기란 쉽지 않은 일이다.

따라서 각 지역과 영역에 맞는 적당한 사람을 내세우는 것이 좋다. 새로운 사회건설의 강령을 잘 이해하고, 지역 사회에 맞게 그 뜻을 펼칠 수 있는 인재를 파견해야 한다. 지도자는 뜻과 행동을 바르게 하고, 국민들을 귀하게 모신다면, 장차 큰 지지를 얻게 될 것이다.

봉건주의 사회에서도 군주가 오만방자한 태도로 백성을 무시하면, 나라를 유지하기 힘들었다. 하물며 민주주의 시대에서 새로운 사회를 건설할 때에는, 특히 더 조심하고 조심해야 뜻을 이룰 수 있다. 지도자가 국민을 무시하고 바른 뜻과 행동을 보이지 못한다면, 그 정권은 국민의 선택을 오래 받을 수 없다.

모든 것은 초기에 그리고 아래의 기반이 튼튼해야, 오래 유지할 수 있다. 모든 변화도 시작단계부터 토대를 제대로 쌓아야 좋은 결과를 가져온다. 토대가 튼튼해야 오래 버틸 수 있는 건물을 짓듯이, 개인사업에서 국가사업에 이르기까지 밑바닥을 튼튼히 다져야 큰 결실을 맺을 수 있다.

초육의 단계는 바로 바닥을 충실하게 다지는 단계다. 그리고 그 시작은 밑에 있는 사람들의 마음을 얻는 일부터 시작된다는 것을 말하고 있다. 능력 있고 믿을 수 있는 조력자를 얻었다면, 추진하는 일의 성사는 시간문제일 뿐이다.

괘의 변화상을 보면 초구의 상황을 보다 종합적으로 이해할 수 있다. 만약 1효가 음으로 변하면 수지비(水地比, ䷇)가 되고, 1효는 그대로 있고 나머지 효가 반대로 바뀌면 화천대유(火天大有, ䷍)가 된다. 사람들이 합심하여 일을 도모하면, 큰 성과를 낼 수 있음을 암시하고 있다.

육이(六二)

상황이 어려워 나아가지 못하고, 말을 타도 계속 머뭇거린다. 도적은 아니지만 혼인을 구해도, 여자가 올곧아 결혼하지 않고, 10년 뒤에야 정혼을 허락한다. 상사에서 이르기를, 육이의 어려움은 굳센 양을 올라탔기 때문이다. 10년 뒤에야 정혼을 허락하고, 그때 비로소 상리로 돌아간다(屯如, 邅如. 乘馬班如, 匪寇婚媾, 女子貞不字, 十年乃字. 象曰, 六二之難, 乘剛也, 十年乃字, 反常也).

육이는 절제의 미학을 말하고 있다. 괘의 의미는 일차적으로 물리의 현상을 보고 나서, 그 현상을 세상에 적용한 것이다. 육이는 음효로서 음위에 있다. 중정을 모두 얻은 자리다. 따라서 육이는 지조가 올곧은 여자와 같다. 비록 강한 초구 위에 있지만, 육이는 초구의 구혼을 받아들이지 않고 있다. 때문에 처음은 힘들지만, 힘든 시간이 지나가면 즐거운 일이 오기 마련이다.

육이는 굳건히 지조를 지키고 있다가, 수뢰준괘의 주인인 육오의 시대가 되면 혼인을 허락한다. 육이의 상황을 괘의 변화도로 보면 좀 더 이해가 된다. 만약 2효가 양으로 변하면 수택절(水澤節, ䷻)이 되고, 2효는 그대로 있고 나머지 효가 모두 반대로 바뀌면 화풍정(火風鼎, ䷱)이 된다. 절제를 지켜나감으로써, 새로운 일을 만들어가야 한다는 점을 암시한다.

새로운 사업이 이 단계에 접어들면 절제의 미학을 배워야 한다. 여러 곳에서 함께 사업을 해보자고 유혹을 할 수 있다. 그러나 아직 때가 아니기 때문에, 동업은 하지 않는 것이 좋다. 내실을 보다 단단히 다지고, 사업 정체성, 기술력, 판매망 등을 확보할 때까지 절제하면서 때를 기다려야 한다.

육삼(六三)

> 사슴을 쫓는데 안내자도 없이, 숲속 깊이 들어간다. 군자는 조짐을 알고 쫓지 않고 내버려둔다. 계속 쫓아 들어가면 곤경에 처한다. 상사에서 이르기를, 사슴을 쫓는데 안내자도 없음은 날짐승을 쫓는다는 뜻이다. 군자는 내버려둔다 함은 계속 쫓아 들어가면 곤경에 처하고 궁색해지기 때문이다(即鹿无虞, 惟入于林中, 君子幾不如舍, 往吝. 象曰, 即鹿无虞, 以從禽也. 君子舍之, 往吝, 窮也).

육삼은 놔둠의 미학을 말하고 있다. 새로운 사업이 3단계에 진입하면, 초기에 생각하지 못한 영역이 등장한다. 여기서 날짐승은 잡기 힘든 것을 의미한다. 잡기 힘든 것을 잡으려 한다면, 곤란한 상황에 직면하게 될 것이다.

이때 경영자는 상황을 미리 감지하는 예지력을 갖추고 있어야, 조직의 안전을 확보할 수 있다. 새로운 영역을 개척해 들어가야 할지, 말아야 할지 파악해야 한다. 아직 준비가 되어 있지 않다고 판단되면, 멈추어서 관망하는 것이 좋다.

새로운 일을 도모할 때는 반드시 전문가의 도움이 필요하다. 또한 자신이 잘 모르는 사업 영역이라면, 전체 흐름을 조망하는 것이 좋다. 잘 모를 때는 그냥 놔두는 것도 하나의 해결책이다. 무모하게 새로운 영역으로 들어가는 것은 보호 장비도 없이 야생의 세계로 들어가는 것과 같다.

육삼은 음효로서 양위(陽位)에 있다. 내괘의 맨 위에 있고, 대응하는 육효와 바르게 상응하지도 않기 때문에, 힘을 쓸 수 없는 상황이다. 더욱이 자리도 바르지 않고, 가운데도 아니다. 따라서 아직 나아갈 때가 아니다.

육삼의 상황을 괘의 변화도로 보면 좀 더 이해가 된다. 만약 3효가 양으로 변하면 수화기제(水火旣濟, ䷾)가 되고, 3효는 그대로 있고 나머지 효가 모두 반대로 바뀌면 화수미제(火水未濟, ䷿)가 된다. 육삼의 선택에 따라, 완성과 미완성이라는 정반대의 결과를 초래할 수 있음을 암시한다.

육사(六四)

말을 타도 계속 머뭇거리지만, 혼인을 구하러 나아가면 길하고 불리함이 없다. 상사에서 이르기를, 구하러 감은 밝은 것이다(乘馬班如, 求婚媾, 往吉, 无不利. 象曰, 求而往, 明也).

육사는 따름의 미학을 말하고 있다. 육사는 음효로서 음위에 있다. 수뢰준의 주군 바로 아래 일인지하(一人之下) 만인지상(萬人之上)의 자리다. 현군 밑에 있으므로, 바른 도리를 지키고 나아가 구하면 좋은 결과를 낼 수 있다. 육사의 바른 도리는 현군을 잘 보필하고 따르는 것이다.

지도자가 세상에서 큰일을 이루기 위해서는 자신의 뜻에 동조하고, 함께 힘을 합칠 사람을 구해야 한다. 제대로 된 세 사람만 있어도 나라를 세운다는 말은 괜히 나온 말이 아니다. 삼국지에서 유비가 비록 천하를 통일하지는 못했지만, 세상을 호령할 수 있었던 것은 관우, 장비, 그리고 제갈량이 있었기 때문이다.

수뢰준은 결혼을 사업의 성공에 비유하고 있다. 육사는 초구와 정응(正應)하고 있다. 육사가 일을 추진함에 있어서 실질적인 일꾼을 구하고 있는 모습이다. 성공을 눈앞에 두고 있다는 사실을 의미한다. 천지인(天地人) 중에서 가장 중요한 요소가 사람이다. 사람만 잘 모여도 작은 일은 이룰 수 있다.

새로운 사업이 이 단계에 이르면, 앞에 큰 희망이 보이기 시작한다. 그러나 희망에 들떠 경거망동하면, 낭패를 입을 수 있다. 역(易)은 항시 반면(反面)을 돌아보고, 조심하라고 우리에게 일깨우고 있다.

육사의 변화도로 보면 좀 더 이해가 된다. 만약 4효가 양으로 변하면 택뢰수(澤雷隨, ䷐)가 되고, 4효는 그대로 있고 나머지 효가 모두 반대로 바뀌면 산풍고(山風蠱, ䷑)가 된다. 겸손하게 아랫사람의 도리를 다하고, 동시에 부조리의 요소들을 일소하고 위아래가 믿음으로 따라야, 크게 형통함을 암시한다.

구오(九五)

기름을 쌓아둠과 같다. 적게 두고 올곧으면 길하고, 많이 두고 올곧으면 흉하다. 상사에서 이르기를, 기름을 쌓아둠과 같다 함은 베풂이 아직 널리 빛을 보지 못함을 뜻한다(屯其膏. 小貞吉, 大貞凶. 象曰, 屯其膏, 施未光也).

구오는 베풂의 미학을 말하고 있다. 구오는 양효로서 양위에 있고 가운데 자리이므로, 중정(中正)을 모두 얻었다. 구오의 입장에서 초구를 제외한 나머지 효가 음효이기 때문에, 구오가 가장 큰 힘을 쓸 수 있는 자리다. 구오는 새로운 사업을 통해 정상의 위치에 오른 자리다.

그러나 성공하면 사람들은 대개 어려울 때의 상황을 잊어버린다. 재산과 명예를 오래 유지하는 길은 자신을 낮추는 일에서 시작한다. 여기서는 재산과 명예를 기름에 비유했다. 재산은 적게 쌓아 두고 바른 도리를 지켜야, 사람들의 원망을 사지 않는다.

하지만 많이 쌓아둘 때는 상황이 다르다. 그때는 도리만 지킨다고, 사람들이 인정하는 것은 아니다. 단순히 법을 지켜야 한다고 주장할 것이 아니라, 베풂에 중점을 두어야 한다. 항상 가득 찰 때, 조심해야 탈이 없다.

가장 현명한 것은 가득 차기 전에 미리 덜어주는 일이다. 선순환이 돼야 자신도 살고, 이웃도 더불어 산다. 이웃이 살 수 없다면, 자신의 생명도 보장할 수 없다. 따라서 너무 쌓아두는 것은 대흉(大凶)이다.

구오의 변화도를 보면 이 상황을 이해하는 데 도움이 된다. 만약 5효가 음으로 변하면 지뢰복(地雷復, ䷗)이 되고, 5효는 그대로 있고 나머지 효가 모두 반대로 바뀌면 천풍구(天風姤, ䷫)가 된다. 완성은 끝이 아니라, 새로운 시작임을 암시하고 있다.

다만 지도자의 처신에 따라, 더 큰 도약을 향한 시작이 될 수도 있고, 반대로 타락의 시작이 될 수도 있다. 재산을 독식하는 것은 그릇을 줄이는 것이고, 베풂은 그릇을 더 키우는 것이다. 베풂이 오히려 조직과 사회를 행복하고 부유하게 만드는 선순환 작용이라는 사실을 구오는 일깨우고 있다.

상육(上六)

> 말을 타도 계속 머뭇거리고, 계속 피눈물을 흘리는 듯하다. 상사에서 이르기를, 계속 피눈물을 흘리는 듯한데, 어찌 오래 갈 수 있겠는가(乘馬班如, 泣血漣如. 象曰, 泣血漣如, 何可長也).

상육은 비움의 미학을 말하고 있다. 상육은 음효가 음위에 있지만, 중도가 없다. 변화의 마지막에 이르러 자신을 주체할 수 없는 자다. 상육은 이지러진 달과 같다. 더 이상 빛을 발할 수 없는 상황이다. 이 상태에서 거들먹거리는 모습을 보인다면, 피눈물을 흘리게 될 것이다.

상육의 변화도를 보자. 6효가 양으로 변하면 풍뢰익(風雷益, ䷩)이 되고, 6효는 그대로 있고 나머지 효가 모두 반대로 바뀌면 뇌풍항(雷風恒, ䷟)이 된다. 자신을 끊임없이 덜어내는 것은 새롭게 채우기 위한 준비 과정이다. 또한 이것은 음양의 순환이 영원히 반복되는 이치와 같음을 암시하고 있다.

채움이 물질세계의 작용이라면, 물질을 가능하게 한 정신세계의 작용은 비움이다. 비움과 채움의 상호작용이 세상을 형성하는 기본 원리다. 영원한 것은 없다. 음양의 율려작용(律呂作用)을 통해 세상이 돌아간다는 사실만 영원할 뿐이다. 있을 때 없을 때를 대비하고, 없을 때 새로운 준비를 끊임없이 반복하는 것이 인생의 지혜다.

04.
산수몽(山水蒙)

인생 단계별 교육의 이치

몽은 형통하다. 내가 어리석은 아이를 찾는 것이 아니라, 어리석은 아이가 나를 찾는 것이다. 처음 점칠 때는 알려주지만, 두세 번 반복하는 것은 모독하는 것이므로, 모독하면 알려주지 않는다. 올곧으면 길하다(蒙, 亨. 匪我求童蒙, 童蒙求我, 初筮告, 再三瀆, 瀆則不告. 利貞).

만물이 형성되는 초기에는 어둡고 어리석다. 그러므로 수뢰준䷂괘 다음에 산수몽괘가 나온다. 인간사회도 마찬가지다. 사회가 형성되어 어느 정도 먹고 살만하면, 사회의 질서를 유지하기 위한 교육이 필요하다. 특히 고대에는 아직 사람들이 덜 깨어 있었다. 그때 점사(占辭)는 사람들을 일깨우기 좋은 수단이었다. 두세 번 점을 반복하면 알려주지 않는다는 것은 사람들의 마음이 흐려지는 것을 경계한 말이다.

새로운 사회로 전환되는 시기에는 교육은 필수다. 문명전환기인 지금은 더욱 그렇다. 모든 것이 통합되고 융합되는 도리를 모르면, 새로운 세상에 적응하기 힘들다. 특히 앞으로 전개되는 인공지능시대에는 변화의 속도가 거의 혁명적이라 할 수 있다. 역의 도리를 아는 자만이 변화의 주인공이 될 수 있다.

수뢰준䷂의 종괘(綜卦)인 산수몽이 4번째 괘인 것은 사회의 발전 순서와 관련이 있다. 사회 발전 초기에는 곳곳에 위험이 도사리고 있다. 외괘가 정지를 의미하는 간괘(艮卦)이고, 내괘가 위험을 뜻하는 감괘(坎卦)인 것과 같은 상황이다.

산수몽의 형상을 그림으로 그려보면 상황을 보다 구체적으로 파악할 수 있다. 여기서 감(坎)은 물안개라고 볼 수 있다. 산 아래 안개가 자욱하면, 길이 보이지 않는다. 안개가 자욱한 길을 가는 것은 위험하다. 이런 상황에서는 멈추어 서서, 길을 잘 아는 사람에게 물어보는 것이 안전하다.

인생의 길도 마찬가지다. 현자에게 물어보면, 인생을 낭비하지 않을 수 있다. 산수몽의 의미를 단사의 해설을 통해 다시 한 번 음미해보기 바란다.

단사에서 이르기를, 몽은 산 아래 위험이 있고, 위험하여 멈추는 모습이 몽이다. 몽은 형통하다 함은 막힘없이 행하되 때에 맞게 하기 때문이다. 내가 어리석은 아이를 찾는 것이 아니라, 어리석은 아이가 나를 찾는 것이다 함은 뜻이 상응하기 때문이다. 처음 점칠 때는 알려주는 것은 굳센 양이 가운데 자리에 있기 때문이다. 두세 번 반복하는 것은 모독하는 것이므로, 모독하면 알려주지 않는다 함은 몽매함을 욕보이기 위함이다. 어리석음을 바르게 일깨우는 것은 성인의 공덕이다(象曰, 蒙, 山下有險, 險而止, 蒙. 蒙, 亨, 以亨行時中也. 匪我求童蒙, 童蒙求我, 志應也. 初筮告, 以剛中也, 再三瀆, 瀆則不告, 瀆蒙也. 蒙以養正, 聖功也).

어리석음이 형통하기 위해서는 위험에 직면해서 멈추어 서고, 현자의 가르침을 바르게 받아 시중(時中), 즉 때에 적절하게 행동하는 법을 배워야 한다.

"처음 점칠 때는 알려주는 것은 굳센 양이 가운데 자리에 있기 때문이다(初筮告, 以剛中也)."라고 한 것은 내괘의 가운데에 강한 양효가 있기 때문이다. 2효와 5효의 강유(剛柔)가 서로 바뀌었지만, 서로 상응하고 있기 때문에,

형통함에는 무리가 없다. 어진 임금이 충직하고 밝은 도리를 갖춘 현자(賢者)를 두고 있는 형국과 같다.

산수몽의 모습을 상사의 해설에서 다른 각도로 음미해볼 수 있다. 공자의 경책을 담고 있다.

> 상사에서 이르기를, 산 아래 샘물이 솟아나는 모습이 몽이다. 군자는 결단의 행동을 보임으로써 덕을 기른다(象曰, 山下出泉, 蒙, 君子以果行育德).

산수몽에 대한 그림이 단사와 다르다. 산 아래 샘물은 모든 존재를 양육시키는 귀한 생명수다. 여기서 '과행(果行)'이란 바른 결단을 통해 좋은 결과를 이끌어내는 행동이다.

고대의 교육은 정치와 연관이 밀접하다. 정치적 결단이 사람들에게 미치는 교육적 효과는 대단했다. 군주는 바른 결단을 함으로써 백성들에게 바른 행동을 하게 만들었다. 군주의 바른 결단과 행동은 나라의 기강과 도덕의 잣대였다. 우리에게 정치는 보다 중요한 삶의 기준이 되고 있다. 우리는 현재 민주주의 시대에 살고 있기 때문이다.

산수몽괘의 흐름을 보면, 산수몽의 상황을 알 수 있다. 산수몽의 잡괘로 얻을 수 있는 괘는 수산건(水山蹇, ䷦), 지뢰복(地雷復, ䷗), 택화혁(澤火革, ䷰), 수뢰준(水雷屯, ䷂) 등이다. 어둠을 헤치고 새로운 것을 만들 때는 무엇보다 올곧음을 지키고 허물을 없애야, 위험을 예방할 수 있음을 알 수 있다.

초육(初六)

어리석음을 깨우치기 위해서는 형벌로써 사람을 다스리는 것이 이롭다. 질곡을 기꺼이 사용해야 하기 때문에, 나아가면 곤란하다. 상사에서 이르기를, 형벌로써 사람을 다스리는 것이 이롭다 함은 바른 법을 행하기 때문이다(發蒙, 利用刑人, 用說桎梏, 以往吝. 象曰, 利用刑人, 以正法也).

교육의 1단계는 발몽(發蒙), 즉 어리석음을 깨우치는 것이다. 초육은 음효가 양위에 있고, 위치가 낮다. 또한 대응하는 육사와도 정응(正應)하고 있지 않다. 더욱이 위험을 뜻하는 하괘 감(坎)의 밑에 위치해 있다. 무명(無明)이 짙어 천지를 밝게 분간하지 못하는 상황이다.

인간의 모든 불행의 근본 원인은 어리석음에 있다. 사회의 불행도 마찬가지다. 어리석음은 우리의 생각과 말과 행동 속에 오랫동안 켭켭이 쌓여서 인식하기 힘들다. 초육은 제일 밑에 위치하기 때문에, 특히 어리석음이 심하다.

따라서 어리석음을 깨기 위해서는 단순한 교육과 학습으로는 부족할 수 있다. 이때 적당한 충격요법이 필요하다. 어린아이에게는 사랑의 매가 필요하다. 사회적으로는 엄격한 형벌이 필요하다. 어린아이에게 매를 사용하는 것과 죄인에게 형벌을 사용하는 것은 모두 사람을 바르게 깨우치기 위함이다.

동기가 순수하므로 사회적 동의를 받을 수 있고, 좋은 결과를 기대할 수 있는 처벌이다. 물론 지나친 매와 가혹한 형벌은 오히려 역효과를 내는 법이다. '용열질곡(用說桎梏)'이란 그런 의미에서 해석할 수 있다. 질곡은 고대의 형벌 도구로써 두 발목을 채우는 차꼬와 양 손목을 채우는 수갑을 아우르는 말이다.

초육의 변화도를 보자. 1효가 양으로 변하면 산택손(山澤損, ䷨)이 되고, 1효는 그대로 있고 나머지 효가 모두 반대로 바뀌면 택산함(澤山咸, ䷞)이 된다. 사람들의 욕심과 일탈행위를 다스림으로써, 사회의 위아래가 서로 상응하게 됨을 알 수 있다.

구이(九二)

어리석음을 둘러싸고 있지만 길하고, 신부를 맞아들이면 길하다. 자식이 집안을 이룬다. 상사에서 이르기를, 아들이 집안을 이룬다 함은 강유가 서로 접하기 때문이다(包蒙, 吉, 納婦, 吉. 子克家. 象曰, 子克家, 剛柔接也).

교육의 2단계는 음양의 조화를 깨우치는 것이다. 구이는 비록 양효가 음위에 있지만, 내괘의 중앙에 위치해 중(中)을 얻었다. 구이를 중심으로 안팎으로 음효가 둘러싸고 있지만, 힘이 있고 중도가 있기 때문에, 구이는 강한 힘을 발휘할 수 있다. 이때 자신을 도울 배필을 만난다면 금상첨화일 것이다. 다행히 구이는 상대하는 육오와 정응(正應)하고 있다. 짝을 찾을 적기다.

10대까지는 엄한 교육이 필요하지만, 20대에는 강한 기운을 음양의 조화를 통해 다스릴 필요가 있다. 생명의 이치가 교육에 보이지 않는 큰 작용을 함을 알 수 있다. 때가 되면 결혼을 해서 새로운 가정을 이루는 것 자체가 인생의 큰 교육이 된다.

구이의 변화도를 보자. 2효가 음으로 변하면 산지박(山地剝, ䷖)이 되고, 2효는 그대로 있고 나머지 효가 모두 반대로 바뀌면 택천쾌(澤天夬, ䷪)가 된다. 10대까지 육체적 성장이 끝나고, 20대부터는 정신적 성장이 필요한 때다. 이때 인생의 전환점을 만드는 새로운 결단이 필요하다. 인생의 가장 큰 결단 중 하나가 평생의 반려자를 맞이하는 일이다.

육삼(六三)

여자를 취하지 말라. 사내를 보면, 몸을 지키지 못할 것이므로, 이로울 바가 없다. 상사에서 이르기를, 여자를 취하지 말라 함은 행동이 불순하기 때문이다(勿用取女. 見金夫, 不有躬, 无攸利. 象曰, 勿用取女, 行不順也).

교육의 3단계는 색(色)을 조심시키는 데 중점이 있다. 육삼은 음효로서 양위에 있다. 조신하게 있기 힘든 자리인데, 중도도 없다. 더욱이 육삼은 위험을 상징하는 감괘(坎卦)의 맨 위에 있으므로, 안정을 찾기 힘들다.

원문에 금부(金夫)라 한 것은 육삼이 감(坎)괘에 속하고, 양강한 구이를 올라타고 있기 때문이다. 선천팔괘에서 감은 서쪽이고 금(金)에 해당한다. 금부는 일종의 정부(情夫)인 셈이다. 매우 위험한 상황이다. 육삼과 마주한 육사는 상괘 간(艮)에 있다. 위험한 상황에서 멈추어야 한다는 것을 암시하고 있다.

육삼의 단계는 인문학적 성교육에 해당한다. 구이는 가정을 이룸으로써, 정신과 육체의 안정을 이루고 있다. 그러나 육삼은 가정이 있건 없건 상관없이, 밖으로 눈을 돌리고 있다. 남자가 그러면, 여자도 반작용으로 그런 상황에 빠질 수 있다. 남녀 간의 성적 심리는 마찬가지다. 정도의 차이가 있을 뿐이다.

육삼은 강한 욕념에 사로잡힌 상태다. 주역은 남성 중심으로 해설이 되어 있지만, 지금은 시대가 바뀌었으므로, 위치와 역할의 차이로 음양과 남녀를 구분하는 것이 바람직하다. 따라서 남자는 여색(女色)을 조심해야 하고, 여자는 남색(男色)을 조심해야 한다.

색(色)만큼 인생을 망치는 가장 강력한 요소도 드물다. 들뜬 욕정으로 색을 밝히면, 작게는 건강을 해치고, 크게는 패가망신하게 된다. 따라서 가정을 이룬 사람은 외간 남자나 여자를 탐하지 않는 것이 이롭다.

불륜은 자신과 남의 가정을 동시에 깨고, 딸린 식구들의 삶도 망가뜨리기 쉽다. 특히 아이가 어릴 때 부모가 바람이 나면, 아이의 정체성이 흔들린다. 가정의 중심인 부부의 도덕성이 무너지게 되면, 그 부작용이 너무 크다. 역의 순리에 맞지 않는 불순한 일탈행동이다.

10대까지의 성교육이 주로 육체적 성교육이라면, 성인의 성교육은 인문학적 성교육이 중심이 되는 것이 바람직하다. 생명의 중심으로서 성(性)뿐만 아니라, 인륜과 도덕의 근본으로서 성을 동시에 가르칠 필요가 있다.

무엇보다 자신의 정체성과 사회적 역할에 대한 인문학적 성찰이 필요하다. 한마디로 인간교육이 절실하다. 육체적 욕구를 다스릴 수 있는 정신교육이 뒷받침되지 않으면, 양성평등사회에서 살아남기 힘들다.

괘의 변화를 보자. 만약 3효가 양으로 변하면 산풍고(山風蠱, ䷑)가 되고, 3효는 그대로 있고 나머지 효가 모두 반대로 바뀌면 택뢰수(澤雷隨, ䷐)가 된다. 잘못을 바로 고치고, 몸과 마음의 균형을 잡고 도리에 맞는 삶을 살아야, 형통하게 됨을 알 수 있다.

육사(六四)

어리석음으로 곤란을 당하니 좋지 않다. 상사에서 이르기를, 어리석음으로 곤란을 당하니 좋지 않다 함은 홀로 생명의 실상과 멀리 떨어져 있기 때문이다(困蒙, 吝. 象曰, 困蒙之吝, 獨遠實也).

교육의 4단계는 극기복례(克己復禮)에 중점이 있다. 육사는 위아래가 모두 음으로 둘러싸여 어리석음이 중첩된 상황이다. 따라서 육사는 홀로 생명의 조화로운 실상에서 떨어져 있다. 위아래가 음양의 조화를 이루어야 생명

에너지를 충분히 발휘할 수 있는데, 그렇지 못한 상황이다.

40대 이후에는 음양의 조화가 서서히 깨지기 시작한다. 남성의 경우는 남성호르몬이, 여성의 경우는 여성호르몬이 떨어지기 시작한다. 그러나 헛된 욕망은 여전하다. 몸과 마음의 부조화가 생명의 진기(眞氣)를 흩뜨려놓게 된다. 도덕적인 삶이 건강에도 좋다. 때문에 인생후반에 접어들면, 도덕을 함양하는 교육이 절실하다.

괘의 변화를 보자. 만약 4효가 양으로 변하면 화수미제(火水未濟, ䷕)가 되고, 4효는 그대로 있고 나머지 효가 모두 반대로 바뀌면 수화기제(水火旣濟, ䷾)가 된다.

헛된 욕망을 함부로 발산하면 혼돈의 세상으로 들어가고, 극기복례의 정신으로 생명 에너지를 절제하고 도리를 지키면 결실을 향해 나아갈 수 있음을 알 수 있다. 4단계에서는 절제의 미학을 배워야 할 때다.

육오(六五)

어린아이와 같은 어리석음이 길하다. 상사에서 이르기를, 어린아이와 같은 어리석음이 길하다 함은 유순하게 따르기 때문이다(童蒙, 吉. 象曰, 童蒙之吉, 順以巽也).

교육의 5단계는 어린이의 마음을 회복하는 데 중점이 있다. 5효는 주군의 자리이고, 양위의 자리다. 비록 육오가 음효이지만, 상괘의 중심을 차지하고 있다. 따라서 육오는 자비로운 현군이라 할 수 있다.

육오는 겉으로는 어린이처럼 어리석어 보이지만, 세상의 도리에 밝은 지도자다. 더욱이 대응하는 구이와 정응(正應)하고 있기 때문에, 강한 구이와 함께 조화를 이루며 어리석은 사회를 일깨울 수 있다.

노자도 군자는 적자(赤子), 즉 갓난아이의 마음을 지녀야 한다고 했다. 부드러운 것이 강한 것에 일시적으로 밀리는 것 같지만, 결국 세상을 조화롭게 하는 것은 부드러운 사랑과 자비 그리고 지혜다. 정상에 있는 지도자에게 무엇보다 필요한 것은 강유(剛柔)를 조율할 수 있는 중도의 교육이다.

요즘은 사회가 늙어가고 있다. 늙는다는 것은 경화(硬化)된다는 것을 의미한다. 부드러움이 사라지고 딱딱한 것들만 남으면, 사회가 항상 마찰과 싸움으로 고통스러울 수밖에 없다. 어린아이 같은 부드러운 마음을 회복하는 것이 사회를 부드럽게 소통시키고 생명공동체를 살리는 길이다.

괘의 변화를 보자. 만약 5효가 양으로 변하면 풍수환(風水渙, ䷺)이 되고, 5효는 그대로 있고 나머지 효가 모두 반대로 바뀌면 뇌화풍(雷火豊, ䷶)이 된다. 지도자가 중도의 도리를 잘 지켜나가야, 세상에 밝은 도리가 널리 퍼지고 평화와 번영이 올 수 있음을 암시한다.

상구(上九)

어리석음을 깨부수다. 도적이 되는 것은 이롭지 못하다. 도적을 방비하는 것이 이롭다. 상사에서 이르기를, 도적을 방비하는 것이 이롭다 함은 상하가 순응하기 때문이다(擊蒙, 不利爲寇, 利禦寇. 象曰, 利用禦寇, 上下順也).

교육의 마지막 단계는 무명(無明)을 밝히는 데 중점이 있다. 상구는 음위에 강한 양효가 있고, 중도도 없다. 다행히 육삼과 정응(正應)하고 있고, 아래 주군의 자리에 중도를 지키는 육오가 자리하고 있다. 덕분에 상하가 순응하고 있는 형국이다.

비록 상구가 부드러운 육오를 올라타고 있지만, 변화의 마지막 단계이고 바른 위치가 아니다. 따라서 경거망동해서는 안 된다. 그러므로 생명력을 함부로 발산하기보다는 수렴해서 자신의 내면을 성찰하는 것이 최선이다.

교육의 최종단계는 모든 미혹과 어리석음을 깨부수는 데 있다. 대부분의 범죄 원인을 조사하면, 피상적으로 보이는 원인은 가난이다. 혹은 가난하지 않으려는 심리에 있다. 그러나 그 근원을 찾아가면 죄의 근원은 무지(無知)다. 어리석어서 갖지 못하거나, 반대로 지나치게 가지려함으로써 죄를 짓게 된다. 둘 다 어리석기 때문에, 결국 불행을 초래하게 된다.

여기서 도적이란 말은 인간을 무지몽매하게 만드는 탐진치(貪瞋癡)의 삼독(三毒)을 상징한다고 볼 수 있다. 인간의 본래 마음은 광명(光明)과 같이 밝았다. 그러나 삼독이 오랫동안 누적되어 광명은 사라지고, 무명(無明)의 어둠이 되었다. 무명을 밝혀 광명을 회복하기 위해서는, 삼독의 노예가 되지 말아야 한다. 삼독을 철저히 방비하는 것이 최선의 방법이다.

한편 인간교육의 최종 단계는 죽음학이라고 할 수 있다. 죽음학은 살아온 생애를 정리하고 죽음 이후를 대비하는 공부다. 사람이 죽음에 이르면, 생명 에너지를 수렴하면서, 수많은 경계가 의식 속에 펼쳐진다고 한다.

이때 어두운 빛이나 탐욕의 경계에 빠지면, 다음 생(生)은 그러한 환경 속에서 살 수밖에 없다. 도적과 같은 마경(魔境)을 철저히 막아내고, 밝은 빛이나 사랑과 자비가 가득한 곳으로 가면, 밝은 광명의 세계에 이른다고 한다.

괘의 변화를 보자. 만약 마지막 6효가 음으로 변하면 지수사(地水師, ䷆)가 되고, 6효는 그대로 있고 나머지 효가 모두 반대로 바뀌면 천화동인(天火同人, ䷌)이 된다. 마음을 바르고 단단히 해서 삿된 것들을 막아내면, 조화로운 세상으로 갈 수 있음을 암시한다.

05.

수천수(水天需)

먹고사는 문제가 우선 해결돼야 한다

수는 믿음이 있는 것이다. 빛나면 형통하고, 올곧으면 길하다. 큰 내를 건너가면 이롭다(需, 有孚, 光亨, 貞吉. 利涉大川).

만물이 시작 단계에는 아직 어리다. 어린 것은 양육이 필요하므로, 몽(蒙)에서 수(需)로 이어진다. 수는 믿음이 없다면 나아가지 못함(不進)을 내포하고 있다. 어린 재목을 사회의 일꾼으로 양성하기 위해서는 영양이 균형 잡힌 음식으로 양육하고, 더불어 장성할 때까지 인내심을 가지고 믿고 기다릴 필요가 있다.

빛이 세상을 밝히듯이, 믿음이 세상에 널리 펴지면 크게 형통하게 된다. 그러나 반드시 바른 믿음이어야, 널리 이로울 수 있다. 따라서 '광형(光亨)'과 '정길(貞吉)'의 전제 조건은 '부(孚),' 즉 믿음이다. 수천수괘는 그런 믿음과 기다림에 관한 괘이다.

모든 것은 때가 있다. 우주는 정확한 때에 맞춰 일정한 궤도를 운행하고 있다. 마찬가지로 인간세상의 모든 일도 시절인연이 있다. 앞서 산수몽(山水蒙)의 교육도 때에 맞는 교육을 해야, 효과를 크게 볼 수 있는 것처럼, 정치, 경제,

문화, 종교 등 모든 영역의 인간사가 예외 없이 그렇다.

　시절인연이란 시간, 공간, 그리고 사람으로 형성된 관계의 망을 말한다. 그 관계의 망이 서로 맞을 때, 시절인연이 있다고 한다. 그러나 아무리 시절인연이 있다 해도, 그 인연을 잡을 수 있는 지혜, 신념, 그리고 힘이 없다면, 시절인연을 제대로 활용할 수 없다. 따라서 시절인연도 자신이 만드는 것이라고 할 수 있다.

　수천수괘는 위에 물을 상징하는 감괘(坎卦)와 하늘을 상징하는 건괘(乾卦)가 있다. 생명이 있는 모든 존재는 공기와 물이 없이는 살 수 없다. 특히 물은 아무 때나 아무 곳에나 있지 않다. 때를 기다려야 하고 적당한 공간이 있어야 한다. 한마디로 천지인삼재의 시절인연이 일치해야 깨끗한 물을 얻을 수 있다.

　물은 생명을 유지시키는 기능도 하지만, 반대로 생명을 죽일 수 있는 위험성도 함께 지니고 있다. 단사의 해설을 보면, 괘의 상을 보다 잘 이해할 수 있다.

　단사에서 이르기를, 수는 기다림이다. 앞에 위험이 있지만 강건하므로, 위험에 빠지지 않는다. 그 뜻은 곤궁한 상황에 빠지지 않는다는 의미다. 수는 믿음이 있는 것이고, 빛나면 형통하고, 올곧으면 길하다 함은 하늘의 자리에 위치하면서 정중하기 때문이다. 큰 내를 건너가면 이롭다 함은 나아가면 공을 세울 수 있다는 뜻이다(象曰, 需, 須也. 險在前也, 剛健而不陷, 其義不困窮矣. 需, 有孚, 光亨, 貞吉, 位乎天位, 以正中也. 利涉大川, 往有功也).

　위 원문에서 수(須)는 기다림이자, 필요한 것을 동시에 의미한다. 생존에 가장 필요한 것은 음식이다. 상괘인 감(坎)이 뜻하는 물은 인간에게 꼭 필요한 음식을 대표하는 것이지만, 서로 간에 믿음이 없다면 나눠가질 수 없다.

물은 잘 관리하면 모든 생명에게 혜택을 주지만, 잘못 관리하면 생존을 위한 투쟁의 대상이 될 수 있다. 물이 위험을 상징하는 이유이기도 하다.

다행히 수천수에서는 감괘 밑에 강건한 건괘가 있기 때문에, 사소한 위험은 문제될 것이 없다. 또한 주군자리인 상괘의 중심에 양효가 자리하고 있기 때문에, 상하가 막힘없이 통한다. 더욱이 강한 기운이 아래서 위를 받치고 있기 때문에, 명분이 있는 일이면 나아가서 공을 세울 수 있다.

상사에서는 다른 각도에서 수천수를 해석하고 있다. 기다림의 시절인연에 필요한 경책을 담고 있다.

> 상사에서 이르기를, 하늘 위에 구름이 있는 모습이 수다. 군자는 음식을 먹고 잔치를 베풀며 즐긴다(象曰, 雲上于天, 需. 君子以飮食宴樂).

하늘 위에 구름이 있으므로, 때가 되면 비가 내릴 것이다. 이때 군자는 시절인연을 미리 알고 기다리는 법을 안다. 초조함이 전혀 없이 기다림을 즐긴다. 믿고 편안히 기다릴 수 있는 것은 생명을 유지시키는 양식이 있기 때문이다.

즐기는 모습이 음식을 먹고 잔치를 베푸는 장면으로 묘사되고 있다. 수(需)는 음식의 도이기도 하다. 공자가 인간사의 양대 문제의 하나로 본 것이 바로 음식(飮食)이다. 공자는 양육을 제대로 하기 위해서는 무엇보다 먹고사는 문제가 해결돼야 가능하다고 경책하고 있다.

수천수의 괘의 흐름을 보면 수천수의 상황을 알 수 있다. 수천수의 잡괘로 얻을 수 있는 괘는 천수송(天水訟, ䷅), 화택규(火澤睽, ䷥), 화지진(火地晉, ䷢) 등이다.

먹고사는 문제에는 언제나 이해관계가 충돌하기 때문에, 논란이 있기 마련이다. 서로 간에 믿음과 기다림이 없다면, 싸움으로 번질 수 있다. 따라서 논란과 다툼을 예방하고 질서를 회복해야 사회가 발전할 수 있다.

초구(初九)

> 들에서 기다린다. 변치 않는 마음을 지니면 이롭고 허물이 없다. 상사에서 이르기를, 들에서 기다린다 함은 어려운 일을 범하지 않는다는 뜻이다. 변치 않는 마음을 지니면 이롭고 허물이 없다 함은 상도를 잃지 않았기 때문이다(需于郊. 利用恒无咎. 象曰, 需于郊, 不犯難行也, 利用恒, 无咎, 未失常也).

초구는 변치 않는 마음을 보여주고 있다. 초구는 양효가 양위에 있으니 강건함이 있다. 그러나 그 위치는 가장 밑에 있기 때문에, 중심에서 벗어나 들판에서 때를 기다는 것과 같다. 무모하게 일을 벌리기 보다는 평상심을 유지하면서 상도(常道)를 지키는 것이 안전하다.

아직 움직일 단계가 아니므로, 조신하게 행동하는 것이 좋다. 특히 야생의 들은 위험이 상존하는 곳이다. 따라서 쓸데없는 시비나 논란은 일으키지 않는 것이 좋다. 다행히 초구는 하괘 건(乾)에 있고 대응하는 육사와 정응(正應)하고 있기 때문에, 상도를 지킬 수 있는 상황이다.

괘의 변화를 보자. 만약 1효가 음으로 변하면 수풍정(水風井, ䷯)이 되고, 1효는 그대로 있고 나머지 효가 모두 반대로 바뀌면 화뢰서합(火雷噬嗑, ䷔)이 된다.

비록 처음은 힘들지만, 누구나 수용할 수 있는 규범을 만들고 사회의 양극적 요소들을 조율한다면, 사회의 질서를 잡을 수 있음을 알 수 있다.

구이(九二)

모래밭에서 기다린다. 말이 조금 있으나 끝내 길하다. 상사에서 이르기를, 모래밭에서 기다린다 함은 여유로움을 가지고 중도를 지킴을 말한다. 비록 말이 조금 있으나 끝을 맺음이 있으니 길하다(需于沙, 小有言, 終吉. 象曰, 需于沙, 衍在中也. 雖小有言, 以終吉也).

구이는 절제를 보여주고 있다. 구이는 양효로서 음위에 있다. 비록 바른 위치는 아니지만, 구이의 강한 힘을 음의 자리가 제어하는 기능을 하고 있다. 또한 구이는 가운데 자리에 있으므로, 중도를 지킬 수 있다. 연재중(衍在中)이란 말이 의미하듯이, 구이는 여유와 관용, 그리고 균형의 미덕을 갖추고 있다.

한편 구이는 구오와 정응(正應)하고 있지 않다. 따라서 처음에는 이러저러한 양극단의 말들과 어려움이 있겠지만, 중도의 지혜와 절제력을 발휘해서 좋은 결과를 낼 수 있다. 모래밭은 부드러움을 지니고 있다. 부드러움이 구설수의 논란을 잠재울 수 있음을 암시하고 있다.

괘의 변화를 보자. 만약 2효가 음으로 변하면 수화기제(水火旣濟, ䷾)가 되고, 2효는 그대로 있고 나머지 효가 모두 반대로 바뀌면 화수미제(火水未濟, ䷿)가 된다. 믿음과 기다림의 중도를 지키고 사회의 질서를 따르면 완성을 지향하고, 상황이 완전히 바뀌면 다시 미완성의 굴레를 벗어날 수 없음을 암시한다.

구삼(九三)

진흙탕에서 기다린다. 도적이 온다. 상사에서 이르기를, 진흙탕에서 기다린다 함은 재앙이 밖에 있다는 뜻이다. 스스로 도적을 불러들인 격이니, 적을 얕보지 않고 신중히 대처하면 패하지 않을 것이다(需于泥, 致寇至. 象曰, 需于泥, 災在外也, 自我致寇, 敬愼不敗也).

구삼은 신중한 대처를 보여주고 있다. 구삼은 양효로서 양위에 있으나, 내괘 건(乾)의 중심에서 벗어나 맨 위에 있다. 구삼은 위험을 상징하는 감(坎)과 직면하고 있으므로, 진흙탕에서 도적을 기다리는 형국이다. 여기서 진흙탕은 이익이 있는 곳을 상징하고 있다. 이익이 있는 곳에는 온갖 도적이 꼬여 진흙탕 싸움이 되기 때문이다. 자신의 적은 자신이 불러온 것이다. 자신의 무지와 욕심이 화를 부르는 법이다.

위험에 직면할 때는 그 상황을 정확히 파악하는 것이 중요하다. 상대하는 위험이란 적을 명확히 파악한다면, 그에 대한 대비를 제대로 할 수 있다. 경적필패(輕敵必敗)라는 말이 있듯이, 적을 얕보는 자는 반드시 패할 수밖에 없다. 그러므로 신중한 자세로 적을 맞이해야 자신을 지킬 수 있다.

괘의 변화를 보자. 만약 3효가 음으로 변하면 수택절(水澤節, ䷻)이 되고, 3효는 그대로 있고 나머지 효가 모두 반대로 바뀌면 화산려(火山旅, ䷷)가 된다. 절제와 경각심을 갖고 올곧음을 지켜야, 위험을 물리칠 수 있음을 알 수 있다.

육사(六四)

피 속에서 기다린다. 구덩이에서 나오다. 상사에서 이르기를, 피 속에 기다린다 함은 경청하고 순응한다는 뜻이다(需于血, 出自穴. 象曰, 需于血, 順以聽也).

육사는 순응을 보여주고 있다. 육사는 상괘의 첫 효이므로, 위험 속에 들어와 있는 상황이다. 그러나 다행히 육사는 초구와 정응(正應)하고 있고, 강력하고 중정(中正)을 지닌 구오 밑에 있다. 그러므로 비록 유혈사태가 벌어진다 해도, 크게 걱정할 일은 없다.

육사는 온순하고 충직한 대신(大臣)의 자리다. 육사의 입장에선, 구오의 지시를 잘 듣고 따르면 된다. 음효가 음위에 있기 때문에, 강한 초구를 기다리면서 구오의 지시를 경청하고 순응하면 불리함이 없다. 위험한 상황에서도 강직하게 자신의 자리를 지키는 육사와 같은 부하를 두고 있다면, 지도자는 걱정이 없을 것이다.

괘의 변화를 보자. 만약 4효가 양으로 변하면 택천쾌(澤天夬, ䷪)가 되고, 4효는 그대로 있고 나머지 효가 모두 반대로 바뀌면 산지박(山地剝, ䷖)이 된다. 위험한 상황을 예방하고자 한다면, 빠른 판단과 결단을 내려야 한다.

구오(九五)

술과 음식을 먹으며 기다린다. 올곧으면 길하다. 상사에서 이르기를, 술과 음식을 먹되 올곧으면 길하다 함은 중정하기 때문이다(需于酒食, 貞吉. 象曰, 酒食貞吉, 以中正也).

구오는 양효가 양위에 있다. 또한 가운데 자리에 있으면서, 대응하는 육이와 정응(正應)하고 있다. 구오는 수천수괘의 지도자로서 바른 자리와 중용의 덕을 모두 갖추고 있다. 모든 위험을 주재하는 주인공으로서, 구오는 여유가 있고 힘이 있다. 다만 올곧음을 지켜나가야 길하다.

사회 지도자는 사람들에게 최소한의 먹고사는 문제를 해결할 방안을 제시해야 한다. 아무리 어려워도 먹고사는 문제가 해결되면, 사람들은 꿈과 희망을 품고 내일을 기다릴 수 있다. 술과 음식의 도가 무너지면, 사회가 붕괴된다.

괘의 변화를 보자. 만약 5효가 음으로 변하면 지천태(地天泰, ䷊)가 되고, 5효는 그대로 있고 나머지 효가 모두 반대로 바뀌면 천지비(天地否, ䷋)이 된다.

구오가 자신을 낮추고 생명유지에 필요한 도리를 다하면, 태평성세를 이룰 수 있다. 그러나 구오가 그 도리를 이루지 못하면, 생명의 질서와 소통이 막힐 수 있다.

상육(上六)

구덩이 속에 들어간다. 불청객 세 명이 찾아오는데, 정중히 대접하면 마침내 길하다. 상사에서 이르기를, 불청객 세 명이 찾아오는데 정중히 대접하면 마침내 길하다 함은 비록 위치가 합당한 자리는 아니지만, 크게 잃는 일은 없다는 뜻이다(入于穴, 有不速之客三人來, 敬之, 終吉. 象曰, 不速之客來, 敬之終吉, 雖不當位, 未大失也).

상육은 죽음을 기다리는 모습을 보여주고 있다. 상육은 비록 음효로서 음위에 있지만, 괘의 맨 위에 있으므로 새로운 전환점에 있는 것과 같다. 비록 대응하는 구삼과 정응(正應)하고 있지만, 상육은 변화의 시점에 있기 때문에, 상황의 좋고 나쁨은 그의 처신에 달렸다.

세 명의 불청객은 하괘의 세 양효를 의미한다. 하괘는 건(乾), 즉 하늘을 의미한다. 하늘에서 오는 세 명의 불청객은 누굴 의미하는 것일까? 구덩이에 들어간다는 의미를 확장한다면, 죽음에 이르러 저승에서 오는 손님으로 해석할 수 있다.

진리를 추구한 사람이라면, 불보살이나 신이 극락이나 천국으로 인도할 것이다. 선행을 적당히 한 후덕한 사람이라면, 조상이 데리러 올 것이다. 만약 죄를 많이 지었다면, 지옥의 사자가 강제로 끌고 간다.

사람이 사는 것은 잘 죽기 위함이다. 잘 죽기 위해서는 잘 살아야 한다. 죽는 순간에 하늘의 문이 열린다. 빛을 따라가는 자는 하늘에 날 것이다. 산문(産門)으로 들어가는 자는 인간이나 축생으로 태어나게 된다. 어둠을 따라가는 자는 지옥으로 들어갈 것이다.

어떤 저승사자를 선택하느냐가 그 다음 생을 결정한다. 바른 선택을 하면, 다음 생에 보다 밝은 새로운 생명을 받게 된다. 그렇게 보면 죽음은 잃는 것이 아니라 얻는 것이다. 장자(莊子)가 그의 아내가 죽었을 때, 곡(哭)을 하는 대신 노래를 부른 이유가 여기에 있다.

죽은 이후 어떤 에너지 파장을 따라가느냐는 사실 선택이라기보다는 끌림이라고 말하는 것이 정확하다. 예를 들어, 돼지 눈에는 돼지만 보인다. 돼지의 습성으로 산 사람은 죽어서 돼지의 산문으로 끌려 들어가기 마련이다. 그러므로 죽기 전의 습성대로, 그 생명에너지 파장에 끌려 갈 수밖에 없다. 다행히 구삼과 정응(正應)하고 있으므로, 상육은 희망이 있다.

괘의 변화를 보자. 만약 6효가 양으로 변하면 풍천소축(風天小畜, ☴)이 되고, 6효는 그대로 있고 나머지 효가 모두 반대로 바뀌면 뇌지예(雷地豫, ☷)가 된다. 음양의 조화와 엄격한 질서가 생명공동체를 안정시키는 기능을 한다.

06.

천수송(天水訟)

송사(訟事)는 가급적 피하라

송은 믿음이 있으나 막히게 되므로 근심하고, 중용을 지키면 길하지만, 끝내 흉하다. 대인을 보면 이롭고, 큰 내를 건너면 불리하다(訟, 有孚窒惕. 中吉, 終凶, 利見大人, 不利涉大川).

먹고 사는 문제에 이해가 충돌하면, 반드시 소송이 일어난다. 그러므로 송(訟)으로 어이진다. 송은 친하지 않음(不親)을 내포하고 있다. 천수송은 송사(訟事)에 관한 경책이다.

하늘을 상징하는 건(乾) 밑에 위험을 상징하는 감(坎)이 있다. 사회의 위험 요소가 정의(正義)를 위협하는 상황이지만, 중도를 지키면 길하다. 그러나 끝까지 송사를 밀고 나가면, 파탄에 이르게 된다. 단사의 해설을 보면, 천수송의 상황을 보다 자세히 이해할 수 있다.

단사에서 이르기를, 송은 위는 강하고 아래는 위험하다. 위험과 강건함이 바로 송이다. 송은 믿음이 있으나 막히게 되므로 근심하고 중용을 지키면 길하다 함은 굳센 양이 와서 가운데 자리를 얻었기 때문이다. 끝내 흉하다 함은 소송은 이루지 못할 일이라는 뜻이다. 대인을 보면 이롭다 함은 중정을 숭상하기 때문

이다. 큰 내를 건너면 불리하다 함은 늪에 빠진다는 뜻이다(象曰, 訟, 上剛下險, 險
而健, 訟. 訟, 有孚窒惕, 中吉, 剛來而得中也. 終凶, 訟不可成也. 利見大人, 尙中正也. 不利
涉大川, 入于淵也).

송사에서는 양측이 첨예한 대립으로 맞서기 마련이다. 이때 중용을 지
키는 사람이 있다면, 서로간의 갈등을 중재하고 해결의 실마리를 찾을 수
있다. 여기서 대인은 중용을 지닌 사람을 의미한다.

한편 상황을 악화시키는 변수는 만들지 않는 것이 좋다. 그런 의미에서,
큰 내를 건너가는 것과 같은 모험은 하지 말아야 한다. 철저하게 준비가 안
된 것을 무리하게 끌고 나가면, 끝내 늪에 빠져 헤어 나올 수 없게 된다.

상사에서는 다른 각도에서 천수송을 해석하고 있다. 소송에 대한 예방
책을 담고 있다.

상사에서 이르기를, 하늘과 물이 서로 어긋나게 행함이 송이다. 군자는 일을
할 때 계획을 세워 시작한다(象曰, 天與水違行, 訟. 君子以作事謀始).

천수송에서 건(乾)과 감(坎)은 서로 뜻이 맞지 않는 대립관계를 이루고 있
다. 대립적인 것이 충돌하는 것이 세상사이기도 하다. 양극적 모순으로 이
루어진 세상에서 갈등은 필연적인 현상이다. 때문에 현자는 모순과 갈등을
원망하기 보다는, 그로 인한 위기를 역으로 활용하는 법이다.

조화를 회복하기 위해서는 철저한 준비와 중용의 지혜를 발휘해야 한
다. 무엇보다 일을 추진하기 전에 확실한 계획을 세우고, 발생 가능한 문제
들에 대한 중재와 조율 방법을 미리 마련해 두어야 한다.

천수송의 잡괘로 얻을 수 있는 괘는 수천수(水天需, ䷄), 풍화가인(風火家人,
䷤), 지화명이(地火明夷, ䷣) 등이 있다. 소송을 질질 끈다면 어둠의 골짜기에

처박힐 것이고, 갈등을 잘 조율하고 소송을 끝내면 서로 믿음을 회복하고 가정과 사회가 안정될 것이다.

초육(初六)

> 송사를 오래 끌지 않는다. 말이 조금 있겠으나, 끝내 길하다. 상사에서 이르기를, 송사를 오래 끌지 않는다 함은 소송은 길게 끌 일이 아니기 때문이다. 비록 말이 조금 있겠으나, 논쟁의 논리가 분명히 있다는 뜻이다(不永所事, 小有言, 終吉. 象曰, 不永所事, 訟不可長也. 雖小有言, 其辯明也).

초육은 소송의 무의미성을 말하고 있다. 초육은 음효로서 양위에 있기 때문에, 자리도 바르지 않다. 또한 가운데 자리도 아니다. 위치가 낮고 중정(中正)이 모두 결여되어 있기 때문에, 소송을 길게 끌 상황이 아니다. 처음 소송이 벌어질 때는 이해관계가 분명하다. 이해관계가 복잡하게 얽혀 들어가서 상황이 더 악화되기 전에, 소송을 끝내는 것이 길하다.

소송에는 그만한 사연이 있기 마련이다. 이쪽에서는 이 논리가 있고, 저쪽에서는 저 논리가 있다. 어떤 논리가 맞는지는 법정에서 판단한다. 죄형법정주의다. 그런데 법정의 판단이 진리의 판단은 아니라는 사실에 주의할 필요가 있다.

자신의 결백이나 타인의 죄를 증거로 증명해야 되는데, 그것이 그리 간단한 일이 아니다. 문제는 고도의 법률전문가만이 증거를 확보할 수 있도록 법률이 제정되어 있다는 데 있다. 그래서 유전무죄(有錢無罪) 무전유죄(無錢有罪)라는 말이 나온 것이다.

괘의 변화를 보자. 만약 1효가 양으로 변하면 천택리(天澤履, ䷉)가 되고, 1효는 그대로 있고 나머지 효가 모두 반대로 바뀌면 지산겸(地山謙, ䷎)이 된다. 비록 송사라는 위험 상황에 직면했지만, 진실하고 겸손하게 나아가면 길하다는 뜻이 담겨있다.

구이(九二)

> 소송에 이기지 못한다. 돌아가 피하라. 마을사람이 삼백호 사는 곳이라면 재앙은 없다. 상사에서 이르기를, 소송에 이기지 못하므로 돌아가 피해 숨으라고 함은 아래에서 위를 소송하기에 재난을 불러 모은 격이기 때문이다(不克訟. 歸而逋. 其邑人三百戶, 无眚. 象曰, 不克訟, 歸逋竄也. 自下訟上, 患至掇也).

구이는 소송은 피하는 것이 좋다는 경책을 주고 있다. 구이는 양효가 음위에 있다. 또한 비록 중도의 위치이지만, 위험을 뜻하는 감(坎)괘에 있다. 따라서 구이는 강한 힘을 쓸 수 있는 자리는 아니다. 또한 구오와 강대강(强對强)으로 맞서고 있는 형국이므로 상황이 불리하다.

송사가 2단계에 접어들면, 이미 감정이 격해진 상황에서 자존심이 크게 발동하게 된다. 감정싸움이 되면 진실이 뒷전이 되기 십상이다. 특히 아래에서 위를 건드리는 것은 매우 불리한 상황을 스스로 만드는 것이다.

1994년 미국에서 벌어진 O. J. 심슨(Simpson) 사건이 그 대표적인 예다. 유명 흑인 운동선수이자 배우가 백인 아내를 살해한 사건이지만, 살인죄 여부보다는 흑백인종 간의 감정싸움으로 번졌다. 때문에 진실이 한때 가려졌다. 오랜 세월동안 흑인들의 박해와 희생에 비하면, 한 백인여성의 죽음은 아무것도 아닌 것으로 비춰졌기 때문이다.

구이의 상황에서는 물러나 피하는 것이 낫다. 삼백호 정도의 마을사람이 있는 곳으로 피하라는 것은 자신의 우군을 어느 정도 확보하라는 뜻이 담겨있다.

괘의 변화를 보자. 만약 2효가 음으로 변하면 천지비(天地否, ䷋)가 되고, 2효는 그대로 있고 나머지 효가 모두 반대로 바뀌면 지천태(地天泰, ䷊)가 된다. 진퇴양안의 상황이지만, 자신의 위치에서 외부 상황이 바뀔 때까지 조용히 기다리면 길하다. 하지만 함부로 움직이면 앞길이 막히는 형국임을 알수 있다.

육삼(六三)

옛 덕을 먹고 산다. 올곧으면 어려움은 있으나 끝내 길하다. 혹 왕의 일에 종사하더라도 이루는 것은 없다. 상사에서 이르기를, 옛 덕을 먹고 산다 함은 위를 따르면 길하다는 뜻이다(食舊德, 貞厲終吉, 或從王事, 无成. 象曰, 食舊德, 從上吉也).

육삼은 음효로서 양위에 있고, 가운데 자리도 아니다. 그러나 육삼은 하늘을 뜻하는 상괘 건(乾)을 받들고 있으므로, 올곧음을 지키면 나쁘지 않다. 또한 육삼과 상구가 정응(正應)하므로, 위아래의 도리가 맞다.

함부로 송사를 벌이기보다는 덕이 높은 사람의 말을 따르는 것이 현명하다. 그런 의미에서, 송사에 앞서 중재제도를 적극 활용하는 것이 좋다. 덕과 지혜가 높은 사람이 중재를 한다면, 소송 당사자들이 원만하게 타협에 이를 수 있다. 또한 비록 중재가 실패한다 해도, 중재를 통해 어떤 측에 문제가 있는지 드러날 것이다. 그리고 이것은 나중에 정식 재판에서, 피해를 본 사람에게 유리하게 작용할 수 있다.

괘의 변화를 보자. 만약 3효가 양으로 변하면 천풍구(天風姤, ䷫)가 되고, 3효는 그대로 있고 나머지 효가 모두 반대로 바뀌면 지뢰복(地雷復, ䷗)이 된다. 싸움을 멈추면 밝은 도리가 새롭게 회복되고, 반대로 함부로 송사를 진행하면 어두운 시련이 시작하는 것을 암시한다.

구사(九四)

소송에 이기지 못한다. 돌아가 천명을 따르고, 마음을 바꾸어 편안히 올곧음을 지키면 길하다. 상사에서 이르기를, 돌아가 천명을 따르고, 마음을 바꾸어 편안히 올곧음을 지키면 잃어버림은 없을 것이다(不克訟, 復卽命, 渝, 安貞吉. 象曰, 復卽命渝安貞, 不失也).

구사는 강한 양효로서 음위에 있으므로, 바른 위치를 확보하고 있지 않다. 따라서 소송에서 이길 수 없는 상황이다. 다행인 것은 구사가 건괘(乾卦)의 한 부분을 이루고 있으므로, 하늘의 이치를 따르면 크게 낭패는 없을 것이다. 또한 초육과 정응(正應)하고 있으므로, 음양과 강유의 조화를 얻을 수 있다.

죄를 지은 자는 법이 심판하지 않아도, 하늘이 몇 배로 심판하게 돼 있다. 하늘의 법은 철저한 인과법이기 때문이다. 이 점에 대해서는 공자, 노자, 석가, 예수 등 모든 성인이 예외 없이 일치하고 있다.

그런데 현실은 그런 것 같지 않아 보인다. 걱정하지 않아도 된다. 지은 대로 받게 돼 있다. 현재 죄를 지은 자가 죗값을 받지 않고 살고 있다고 해서, 좋아할 일은 아니다. 하늘은 그 사람을 더욱 잘 되게 해서, 더 빨리 더 크게 망하게 하는 법이다.

하늘의 도(道)와 사람의 도는 크게 보면 다르지 않다. 다만 하늘의 시간은 인간의 시간과 달리 장구하다는 점이 다를 뿐이다. 마음을 비우고, 편안히 기다리면 된다. 증오의 마음을 내면 상대방의 죄를 더불어 자신이 안게 되는 셈이니, 이처럼 바보 같은 행위는 없을 것이다.

괘의 변화를 보자. 만약 4효가 음으로 변하면 풍수환(風水渙, ䷽)이 되고, 4효는 그대로 있고 나머지 효가 모두 반대로 바뀌면 뇌화풍(雷火豊, ䷶)이 된다. 엄격한 법질서를 확립하기 위해서는 인문정신과 도덕이 필요하다.

구오(九五)

송사에 크게 길하다. 상사에서 이르기를, 송사에 크게 길하다 함은 중정하기 때문이다(訟, 元吉. 象曰, 訟, 元吉, 以中正也).

구오는 강한 양효가 양위에 있고, 가운데 자리에서 중용의 덕을 지니고 있다. 덕분에 구오는 강한 힘을 적절하게 쓸 수 있다. 그러나 대응하는 구이와 정응(正應)하고 있지 않다. 때문에 위세를 함부로 부리지 않고 상황에 맞게 바르게 힘을 써야만, 송사에서 이길 수 있는 형국이다.

무엇보다 중정해야 한다. 송사의 시작도 중정해야 하고, 끝난 이후에도 중정해야 문제가 없다. 복수를 위한 송사가 아니라, 진실을 가리는 송사이어야 한다. 또한 소송에 진 자에게 관용과 용서를 베풀어야 후환이 없다. 용서하는 것이 최고의 승리다. 용서하는 자는 하늘이 보상을 한다. 이것이 역의 이치다. 복수는 끝없는 복수를 낳을 뿐이다.

괘의 변화를 보자. 만약 5효가 음으로 변하면 화수미제(火水未濟, ䷿)가 되고, 5효는 그대로 있고 나머지 효가 모두 반대로 바뀌면 수화기제(水火既濟, ䷾)가 된다. 구오가 중정의 도리를 상실하면, 혼돈 속으로 치닫게 된다. 구오가 자신의 힘을 잃지 않고 중도를 지켜나가면, 완성을 이룰 수 있음을 알 수 있다.

상구(上九)

혹 가죽 띠를 하사한다 하더라도, 아침 동안에 세 번이나 빼앗길 것이다. 상사에서 이르기를, 소송으로 높은 직책을 받는다 해도, 존경받기에는 부족하다 (或錫之鞶帶, 終朝三褫之. 象曰, 以訟受服, 亦不足敬也).

상구는 마지막 단계인 음위에 양효가 있다. 위치가 바르지 못하다. 더군다나 중도의 지혜도 없는 벼랑 끝에 위치해 있기 때문에, 상구는 힘을 쓸 수 없다. 다행히 대응하는 육삼과 정응(正應)하고 있기 때문에 비록 송사에서 이긴다 할지라도, 송사로 얻은 명예는 불명예에 지나지 않는다. 그것은 언제든지 물거품이 될 수 있다.

괘의 변화를 보자. 만약 6효가 음으로 변하면 택수곤(澤水困)이 되고, 6효는 그대로 있고 나머지 효가 모두 반대로 바뀌면 산화비(山火賁, ☲☶)가 된다. 자신을 낮추고 올곧음을 지키면, 비록 처음은 어려움이 있겠지만, 나중에는 형통함을 알 수 있다.

이상에서 알 수 있듯이, 소송은 가능한 하지 않는 것이 답이다. 오직 힘과 중용을 모두 갖춘 위치에서만이 송사에서 이길 수 있고, 뒤탈도 비교적 적음을 알 수 있다. 현명한 자는 송사가 벌어지기 전에 갈등을 조율하는 법이다. 그리고 송사를 할 수밖에 없다면, 반드시 이길 수 있는 구오의 상황을 기다려 진행하는 것이 현명하다.

07.
지수사(地水師)

전쟁에도 도리가 있다

사는 올곧아야 한다. 장인이라야 길하고, 허물이 없다(師, 貞, 丈人吉, 无咎).

송사는 반드시 무리지어 발생한다. 그래서 사(師)로 이어진다. 사는 대중을 의미한다. 이익이 상충하면, 서로 편을 가르고 싸움을 하는 상황이 벌어지는 법이다.

지수사괘는 전쟁에 관한 괘이다. 땅을 상징하는 곤(坤) 아래 위험을 상징하는 감(坎)이 있다. 대지 위에 전쟁의 위험이 드리울 때, 군사를 일으키고 전투에 임하는 방법과 사후처리 등이 단계별로 제시되어 있다.

전쟁에도 바른 도리가 있다. 괘사의 장인(丈人)은 전쟁의 도리를 아는 장군을 의미한다. 전쟁에서도 도리를 지키는 장군은 적도 존경하는 법이다. 단사의 설명이 분명하다.

단사에서 이르기를, 사는 무리를 말한다. 올곧음은 바름을 말한다. 무리를 바르게 할 수 있으므로 왕이 될 수 있다. 굳센 양이 중도로 응하고, 위험 속에서도 순리에 따라 행한다. 이로써 천하를 힘들게 할지라도, 백성이 따르니, 길할 뿐 달리 허물이 있겠는가(象曰, 師, 衆也, 貞, 正也. 能以衆正, 可以王矣. 剛中而應, 行險而順. 以此毒天下, 而民從之, 吉又何咎矣).

지수사에서 강중(剛中)은 구이가 유일하다. 강한 장군인 구이가 유순한 임금인 육오의 마음을 헤아리고, 바른 도리에 따라 군대를 통솔하고 있는 상황이다. 비록 전쟁으로 인한 어려움이 있지만, 백성들이 원망하지 않고 구이를 따르고 있다. 덕분에 전쟁을 승리로 이끄는 데 무리가 없다.

상사는 다른 각도에서 지수사의 괘상(卦象)을 설명하면서, 지수사가 안고 있는 문제에 대해 경책을 하고 있다.

상사에서 이르기를, 땅 속에 물이 있는 형상이 사다. 군자는 이로써 백성을 포용하고 대중을 기른다(象曰, 地中有水, 師. 君子以容民畜衆).

물은 높고 강한 것에 대항하지 않고 아래로 옆으로 돌아간다. 물은 맞서지 않음으로써, 결국 대해(大海)를 이루는 속성을 지니고 있다. 백성을 포용하는 지휘관만이 큰 무리의 군사를 움직일 수 있다.

지수사의 잡괘를 보면, 수지비(水地比, ䷇), 지뢰복(地雷復, ䷗), 천화동인(天火同人, ䷌) 등이 있다. 위험한 상황에 직면해도, 위아래가 서로 협력하고 일심동체를 이루면, 새로운 사회질서를 확립할 수 있다.

초육(初六)

군사의 출동은 규율로서 한다. 그렇지 않으면 착한 무리라 할지라도 흉하다. 상사에서 이르기를, 군사의 출동은 규율로서 한다 함은 규율을 잃으면 흉하기 때문이다(師出以律, 否, 臧凶. 象曰, 師出以律, 失律凶也).

초육은 음효가 양위에 있고, 가장 낮은 위치에 있다. 또한 대응하는 육사와 정응(正應)하고 있지도 않다. 때문에 초육은 힘을 쓸 수 있는 자리가 아니다.

전쟁을 일으키기 전에 먼저 군사의 기본 정신을 바로 세울 필요가 있다. 군기가 확립되지 않은 군인은 허수아비에 불과하다. 그러므로 전시 상황에서 군대를 이끌기 위해서는, 강력한 리더십과 더불어 엄격한 규율이 필수적이다.

군대에서 단순한 제식훈련을 반복해서 시키는 이유도 일사불란한 규율을 세우기 위함이다. 생명이 달린 위급한 상황에서 명령계통이 바로 서지 않는다면, 군대는 오합지졸에 불과하다. 이순신 장군이 임진왜란 당시 해전에서 압도적인 승리를 이끈 것은 치밀한 전략과 거북선의 기술도 있었지만, 일벌백계로 군대의 규율을 엄격하게 잡았기 때문에 가능했다.

괘의 변화를 보자. 만약 1효가 양으로 변하면 지택림(地澤臨, ䷒)이 되고, 1효는 그대로 있고 나머지 효가 모두 반대로 바뀌면 천산돈(天山遯, ䷠)이 된다. 전쟁에서 크게 이기기 위해서는 전진만이 능사가 아니다. 후퇴하는 법을 알아야, 정렬을 가다듬고 전투력을 회복할 수 있다.

구이(九二)

군사에 중도가 있으니 길하다. 왕이 세 번의 명령을 내린다. 상사에서 이르기를, 군사에 중도가 있으니 길하다 함은 임금의 총애를 받기 때문이다. 왕이 세 번의 명령을 내린다 함은 만방을 포위하라는 뜻이다(在師, 中吉, 无咎., 王三錫命. 象曰, 在師中吉, 承天寵也, 王三錫命, 懷萬邦也).

구이는 지수사에서 가장 강력한 힘을 가진 장수다. 비록 음위에 강한 양효가 있지만, 하괘의 가운데 자리를 차지하고 있다. 구이는 전쟁에서 나라를 구할 수 있는 유일한 장군이다. 또한 구이는 육오와 바르게 상응하고 있다. 따라서 임금의 총애를 받고 군사를 이끌고 있는 형국이다. 천하를 호령할 만하다.

구이는 이순신과 같은 장군이다. 당시 선조는 육오처럼 힘없는 왕이었다. 이순신은 전략과 전술이 뛰어난 장군이다. 세계 해전사(海戰史)에서 이순신처럼 최소한의 병력으로 큰 승리를 거둔 장수는 없다. 참고로 이순신 장군은 역(易)에 매우 능했다.

괘의 변화를 보자. 만약 2효가 음으로 변하면 중지곤(重地坤, ䷁)이 되고, 2효는 그대로 있고 나머지 효가 모두 반대로 바뀌면 중천건(重天乾)이 된다. 덕(德)과 의(義)를 겸비한 장군이므로, 갈 바가 있으면 길함을 알 수 있다. 천지의 바른 도리에 부합하는 자다.

육삼(六三)

군대가 혹 시체를 싣고 올 수 있다. 흉하다. 상사에서 이르기를, 군대가 혹 시체를 싣고 올 수 있다 함은 크게 공이 없음을 뜻한다(師或輿尸, 凶. 象曰, 師或輿尸, 大无功也).

육삼은 음효가 양위에 있으니, 자리도 바르지 않고 중도도 없다. 더군다나 대응하는 상육도 힘이 없다. 위험을 뜻하는 하괘 감(坎)의 끝에서 적을 마주하는 상황이다.

능력이 안 되는 자가 전쟁을 함부로 치르면, 크게 패할 수밖에 없다. 이때는 위험에서 벗어나 자신의 능력을 키울 수밖에 없다. 평소에 전투력을 배양해야 한다.

괘의 변화를 보자. 만약 3효가 양으로 변하면 지풍승(地風升, ䷭)이 되고, 3효는 그대로 있고 나머지 효가 모두 반대로 바뀌면 천뢰무망(天雷无妄, ䷘)이 된다. 전쟁에서 승리하기 위해서는 군사의 사기를 높이고, 엄격한 규율로 그릇된 행동을 방비해야 한다.

육사(六四)

군대가 물러나 쉰다. 허물이 없다. 상사에서 이르기를, 물러나 쉰다 함은 아직 상도를 잃지 않았다는 뜻이다(師左次, 无咎. 象曰, 左次无咎, 未失常也).

육사는 음효로서 음위에 있으므로, 비록 중도는 얻지 못했지만, 바른 자리에 있다. 육오가 군대를 이끌고 나설 위치가 아니므로, 육사가 물러나 쉬는 것은 군사전술상 상도에 맞다. 육사는 육오를 보필하는 자리이기 때문이다. 전쟁에는 직접 싸우는 자도 있지만, 후방에서 전술과 전략을 짜는 참모도 필요하다.

사실 최고의 승리는 싸우지 않고 이기는 것이다. 무력을 사용하는 것은 하책이다. 정중동(靜中動)의 역리(易理)를 이용하는 것이 좋다. 조용히 쉬는 가운데 전쟁을 대비하는 것은 역의 이치에 부합한다. 평소에 강한 힘을 비축하고 있는 것만으로도 전쟁을 억제하는 효과가 있다.

괘의 변화를 보자. 만약 4효가 양으로 변하면 뇌수해(雷水解, ䷧)가 되고, 4효는 그대로 있고 나머지 효가 모두 반대로 바뀌면 풍화가인(風火家人, ䷤)이 된다. 외부의 위험한 위기상황을 해결하기 위해서는 무엇보다 내부의 결속이 중요하다.

육오(六五)

밭에 새가 있다. 잡으니 이롭고 허물이 없다. 맏아들이 군대를 지휘한다. 어린 아들이 시체를 싣고 온다. 올곧음을 지키더라도 흉하다. 상사에서 이르기를, 맏아들이 군대를 지휘한다 함은 중도로써 행한다는 뜻이다. 어린 아들이 시체를 싣고 온다 함은 감당이 안 되는 일이기 때문이다(田有禽, 利執言, 无咎, 長子帥師. 弟子輿尸. 貞凶. 象曰, 長子帥師, 以中行也. 弟子輿尸, 使不當也).

육오는 지휘권을 하달하는 위치에 있다. 육오는 양위에 음효가 있다. 비록 중도의 위치에 있지만, 힘이 없는 임금이다. 다행히 육오는 경험이 많은 장군인 구이와 바르게 상응하고 있다. 그러므로 밭에 있는 날짐승도 잡을 수 있고, 불리할 것이 없다.

왕을 대신해 맏아들이 군사를 지휘하는 것은 중도의 이치에 합당하다. 여기서 맏아들은 강하고 중도의 덕을 지닌 구이를 의미한다. 어린 아들은 아직 힘과 경륜이 없는 신하를 의미한다.

따라서 어린 아들이 나서서 전투에 참여한다면, 위계질서가 무너지고 불상사를 면치 못할 것이다. 때문에 바름을 지키더라도 흉할 수밖에 없다. 전쟁은 아무나 함부로 하는 것이 아님을 경책하고 있다.

괘의 변화를 보자. 만약 5효가 양으로 변하면 중수감(重水坎, ䷜)이 되고, 5효는 그대로 있고 나머지 효가 모두 반대로 바뀌면 중화리(重火離, ䷝)가 된다.

중첩된 위험에서 벗어나기 위해서는 전쟁의 생리와 도리에 밝은 장군에 의지해야 한다. 전쟁에서 용맹하고 노련한 장수를 믿지 못하는 지도자는 국가를 망칠 수 있다. 기업의 경우도 무역전쟁에서 이기기 위해서는 마찬가지다.

상육(上六)

> 대군의 명령이 있다. 나라를 열고 가문을 잇는 데는 소인을 쓰지 말라. 상사에서 이르기를, 대군의 명령이 있다 함은 논공을 바르게 함이다. 소인을 쓰지 말라 함은 반드시 나라를 어지럽게 하기 때문이다(大君有命, 開國承家, 小人勿用. 象曰, 大君有命, 以正功也, 小人勿用, 必亂邦也).

상육은 음효가 음위에 있다. 지수사의 끝이므로 전쟁을 마무리하는 시점이다. 이제 전쟁이 끝나고 논공행상을 하는 단계다. 이 단계에서는 논공을 바르게 해야 뒤탈이 없다.

그러나 상육은 대응하는 육삼과 정응(正應)하고 있지 않다. 논공행사가 쉽지 않음을 알 수 있다. 만약 소인에게 과분한 자리를 준다면, 훗날 반드시 혼란한 상황을 맞이하게 된다.

괘의 변화를 보자. 만약 6효가 양으로 변하면 산수몽(山水蒙, ䷃)이 되고, 6

효는 그대로 있고 나머지 효가 모두 반대로 바뀌면 택화혁(澤火革, ䷰)이 된다.

　전쟁 뒤에 논공행사가 바르게 이루어지지 않으면, 그 피해가 몇 대를 간다. 그동안 전쟁의 원인이 된 적폐를 청산하고, 밝은 도리를 회복하는 것이 전쟁을 막는 근본 대책이다. 만약 이 기회를 살리지 못하면, 언젠가 혁명이 일어날 수 있는 씨앗을 심어놓은 것과 같다.

08.

수지비(水地比)

협력자를 구하는 도리

비는 길하다. 거듭 점을 쳐서 으뜸이고 길고 올곧으면, 허물이 없다. 편안하지 못한 자들이 온다. 뒤에 오는 자는 흉하다(比, 吉. 原筮, 元永貞, 无咎. 不寧方來. 後夫凶).

무리를 형성한 후에는 뜻이 같은 사람들끼리 서로 협력이 이루어지므로, 사(師) 다음에 비(比)가 이어진다. 군대를 일으켜 세상을 평정한 다음에, 왕이 강력한 힘과 덕망으로 세상에 새로운 질서를 부여하는 과정의 도리를 설명하고 있다.

새로운 왕조가 탄생하면, 비슷한 생각을 지닌 신하들끼리 모이기 마련이다. 그래서 공자는 《계사전》에서 "비는 무리를 짓는 것이다(比者, 比也)."라고 해석했다. 비슷한 사람들끼리 모이면 서로 견주는 과정에서 발전을 이루게 된다. 발전 속에 기쁨이 있다. 따라서 비는 즐거움을 의미한다. 단사의 해석을 보면, 그 뜻이 보다 분명해진다.

단사에서 이르기를, 비는 길하다 함은 비는 도움을 주는 것이고 아래가 순종하기 때문이다. 거듭 점을 쳐서 으뜸이고 길고 바르면 허물이 없다 함은 굳센 양이 가운데 위치하기 때문이다. 편안하지 못한 자들이 온다 함은 위아래가 상응한다는 뜻이다. 뒤에 오는 자는 흉하다 함은 그 도가 궁색하기 때문이다(象曰, 比, 吉也. 比, 輔也. 下順從也. 原筮, 元永貞, 无咎, 以剛中也. 不寧方來, 上下應也. 後夫凶, 其道窮也).

왕의 자리인 구오가 강중(剛中)하고 바른 자리에 있기 때문에, 그 밑에서 함부로 나설 수 없는 신하들과 상응하면서 위계질서가 잡혀있다. 그 뒤에 오는 상육은 비록 음효가 음위에 있지만, 권력을 모두 잃은 상태에서 왕을 올라타고 있으므로 위태롭다. 상사를 통해 괘상을 풀어보자.

상사에서 이르기를, 땅 위에 물이 있는 것이 비다. 선왕은 제국을 세우고 제후와 친하게 지낸다 했다(象曰, 地上有水, 比. 先王以建萬國, 親諸侯).

땅 위의 물은 서로 모여 흘러가면서, 온 세상을 풍요롭게 만든다. 사람들도 이합집산을 통해 생명에너지가 강한 쪽으로 모이고, 서로 협력하기 마련이다. 감(坎)이 곤(坤)에게 번영을 줄 수 있는 것은 감의 중앙에 강력한 힘, 즉 구이가 있기 때문이다. 또한 왕의 친족들인 제후들이 곳곳에 흩어져 서로 연합하여 제국을 형성하고 협력하기 때문이다.

수지비의 잡괘를 보면, 지수사(地水師, ䷆), 화천대유(火天大有, ䷍), 산지박(山地剝, ䷖) 등이 있다. 서로 협력하면 큰 나라를 세우고 크게 형통할 수 있지만, 서로간의 신뢰가 무너지면 나라가 붕괴될 수 있음을 암시한다.

초육(初六)

믿음이 있으니 친하게 지낸다. 허물이 없다. 양동이에 가득 차듯 믿음이 있으면, 마침내 다른 길함이 오게 된다. 상사에서 이르기를, 비의 초육은 다른 길함이 있다(有孚比之, 无咎, 有孚盈缶, 終來有他吉. 象曰, 比之初六, 有他吉也).

초육은 음효가 양위에 있다. 자리도 바르지 않고, 위치도 낮다. 하괘인 곤괘의 가장 밑에 있으므로 가장 유순한 백성이다. 비록 대응하는 육사와는 정응(正應)하고 있지 않지만, 오직 군주인 구오에 대한 믿음으로 따를 뿐이다. 강하고 중도의 덕을 지닌 구오를 믿고 따르므로 좋은 일이 생긴다.

인간관계는 우연한 인연으로 시작할 수 있지만, 관계의 지속은 서로간의 믿음에 달려 있다. 믿음은 한 순간에 생기지는 않는다. 지속적인 소통과 교류를 통해 서로 통하는 바가 있어야 한다. 따라서 노력과 시간이 필요하다.

괘의 변화를 보자. 만약 1효가 양으로 변하면 수뢰준(水雷屯, ䷂)이 되고, 1효는 그대로 있고 나머지 효가 모두 반대로 바뀌면 화풍정(火風鼎, ䷱)이 된다. 주변 상황이 어려울 땐 덕망 있는 사람을 대표로 세우는 것이 이롭고, 새로운 사회질서를 만들어야 형통할 형세다.

육이(六二)

안에서 우러나온 친함이다. 올곧으면 길하다. 상사에서 이르기를, 안에서 우러나온 친함이다 함은 자신을 잃지 않음을 뜻한다(比之自內, 貞吉. 象曰, 比之自內, 不自失也).

육이는 음효가 음위에 있고, 가운데 자리에 있다. 따라서 중정(中正)을 모두 갖추고 있다. 또한 구오와 바르게 상응하고 있다. 육이는 자신의 중심을 잃지 않은 상태에서, 구오와 협력을 유지하고 있다. 서로 간에 믿음이 강한 상태에서 올곧음을 지켜나가면, 길할 수밖에 없다.

인간관계에서 자신의 중심을 잡아야, 상대에게 성심을 다할 수 있다. 자신의 중심이 없으면, 가식적인 관계로 흐르기 마련이다. 자신의 마음 한가운데서 우러나오는 충심(忠心)이 없다면, 구오와 바른 관계를 유지할 수 없다.

괘의 변화를 보자. 만약 2효가 양으로 변하면 중수감(重水坎, ䷜)이 되고, 2효는 그대로 있고 나머지 효가 모두 반대로 바뀌면 중화리(重火離, ䷝)가 된다. 밝은 도리에 대한 믿음과 올곧음을 지켜야만 형통함을 알 수 있다. 자신을 이기고, 자신을 바로 세우는 자가 진정한 승리자다.

육삼(六三)

친하고자 하나 적당한 사람이 아니다. 상사에서 이르기를, 친하고자 하나 적당한 사람이 아니니, 상처입지 않겠는가(比之匪人. 象曰, 比之匪人, 不亦傷乎).

육삼은 음효로서 양위에 있다. 또한 위치가 가운데 자리도 아니기 때문에, 자신의 중심을 잡기 힘들다. 더군다나 친해야 할 상육과 바르게 상응하지도 못하는 위치다.

그러므로 육삼이 상처를 받을 수밖에 없다. 주변에 사람이 없는 것은 누구의 잘못이 아니라, 자신의 잘못이다. 좋은 사람을 옆에 두고 싶다면, 자신이 그에 상응하는 위치와 능력을 겸비해야 된다. 동기상구(同氣相求)의 이치다.

괘의 변화를 보자. 만약 3효가 양으로 변하면 수산건(水山蹇, ䷦)이 되고, 3

효는 그대로 있고 나머지 효가 모두 반대로 바뀌면 화택규(火澤睽, ䷥)가 된다.

주변에 좋은 사람이 없기 때문에, 변화도 역시 좋지 않다. 근본적인 대책이 필요하다. 자신을 돌아보고 허물을 고치고, 남의 허물도 반면교사로 삼고 수신(修身)을 통해 자신을 완전히 탈바꿈하는 것이 좋겠다.

육사(六四)

밖으로 친하고자 한다. 올곧으면 길하다. 상사에서 이르기를, 밖으로 현자와 친하고자 한다 함은 위를 따름이다(外比之, 貞吉. 象曰, 外比於賢, 以從上也).

육사는 음효로서 음위에 바르게 있다. 따라서 올곧게 자리를 지킬 수는 있는 입장이다. 그러나 육사는 대응하는 초육과 정응(正應)하고 있지도 않고, 가운데 자리도 아니다.

다만 다행히도 바로 위에 현명하고 강한 주군이 있다. 그러므로 여기서 "밖으로 협력하고자 한다(外比之)."는 말은 구오와의 관계를 말한다. 육사는 올곧은 도리를 지키면서 윗사람인 구오를 따르면, 좋은 결과를 맺게 된다.

괘의 변화를 보자. 만약 4효가 양으로 변하면 택지췌(澤地萃, ䷬)가 되고, 4효는 그대로 있고 나머지 효가 모두 반대로 바뀌면 산천대축(山天大畜, ䷙)이 된다. 자신을 내세우되, 올곧음을 지키고 대인을 따르면 길하다. 또한 외부 상황이 바뀌어도 올곧음을 끝까지 지켜나가면 이롭다.

구오(九五)

친함을 분명히 밝히다. 왕이 세 방향으로 몰아, 앞의 날짐승을 놓아준다. 마을 사람도 경계하지 않는다. 길하다. 상사에서 이르기를, 친함을 분명히 밝히니 길하다 함은 정중의 위치이기 때문이다. 어긋난 것을 버리고 순종하는 것을 취하므로, 앞의 날짐승을 놓아주는 것이다. 마을사람도 경계하지 않는다 함은 윗사람이 중도를 쓰기 때문이다(顯比, 王用三驅, 失前禽, 邑人不誡, 吉. 象曰, 顯比之吉, 位正中也, 舍逆取順, 失前禽也, 邑人不誡, 上使中也).

구오는 양효로서 양위에 있으면서, 가운데 자리를 차지하고 있다. 구오는 중정(中正)을 모두 갖추고 있다. 더욱이 육이와 정응(正應)하고 있다. 강력한 리더십과 지혜를 갖춘 지도자가 사람들에게 자비의 마음을 보여주고 있는 모습이다. 지도자가 먼저 솔선수범을 보이므로, 모든 사람들이 믿음을 가지고 따르고 있다.

구오는 전쟁 이후에 새로운 사회를 건설하는 과정에 나올 수 있는 굳센 지도자의 모습과 같다. 전쟁으로 사람들은 의기소침하고, 모든 여건이 녹록치 않다. 이때 강력한 리더십을 지닌 지도자가 나와야, 사회를 이끌고 경제를 재건할 수 있다.

괘의 변화를 보자. 만약 5효가 음으로 변하면 중지곤(重地坤, ䷁)이 되고, 5효는 그대로 있고 나머지 효가 모두 반대로 바뀌면 중천건(重天乾, ䷀)이 된다. 중도를 갖춘 지도자이므로, 어떤 상황에서도 천지의 도리를 위배하지 않는다. 그러므로 형통하다.

상육(上六)

친하고자 하나 머리가 없다. 흉하다. 상사에서 이르기를, 친하고자 하나 머리가 없다 함은 끝맺는 바가 없다는 뜻이다(比之无首, 凶. 象曰, 比之无首, 无所終也).

상육은 음효가 제 위치에 있지만, 중도를 갖추고 있지 않다. 상육은 대응하는 육삼과 정응(正應)하고 있지도 못하다. 따라서 머리가 없는 것처럼 자신의 뜻대로 할 수 있는 일이 없다. 상왕(上王)의 위치에서 상육은 힘도 없고, 따르는 사람도 없다. 또한 강력한 구오를 밑에 두고 있으므로 위태롭다.

상왕이 왕의 일에 쓸데없는 충고나 간섭을 하려고 하면, 보기 좋은 모습이 되지 않는다. 이럴 때는 조용히 자신을 돌아보고 인생의 도리를 참구하는 것이 최고다.

괘의 변화를 보자. 만약 6효가 양으로 변하면 풍지관(風地觀, ䷓)이 되고, 6효는 그대로 있고 나머지 효가 모두 반대로 바뀌면 뇌천대장(雷天大壯, ䷡)이 된다. 군자의 도리를 지키면서 세상을 관조하고, 예를 지키면서 어려움을 참으면, 허물이 없고 불리하지 않다.

09.

풍천소축(風天小畜)

삶을 완성해가는 도리

소축은 형통하다. 구름은 두껍게 쌓여 있으나 비는 오지 않는다. 서쪽 성 밖부터 그렇다(小畜, 亨. 密雲不雨, 自我西郊).

사람들이 서로 협력하고 하나로 합쳐지면 비축되는 것이 있으므로, 비(比)에서 소축(小畜)으로 이어진다. 소축은 적다(寡)는 의미를 함축하고 있다. 적은 것이 쌓여 큰 것을 이루기 때문에, 적은 것이 소중하다.

풍천소축은 강유가 부드럽게 교류하면서 뭔가 길러내는 모습이다. 그러나 소축(小畜)이란 표현이 의미하듯이, 큰 결과를 낼 수 있는 단계는 아니다. 괘상(卦象)에 관한 의미 풀이는 단사에서 자세히 하고 있다.

단사에서 이르기를, 소축은 부드러운 음이 위치를 얻고 위아래가 상응하므로, 소축이라 한다. 강건함과 손순함이 함께 한다. 굳센 양이 중도를 얻어 뜻을 행하고 있다. 이에 형통하다. 구름은 두껍게 쌓여 있으나 비는 오지 않는다 함에는 그럼에도 간다는 뜻이 있다. 서쪽 성 밖부터 그렇다 함은 베풂이 아직 행해지지 않았다는 뜻이다(象曰, 小畜, 柔得位而上下應之, 曰小畜. 健而巽, 剛中而志行, 乃亨. 密雲

不雨, 尚往也, 自我西郊, 施未行也).

부드러운 음이 위치를 얻었다는 말은 육사를 말한다. 강한 내괘와 부드러운 외괘가 함께 하고, 구이와 구오가 가운데 자리에 있다. 따라서 뜻을 펼치는 데 큰 어려움은 없다. 비가 내릴 때가 멀지 않았으므로, 이제 가는 것이 좋다.

자아서교(自我西郊)에서 '나(我)'라는 표현은 주(周)문왕을 가리킨다. 그가 유리감옥에 있을 때를 기준으로 주나라는 서쪽에 있기 때문이다. 상사에서 소축의 의미를 보충하고 있다.

상사에서 이르기를, 바람이 하늘 위에 부는 것이 소축이다. 군자는 이로써 문덕을 기린다(象曰, 風行天上, 小畜. 君子以懿文德).

바람은 만물이 잘 자랄 수 있도록 길을 열어준다. 바람은 생명 순환의 매개역할을 한다고 볼 수 있다. "군자의 덕은 바람과 같다(君子之德風)."는 《논어(論語)》의 말씀은 이 상사에 근거한다. 군자가 열어준 문덕(文德)의 길을 소인이 따라가면, 사회가 편안하다.

풍천소축의 잡괘를 보면, 천풍구(天風姤, ䷫), 화택규(火澤睽, ䷥), 뇌지예(雷地豫, ䷏), 천택리(天澤履, ䷉) 등이 있다. 사람들이 모여 뭔가를 비축한다는 것이 그리 쉬운 일이 아니다. 법률과 예법을 잘 정비해서 사회의 기초를 잘 다듬어야, 서로간의 이익이 충돌하는 것을 조율하고 갈등을 예방할 수 있다.

초구(初九)

스스로 도가 돌아온다. 무슨 허물이 있겠는가. 상사에서 이르기를, 스스로 도가 돌아온다 함은 그 뜻이 길하기 때문이다(復自道, 何其咎. 吉. 象曰, 復自道, 其義吉也).

초구는 수신(修身)의 단계다. 초구는 양효로서 양위에 있다. 비록 중도는 없지만, 대응하는 육사와 정응(正應)하고 있다. 가장 아래에 있기 때문에 초구는 밑에 잠복해 있는 힘이지만, 장차 그 뜻을 펼칠 날을 기다리며 때를 기다리는 중이다.

하늘의 도는 스스로 길을 찾아 간다. 내가 바로 서있으면, 도가 나를 찾아오는 법이다. 여기서 복자도(復自道)를 달리 해석할 수도 있다. 역의 이치는 안에서 밖으로 구현되고, 결국 다시 안으로 돌아오게 돼 있다. 따라서 도는 밖에서 구하는 것이 아니라, 자기 안에서 구해야 된다고 풀이할 수 있다.

괘의 변화를 보자. 만약 1효가 음으로 변하면 중풍손(重風巽, ䷸)이 되고, 1효는 그대로 있고 나머지 효가 모두 반대로 바뀌면 중뢰진(重雷震, ䷲)이 된다. 조용히 자신을 극복하고 유순하게 때를 기다리면, 크게 쓰임이 있음을 알 수 있다.

구이(九二)

이끌고 돌아온다. 길하다. 상사에서 이르기를, 이끌려 돌아온다 함은 가운데 있으므로 또한 스스로 잃지 않는다는 뜻이다(牽復, 吉. 象曰, 牽復在中, 亦不自失也).

구이는 제가(齊家)의 단계다. 구이는 양효가 음위에 있지만, 중도가 있다. 구이는 집안의 안주인이라고 할 수 있다. 안주인이 양강(陽剛)한데 중도를 지키고 있다. 비록 구오와 정응(正應)하고 있지 않지만, 강함을 부드럽게 완화시키는 힘을 갖추고 있다. 구오와 더불어 집안에서 질서를 잡을 수 있는 위치다.

안주인이 중심을 잡고 있기 때문에, 어떤 상황에도 집안이 흔들림이 없다. 인복(牽復)은 밖에서 낭비한 에너지를 안으로 수렴하는 힘이다. 사회활동으로 지치고 힘든 사람들이 가정으로 돌아와 다시 힘을 회복하고, 다시 나가 활동할 수 있다.

요즘은 양성평등사회이기 때문에, 안주인이 남자일 수도 있다. 남자이건 여자이건, 안주인의 역할이 지대하다. 대개 아이들이 잘못되는 가장 큰 요인은 집안에 가장이 없는 데서 비롯되기 때문이다. 아이들에게는 안주인이 집안의 가장이라고 할 수 있다.

괘의 변화를 보자. 만약 2효가 음으로 변하면 풍화가인(風火家人, ䷤)이 되고, 2효는 그대로 있고 나머지 효가 모두 반대로 바뀌면 풍수환(風水渙, ䷲)이 된다.

안주인의 역할은 집안을 화목하게 관리하고, 조화로운 기운을 순환시키는 데 있다. 집안의 안주인이 온순하게 중도를 지키면, 장차 크게 가업이 번창할 것이다.

구삼(九三)

수레의 바퀴살이 빠진다. 부부가 반목한다. 상사에서 이르기를, 부부가 반목한다 함은 집안을 바로 할 수 없다는 뜻이다(輿說輻, 夫妻反目. 象曰, 夫妻反目, 不能正室也).

구삼은 불화(不和)에 대한 경책이다. 구삼은 양효가 양위에 있지만, 중도를 갖추고 있지 않다. 따라서 강한 힘을 조절할 수 없다. 또한 구삼과 대응하는 상구와도 바르게 상응할 수 없는 위치다. 그리고 집안 가장의 자리인 구오와도 거리가 멀다.

힘은 있으나 제어할 수 없으므로, 집안에 싸움이 벌어지게 된다. 바퀴살은 수레를 움직이는 중심축이다. 바퀴살이 빠진다는 말은 집안을 다스리는 중도의 덕이 없다는 것을 의미한다.

괘의 변화를 보자. 만약 3효가 음으로 변하면 풍택중부(風澤中孚, ䷼)가 되고, 3효는 그대로 있고 나머지 효가 모두 반대로 바뀌면 뇌산소과(雷山小過, ䷽)가 된다.

믿음을 지키고 중도를 지향하면서 사소한 잘못들은 바로바로 조율하면, 집안에 질서가 점차 잡혀갈 것이다. 갈등을 조율하는 기능이 가정과 사회를 유지하고 발전시키는 근간임을 알 수 있다.

육사(六四)

믿음이 있으면, 피 흘리는 사태를 막고 두려움에서 벗어난다. 허물이 없다. 상사에서 이르기를, 믿음이 있으면 두려움에서 벗어난다 함은 위와 뜻이 합하기 때문이다(有孚, 血去惕出, 无咎. 象曰, 有孚惕出, 上合志也).

육사는 불화를 넘어 조화(調和)로 가는 단계다. 육사는 이 괘에서 유일하게 음유(陰柔)하다. 육사는 음위에 바르게 자리하고 있다. 또한 대응하는 초구와도 정응(正應)하고 있다. 비록 중도는 없지만, 육사는 가장인 구오를 따르는 유순함이 있고 믿음이 있다.

집안의 뜻이 하나가 되니, 가정의 기운이 조화를 이루게 된다. 따라서 가정에 분란이 일어나지 않는다. 위아래의 뜻이 하나가 되면, 위계질서가 잡힌다. 가정의 질서가 사회로 확대되면, 사회의 위험 요소가 사라지고 사회가 안정된다.

괘의 변화를 보자. 만약 4효가 양으로 변하면 중천건(重天乾, ䷀)이 되고, 4효는 그대로 있고 나머지 효가 모두 반대로 바뀌면 중지곤(重地坤, ䷁)이 된다. 가정의 조화가 세상의 조화를 이루는 초석임을 알 수 있다.

구오(九五)

믿음으로 이어진다. 이웃과 부를 함께 영위한다. 상사에서 이르기를, 믿음으로 이어진다 함은 홀로 부를 누리지 않는다는 뜻이다(有孚攣如, 富以其鄰. 象曰, 有孚攣如, 不獨富也).

구오는 대동사회(大同社會)의 초석을 다지는 단계다. 구오는 양효로서 양위에 바르게 있고, 가운데 자리에 있다. 비록 대응하는 구이와 정응(正應)하고 있지 않지만, 구오는 중정(中正)을 모두 갖추고 있다.

구이와 구오는 서로 대등한 관계를 유지하고 있다. 현대의 양성평등사회에도 맞는 가정구조를 보여주고 있다고 볼 수 있다. 구오는 집안의 가장으로서 집안의 부와 권세를 함부로 내세우지 않고, 공동체 사회와 더불어 사는 지혜와 자비가 있다. 대동사회를 이룰 수 있는 덕을 갖추고 있다.

또한 구오는 재산을 독식하지 않는 베푸는 덕과 지혜를 갖추고 있다. 위대한 지도자는 다 그랬다. 조선시대 거상 임상옥도 그랬고, 대문호 톨스토이도 그랬고, 가깝게는 유한양행을 설립한 유일한 박사도 그랬다.

괘의 변화를 보자. 만약 5효가 음으로 변하면 산천대축(山天大畜, ䷙)이 되고, 5효는 그대로 있고 나머지 효가 모두 반대로 바뀌면 택지췌(澤地萃, ䷬)가 된다. 더불어 사는 지혜로 올곧음을 지켜나가면 크게 흥하고, 사람들이 모여듦을 알 수 있다.

상구(上九)

이미 비가 내리고 그쳤다. 덕을 숭상하여 가득하다. 아내가 올곧지만 위태롭다. 달이 거의 보름이니, 군자가 먼 길을 떠나면 흉하다. 상사에서 이르기를, 이미 비가 내리고 그쳤다 함은 덕을 쌓아 가득하다는 뜻이다. 군자가 먼 길을 떠나면 흉하다 함은 의심하는 바가 있기 때문이다(旣雨旣處, 尙德載, 婦貞厲, 月幾望, 君子征凶. 象曰, 旣雨旣處, 德積載也, 君子征凶, 有所疑也).

상구는 내려놓는 단계다. 상구는 양효가 음위에 있으니, 자리가 위태롭다. 대응하는 구삼과 정응(正應)하고 있지도 않다. 집안의 제일 큰 어른으로 보름달과 같은 상황이지만, 상구는 이제 스러질 날만 남았다. 따라서 이제는 더 이상 담지 말고, 퍼주어야 살 수 있다. 물질적 집착은 덜어내고, 정신적으로 수렴할 때다.

누구나 죽어야 한다. 아무리 많은 것을 쌓아둔 거부(巨富)라도, 죽을 때는 단 한 푼도 가져갈 수 없다. 공수래공수거(空手來空手去)인 것이다. 죽기 전에 많이 베풀고 비운 자는 저승길이 가볍다. 따라서 하늘의 정신세계로 올라갈 확률이 높다.

죽을 때까지 재산을 놓지 않는 자는 영혼이 무거워서 하늘나라로 가기 힘들다. 부자가 천국에 가는 것은 낙타가 바늘귀를 통과하는 것보다 어렵다고 한 예수의 말을 되새겨봐야 한다.

가장 좋은 베풂은 사회에 다시 되돌려주는 것이다. 자신이 번 돈은 사회에서 온 것이기 때문이다. 이런 베풂은 사회를 선순환(善循環)시키고, 건강한 사회를 만든다. 따라서 이것이 진정한 헌금이자 시주다.

예를 들어, 미국의 대부호 록펠러(J.D. Rockfeller)가 악독한 석유사업자에서 독실한 기부천사로 탈바꿈할 수 있었던 것은 사회 환원을 몸소 실천한 데 있다. 그는 자신의 헛된 욕망을 다 비우고 돌아감으로써, 자신의 영혼을 정화하고 미국사회 발전에 크게 기여할 수 있었다. 진정한 회개의 모범이라고 할 수 있다.

괘의 변화를 보자. 만약 6효가 음으로 변하면 수천수(水天需, ䷄)가 되고, 6효는 그대로 있고 나머지 효가 모두 반대로 바뀌면 화지진(火地晉, ䷢)이 된다. 믿음, 올곧음, 겸양을 지켜나가면, 다시 빛이 돌아올 날이 온다.

10.
천택리(天澤履)

예를 지켜 나아가라

호랑이 꼬리를 밟는데, 사람을 물지 않으니, 형통하다(履虎尾, 不咥人, 亨).

어느 정도 물질이 쌓이면 예(禮)가 중요해진다. 따라서 소축(小畜) 다음에 이(履)로 이어진다. 이(履)는 인생길을 밟아 걷는다는 의미로 머무르지 않음(不處)을 내포하고 있다.

가정과 사회가 형성되고 나라에 부가 어느 정도 쌓이면, 기쁨과 여유가 생긴다. 그러므로 호랑이를 대표하는 건(乾)을 기쁨을 대표하는 태(兌)괘가 밟는 형국이지만. 부드러운 기운이 있으니 사람을 물지 않는 것이다. 단사의 해설을 보자.

단사에서 이르기를, 이는 부드러운 음이 굳센 양을 밟는 것이므로, 기뻐하며 건에 응한다. 때문에 호랑이 꼬리를 밟는데, 사람을 물지 않으니, 형통하다 함이다. 굳센 양이 중정하고, 제위를 밟더라도 근심하지 않으니, 빛나고 밝다(象曰, 履, 柔履剛也, 說而應乎乾. 是以履虎尾, 不咥人, 亨. 剛中正, 履帝位而不疚, 光明也).

노자가 "부드럽고 약한 것이 굳세고 강한 것을 이긴다(柔弱勝剛强)."고 한 말은 이 단사의 의미와 통한다. 군주인 구오가 중도의 덕을 지녔으므로, 유순한 신하가 비록 억세고 실수를 하더라도 근심하지 않을 수 있다. 그것은 군주의 덕이 빛나고 밝기 때문이다. 상사는 단사의 의미를 확대해석하고 있다.

상사에서 이르기를, 위는 하늘이고 아래는 못이 있는 모습이다. 군자는 위아래를 분별함으로써 백성의 뜻을 정립한다(象曰, 上天下澤, 履. 君子以辯上下, 定民志).

아무리 위아래가 기쁨과 부드러운 음으로 하나가 되어 있지만, 위계질서를 무시할 수는 없다. 사회가 어느 정도 자리를 잡으면, 예의와 법도를 세울 필요가 있음을 암시하고 있다. 천택리의 진정한 의미는 극기복례(克己復禮)에 있다.

공자는 《계사전》에서 "이는 덕의 토대다(履, 德之基也)."고 했다. 모든 것은 기초가 되는 토대가 튼튼해야 크게 성장할 수 있다. 때문에 공자는 "이는 조화로움으로 이른다(履, 和而至)."고 풀이했다. 조화로움을 이루는 토대가 바로 도덕에 근간한 예법이다. 사회의 토대를 다져나갈 때 예를 무시하면, 일시적인 물질적 번영은 누릴지 모르지만, 항구적인 평화는 기약할 수 없다.

그런 의미에서 공자는 "조화로써 다져 나가는 것이다(履以和行)."라고 결론을 내렸다. 사회가 조화를 이루기 위해서는 균형과 조율이 중요하다. 그러므로 가장 중요한 사회건설의 기초는 물질이 아니라 도덕이다.

천택리괘의 잡괘를 보면, 택천쾌(澤天夬, ䷪), 풍화가인(風火家人, ䷤), 지산겸(地山謙, ䷎), 풍천소축(風天小畜, ䷈) 등이 있다. 사회의 근간인 덕의 토대를 잘 닦아나가기 위해서는 무엇보다 겸양의 정신으로 자신을 갈고 닦고, 이어 집안을 다스려야 한다. 그런 연후에 나아가 사회의 부조리를 일소할 때, 국가의 부를 조금씩 키워나갈 수 있다.

초구(初九)

꾸밈이 없이 소박하게 밟은 것이니, 지나가도 허물이 없다. 상사에서 이르기를, 꾸밈이 없이 소박하게 밟고 지나간다 함은 혼자 원하는 대로 행함을 말한다(素履, 往无咎. 象曰, 素履之往, 獨行願也).

초구는 강효가 양위에 있지만, 중도가 없다. 또한 내괘의 가장 밑에 있고, 대응하는 구사와 정응(正應)하고 있지 않다. 기쁨이 소박하고 낮은 위치에 있기 때문에, 큰 허물은 없다. 효사와 상사는 원하는 대로 해도 크게 나무랄 데가 없다는 뜻을 암시한다.

원문의 독행원야(獨行願也)는 요즘 식으로 말하면, 나답게 사는 것이다. 자신은 우주에서 유일한 존재다. 자신의 정체성을 바로 알고, 자신의 능력과 개성에 맞게 사는 것이 진정으로 소박하게, 자신답게 사는 길이다. 문제는 내면을 돌보지 않고, 외면에 이끌려 살기 때문에 생긴다. 노자가 검박한 삶을 소중히 여긴 이유가 여기에 있다.

괘의 변화를 보자. 만약 1효가 음으로 변하면 천수송(天水訟, ䷅)이 되고, 1효는 그대로 있고 나머지 효가 모두 반대로 바뀌면 지풍승(地風升, ䷭)이 된다. 만약 소박함을 잃고 함부로 분수 밖의 처신을 한다면 큰 화를 입을 수 있지만, 검소한 생활을 유지하면 큰 발전을 이룰 수 있다.

밟아가는 길이 탄탄하다. 속세를 떠난 사람이 올곧으면 길하다. 상사에서 이르기를, 속세를 떠난 사람이 올곧으면 길하다 함은 중도를 지켜 스스로 어지럽지 않기 때문이다(履道坦坦, 幽人貞吉. 象曰, 幽人貞吉, 中不自亂也).

강한 구이가 음위에 있지만, 내괘의 가운데 자리를 차지하고 있다. 중도의 도리를 지키고 있으므로, 구이는 흔들림이 없다. 한편 구이는 대응하는 구오와 정응(正應)하고 있지 않다. 폭압적인 세상을 떠나 유유자적하게 사는 것을 암시한다.

유인(幽人)은 속세를 떠나 숨어사는 은자(隱者)를 말한다. 은자의 삶은 속세의 삶보다 더 치열하다. 자연과 마주하고 있기 때문이다. 속세에서는 인정이란 것이 있어서, 잘못도 어느 정도 관용할 수 있다. 하지만 자연의 변화는 착한 사람이나 나쁜 사람을 구별하지 않고, 동일하게 적용된다. 따라서 은자는 역의 이치에 맞게 절도(節度)있게 사는 도리를 깨우쳐야, 안전하게 살 수 있다.

괘의 변화를 보자. 만약 2효가 음으로 변하면 천뢰무망(天雷无妄, ䷘)이 되고, 2효는 그대로 있고 나머지 효가 모두 반대로 바뀌면 지풍승(地風升, ䷭)이 된다. 절도를 지키면서 바른 뜻과 올곧음을 지켜나가면, 헛됨과 허물이 없고 형통함을 알 수 있다.

육삼(六三)

애꾸눈이 잘 본다 하고, 절름발이가 잘 걷는다 한다. 호랑이 꼬리를 물면 사람을 물을 것이니, 흉하다. 무인이 대군이 되는 것이다. 상사에서 이르기를, 애꾸눈이 잘 본다는 함은 밝다고 하기에는 부족하다는 말이다. 절름발이가 잘 걷는다는 함은 같이 가기에는 부족하다는 말이다. 사람을 물으니 흉하다 함은 위치가 합당하지 않음이다. 무인이 대군이 된다 함은 뜻이 굳세기 때문이다(眇能視, 跛能履. 履虎尾咥人, 凶. 武人爲于大君. 象曰, 眇能視, 不足以有明也. 跛能履, 不足以與行也. 咥人之凶, 位不當也. 武人爲於大君, 志剛也).

육삼은 음효가 양위에 있으므로, 위치도 바르지 않고 중도도 없다. 이 단계의 실수는 용납이 되지 않는다. 강력한 세 개의 효가 바로 위에 버티고 있기 때문이다. 무인의 강인한 정신과 같은 건(乾)을 약한 육삼은 견딜 수 없다.

능력이 부족한 자가 뜻만 강한 경우가 육삼이다. 이럴 때 소크라테스(Socrates)가 "너 자신을 알라."고 한 말로 경책을 삼을 필요가 있다. 분수를 모르고 사는 사람은 하늘의 인과법을 모르고 사는 사람과 같다. 물론 덕의 그릇을 키우면, 자신의 분수는 높아질 수 있다.

괘의 변화를 보자. 만약 3효가 양으로 변하면 중천건(重天乾, ䷀)이 되고, 3효는 그대로 있고 나머지 효가 모두 반대로 바뀌면 중지곤(重地坤, ䷁)이 된다. 올곧은 마음으로 바른 도리를 배우고 덕행을 쌓으면서, 때를 기다리는 것이 좋음을 알 수 있다.

구사(九四)

호랑이 꼬리를 밟는데, 사정을 간곡히 호소하면, 끝내 길하다. 상사에서 이르기를, 사정을 간곡히 호소하면, 끝내 길하다 함은 뜻을 행하기 때문이다(履虎尾, 愬愬, 終吉. 象曰, 愬愬終吉, 志行也).

구사는 양효로서 음위에 있다. 중정(中正)이 모두 없는 자리이지만, 강한 힘을 함부로 쓸 수 없는 자리이기 때문에 온유함이 있다. 더구나 구사는 강력한 주군인 구오 바로 밑에 있기 때문에, 더욱 언행을 조심할 필요가 있다.

다행인 것은 구오는 상괘 건(乾)의 중심이다. 구오는 힘과 중도의 밝은 지혜를 모두 갖춘 자다. 그러므로 구사가 바른 뜻을 수행하는 과정에서 생기는 불가피한 실수를 진정으로 호소하면, 구오의 자비로운 용서를 받을 수 있다.

구사는 대신(大臣)의 위치이므로, 무엇보다 구오와 뜻을 하나로 합쳐야 한다. 합심(合心)이 되면 구사는 크고 작은 실수를 넘어, 구오를 보필하며 큰일을 함께 경영할 수 있다.

원문의 삭삭(愬愬)에서 현재 우리가 쓰는 '싹싹하다'는 말이 나왔다. 그말이 뜻하는 것처럼, 구사는 눈치 빠르고 사근사근하게 행동해야 갈등을 방지할 수 있다. 그러나 바른 뜻을 올곧고 굳세게 지켜야 종길(終吉), 즉 끝내 길할 수 있다. 삭삭은 교언영색(巧言令色)과는 거리가 멀다.

괘의 변화를 보자. 만약 4효가 음으로 변하면 풍택중부(風澤中孚, ䷼)가 되고, 4효는 그대로 있고 나머지 효가 모두 반대로 바뀌면 뇌산소과(雷山小過, ䷽)가 된다. 중도의 바름을 지켜야, 다소간의 허물을 넘어 형통함을 알 수 있다.

구오(九五)

결단하고 밟는다. 올곧지만 괴롭다. 상사에서 이르기를, 결단하고 밟으므로 올곧지만 괴롭다 함은 위치가 정당하다는 뜻이다(夬履, 貞厲. 象曰, 夬履貞厲, 位正當也).

구오는 양효가 양위에 있고, 중도도 있다. 비록 구이와 정응(正應)하고 있지 않지만, 구오는 지도자의 자리다. 예를 어긴 부하들을 때로는 엄벌백계(嚴罰百戒)해서 위계질서를 잡아야 하는 자리다. 괴롭지만 빠른 결단이 필요하다. 지도자의 덕목 중에서 빠른 판단과 결단은 나라의 혼란을 미리 막는다.

현재 세계는 대격변의 시기에 있다. 앞으로 사회의 발전 여부는 지도자의 밝은 지혜와 더불어 강력한 리더십이 좌우할 것이다. 혼란의 시기에는 사회 곳곳에서 이러저러한 요구사항들이 많아질 수밖에 없다. 그 요구사항들을 모두 들어줄 수는 없다.

괴로운 일이지만 지도자는 올곧음을 지킬 수밖에 없다. 혼란을 빠르게 수습하고 사회발전을 이루기 위해서는, 지도자와 더불어 그를 보좌하는 사람들이 바른 판단과 빠른 결단으로 일사분란하게 움직여야 가능하다.

괘의 변화를 보자. 만약 5효가 음으로 변하면 화택규(火澤睽, ䷥)가 되고, 5효는 그대로 있고 나머지 효가 모두 반대로 바뀌면 수산건(水山蹇, ䷦)이 된다. 밝은 뜻을 올곧고 바르게 지켜 나가야, 사회의 분란과 위기를 극복할 수 있다.

상구(上九)

밟은 길을 돌아보고, 그 길이 원만하면 으뜸으로 길하다. 상사에서 이르기를, 위에 으뜸으로 길함이 있다 함은 큰 경사가 있는 것이다(視履考祥, 其旋元吉. 象曰, 元吉在上, 大有慶也).

상구는 양효가 음위에 있고, 가운데 자리도 아니다. 하지만 다행히 하괘 태(兌)의 주효(主爻)인 육삼과 바르게 상응하고 있다. 강유(剛柔)가 서로 원만하게 조화를 이루고, 예(禮)와 질서를 완성하고 있는 모습이다.

상구는 인생을 마감하는 입장을 대변한다. 자신의 일생을 돌아보고, 자신이 밟아온 인생길이 원만하면, 하늘길이 형통할 것이다. 가장 중요한 것은 인생 후반이다. 마지막 길을 잘 마무리하는 자가 인생의 진정한 승리자다.

괘의 변화를 보자. 만약 6효가 음으로 변하면 중택태(重澤兌, ䷹)가 되고, 6효는 그대로 있고 나머지 효가 모두 반대로 바뀌면 중산간(重山艮, ䷳)이 된다. 자신을 돌아보고 올곧음을 지키면 기쁨이 있으나, 끝까지 자만심을 버리지 못하면 앞길이 막힌다.

11.
지천태(地天泰)

좋은 것은 오래 가지 못한다

태는 작은 것이 가고 큰 것이 오는 것이니, 길하고 형통하다(泰, 小往大來. 吉, 亨).

사회의 질서와 예가 확립되면, 사회가 편안해진다. 그러므로 이(履) 다음에 태(泰)로 이어진다. 태는 통한다는 뜻이다. 태의 시절이 오면 사회가 크게 발전하기 시작한다. 그러나 영원한 발전은 없다.

하늘을 상징하는 건(乾)이 아래에 있고, 땅을 상징하는 곤(坤)이 위에 있는 모습이 지천태괘의 모습이다. 천지가 열린 이후, 하늘은 아래로 가고 땅은 위로 가서, 천지가 완전히 소통하는 모습이다. 바야흐로 태평성대의 호시절이다. 단사의 설명을 보자.

단사에서 이르기를, 태는 작은 것이 가고 큰 것이 오는 것이니, 길하고 형통하다 함은 하늘과 땅이 만나서 만물이 통하고 상하가 교류하여 뜻이 하나가 된다는 것이다. 안에는 양이 있고 밖에는 음이 있고, 안에는 강건하고 밖은 유순하다. 안은 군자이고 밖은 소인이다. 군자의 도는 자라나고, 소인의 도는 쇠퇴해

간다(象曰, 泰, 小往大來, 吉, 亨. 則是天地交而萬物通也, 上下交而其志同也. 內陽而外陰, 內健而外順. 內君子而外小人. 君子道長, 小人道消也).

하늘은 양(陽), 강건함(健), 군자 등을 상징하고, 땅은 음(陰), 유순함(順), 소인 등을 의미하고 있다. 하늘이 오히려 땅 밑에 있다. 이것은 하늘의 도가 땅에서 이루어고, 장차 완성을 향해 나아간다는 점을 암시하고 있다.

곤(坤)은 물질을 상징하고 건(乾)은 정신을 뜻하므로, 물질적 이익과 쾌락보다는 정신적 희열과 성장을 추구하는 형국이다. 상사의 해설을 통해 그 의미를 보다 확립할 수 있다.

상사에서 이르기를, 천지가 교류하는 것이 태다. 임금은 이로써 천지의 도를 완성하고, 천지의 마땅함을 보좌하고, 백성을 돕는다(象曰, 天地交, 泰. 后以財成天地之道, 輔相天地之宜, 以左右民).

지천태는 천문에서 음력 1월에 해당한다. 절기로 입춘(立春)과 우수(雨水)가 있다. 겨울이 가고 바야흐로 만물이 깨어나 활발히 교류하는 계절이다. 날로 밝은 양기(陽氣)가 증가하는 추세다. 고대의 왕은 천문의 도를 보고, 적기에 농업을 장려하고, 백성을 도왔다.

지천태의 잡괘를 보면, 천지비(天地否, ䷋), 뇌택귀매(雷澤歸妹, ䷵) 등이 있다. 달도 차면 기우는 것이 하늘의 이치다. 크게 흥한 다음에 쇠퇴하는 것을 방비하는 방법은 밝음과 올곧음을 지키는 길밖에 없다.

초구(初九)

엉킨 띠를 뽑는다. 풀뿌리가 연이어 가니 길하다. 상사에서 이르기를, 엉킨 띠를 연이어 뽑아가니 길하다 함은 뜻이 밖에 있기 때문이다(拔茅茹, 以其彙, 征吉. 象曰, 拔茅征吉, 志在外也).

엉킨 띠는 양강한 양효가 연이어서 내괘를 이루고 있는 모습을 비유한 것이다. 초구는 바른 자리를 차지하고 있고, 비록 가장 밑에 있지만, 장차 바른 뜻을 펼쳐나가려는 뜻을 지니고 있다.

"뜻이 밖에 있다(志在外也)."는 말은 외괘인 곤(坤)에 건(乾)의 이상이 펼쳐질 것이라는 의미를 함축하고 있다. 마음속의 밝은 뜻과 의지가 분명하면, 그 결실을 볼 날이 분명 온다. 또한 초구는 대응하는 육사와 정응(正應)하고 있기 때문에, 음양과 강유가 조화를 이루는 호시절을 맞이하고 있다.

괘의 변화를 보자. 만약 1효가 음으로 변하면 지풍승(地風升, ䷭)이 되고, 1효는 그대로 있고 나머지 효가 모두 반대로 바뀌면 천뢰무망(天雷无妄, ䷘)이 된다. 뜻과 힘을 길러나가되 지나침을 조심하고, 진실과 성심으로 헛됨을 경계하면, 형통하게 된다.

구이(九二)

거친 것을 포용하고, 맨발로 강을 건너며, 먼 것을 버리지 않고, 붕당을 없애면, 중도에 부합하는 행을 얻는다. 상사에서 이르기를, 거친 것을 포용하고 중도에 부합하는 행을 얻는다 함은 빛나고 크기 때문이다(包荒, 用馮河, 不遐遺, 朋亡, 得尚于中行. 象曰, 包荒, 得尚于中行, 以光大也).

구이는 양효가 음위에 있으나, 중도가 있다. 강한 힘을 부드럽게 조율할 수 있는 위치이므로, 구이는 사회의 양극단을 조율하는 용기와 지혜를 겸비하고 있는 셈이다. 또한 대응하는 육오와 정응(正應)하고 있다. 장차 그 뜻이 크게 빛나게 될 형국이다.

사회가 밝아지기 위해서는 밝은 뜻만으로 가능하지 않다. 관용의 정신으로 서로의 잘못을 용서하는 마음이 자리 잡아야 가능하다. 그러나 그것은 포황(包荒)이란 말이 암시하듯이, 쉽지 않은 일이다. 사회 저변에 있는 불의를 뿌리 뽑겠다는 강한 정신이 자리 잡고, 더불어 소수의 이익만 대변하는 집단이 사라져야 한다.

괘의 변화를 보자. 만약 2효가 음으로 변하면 지화명이(地火明夷, ䷣)가 되고, 2효는 그대로 있고 나머지 효가 모두 반대로 바뀌면 천수송(天水訟, ䷅)이 된다.

사회를 좀먹는 근본 원인은 어리석음이다. 사회의 어리석음을 타파하고, 초지일관 밝은 도리로 올곧음을 지키면서, 중도의 길을 지켜나가는 것이 사회의 분란을 막는 길이다.

구삼(九三)

평평한데 기울어지지 않는 것은 없다. 가고 돌아오지 않는 것은 없다. 어렵더라도 올곧음을 지키면 허물이 없다. 걱정하지 않아도 믿음이 있으므로, 식복이 있다. 상사에서 이르기를, 가고 돌아오지 않는 것은 없다 함은 하늘과 땅이 만나 교류하는 지점이기 때문이다(无平不陂, 无往不復, 艱貞无咎, 勿恤其孚, 于食有福. 象曰, 无往不復, 天地際也).

구삼은 비록 중(中)을 얻지 못했지만, 양효로서 양위에 바르게 위치하고 있다. 또한 상괘 곤(坤)과 접하고 있고 대응하는 상구와 정응(正應)하고 있기 때문에, 결실을 맺기 시작할 때가 멀지 않았음을 알 수 있다. 비록 결실을 맺는 과정에 어려움이 있겠지만, 식복(食福)은 예정돼 있다. 식복은 결실을 누리는 복을 의미한다.

그러나 저절로 오는 것은 아무것도 없다. 하늘의 뜻을 세상에 밝히겠다는 뜻이 분명하고, 밝은 지혜를 잃지 않아야 좋은 결실을 맺을 수 있다. 무명(無明)을 광명(光明)으로 전환하는 일에는 올곧음을 지키는 고단함이 뒤따른다.

괘의 변화를 보자. 만약 3효가 음으로 변하면 지택림(地澤臨, ䷒)이 되고, 3효는 그대로 있고 나머지 효가 모두 반대로 바뀌면 천산돈(天山遯, ䷠)이 된다. 양기가 물러나지 않고 계속 자라기 위해서는, 어려운 가운데에서도 올곧음을 견실하게 지켜나가야 한다.

육사(六四)

무리지어 훨훨 난다. 이웃과 부를 나누지 못하나, 믿음으로 경계하지 않는다. 상사에서 이르기를, 훨훨 날되 부유하지 않음은 모두 부실하기 때문이다. 믿음으로 경계하지 않는다 함은 마음 한가운데서 원하기 때문이다(翩翩, 不富以其鄰, 不戒以孚. 象曰, 翩翩不富, 皆失實也. 不戒以孚, 中心願也).

육삼은 음효가 제자리에 있으나, 중도를 얻고 있진 못하다. 건(乾)의 시대가 지나고 결실의 시대인 곤(坤)의 시대가 왔다. 음(陰)의 무리들이 연이어 있으므로, 정신은 사라지고 음허(陰虛)한 물질만 남아있는 상태다. 다행히 육사는 초구와 정응(正應)하고 있다. 초구와 육사는 믿음으로 서로를 경계하지 않는다.

정신이 없는 물질은 영혼이 없는 육체와 같다. 정신과 물질은 배타적이면서 동시에 서로를 원하는 이율배반의 상태에 있다. 지천태의 시절인연에는 마른 대지가 하늘의 생명에너지를 필요로 하기 때문에, 천지의 교류에 믿음이 있다. 마치 태극 문양과 같은 상황이다. 한쪽이 커지면 다른 한쪽은 작아지지만, 결코 음양이 갈라서는 일은 없다.

괘의 변화를 보자. 만약 4효가 양으로 변하면 뇌천대장(雷天大壯, ䷡)이 되고, 4효는 그대로 있고 나머지 효가 모두 반대로 바뀌면 풍지관(風地觀, ䷓)이 된다. 자신을 갈고 닦고, 세상을 두루 살펴 하늘의 밝은 도리를 겸허히 받아들이면, 형통할 것이다.

육오(六五)

제을이 어린 딸을 시집보낸다. 복을 받고 크게 길하다. 상사에서 이르기를, 복을 받고 크게 길하다 함은 중도로써 원한 바를 행하기 때문이다(帝乙歸妹, 以祉元吉. 象曰, 以祉元吉, 中以行願也).

육오는 비록 음효로서 양위에 있지만, 중도를 얻고 있다. 또한 대응하는 구이와 바르게 상응하므로, 육오는 현자의 말을 잘 듣는 현군이라 할 수 있다.

제을은 자신의 딸을 주(周)문왕에게 시집보냈다. 제을의 아들인 제신(帝辛)은 후에 천하의 폭군인 주(紂)가 되고, 결국 문왕의 아들 무왕에 의해 토벌되었다. 역사의 아이러니가 아닐 수 없다.

선(善) 속에 악(惡)이 잉태하고, 악 속에 선이 자란다. 역의 이치 상 악을 없앨 수는 없다. 악이 크게 자라나지 않도록, 예방하는 것이 최선이다. 그렇다면 어떻게 악을 방비할 것인가? 공자가 《계사전》에서 경책으로 한 말인

선보과야(善補過也), 즉 잘못을 잘 고치는 일이 유일한 예방책이다.

괘의 변화를 보자. 만약 5효가 양으로 변하면 수천수(水天需, ䷄)가 되고, 5효는 그대로 있고 나머지 효가 모두 반대로 바뀌면 화지진(火地晉, ䷢)이 된다. 세상이 발전하기 위해서는 지도자의 밝은 도리와 더불어 믿고 따르는 사람들이 있어야 가능하다.

상육(上六)

성이 다시 해자로 돌아간다. 군사를 쓸 수 없다. 읍내에서 명을 내린다. 올곧음을 지켜도 인색함이 있다. 상사에서 이르기를, 성이 다시 해자로 돌아간다 함은 명령이 제대로 서지 않는다는 뜻이다(城復于隍, 勿用師, 自邑告命, 貞吝. 象曰, 城復于隍, 其命亂也).

상육은 음효가 제 위치에 있고, 구삼과 정응(正應)하고 있다. 그러나 상육은 변화의 끝자락에 있다. 해자(垓字)는 성을 방비하기 위해 조성한 연못이지만, 물이 다 빠진 상태를 의미한다. 태평시대가 막을 내릴 때가 된 것이다. 상황이 이러하니, 아무리 올곧음을 지켜도 인색하지 않을 수 없고, 명령도 잘 먹히지 않는다.

달도 차면 기울고, 아무리 아름다운 꽃도 십일을 더 갈 수 없다는 말이 있다. 이때에 이르러도 많은 사람들이 가진 것을 끝까지 내주지 않으려고 버티다가, 비참한 최후를 맞이했다.

괘의 변화에서 해답을 찾을 수 있다. 만약 6효가 양으로 변하면 산천대축(山天大畜, ䷙)이 되고, 6효는 그대로 있고 나머지 효가 모두 반대로 바뀌면 택지췌(澤地萃, ䷬)가 된다.

마무리를 가장 잘 하는 방법은 자신 보다 능력이 있고, 중도의 도리에 밝은 사람에게 자신의 모든 것을 물려주는 것이다. 재산은 소유가 아니라 관리다. 관리를 잘 하고, 다른 사람에게 그것을 물려주는 것이 순리다.

비움으로써 채우는 것이 역의 도리다. 물려주는 대상이 자신의 가족이면 금상첨화이겠지만, 타인이라도 상관없다. 우리 모두는 크게 보면 생명공동체의 일원이다. 타인도 그 일원이므로 한 식구인 셈이다. 자신을 비움으로써 더 큰 생명공동체를 키울 수 있다. 또한 자신은 물질을 비움으로써 정신을 가득 채울 수 있다.

12.
천지비(天地否)

위기의식이 살린다

비는 사람이 아니다. 군자가 올곧다 해도 이롭지 못하다. 큰 것이 가고 작은 것
이 온다(否之匪人, 不利君子貞, 大往小來).

원심력이 극에 이르면, 반대로 구심력이 발동하는 것은 물리의 법칙이
다. 지천태(地天泰, ䷊)의 세상이 가면, 반대로 소통이 막히는 천지비의 세상이
온다. 세상이 지나치게 융성한 것은 머지않아 몰락을 예고하는 전조다.

예를 들어, 로마제국이 융성한 시기에 도덕이 무너지기 시작했다. 지도
층이 물질과 권력에 취하면, 세상의 상도(常道)가 점차 통하지 않게 된다. 이
와 같은 사회적 분위기가 널리 퍼지면, 사람들이 도리를 지키기 힘들어진다.
'비인(匪人)'이란 비도덕적인 사람이라는 의미다. 단사의 해설을 보면 전체 괘
의 상황을 알 수 있다.

단사에서 이르기를, 비는 사람이 아니므로, 군자가 올곧다 해도 이롭지 못하고,
큰 것이 가고 작은 것이 오는 까닭은 천지가 교류하지 않고 만물이 소통하지 않
기 때문이다. 상하가 교류하지 않으니 천하에 나라라 할 만한 것이 없다. 안은

음이고 밖은 양이며, 안은 유하고 밖은 굳세니, 안은 소인이고 밖은 군자다. 소인의 도는 자라나고, 군자의 도는 쇠퇴해간다(象曰, 否之匪人, 不利君子貞, 大往小來. 則是天地不交而萬物不通也, 上下不交而天下无邦也. 內陰而外陽, 內柔而外剛, 內小人而外君子, 小人道長, 君子道消也).

천지비괘의 모습은 음유(陰柔)한 것이 점차 자라나서 양강(陽剛)한 것을 점차 물리치는 형국이다. 하늘은 위에 있고, 땅은 밑에 있다. 겉으로 보기에는 당연해 보이지만, 역의 입장에서 보면 서로 교류할 수 없는 상태다. 상사의 해석을 좀 더 보자.

상사에서 이르기를, 천지가 교류하지 않는 것을 비라 한다. 군자는 검소한 덕으로 어려움을 피하고, 나라의 녹을 영광으로 여기지 않는다(象曰, 天地不交, 否, 君子以儉德辟難, 不可榮以祿).

천문으로 천지비는 음력 7월이다. 절기로 입추(立秋)와 처서(處暑)가 있다. 날로 어두운 음기(陰氣)가 늘어나는 추세다. 어둠에 대비해야 한다. 세상에 바른 도(道)가 없어서 어지러울 때, 나라의 녹봉을 받는 것은 부끄러운 일이 될 수 있다. 그러므로 군자는 이때에는 자리를 탐하지 않고, 검소한 생활로 어려움을 이겨나간다.

삶이 어려우면 사람의 됨됨이를 잘 알 수 있듯이, 나라가 혼란하면 간신이 누군지 잘 알 수 있다. 물론 진정한 충신은 그 혼란 속에서도 중심을 잡고 나라를 건사하는 사람이다. 이런 사람이 있다면, 그 나라는 어떤 혼란도 극복할 수 있다.

천지비의 잡괘를 보면, 지천태(地天泰, ䷊), 풍산점(風山漸, ䷴) 등이 있다. 올곧음을 지켜나가야 세상이 좋아질 수 있다. 천지비는 지천태䷊와 대조를 이루고 있다. 태평성대가 무너지는 것은 하루아침에 이루어진 것이 아니다. 작은 허물이 쌓여 큰 재난이 된 것이다. 따라서 막힌 것을 뚫는 것도 그만큼 시간이 걸린다. 우주는 주고받음의 절대적 균형을 이루고 있다.

초육(初六)

> 엉킨 띠를 뽑는다. 풀뿌리가 연이어 간다. 올곧음을 지키면 길하고 형통하다. 상사에서 이르기를, 엉킨 띠를 뽑되 올곧음을 지키면 길하다 함은 뜻이 임금에게 있기 때문이다(拔茅茹, 以其彙, 貞吉, 亨. 象曰, 拔茅貞吉, 志在君也).

초육은 음효로서 양위에 있으니, 자리가 바르지 못하다. 더욱이 동류(同流)인 음효가 연이어 있는 어두운 세상이지만, 초육은 아직 세상이 완전히 막힌 상태가 아니다. 그러므로 초육이 올곧음을 지키면 형통하다.

비록 하괘는 어둠을 뜻하는 곤(坤)이지만, 상괘는 밝음을 의미하는 건(乾)이다. 특히 구오는 중정한 군주다. 뜻이 밝은 군주에게 있다면 길할 것이다. 또한 다행히 대응하는 구사와도 바르게 상응하고 있으므로, 장차 그의 도움도 받을 수 있다.

괘의 변화를 보자. 만약 1효가 양으로 변하면 천뢰무망(天雷无妄, ䷘)이 되고, 1효는 그대로 있고 나머지 효가 모두 반대로 바뀌면 지풍승(地風升, ䷭)이 된다. 올곧음을 지키면서 헛됨을 방비하고, 어둠이 지나치게 짙어지지 않도록 경계를 해야, 다시 사회발전을 이룰 수 있다.

육이(六二)

포용하면서 따른다. 소인은 길하고, 대인은 막힘이 있으나 형통하다. 상사에서 이르기를, 대인은 막힘이 있으나 형통하다 함은 무리를 어지럽히지 않기 때문이다(包承, 小人吉, 大人否, 亨. 象曰, 大人否亨, 不亂羣也).

육이는 음효가 제자리를 차지하고 있고, 더욱이 가운데 자리에 있다. 덕분에 현재의 상황이 좋지 않으나, 소인은 수용하고 따른다. 소인은 세상의 질서가 조금 어지러워도 사는 데는 지장이 없기 때문이다.

그러나 군자는 도덕과 질서가 어지러워지면 막힘이 있다. 그럼에도 불구하고 군자는 중도의 지혜가 있기 때문에, 꼬인 상황을 더 어지럽히지는 않는다. 육이는 주군인 구오와 바르게 상응하므로, 아직 형통하다.

괘의 변화를 보자. 만약 2효가 양으로 변하면 천수송(天水訟, ䷅)이 되고, 2효는 그대로 있고 나머지 효가 모두 반대로 바뀌면 지화명이(地火明夷, ䷣)가 된다. 어리석은 무명(無明)을 씻어내지 못하면, 세상이 혼란에 빠질 것이다.

육삼(六三)

포용하면서도 부끄러움을 느낀다. 상사에서 이르기를, 포용하면서도 부끄러움을 느낀다 함은 위치가 합당하지 않기 때문이다(包羞. 象曰, 包羞, 位不當也).

육삼은 음효가 양위에 있으니, 위치가 바르지 않다. 더구나 건(乾)과 접해 있으므로 부끄러움을 느끼게 된다. 온유한 도리를 지키기 힘든 자리이기 때문이다.

육삼은 어둠이 밝음과 마주하고 있는 상황이다. 육삼은 자신의 무명(無

明)이 부끄럽지만, 그것을 없앨 힘도 지혜도 없다. 그러나 다행히 육삼은 밝은 정신을 뜻하는 상괘 건(乾)에 있는 상구와 정응(正應)하고 있다. 이런 상황에서 육삼이 할 수 있는 최선의 처신은 물질적 욕구를 자제하고, 정신을 함양하는 일에 매진하는 일이다.

괘의 변화를 보자. 만약 3효가 양으로 변하면 천산돈(天山遯, ䷠)이 되고, 3효는 그대로 있고 나머지 효가 모두 반대로 바뀌면 지택림(地澤臨, ䷒)이 된다. 육삼은 비록 밝은 하늘의 뜻을 맞이하기에 부끄러운 자리이지만, 올곧은 음을 지키고 밝은 도리를 익혀야, 음기를 막고 양기를 지킬 수 있다.

구사(九四)

> 천명이 있으면 허물이 없다. 같은 무리가 복을 누린다. 상사에서 이르기를, 천명이 있으면 허물이 없다 함은 뜻을 행하기 때문이다(有命无咎, 疇離祉. 象曰, 有命无咎, 志行也).

구사는 양효가 음위에 있다. 비록 중도도 없지만, 건(乾)의 무리들과 함께 하므로 허물이 없다. 구사는 세상이 허물어지는 것을 마주하면서, 그것을 막고자 하는 뜻이 있다. 세상을 구하려는 동지들과 함께 하므로, 장차 복을 누릴 것이다.

구사는 세상이 점차 무너져 가는 것을 보는 상황을 맞이하고 있다. 비록 현재는 밝은 양기의 복을 누리고 있지만, 그 복이 그리 오래 유지하지 않을 것이다. 따라서 구오와 더불어 어둠을 방비할 뜻을 내고, 그 뜻에 몸을 바쳐야 허물이 없다.

괘의 변화를 보자. 만약 4효가 음으로 변하면 풍지관(風地觀, ䷓)이 되고, 4효는 그대로 있고 나머지 효가 모두 반대로 바뀌면 뇌천대장(雷天大壯, ䷡)이 된다. 세상의 풍속을 잘 살펴 미리 허물을 보완하면, 사회가 다시 강성해질 것이다.

구오(九五)

막힘을 그치게 하다. 대인은 길하다. 망할 듯 망할 듯해야, 뽕나무 밑동에 맬 수 있다. 상사에서 이르기를, 대인은 길하다 함은 위치가 정당하기 때문이다 (休否, 大人吉, 其亡其亡, 繫于苞桑. 象曰, 大人之吉, 位正當也).

구오는 양효가 제 위치에 있고, 더불어 중도를 얻고 있다. 막힌 형국을 풀어줄 적임자다. 더욱이 유순한 육이와 바르게 상응하므로 큰 힘을 얻고 있다. 힘을 사용할 때가 된 것이다.

망할지 모르는 위기감이 오히려 생명을 살리고 국가를 보존하게 한다. "망할 듯 망할 듯해야, 뽕나무 밑동에 맬 수 있다."는 말은 그런 의미다. 인간은 장점으로 망하고, 단점으로 생명을 보존하는 법이다. 공자도《계사전》에서 같은 논조를 펴고 있다.

> 위태로운 것은 그 자리를 편안하게 있는 것이고, 망하는 것은 그 존재를 지키고 있는 것이며, 어지러운 것은 그 다스림을 유지하는 것이다. 때문에 군자는 편안해도 위태함을 잊지 않으며, 존재해도 망함을 잊지 않으며, 다스려져도 어지러움을 잊지 않는다. 이로써 몸을 안전하게 하고 국가를 지킬 수 있다(危者, 安其位者也, 亡者, 保其存者也, 亂者, 有其治者也. 是故君子安而不忘危, 存而不忘亡, 治而不忘亂. 是以身安而國家可保也).《계사전》

사회의 위기는 사회를 다시 바로 세울 수 있는 기회이기도 하다. 역은 우리에게 항시 위기의식을 갖고 있는 것이, 걱정 없이 안일하게 있는 것보다 낫다고 가르치고 있다. 그러나 최고는 위기와 편안함을 평등하게 보는 것이다.

만약 5효가 음으로 변하면 화지진(火地晉, ䷢)이 되고, 5효는 그대로 있고 나머지 효가 모두 반대로 바뀌면 수천수(水天需, ䷄)가 된다. 위기를 기회로 전환하기 위해서는, 밝은 덕을 밝히고 믿음을 사회 전반에 심어줘야 한다.

상구(上九)

막힘이 기울기 시작하니, 먼저 막히고 뒤에 기쁘다. 상사에서 이르기를, 막힘이 끝에 이르면 기울기 시작한다. 어찌 오래갈 수 있겠는가(傾否, 先否後喜. 象曰, 否終則傾, 何可長也).

상구는 양효가 음위에 있고, 자리도 가운데가 아니다. 비록 대응하는 육삼과 정응(正應)하고 있지만, 비(否)의 세력 끝자락에 있다. 이제 대세가 기울기 시작했다. 그러나 낙담할 필요는 없다. 아무리 막힌 것이라도 때가 되면, 열리기 시작한다.

현자는 세상이 막혀있을 때, 세상을 한탄하지 않고 새로운 세상을 대비하는 법이다. 막혀 있던 것이 풀릴 때는 그 힘이 강하다. 그 힘을 잘 이용하면, 세상을 크게 경영할 수 있다.

괘의 변화를 보자. 만약 6효가 음으로 변하면 택지췌(澤地萃, ䷬)가 되고, 6효는 그대로 있고 나머지 효가 모두 반대로 바뀌면 산천대축(山天大畜, ䷙)이 된다. 막힘이 극에 이르면 변화가 생긴다. 비(否)의 시대가 막을 내리면, 사람들이 다시 함께 모여 교류하고 소통하면서 큰 사업을 이룰 수 있다.

13.
천화동인(天火同人)

뜻이 맞는 사람을 찾으라

동인이 들에 있다. 형통하다. 큰 내를 건너면 이롭다. 군자가 올곧으면 이롭다 (同人于野, 亨, 利涉大川, 利君子貞).

막힌 세상이 가면, 역의 보상원리에 의해 함께 하는 세상이 도래한다. 그러므로 비(否) 다음에 동인(同人)으로 이어진다. 동인에는 친함(親)의 의미가 내포되어 있다.

"동인이 들에 있다."는 말은 인위적인 위계질서가 아닌, 자연 그대로의 평등함 속에 사람들이 있다는 의미다. 불은 지혜와 광명을 뜻한다. 막힌 세상이 극에 이르면, 오히려 열린 세상을 초래한다. 역의 묘한 이치다. 단사의 해석을 보자.

단사에서 이르기를, 동인은 부드러운 음이 제자리를 얻고 중을 얻어 건과 상응한다. 그래서 동인이라 한다. 동인이 들에 있어 형통하고 큰 내를 건너면 이롭다 함은 하늘의 도를 행하기 때문이다. 문명을 굳건히 세우고 중정으로 응하니, 군자의 바름이다. 오직 군자만이 천하의 뜻에 통할 수 있다(彖曰, 同人, 柔得位得

中而應乎乾, 曰同人. 同人曰同人于野, 亨, 利涉大川, 乾行也. 文明以健, 中正而應, 君子正也, 唯君子爲能通天下之志).

　부드러운 육이가 바른 자리를 차지하고 중(中)을 얻었다. 또한 육이와 상응하는 구오가 중정(中正)을 동시에 얻었으므로, 위아래가 일심동체를 이루고 있다. 이 시절에 군자는 천하의 뜻을 밝힐 수 있다. 상사는 괘상과 더불어 이 괘의 역할을 설명한다.

　상사에서 이르기를, 하늘과 불이 함께 하는 것이 동인이다. 군자는 이로써 족속을 분류하고 사물을 분별한다(象曰, 天與火, 同人, 君子以類族辨物).

　무명(無明)이 걷히고 광명(光明)이 드리우면, 세상을 분명하게 볼 수 있다. 대자연은 하나의 생명공동체를 형성하고 있으면서, 동시에 만물이 서로 다른 부류를 형성하며 존재하고 있다. 둘도 아니면서, 하나도 아닌 것이 세상이다. 군자는 하늘의 이치를 땅에 적용해 만물의 도리를 세운다.
　건(乾)은 형이상학적인 이데아이고, 화(火)는 형이하학적인 실체다. 형이상이 몸체(體)라면, 형이하는 쓰임(用)이다. 몸체와 쓰임이 일심동체를 이루고 있으므로, 세상에 밝고 바른 도리를 확립할 수 있다.
　천화동인의 잡괘를 보면, 화천대유(火天大有, ䷍), 천풍구(天風姤, ䷫), 지수사(地水師, ䷆) 등이 있다. 상하가 협력하고 사회의 도덕과 질서를 바로 세우면, 대동사회(大同社會)를 이루고 대업(大業)을 성취할 수 있다. 그러나 반대로 갈등과 반목을 일삼고 사회의 예법과 도리가 무너지면, 다시 혼돈의 세상으로 돌아갈 수밖에 없다. 심하면 전쟁으로 비화될 수도 있다.

초구(初九)

문밖에서 사람들과 하나가 되니, 허물이 없다. 상사에서 이르기를, 문밖을 나가 사람들과 하나가 되는 것에 누가 허물이 있다 하겠는가(同人于門, 无咎. 象曰, 出門同人, 又誰咎也).

초구는 양효로서 제자리에 있다. 비록 가운데 자리를 얻지 못했지만, 하늘과 같은 밝은 속성을 지니고 있다. 그러므로 문밖에서 사람들과 하나가 될 수 있다. 하괘 이(離)에 있는 초구가 상괘 건(乾)의 무리들과 하나임을 말한다.

건(乾)과 이(離)는 비록 현상적으로 다르지만, 근본은 하나다. 초구는 구사와 정응(正應)하고 있지 않지만, 둘 다 우주 본원(本源)의 자식이다. 오히려 초구는 하늘의 뜻을 구현하는 자리에 있으므로, 그 쓰임이 매우 귀중하다고 할 수 있다.

괘의 변화를 보자. 만약 1효가 음으로 변하면 천산돈(天山遯, ䷠)이 되고, 1효는 그대로 있고 나머지 효가 모두 반대로 바뀌면 지택림(地澤臨, ䷒)이 된다. 세상에 밝은 도리가 물러나는 것을 막기 위해서는, 지도자는 밝은 도리를 잃지 않고 소인을 용서하고 포용해야 한다.

육이(六二)

종파를 두고 사람들과 하나가 된다. 소중하다. 상사에서 이르기를, 종파를 두고 사람들과 하나가 된다 함은 소중한 도라는 뜻이다(同人于宗, 吝. 象曰, 同人于宗, 吝道也).

육이는 음효가 중정(中正)을 얻고 있고, 구오와 바르게 상응하고 있다. 유약한 육이가 하괘(下卦)의 무리 속에 갇힌다면, 구오에게 이를 수 없다. 따라서 육이에게 경계의 말을 하는 것이다.

육이는 음유(陰柔)하고 구오는 양강(陽剛)하다. 음과 양은 서로 다른 부류다. 그러나 음양이 하나가 돼야, 천지를 바르게 양육할 수 있다. 그러므로 음양의 합일은 소중한 천지의 도다.

보통 인(吝)은 '인색하다,' '부끄럽다'는 뜻으로 쓰이지만, 여기서는 '소중하다'라고 보아도 이치에 부합한다. 서로 다른 것이 하나가 되는 일은 처음엔 부끄럽고 인색한 일도 있겠지만, 결국 하나가 됨으로써 소중한 도리를 완성하게 된다.

괘의 변화를 보자. 만약 2효가 양으로 변하면 중천건(重天乾, ䷀)이 되고, 2효는 그대로 있고 나머지 효가 모두 반대로 바뀌면 중지곤(重地坤, ䷁)이 된다. 대동사회를 이루기 위해서는 세상이 천지의 근본 도리로 돌아가야 한다.

구삼(九三)

풀숲에 군사를 숨기고, 높은 언덕을 오른다. 삼년동안 일으키지 못한다. 상사에서 이르기를, 풀숲에 군사를 숨긴다 함은 적이 강하기 때문이다. 삼년동안 일으키지 못하는데, 어찌 행할 수 있겠는가(伏戎于莽, 升其高陵, 三歲不興. 象曰, 伏戎于莽, 敵剛也, 三歲不興, 安行也).

구삼은 양효로서 양위에 있지만, 중(中)을 얻지 못했다. 구삼은 육이를 넘보고 있지만, 구오를 어찌할 수 없다. 삼년은 세 번째 효의 단계를 의미한다.

구삼은 상괘 건(乾)을 마주하고 있다. 쓰임(用)이 본체(体)를 부릴 수는 없다. 더구나 구삼은 대응하는 상구와 정응(正應)하고 있지 않으므로, 구삼을 도울 사람은 없다. 따라서 구삼은 제자리에서 밝은 도리를 지키는 것이 현명하다.

괘의 변화를 보자. 만약 3효가 음으로 변하면 천뢰무망(天雷无妄, ䷘)이 되고, 3효는 그대로 있고 나머지 효가 모두 반대로 바뀌면 지풍승(地風升, ䷭)이 된다. 헛된 욕망을 버리고 밝음을 지키고 있는 것이 사회 발전에 도움이 된다.

구사(九四)

벽을 오른다. 공격하지 못한다. 길하다. 상사에서 이르기를, 벽을 오른다 함은 의리상 공격하지 못함을 뜻한다. 길하다 함은 곤란하므로 본래 자리로 돌아온다는 뜻이다(乘其墉, 弗克攻, 吉. 象曰, 乘其墉, 義弗克也, 其吉, 則困而反則也).

구사는 양효로서 음위에 있고, 중(中)도 얻지 못했다. 내괘인 이괘(離卦)는 여기서 벽으로 상징되고 있다. 구사 또한 육이와 하나가 되고 싶은 마음이다. 그러나 의리상 그럴 수 없다.

괘의 형상이 여자 하나를 두고 남자 다섯이 탐하는 모습이지만, 구사는 자리가 그럴 위치가 아니다. 다행히 강한 구사의 에너지를 음의 자리가 억제하는 역할을 하고 있다. 자리가 사람을 만든다는 의미는 여기에도 해당한다.

괘의 변화를 보자. 만약 4효가 음으로 변하면 풍화가인(風火家人, ䷤)이 되고, 4효는 그대로 있고 나머지 효가 모두 반대로 바뀌면 뇌수해(雷水解, ䷧)가 된다. 자신의 욕망을 억제하고 대승의 길을 가면 가정과 사회의 갈등이 풀린다.

구오(九五)

사람들과 하나가 되다. 먼저 울고, 나중에 웃는다. 대군으로 이겨야 서로 만난다. 상사에서 이르기를, 사람들과 하나가 되지만, 먼저 우는 것은 중심이 바르기 때문이다. 대군으로 서로 만난다 함은 서로 이김을 말한다(同人, 先號咷, 而後笑, 大師克相遇. 象曰, 同人之先, 以中直也, 大師相遇, 言相克也).

구오는 양효로서 중정(中正)을 모두 얻었다. 구삼과 구사가 육이를 넘보지만 구오를 당할 수 없다. 그 과정에서 육이와 구오 모두 심적 고통은 있겠지만, 서로에 대한 믿음이 강하므로 모든 어려움을 이겨낸다.

마음이 하나가 되는 일은 쉽지 않은 일이다. 그러나 군자는 안팎에서 뜻이 맞는 자와 하나가 되려는 노력을 쉬지 않는다. 일단 두 마음이 하나가 되면, 그 공능은 매우 크다. 공자는 《계사전》에서 구오에 대해 설명하면서 다음과 같이 말했다.

두 사람이 한 마음이 되면, 그 예리함은 쇠도 자른다. 같은 마음으로 말을 하므로, 그 향기가 난초 같다(二人同心, 其利斷金, 同心之言, 其臭如蘭).《계사전》

뜻이 맞는 몇 사람만 있으면, 대업(大業)을 이룰 수 있다. 그 시작은 두 사람의 마음을 하나로 합치는 것에서 비롯된다. 강한 뜻으로 연대감이 크면, 연대하는 사람들이 기하급수적으로 늘어날 수 있다. 더군다나 시기와 공간의 중도를 얻은 육이와 구오의 상황이라면 두려울 것이 없다.

괘의 변화를 보자. 만약 5효가 음으로 변하면 중화리(中火離, ☲)가 되고, 5효는 그대로 있고 나머지 효가 모두 반대로 바뀌면 중수감(重水坎, ☵)이 된다. 위아래의 뜻이 하나가 되면 세상에 광명(光明)이 환히 비출 것이다. 밝은 도리를 회복하면, 어떤 어려움도 이겨낼 수 있다.

상구(上九)

교외에서 사람들과 하나가 된다. 후회가 없다. 상사에서 이르기를, 교외에서 사람들과 하나가 된다 함은 뜻을 이루지 못한 것이다(同人于郊, 无悔. 象曰, 同人 于郊, 志未得也).

상구는 양효로서 음위에 있고, 중도도 없다. 그러므로 뜻을 이룰 수 있는 상황이 아니다. 서로 바르게 상응하는 사람도 없는 위치이기 때문에 후회한들 소용이 없다. 상구의 상황은 물질적 측면에선 불리하지만, 정신적 측면에선 나쁘지 않다.

아무리 천하의 사람들이 하나로 대동단결해도, 현상세계에서는 끝이 있기 마련이다. 물질의 세계에서 못 이룬 것은 정신의 세계에서 이룰 수 있다. 그러므로 후회보다는 정신을 다시 하나로 통일하는 계기로 삼는 것이 좋다.

괘의 변화를 보자. 만약 6효가 음으로 변하면 택화혁(澤火革, ䷰)이 되고, 6효는 그대로 있고 나머지 효가 모두 반대로 바뀌면 산수몽(山水蒙, ䷃)이 된다. 정신을 일신하여 새로운 세상을 대비하자면, 어리석음을 깨우는 것이 최선이다.

14.
화천대유(火天大有)

큰 덕(德)이 큰 그릇을 만든다

대유는 으뜸으로 형통하다(大有, 元亨).

사회가 하나로 대동단결하면 크게 수확을 맺고 번영할 수 있으므로, 천화동인(天火同人, ䷌) 다음에 화천대유가 나온다. 대유(大有)에는 무리(衆)의 의미가 내포되어 있다. 단사의 해석을 보자.

단사에서 이르기를, 대유는 부드러운 음이 존위를 얻어 중도의 덕이 크다. 더불어 상하가 상응하고 있으므로 대유라고 한다. 그 덕이 강건하고 밝고 빛나며, 하늘에 부응하여 때에 맞춰 행하니, 이 때문에 크게 형통하다고 하는 것이다(彖曰, 大有, 柔得尊位大中, 而上下應之, 曰大有. 其德剛健而文明, 應乎天而時行, 是以元亨).

육오가 화천대유의 군주의 자리에 있다. 비록 음효가 양위에 있지만, 중도를 얻었다. 유순한 군주이나 현명하다. 또한 강건하고 지혜로운 신하인 구이가 육오를 받들고 있으므로, 크게 형통할 수 있다. 상사는 화천대유의 천명을 설명하고 있다.

> 상사에서 이르기를, 불이 하늘 위에 있는 모습이 대유다. 군자는 악을 막고 선을 칭찬함으로써 하늘의 아름다운 명을 따른다(象曰, 火在天上, 大有, 君子以遏惡揚善, 順天休命).

불은 지혜를 뜻하므로, 하늘에 지혜 광명이 찬란하게 빛나는 모습이 화천대유의 괘상(卦象)이다. 화천대유의 시절인연이 되면, 물질적 풍요가 따르게 된다. 대유의 반작용을 막기 위해서는, 선덕(善德)을 장려해야 한다.

악을 멀리하고 선을 행하는 것은 모든 성인들의 공통적인 가르침이다. 선을 통해 지선(至善)인 진리에 들어갈 수 있기 때문이다. 진선미(眞善美)는 우주의 본래면목이다.

화천대유의 잡괘를 보면 천화동인(天火同人, ☰), 택천쾌(澤天夬, ☱), 수지비(水地比, ☷) 등이 있다. 사람들이 도덕적인 삶을 통해 조화로운 관계를 유지하면서 물질적 풍요를 누린다면, 세상이 대동단결할 것이다. 그런 사회를 계속 유지하고 싶다면, 사회의 부조리를 미리 예방하고 척결해야 한다.

초구(初九)

해로움과 교류함이 없다. 허물은 없지만, 어려움을 이겨내야 허물이 없다. 상사에서 이르기를, 대유의 초구는 해로움과 교류함이 없다(无交害, 匪咎, 艱則无咎. 象曰, 大有初九, 无交害也).

초구는 양효로서 바른 자리에 있지만, 위치가 낮다. 또한 가장 밑바닥에 있고, 구사와 바르게 상응하지도 않고 있다. 때문에 많은 변화를 견뎌내야 할 상황이다. 그러나 외부상황의 흐름이 좋다. 그러므로 이 시기의 성장을 위한 고생은 헛된 고통이 아니라, 미래를 위한 투자다.

이 단계에서 초구는 큰일을 하기 위한 준비작업을 하는 것이 중요하다. 누가 도와줄 수 있는 상황은 아니지만, 다행히 자신을 해치는 사람도 없다. 이때는 스스로 자립하는 힘을 기르면서, 소소한 일부터 시작하는 것이 좋다.

괘의 변화를 보자. 만약 1효가 음으로 변하면 화풍정(火風鼎, ䷱)이 되고, 1효는 그대로 있고 나머지 효가 모두 반대로 바뀌면 수뢰준(水雷屯, ䷂)이 된다.

새로운 사업을 시작하는 데는 많은 어려움이 따르기 마련이다. 우선 스스로 자기 혁신을 통해 수신제가(修身齊家)를 이루고, 이후 대업(大業)을 위한 경륜을 조금씩 쌓아 나가면 좋다.

구이(九二)

> 큰 수레에 싣는다. 갈 바가 있으니, 허물이 없다. 상사에서 이르기를, 큰 수레에 싣는다 함은 중덕을 싣는 것이니 실패하지 않는다(大車以載, 有攸往, 无咎. 象曰, 大車以載, 積中不敗也).

구이는 양효로서 음위에 있지만, 중도의 덕을 갖고 있다. 큰 수레가 상징하듯이, 중도의 덕이 크다. 또한 왜괘 이(離)의 중심인 육오와 바르게 상응하고 있으므로, 반드시 큰 성과를 낼 수 있다.

구이는 내괘 건(乾)의 중심이다. 내부의 중심이 굳세면서, 강한 힘을 조율할 수 있는 자리다. 육오와 협력하여 큰 사업을 이룰 수 있다. 사업은 주고받음이다. 주고받음의 조율을 잘 한다면, 자신의 그릇을 더욱 크게 키울 수 있다.

괘의 변화를 보자. 만약 2효가 음으로 변하면 중화리(重火離, ䷝)가 되고,

2효는 그대로 있고 나머지 효가 모두 반대로 바뀌면 중수감(重水坎, ䷜)이 된다. 구이가 보다 발전하기 위해서는 일상의 작은 허물을 보완해서 재난을 미리 방지하고, 중도의 덕성을 더욱 함양해서 밝은 지혜를 갖추어야 한다.

구삼(九三)

공후가 천자에게 공물을 바친다. 소인은 할 수 없는 일이다. 상사에서 이르기를, 공후가 천자에게 공물을 바친다 함은 소인에게는 해가 된다는 뜻이다(公用亨于天子, 小人弗克. 象曰, 公用亨于天子, 小人害也).

구삼은 양효가 제 위치에 있다. 구삼은 외괘 이(離)와 마주하고 있다. 구삼은 하괘 건(乾)의 맨 윗자리에서 공적인 업무를 수행하는 자리다. 비록 중도를 얻지 못했으나, 천자에게 공물을 바칠 위치는 된다. 따라서 해가 없다. 모든 일은 제 위치가 있는 법이다.

화천대유의 시기에 일선 공무원이 행정 업무를 도리에 맞게 수행하면, 나라가 부강해질 수 있다. 우리가 빠른 기간 안에 고도의 성장을 이룬 것은 일선 공무원의 힘이 컸다. 다시 한 번 그 힘을 발휘할 때가 왔다.

괘의 변화를 보자. 만약 3효가 음으로 변하면 화택규(火澤睽, ䷥)가 되고, 3효는 그대로 있고 나머지 효가 모두 반대로 바뀌면 수산건(水山蹇, ䷦)이 된다.

구삼의 역할은 계층 간의 갈등 요소들을 잘 조율하는 데 있다. 만약 이 역할을 제대로 하지 못하면, 빈부의 격차가 커지고 사회의 분란과 곤란이 심화될 것이다.

구사(九四)

과시하지 않으면, 허물이 없다. 상사에서 이르기를, 과시하지 않으면 허물이 없다 함은 조리가 분명하고 밝기 때문이다(匪其彭, 无咎. 象曰, 匪其彭无咎, 明辯 晳也).

구사는 양효로서 음위에 있고, 중도도 없다. 다만 온유한 현군 밑에 있는 재상이고, 지혜가 있다. 더불어 강한 힘을 억제하는 자리에 있고, 말의 조리가 있으므로 허물이 없다.

구사는 요즘으로 치면 국무총리나 장관에 해당하는 자리다. 그 자리에 있는 사람은 논리가 분명해야, 국민들이 믿고 따를 수 있다. 특히 한국인은 논리가 분명하지 않으면, 따르지 않는 습성이 있다. 또한 지도층이 과시하는 것을 용납하지 않는다. 따라서 구사는 머리를 숙일 필요가 있다.

괘의 변화를 보자. 만약 4효가 음으로 변하면 산천대축(山天大畜,☶)이 되고, 4효는 그대로 있고 나머지 효가 모두 반대로 바뀌면 택지췌(澤地萃,☱)가 된다.

구사의 역할은 지도자를 보필하여 사람들의 역량을 한데 모으고, 나라를 부강하게 만드는 데 있다. 따라서 구사는 무엇보다 바름을 지켜나가야 형통하다. 구사는 자신의 언행을 돌아보고 자신의 허물을 방비해야 한다. 더불어 사회의 분란을 미리 예방하는 지혜를 기른다면, 사람들이 크게 모일 것이다.

육오(六五)

믿음으로 사귄다. 위엄을 갖추면 길하다. 상사에서 이르기를, 믿음으로 사귄다 함은 믿음으로써 뜻을 일으킨다는 뜻이다. 위엄을 갖추면 길하다 함은 자연스럽게 쉬운 일이라 준비할 필요가 없다는 뜻이다(厥孚交如, 威如, 吉. 象曰, 厥孚交如, 信以發志也, 威如之吉, 易而无備也).

육오는 음효가 양위에 있으나 중도를 갖춘 현군이다. 더욱이 현명하고 굳센 신하인 구이와 뜻이 통하므로 세상을 번영시킬 조건이 갖추어져 있다. 임금은 따로 위엄을 갖출 필요가 없으므로, 자연스럽게 행동할 뿐 불필요하게 준비할 일이 없다.

화천대유의 시절인연을 만난 대통령은 그리 힘을 쓸 일이 없다. 밑에서 각자 맡은 바 임무를 충실히 하기 때문이다. 다만 육오는 지혜를 상징하는 상괘 이(離)의 중심답게 중도의 밝은 도리를 잊지 말아야 한다.

괘의 변화를 보자. 만약 5효가 양으로 변하면 중천건(重天乾, ☰)이 되고, 5효는 그대로 있고 나머지 효가 모두 반대로 바뀌면 중지곤(重地坤, ☷)이 된다. 육오가 천지의 도리인 역의 이치를 잘 익히고 따른다면, 부강한 나라를 건설할 수 있다.

상구(上九)

하늘에서 도움이 있을 것이다. 길하고 불리함이 없다. 상사에서 이르기를, 대유는 맨 위에서도 길함은 하늘에서 도움이 있을 것이기 때문이다(自天祐之, 吉无不利. 象曰, 大有上吉, 自天祐也).

상구는 보통 변화의 끝자락에서 위태로운 자리다. 양효가 음위에 있고, 중도도 없기 때문이다. 더욱이 대응하는 구삼과도 정응(正應)하고 있지 않다. 그러나 대유괘에서는 상구도 길하다. 하늘 위의 광명세계를 지향하기 때문이다. 지상의 이해관계에서 초연해 있기 때문에, 상구는 물질적 욕망을 비움으로써 정신을 회복할 수 있다.

상구는 모든 대업을 성공적으로 마친 전직 대통령이나 크게 사업을 일구고 물러난 사람에게 해당하는 자리다. 이제 상구에게 남은 것은 정치나 사업이 아니라, 정신세계를 경영하는 일이다. 만약 상구가 현실상황에 미련을 버리지 못하고 끝까지 연연하면, 하늘길이 막히게 된다.

괘의 변화를 보자. 만약 6효가 음으로 변하면 뇌천대장(雷天大壯, ䷡)이 되고, 6효는 그대로 있고 나머지 효가 모두 반대로 바뀌면 풍지관(風地觀, ䷓)이 된다.

나라가 번영과 평화가 동시에 오려면, 상구는 정치권력을 손에서 놓고, 하늘의 도리에 맞게 풍속을 교화하는 정신문화에 힘써야 한다. 그리하면 사람들이 큰 기운을 얻을 수 있다.

15.
지산겸(地山謙)

겸양은 최고의 인생경영법

겸은 형통하다. 군자는 끝맺음이 있다(謙, 亨, 君子有終).

있음이 크면, 더 이상 가득 채우지 말아야 한다. 그러므로 대유(大有) 다음에 겸(謙)을 놓았다. 겸은 겸양의 의미로 소박함과 가벼움을 내포하고 있다. 물질과 명예욕에 빠지지 않고 검박한 생활을 하면, 심신이 가벼워진다. 건강한 삶의 가장 중요한 덕목은 겸덕(謙德)이다.

그러나 세상이 크게 번영하면, 사치와 낭비가 팽배하고 사람들이 교만해지기 쉬운 것이 일반적인 세태다. 이때 필요한 덕목이 바로 겸덕이다. 단사에서 지산겸의 의미를 잘 정의하고 있다.

단사에서 이르기를, 겸은 형통하다. 하늘의 도가 아래에서 이루어지고 밝게 빛나고, 땅의 도는 낮지만 위로 향한다. 하늘의 도는 가득함을 덜고 겸손함을 더해주고, 땅의 도는 가득함을 변화시켜 겸손함으로 흐른다. 귀신은 가득함을 해치고 겸손함에 복을 주고, 사람의 도는 가득함을 미워하고 겸손함을 좋아한다.

겸은 존귀하고 빛나며, 낮으나 지나칠 수 없으니, 군자는 유종의 덕이 있다(象日, 謙, 亨. 天道下濟而光明, 地道卑而上行. 天道虧盈而益謙, 地道變盈而流謙, 鬼神害盈而福謙, 人道惡盈而好謙. 謙尊而光, 卑而不可踰, 君子之終也).

음양이 서로 맞물려 돌아가는 것이 도(道)다. 상승과 하락이 평등하게 순환하고 있다. 이런 세상에서 자신의 생명을 온전하게 보존하는 가장 안전한 방법은 겸손이다. 지나친 과시나, 반대로 지나친 비하는 중도의 덕을 해친다. 오직 겸손만이 자신을 중심을 잡고 세상과 여유로운 관계를 설정한다. 상사의 해석을 보자.

상사에서 이르기를, 땅 속에 산이 있는 모습이 겸이다. 군자는 많은 것을 덜어 적은 것에 더한다. 만물을 저울에 달아 공평하게 베푼다(象日, 地中有山, 謙, 君子以裒多益寡, 稱物平施).

곤(坤)과 간(艮)이 위아래로 있는 것이 지산겸의 모습이다. 간의 오만방자함을 곤이 누르고 있는 형국이다. 이 괘는 곤의 유순한 덕과 간의 멈춤의 덕을 함께 지녀야 한다는 경책을 담고 있다. 군자는 지산겸의 덕성을 본받아 공평하게 세상을 경영해야 한다. 중도의 도리를 가장 잘 담고 있는 괘라고 할 수 있다.

공자는 《계사전》에서 "겸은 덕의 손잡이다(謙, 德之柄也)."라고 말했다. 괘의 모습을 볼 때, 안에 있는 강한 구삼이 손잡이 역할을 하는 형상이다. 이어 공자는 "겸은 존귀하고 빛나는 것이다(謙, 尊而光)."라고 정의했다. 그러나 겸양의 정신을 사회에 구현시키기 위해서는 단순한 말로 되지 않는다. 그 정신을 담을 형식이 필요하다.

그래서 공자는 "겸양의 정신으로 예를 정한다(謙以制禮)."고 했다. 겸의 덕을 완성하기 위해서는 예법을 제정해야 한다고 보았다. 예법의 기초는 나보다 남을 배려하는 정신에 있다. 남을 높임으로써 오히려 자신을 높이는 결과를 초래한다. 겸양은 역의 원리와 정신에 가장 부합하는 생활태도다.

지산겸의 잡괘를 보면, 산지박(山地剝, ䷖), 뇌수해(雷水解, ䷧), 뇌지예(雷地豫, ䷏), 천택리(天澤履, ䷉) 등이 있다. 겸허한 마음으로 일상의 작은 것도 허투로 하지 않고 내실을 다지고 검박한 생활을 영위한다면, 어려움을 예방하고 조화로운 삶을 누릴 수 있다.

초육(初六)

겸손하고 겸손한 군자다. 큰 내를 건너면 길하다. 상사에서 이르기를, 겸손하고 겸손한 군자다 함은 몸을 낮추어 스스로 기른다는 뜻이다(謙謙君子, 用涉大川, 吉. 象曰, 謙謙君子, 卑以自牧也).

초육은 음효가 양위에 있고 위치가 낮다. 그러나 자신을 낮추는 덕을 갖추고 있으므로, 자신을 스스로 기를 수 있다. 원문의 목(牧)은 양(養)의 의미를 담고 있다. 자신을 낮추면, 자신의 정신이 오히려 상승한다. 겸양의 덕이 스스로 자신을 기르는 역할을 하는 것이다.

길흉회린이 중첩된 것이 세상사다. 좋은 일보다는 안 좋은 일이 더 많고, 도처에 위험이 도사리고 있다. 다른 사람과의 갈등을 막고, 자신의 안전을 확보하는 길은 겸양의 마음으로 매사에 조심하는 것밖에 없다.

괘의 변화를 보자. 만약 1효가 양으로 변하면 지화명이(地火明夷, ䷧)가 되고, 1효는 그대로 있고 나머지 효가 모두 반대로 바뀌면 천수송(天水訟, ䷅)이 된다. 겸덕은 단순히 자신을 낮추는 것이 아니다. 무명을 밝혀 광명을 회복하고, 바른 도리로써 갈등과 분란을 막는 데 겸양의 가치가 있다.

육이(六二)

겸손을 표현하되, 올곧으면 길하다. 상사에서 이르기를, 겸손을 표현하되 올
곧으면 길하다 함은 중도의 마음을 얻었기 때문이다(鳴謙, 貞吉. 象曰, 鳴謙貞吉,
中心得也).

육이는 음효가 음위에 있으므로, 중정(中正)을 모두 얻었다. 중도를 갖추
고 있기 때문에, 언행이 중심을 바로 잡고 있다. 육이는 내괘의 중심이므로,
자신의 목소리를 바르게 낼 수 있다.

그러나 대응하는 육오와는 정응(正應)하고 있지 않기 때문에, 겸손하게
표현하는 것이 좋다. 비록 상황이 좋지 않아도 올곧으면, 육이는 어떤 어려
움도 해소할 수 있는 자리다. 다행히 육이는 멈춤을 뜻하는 간(艮)의 중심에
있기 때문에, 올곧음을 지키는 힘이 더욱 크고 강하다.

괘의 변화를 보자. 만약 2효가 양으로 변하면 지풍승(地風升, ䷭)이 되고,
2효는 그대로 있고 나머지 효가 모두 반대로 바뀌면 천뢰무망(天雷无妄, ䷘)이
된다. 시간, 공간, 인간관계의 망을 잘 살펴 중도의 도리를 실천하면, 헛된
결과를 방비할 수 있다. 또한 역의 순리에 따라 움직이면, 큰 성과를 낼 수
있다.

구삼(九三)

수고롭게 일하는 겸이다. 군자는 끝맺음이 있으니, 길하다. 상사에서 이르기
를, 수고롭게 일하는 겸손한 군자는 만민이 복종한다(勞謙, 君子有終, 吉. 象曰, 勞
謙君子, 萬民服也).

구삼은 지산겸의 유일한 양효다. 비록 중도를 갖추지 못했지만, 간(艮)의 핵심이다. 지나침을 멈추는 굳센 힘은 구삼에게 있다. 겸손의 덕행을 유지할 수 있는 원동력이다.

구삼은 간(艮)의 괘주로서 산의 정상에 해당하는 높은 위치에 있는 자다. 그런데 구삼은 상괘 곤(坤) 밑에 있다. 정상에 이르러 대지의 유순함과 평등함을 마주하고 있는 것이다. 만물을 품고 있으면서도, 그 노고를 드러내지 않는 대지와 같다.

구삼에 대해 공자는 《계사전》에서, "수고하되 자랑하지 않고, 공이 있되 덕으로 여기지 않으니, 두터움이 지극한 것이다(勞而不伐, 有功而不德, 厚之至也)."고 부연 설명하고 있다. 공자는 결론적으로 다음과 같이 말했다.

겸이란 공손함을 다하여 그 지위를 보존하는 것이다(謙也者, 致恭以存其位者也).《계사전》

공손함을 다한다는 것은 공(功)을 내세우지 않고, 그 공덕을 다른 사람에게 돌리는 것이다. 이처럼 후덕함은 나를 내세우지 않는 음덕(陰德)에서 생긴다. 음덕으로 인해 위기 시에 자신의 생명과 지위를 보존할 수 있다.

괘의 변화를 보자. 만약 3효가 음으로 변하면 중지곤(重地坤, ䷁)이 되고, 3효는 그대로 있고 나머지 효가 모두 반대로 바뀌면 중천건(重天乾, ䷀)이 된다. 자신을 멈추는 자는 세상을 훤히 볼 수 있다. 멈춘다는 것은 동요하는 마음을 하나로 집중한다는 의미가 있다. 그 상태에서 세상을 보면 천지의 이치를 깨달을 수 있다.

육사(六四)

불리함이 없다. 손을 들어 겸손을 나타낸다. 상사에서 이르기를, 손을 들어 겸손을 나타냄에 불리함이 없다 함은 법칙을 위반하는 일이 없다는 뜻이다(无不利, 撝謙. 象曰, 无不利撝謙, 不違則也).

육사는 음효가 음위에 바르게 있다. 비록 초육과 정응(正應)하고 있지 않고 중(中)을 얻지 못했지만, 육사는 자리가 바르고 온순하다. 지산겸의 시절 인연으로 상하가 모두 겸손의 도리에 어긋나지 않으므로, 손을 들어 겸손을 나타내도 불손함이 없다.

지도자를 바로 밑에서 보위하는 육사의 입장에서는 이처럼 좋은 상황은 없다. 비록 자신은 약해도 구삼이 강하게 중심을 잡고 일을 하기 때문에, 위계질서에 문제가 없다.

괘의 변화를 보자. 만약 4효가 양으로 변하면 뇌산소과(雷山小過, ䷽)가 되고, 4효는 그대로 있고 나머지 효가 모두 반대로 바뀌면 풍택중부(風澤中孚, ䷼)가 된다. 육사는 작은 허물이 큰 허물이 되지 않도록 절제와 조율을 생활화 하는 것이 좋다.

육오(六五)

부유하지 못하지만, 이웃과 함께 한다. 침벌을 하면 이롭다. 불리함이 없다. 상사에서 이르기를, 침벌을 하면 이롭다 함은 복종하지 않는 자를 정벌하는 것이기 때문이다(不富, 以其鄰. 利用侵伐, 无不利. 象曰, 利用征伐, 征不服也).

육오는 음효가 양위에 있지만, 중도를 지니고 있다. 육오는 검소하기 때문에, 물질적으로는 부유하지 않다. 그러나 넘치지 않기 때문에, 이웃과 함께 할 수 있다. 육오가 정벌하는 것은 넘치는 것을 더는 행위다. 따라서 불리함이 없고 정당하다.

우리 사회의 지도자들이 가장 부족한 것이 바로 겸덕이다. 나 아니면 안된다는 생각을 버려야 한다. 모든 사람이 함께 집단지성으로 세상을 밝히는 시대에 우리는 살고 있다. 겸양지덕은 인공지능시대에 더욱 가치 있는 덕목이 될 것이다.

괘의 변화를 보자. 만약 5효가 양으로 변하면 수산건(水山蹇, ䷦)이 되고, 5효는 그대로 있고 나머지 효가 모두 반대로 바뀌면 화택규(火澤睽, ䷥)가 된다.

지도자는 사회의 모순과 갈등요소를 조율하고 사회의 위기를 방지해야 한다. 균형조율을 통해 미리 방비하지 않으면, 나중에 큰 우환을 남기게 된다.

상육(上六)

> 우는 겸이다. 군사를 사용해 읍과 나라를 정벌하면, 이롭다. 상사에서 이르기를, 우는 겸이다 함은 뜻을 얻지 못했기 때문이다. 군사를 사용할 수 있다 함은 읍과 나라를 정벌한다는 뜻이다(鳴謙, 利用行師, 征邑國. 象曰, 鳴謙, 志未得也. 可用行師, 征邑國也).

상육은 음효가 음위에 있다. 하괘의 주군인 구삼과 바르게 상응하고 있다. 비록 중도의 뜻을 얻지는 못했지만, 상육은 구삼의 힘을 빌려 반란하는 자를 정벌할 수 있다.

비록 상육은 구삼의 힘을 쓸 수 있는 상황이지만, 위치가 변화의 끝에 있기 때문에 경거망동하지 않는 것이 좋다. 군사를 사용할 수 있어도, 사용하지 않는 것이 현명하다. 뜻을 펼칠 수 있는 위치가 아니고, 지산겸의 시절 인연에 맞지 않기 때문이다.

　괘의 변화를 보자. 만약 6효가 양으로 변하면 중산간(重山艮, ䷳)이 되고, 6효는 그대로 있고 나머지 효가 모두 반대로 바뀌면 중택태(重澤兌, ䷹)가 된다. 육사가 함부로 움직이면 모든 것이 막히게 된다. 멈춤의 도를 지키고, 올곧게 제자리에서 겸양의 정신으로 사는 것이 자신과 사회를 기쁘게 하는 일이다.

16.

뇌지예(雷地豫)

쾌락을 경계하라

예는 제후를 세우고 군사를 일으키는 것이 이롭다(豫, 利建侯行師).

예(豫)는 즐거워한다는 뜻이다. 대유(大有)와 겸(謙)의 시대를 거치면, 즐거운 세상이 온다. 그러므로 겸(謙) 다음에 예(豫)를 놓는다. 그러나 즐거움에는 경책이 뒤따른다. 행복 속에 불행이 싹트고, 불행 속에 행복이 움트는 법이다.

사회의 안정과 행복을 오래 즐기기 위해서는 자발적인 도덕과 엄격한 규율이 동시에 필요하다. 때문에 공자는 《계사전》에서 뇌지예를 통해 범죄예방을 경책하고 있다.

문을 이중으로 하고 딱따기를 쳐서 강도를 대비하니, 이것은 예괘에서 취했다 (重門擊柝, 以待暴客, 蓋取諸豫).《계사전》

뇌지예의 주효(主爻)는 구사다. 구사의 움직임에 모든 사람이 온순하게 따르는 형국이다. 단사를 보자.

단사에서 이르기를, 예는 강한 것에 응하여 뜻이 행하는 것이다. 움직임에 순순히 따름이 예다. 예는 움직임에 순순히 따르고 있고, 천지도 그렇게 하고 있는데, 하물며 제후를 세우고 군사를 일으키는 일에 있어서야 어찌 다름이 있겠는가. 천지는 움직임에 따르므로, 해와 달도 지나침이 없고, 사계절도 어긋남이 없다. 성인도 움직임에 순응한다. 이러한 도리로 형벌이 맑아 백성이 복종한다. 예의 시대가 갖는 의의는 참으로 크다(象曰, 豫, 剛應而志行, 順以動, 豫. 豫, 順以動, 故天地如之, 而況建侯行師乎. 天地, 以順動, 故日月不過, 而四時不忒, 聖人以順動, 則刑罰淸而民服. 豫之時義大矣哉).

대자연은 일정한 움직임으로 균형을 유지하고 있다. 자연에 생명의 질서가 있는 것은 일정한 법칙이 있기 때문이다. 우주의 운행은 한 번도 멈춤이 없고, 예외가 없다. 변하지 않는 법칙이 생명을 유지시키는 힘이다. 사회도 엄밀한 규범과 예법이 있어야, 질서가 유지된다. 상사를 보자.

상사에서 이르기를, 우레가 땅 위로 떨침이 예다. 선왕은 이로써 음악을 만들어 덕을 숭상하고, 상제께 성대히 제사를 지내고, 조상까지도 함께 제사한다(象曰, 雷出地奮, 豫, 先王以作樂崇德, 殷薦之上帝, 以配祖考).

괘의 상을 보면, 곤(坤) 위에 진(震)이 있다. 우레가 땅 위에서 크게 용트림을 하는 모습이다. 온순한 땅이 진동하는 뇌(雷)에 순응하고 있다. 자연의 모든 것은 각기 일정한 진동 주기가 있다. 각각의 주기에 따른 일정한 에너지 파동을 내고 있다. 각기 다른 에너지 파동이 교류하면서 만드는 조화가 자연의 질서를 잡는다.

음악은 자연의 조화로운 질서를 가장 잘 표현하는 예술이다. 아름다운 선율을 우리가 느끼는 이유는 각기 다른 소리의 파장을 내는 악기들이 만드는 음률의 엄밀성과 조화로움 때문이다. 하늘과 조상에 제사를 올리는 일도 엄숙함 속에 일정한 규칙이 있다. 제사에 음악을 연주하는 것은 이런 의미를 배가시킨다.

뇌지예의 잡괘을 보면, 지뢰복(地雷復, ䷗), 수산건(水山蹇, ䷦), 풍천소축(風天小畜, ䷈), 지산겸(地山謙, ䷎) 등이 있다. 뇌지예는 전체적으로 사회의 어려움을 예방하기 위해서, 도덕과 질서를 잡기 위한 경책의 의미가 있다.

초육(初六)

> 소리를 내며 즐거워한다. 흉하다. 상사에서 이르기를, 초육은 소리를 내며 즐거워한다 함은 뜻이 궁하므로 흉하다는 뜻이다(鳴豫, 凶. 象曰, 初六鳴豫, 志窮凶也).

초육은 음효가 양위에 있고, 위치가 낮다. 비록 구사와 바르게 상응하고 있지만, 초육은 위치가 바르지 않다. 때문에 초육은 지나치게 구사에게 의지하는 형국이다. 구사의 희롱에 너무 끌려가고 있다. 때문에 뜻이 궁하고 흉하다.

초육은 구사의 유혹을 감당할 힘이 없다. 쾌락에는 책임이 뒤따른다. 따라서 초육은 먼저 자신의 정신을 바로 세우는 노력을 기울여야, 육체적 쾌락을 감당할 수 있다.

괘의 변화를 보자. 만약 1효가 양으로 변하면 중뢰진(重雷震, ䷲)이 되고, 1효는 그대로 있고 나머지 효가 모두 반대로 바뀌면 중택태(重澤兌, ䷹)가 된다. 올곧게 자신을 지켜나가야만, 진정한 기쁨을 만끽할 수 있다. 만약 적극

16. 뇌지예(雷地豫) ䷏

적으로 움직여 나가자면, 자신을 돌아보고 주변을 살펴 위험을 경계해야 탈이 없다.

육이(六二)

돌처럼 굳게 지킨다. 하루가 걸리지 않는다. 올곧으면 길하다. 상사에서 이르기를, 하루가 걸리지 않으니 올곧으면 길하다 함은 중정하기 때문이다(介于石, 不終日, 貞吉. 象曰, 不終日貞吉, 以中正也).

육이는 중정(中正)을 모두 얻었다. 육이는 절개가 있기 때문에, 구사의 유혹에 넘어가지 않는다. 원문의 개(介)는 여기서는 굳건함을 의미한다. 굳건한 지조와 더불어 중정의 도가 있기 때문에, 변화의 이치에서 벗어남이 없다.

부종일(不終日)은 두 가지 해석이 가능하다. 인용문처럼 번역할 수도 있고, 달리 "하루에 끝나지 않는다." 라고 풀이할 수도 있다. 전자는 변화의 기미(幾微)를 알고 행동으로 옮기는 데는 그리 많은 시간이 필요하지 않다는 뜻이다. 후자는 변화를 관찰하는 태도를 항시 지니고 있어야 한다는 의미다. 두 가지 해석 모두 좋다.

비록 두 음효 사이에 끼어 있어서 돌처럼 굳게 지킨다 했지만, 육이는 기미를 미리 감지하고 있다. 《계사전》에서 기미에 관한 공자의 해석을 보자.

기미라는 것은 움직이려는 찰나의 미미한 조짐이다. 길함을 미리 볼 수 있는 것이다. 군자는 기미를 보고 일을 착수하고, 하루 종일 기다리지 않는다(幾者, 動之微, 吉之先見者也. 君子見幾而作, 不俟終日).《계사전》

기(幾)는 움직임이 없던 것이 때가 되어 막 움직이려고 하는 상태를 말한다. 따라서 기는 아직 구체적인 모습이나 형세를 갖추지는 않았지만, 변화를 이끌 동력이 있는 것이다. 기의 미미한 조짐을 알기 위해서는 시간, 공간, 그리고 생명관계의 망을 모두 통찰해야 가능하다.

괘의 변화를 보자. 만약 2효가 양으로 변하면 뇌수해(雷水解, ䷧)가 되고, 2효는 그대로 있고 나머지 효가 모두 반대로 바뀌면 풍화가인(風火家人, ䷤)이 된다. 지조를 지키고 중도의 지혜로 기미를 알고 행동한다면, 모든 일이 서서히 풀리고 질서를 잡게 된다.

육삼(六三)

> 쳐다보며 즐거워하지만 후회가 있다. 지체하면 후회가 있다. 상사에서 이르기를, 쳐다보며 즐거워하지만 후회가 있다 함은 위치가 부당하기 때문이다(盱豫悔, 遲有悔. 象曰, 盱豫有悔, 位不當也).

육삼은 음효가 양위에 있고, 중(中)도 없다. 육삼은 하괘 곤(坤)의 위에서 상괘 진(震)을 마주하고 있다. 육삼은 곤덕(坤德)을 지키기 어려운 상황에 있다. 더욱이 대응하는 상육과 정응(正應)하고 있지도 않다.

육삼은 구사의 유혹을 목전에 보며 즐거워하지만, 서로 상응함이 없기 때문에 후회할 일만 있다. 빨리 자제하고 올곧음을 지켜야 한다. 쾌락의 기쁨은 잠시일 뿐이고, 책임과 고통은 너무 크고 오래 간다.

괘의 변화를 보자. 만약 3효가 양으로 변하면 뇌산소과(雷山小過, ䷽)가 되고, 3효는 그대로 있고 나머지 효가 모두 반대로 바뀌면 풍택중부(風澤中孚, ䷼)가 된다.

육체적 쾌락이 극에 이르면, 심신은 피폐해진다. 따라서 지나친 향락을 자제하고 바른 중도에 대한 믿음을 가져야, 자신을 온전히 지킬 수 있다.

구사(九四)

상황으로 말미암아 즐거운 예다. 크게 얻음이 있으니, 의심하지 않으면, 벗들이 모여들 것이다. 상사에서 이르기를, 상황으로 말미암아 즐거운 예로 크게 얻음이 있다 함은 뜻이 크게 행해지기 때문이다(由豫, 大有得, 勿疑, 朋盍簪. 象曰, 由豫大有得, 志大行也).

구사는 양효가 음위에 있다. 비록 중도는 없지만, 음의 자리가 강한 성질을 중화시키는 기능을 하고 있다. 하지만 구사는 뇌지예의 유일한 강효(剛爻)로서, 사실상 괘주(卦主)의 역할을 하고 있다.

주군인 육오가 힘을 쓸 수 없는 상황이므로, 모든 권력이 구사에게 몰려들고 있다. 이런 상황의 연유 때문에, 구사는 즐겁게 뜻을 펼칠 수 있다.

괘의 변화를 보자. 만약 4효가 음으로 변하면 중지곤(重地坤, ䷁)이 되고, 4효는 그대로 있고 나머지 효가 모두 반대로 바뀌면 중천건(重天乾, ䷀)이 된다. 구사가 천지의 도리를 지키면서 움직이면, 질서가 바로 잡히고 즐거운 사회가 유지된다.

육오(六五)

올곧음을 지키느라 병이 들지만, 완전히 죽지는 않는다. 상사에서 이르기를, 육오가 올곧음을 지키느라 병이 든다 함은 강한 것을 타고 있기 때문이다. 완전히 죽지는 않는다 함은 중도가 있으므로 망하지는 않기 때문이다(貞疾, 恒不死. 象曰, 六五貞疾, 乘剛也, 恒不死, 中未亡也).

육오는 음효가 양위에 있다. 비록 중(中)을 얻었지만, 대응하는 육이와 정응(正應)하고 있지 못하다. 강한 구사에게 권력을 이양한 상태이기 때문에,

육오는 괴롭고 힘든 상황이다. 그러나 중도의 덕으로 구사의 유혹을 견디고 있다.

육오의 문제는 자신은 심약한데, 밑의 대신인 구사가 강한 힘을 갖고 있다는 점에 있다. 이런 상황의 지도자는 허깨비와 같다. 사회저변이 기쁨으로 들떠 있지만, 정작 본인은 기쁠 수 없다.

사회의 풍속이 저속화되면, 그것을 막을 힘이 별로 없기 때문이다. 때문에 괘사의 상사에서 음악과 제사 형식을 빌려 자발적인 도덕과 엄격한 규율을 경책하고 있는 것이다.

괘의 변화를 보자. 만약 5효가 양으로 변하면 택지췌(澤地萃, ䷬)가 되고, 5효는 그대로 있고 나머지 효가 모두 반대로 바뀌면 산천대축(山天大畜, ䷙)이 된다.

육오가 이런 상황에 처한 것은 자업자득이라고 할 수 있다. 모든 문제의 원인은 근본적으로 자신에게 있는 법이다. 따라서 지도자는 무엇보다 자신을 돌아보고 자신을 바로 세워야 한다. 그러면 주변에 바른 뜻을 가진 사람들이 모이기 마련이다.

상육(上六)

> 즐거움이 끝나간다. 이룸이 있더라도 바꿈이 있어야 허물이 없다. 상사에서 이르기를, 위에 있는데 즐거움이 끝나가니 어찌 오래 갈 수 있겠는가(冥豫, 成, 有渝无咎. 象曰, 冥豫在上, 何可長也).

상육은 음효가 음위에 있지만, 중도가 없다. 또한 대응하는 육삼과 정응(正應)하고 있지 않다. 뇌지예의 시대가 막을 내리는 상황이다. 이때는 자신의 뒤를 돌아보고, 잘못된 것을 변화하는 노력을 기울여야 문제가 없다.

상육은 매우 궁한 상황에 처해 있다. 만약 궁한데 변하지 않으면, 통할 수 없다. 통하지 않으면 비극적 결말만이 있을 뿐이다. 쾌락의 끝은 죽음 뿐이다. 이렇게 죽는다면, 다음 생에 아귀(餓鬼)가 될 것이다. 쾌락의 반면을 살핀다면, 정신수행에 도움이 된다.

괘의 변화를 보자. 만약 6효가 양으로 변하면 화지진(火地晉, ䷢)이 되고, 6효는 그대로 있고 나머지 효가 모두 반대로 바뀌면 수천수(水天需, ䷄)가 된다. 즐김에도 도리가 있고, 절제가 필요하다. 쾌락의 기운을 다스려 자기 발전으로 승화시켜야 한다. 쾌락은 수행의 최대 적이자, 최고의 스승이기도 하다. 그 고통이 반면교사의 역할을 하기 때문이다.

17.

택뢰수(澤雷隨)

직분에 맞게 삶의 질서를 따르라

수는 으뜸으로 형통하고 올곧으면 이롭다. 허물이 없다(隨, 元亨, 利貞, 无咎).

수(隨)는 따름이다. 기뻐하는 마음이 있으면, 따라가기 마련이다. 그러므로 예(豫) 다음에 수(隨)를 놓는다. 그러나 자신의 중심을 잃고 기쁨을 쫓는 무리가 생기면, 그에 따른 부작용도 만만치 않다.

기쁨이 지나치기 쉬운 예(豫)의 시대에 상벌(賞罰)로 사회의 질서를 잘 잡아놓으면, 원형이정(元亨利貞)을 모두 갖춘 택뢰수의 시대가 온다. 그러나 좋은 것이 꼭 좋은 것만은 아니다. 기쁨이 지나치면, 심신을 파멸시키는 쾌락이 되기 때문이다. 단사를 보자.

단사에서 이르기를, 수는 굳센 양이 와서 부드러운 음 밑에서 움직이니 기뻐함이다. 수는 으뜸으로 형통하고 올곧으면 허물이 없다. 천하가 때에 따르니 수의 시대가 갖는 의의는 크도다(彖曰, 隨, 剛來而下柔, 動而說. 隨, 大亨, 貞无咎, 而天下隨時. 隨時之義大矣哉).

하괘 진(震)은 양강(陽剛)하고, 상괘 태(兌)는 음유(陰柔)하다. 안으로는 움직임이 있고, 밖으로는 기쁨이 있다. 세상의 위아래가 서로 시절인연이 맞아 돌아가고 있다. 상사를 보자.

상사에서 이르기를, 못 속에 우레가 울리는 것이 수다, 군자는 이로써 밤에는 들어가서 음식을 즐기며 쉰다(象曰, 澤中有雷, 隨, 君子以嚮晦入宴息).

인간은 자연의 일부분이므로, 음양이 순환하는 자연의 질서를 따라 살아야 건강하다. 낮에는 일하고 밤에는 쉬어야, 일과 쉼의 균형을 잡고 생명 에너지가 보충된다. 그러나 이 균형을 유지하기는 쉽지 않은 일이다.

물질문명이 고도로 발전하면서 인간의 삶의 방식이 완전히 바뀌었기 때문이다. 고대에는 농업중심의 사회였기 때문에, 인간은 자연의 질서를 따를 수밖에 없었다. 그러나 지금은 자연의 질서를 거스르며 사는 삶의 패턴이 보편화 되었다. 물론 그에 따른 피해를 인간 스스로 받고 있고 있는 실정이다.

택뢰수의 괘의 상황은 매우 좋으나, 행복 속에 불행이 싹트는 것이 역의 원리이므로, 매사 조심하는 것이 좋다. 택뢰수의 잡괘를 보면, 내택귀매(雷澤歸妹), 풍산점(風山漸, ䷴), 산풍고(山風蠱, ䷑) 등이다. 즐김에는 그에 책임도 따른다. 올곧음을 지키지 않으면, 곧 괴로움이 찾아온다.

초구(初九)

관직에 변동이 있다. 올곧으면 길하고, 문밖에 나가 사귐에 공이 있다. 상사에서 이르기를, 관직에 변동이 있다 함은 바름을 따르면 길하다는 뜻이다. 문밖에 나가 사귐에 공이 있다 함은 잃지 않는다는 뜻이다(官有渝, 貞吉, 出門交有功. 象曰, 官有渝, 從正吉也, 出門交有功, 不失也).

초구는 양효가 양위에 바르게 있다. 또한 위치가 낮음에도 초구는 하괘 진(震)의 주효(主爻)다. 힘이 좋기 때문에, 안에 머물기 보다는 밖에서 활동하는 것이 이롭다. 다만 구사와 바르게 상응하지 않기 때문에, 올곧음을 지키면서 행동해야 허물이 없고 결실을 맺게 된다.

밑의 움직임을 위가 기뻐하는 모습이다. 초구가 사회 발전의 원동력이 되는 시절인연을 맞고 있다. 이것이 가능한 이유는 사회의 질서가 바로 잡혀있기 때문이다.

괘의 변화를 보자. 만약 1효가 음으로 변하면 택지췌(澤地萃, ䷬)가 되고, 1효는 그대로 있고 나머지 효가 모두 반대로 바뀌면 산천대축(山天大畜, ䷙)이 된다.

사회 저변이 활발히 움직이면, 사회 전반이 활력을 찾고 물질적 풍요를 크게 누릴 수 있다. 그러나 좋은 것은 오래가지 않으므로, 항시 허물을 방비하고 변화의 시기를 잘 파악해야 한다.

육이(六二)

어린 남자에게 매달리면, 장부를 잃게 된다. 상사에서 이르기를, 어린 남자에게 매달리면 함께 할 수 없을 것이다(係小子, 失丈夫. 象曰, 係小子, 弗兼與也).

육이는 음효로서 음위에 바르게 있고, 중도도 갖추고 있다. 또한 구오와 바르게 상응하고 있다. 만약 육이가 절도를 잃고 초구의 강한 유혹에 흔들리면, 육이는 장부인 구오를 잃게 된다.

비록 초구가 강한 세력으로 사회를 이끌고 있지만, 육이는 나름의 역할과 위치가 있다. 육이의 상대는 구오다. 역의 도리는 정신의 상승에 있다. 물질적 안락은 정신 상승의 수단으로써 작용할 때 가치가 있다.

괘의 변화를 보자. 만약 2효가 양으로 변하면 중택태(重澤兌, ䷹)가 되고, 2효는 그대로 있고 나머지 효가 모두 반대로 바뀌면 중산간(重山艮, ䷳)이 된다. 물질적 유혹의 경계에서 멈출 줄 알아야, 정신적 기쁨의 세계에 들어설 수 있다.

육삼(六三)

장부에 매달리면 어린 남자를 잃는다. 따라가 구하면 얻을 수 있다. 올곧음에 거해야 이롭다. 상사에서 이르기를, 장부에 매달린다 함은 아랫사람을 버린다는 뜻이다(係丈夫, 失小子, 隨有求得, 利居貞. 象曰, 係丈夫, 志舍下也).

육삼은 음효가 양위에 있고, 중도도 없다. 육삼은 구사와 접하고 있으므로, 육삼에게 장부는 구사라고 할 수 있다. 만약 구사에게 매달린다면, 아래 초구를 버리는 꼴이다.

음은 양의 정신을 찾고, 양은 음을 통해 뜻을 구현한다. 그런데 역의 도리는 아래에서 위를 지향한다. 이런 역의 이치로 볼 때, 육삼은 구사를 따르는 것이 순리다. 그러나 비록 순리라도 올곧음을 잃으면 화가 미친다. 육삼의 원래 짝은 상육이기 때문에, 비록 서로 상응하는 바는 없어도, 제자리를 지키는 것이 옳다.

괘의 변화를 보자. 만약 3효가 양으로 변하면 택화혁(澤火革, ䷰)이 되고, 3효는 그대로 있고 나머지 효가 모두 반대로 바뀌면 산수몽(山水蒙, ䷙)이 된다. 육삼은 인간교육을 통해 무지를 타파하고, 자신의 허물을 과감하게 청산해야 한다.

구사(九四)

따라와 얻음이 있다. 올곧음이 있더라도 흉하다. 믿음으로 도에 머물러 밝음을 유지한다면 무슨 허물이 있겠는가. 상사에서 이르기를, 따라와 얻음이 있다 함은 그 뜻이 흉하다는 말이다. 믿음으로 도에 머무른다는 함은 밝은 공이라는 뜻이다(隨有獲, 貞凶, 有孚在道, 以明, 何咎. 象曰, 隨有獲, 其義凶也, 有孚在道, 明功也).

구사는 양효가 음위에 있고, 중도도 없다. 강한 유혹의 힘이 있으므로, 만약 육삼이 따라와 구사와 결합한다면, 도리에 맞지 않기 때문에 흉하다. 육삼이 구사를 따르는 것이 순리에 맞는다면, 구사의 입장에서는 그렇지 않다. 효의 위치가 바뀌면 상황이 완전히 바뀌고 그에 따른 입장도 다르다.

구사의 짝은 초구이다. 그리고 구사는 구오의 부하로서 공적 책임이 있다. 구사는 바른 도에 머물러 밝은 공을 세워야 할 자리다. 구사가 육이나 육삼과 사사로운 정분이 난다면, 큰일을 할 수 없다. 다행히 구오가 중정하기 때문에, 구사가 제자리를 지키는 데 힘이 된다.

"믿음으로 도에 머물러 밝음을 유지한다(有孚在道, 以明)."는 말에 깊은 뜻이 있다. 대자연의 순리인 도(道)를 몸과 마음으로 확고하게 믿어야, 역의 이치대로 살 수 있다. 자연에 질서가 있듯이, 인간사회에도 위계질서가 있다. 모든 존재는 제 자리가 있고, 그에 따른 역할이 있다. 이 도리를 따르면, 밝은 본성에서 우러나오는 지혜를 얻을 수 있다.

괘의 변화를 보자. 만약 4효가 음으로 변하면 수뢰준(水雷屯, ䷂)이 되고, 4효는 그대로 있고 나머지 효가 모두 반대로 바뀌면 화풍정(火風鼎, ䷱)이 된다. 쾌락을 이겨내기는 어려운 일이다. 그러나 어려움을 극복하고 공적인 임무에 충실해서, 구사는 사회의 새로운 기틀을 바르게 만들고 경륜을 쌓아야 한다.

구오(九五)

아름다움을 믿으니, 길하다. 상사에서 이르기를, 아름다움을 믿으니 길하다 함은 위치가 정중하기 때문이다(孚于嘉, 吉. 象曰, 孚於嘉吉, 位正中也).

구오는 양효로서 중정(中正)을 모두 얻고 있다. 여기서 아름다움은 도(道)에 부합한 선(善)이다. 구오는 육이와 천생배필이다. 비록 초구와 구사가 있지만, 구오는 주군의 자리를 확고히 지키면서 중도의 도리를 발휘한다면, 위계질서가 확고히 잡힐 것이다. 그렇게 되면 육이와의 사랑도 아름답게 결실을 맺게 된다.

지도자가 확고한 신념으로 자리를 잡고 있으면, 그 에너지가 모든 사람들에게 전파된다. 더욱이 가장 밑에 있는 초구가 믿고 따르는 상황이므로, 사회에 즐거움이 가득할 수 있다.

괘의 변화를 보자. 만약 5효가 음으로 변하면 중뢰진(重雷震, ䷲)이 되고, 5효는 그대로 있고 나머지 효가 모두 반대로 바뀌면 중택태(重澤兌, ䷹)가 된다. 구오가 중정(中正)을 확고히 잡고 있어야, 세상에 평화와 번영이 동시에 올 수 있다.

상육(上六)

붙잡아 매고 따라서 맨다. 왕이 서산에서 제사를 지낸다. 상사에서 이르기를, 붙잡아 맨다 함은 위가 궁하기 때문이다(拘係之, 乃從, 維之, 王用亨于西山. 象曰, 拘係之, 上窮也).

상육은 음효가 음위에 있으나, 육삼과 바르게 상응하고 있지도 못하다.

변화의 극에 이르러 있어서, 위치가 궁색하다. "붙잡아 매고 따라서 맨다."는 말은 구오에게 의지함이 너무 크다는 말이다.

제사를 지낸다는 말이 암시하듯이, 상육은 세상의 일에서 이제는 정리를 해야 할 위치다. 물질적 욕망을 놓아버리면, 정신의 세계가 열린다. 역의 도리는 잃는 것을 통해 얻는 것이 있음을 알려준다. 버려야 할 때, 버리지 못하는 것이 제일 큰 문제다.

괘의 변화를 보자. 만약 6효가 양으로 변하면 천뢰무망(天雷无妄, ䷘)이 되고, 6효는 그대로 있고 나머지 효가 모두 반대로 바뀌면 지풍승(地風升, ䷭)이 된다. 헛된 물질과 명예를 버리면, 상육의 영혼은 상승할 것이다.

18.

산풍고(山風蠱)

적폐청산은 때가 있다

고는 으뜸으로 형통하다. 큰 내를 건너면 이롭다. 갑일 삼일 전과 갑일 삼일 후에 하면 된다(蠱, 元亨, 利涉大川, 先甲三日, 後甲三日).

고(蠱)는 일(事)이라는 뜻이다. 기쁘게 따르는 수(隨)의 시대가 가면, 골치 아픈 일거리가 생긴다. 그러므로 수(隨) 다음에 고(蠱)를 놓는다. 고는 새롭게 정비하라는 의미를 내포하고 있다.

산풍고는 평안한 세월이 지나면, 벌레가 들끓기 마련인 세상에 대한 처방이다. 썩은 곳을 도려내야 새살이 돋아나게 된다. 단사에서 산풍고의 의미를 좀 더 풀고 있다.

단사에서 이르기를, 고는 굳센 양이 위에 있고 부드러운 음이 밑에 있다. 손순하게 멈춤이 고다. 고는 으뜸으로 형통하니 천하를 다스릴 수 있다. 큰 내를 건너면 이롭다 함은 나아가면 일이 있다는 뜻이다. 갑일 삼일 전과 갑일 삼일 후에 하면 된다 함은 끝이 있으면 시작이 있음이 하늘의 행이라는 뜻이다(象曰, 蠱, 剛上而柔下, 巽而止蠱. 蠱, 元亨而天下治也. 利涉大川, 往有事也. 先甲三日, 後甲三日,

終則有始, 天行也).

산풍고는 산을 뜻하는 간(艮)이 위에 있고, 바람을 뜻하는 손(巽)이 아래에 있다. 강한 것이 부드러운 것 위에 있는 형국이다. 따라서 부드럽게 멈추는 도리를 알려주고 있다.

만약 세상을 일신하고자 한다면, 갑(甲)일 삼일 전인 신(辛)의 날에 마음을 잡고 정갈히 해서, 갑(甲)일에 거사를 치르고, 삼일 후인 정(丁)의 날에 그 뜻을 정말로 받들고 있는 지 확인해야 대업을 이룰 수 있다.

이것은 특정한 날을 지칭하는 것이 아니라. 일의 순리를 말하고 있다. 적폐(積弊)를 없애는 데는 큰 내를 건너는 용맹심을 갖고, 미리 준비를 철저히 한 뒤에, 적당한 때를 잡아 혁명을 일으키고, 그 후의 추이를 잘 살펴야 한다는 뜻이 담겨 있다. 상사에서 산풍고의 의의를 다시 설명하고 있다.

상사에서 이르기를, 산 아래 바람이 있음이 고(蠱)다. 군자는 이로써 백성을 구제하고 덕을 육성한다(象曰, 山下有風, 蠱, 君子以振民育德).

산풍고에는 괴로움이나 병폐를 제거해야 편안함을 되찾을 수 있다는 역의 이치가 들어 있다. 산풍고의 잡괘를 보면, 풍산점(風山漸, ䷴), 뇌택귀매(雷澤歸妹, ䷵), 택뢰수(澤雷隨, ䷐) 등이 있다. 산풍고의 말썽을 막기 위해서는, 변화의 순리를 따라 일신우일신(一新又一新)을 이루어야 사람들이 교화되고 세상이 맑아진다.

초육(初六)

아버지의 잘못을 바로 잡는다. 아들이 있다면 죽은 아버지에게 허물이 없다. 괴롭지만 마침내 길하다. 상사에서 이르기를, 아버지의 잘못을 바로 잡는다 함은 뜻으로 죽은 아버지를 계승하기 때문이다(幹父之蠱, 有子考, 无咎, 厲終吉. 象曰, 幹父之蠱, 意承考也).

초육은 음효가 양위에 있다. 비록 가장 낮은 위치에 있지만, 하괘 손(巽)의 괘주(卦主)다. 변화의 가장 초기이여서 아직 폐단도 적고, 지난 시대의 영화와 바른 뜻을 온순하게 계승하는 적통이기 때문에, 어려움은 있지만 길하다고 하는 것이다.

아버지의 허물을 아들이 바로 잡을 수 있는 것은 아들에게 바른 정신이 있기 때문이다. 선대의 잘못을 후대가 인정하는 일은 참으로 괴로운 일이다. 그러나 후대가 그렇게 함으로써 가문을 온전히 보존하고, 새로운 발전을 이룰 수 있다. 이것은 역의 도리를 따르는 것이므로, 그 가문의 가통은 계승된다. 진실을 밝히는 것이 진실로 가문을 위하는 일이다.

괘의 변화를 보자. 만약 1효가 양으로 변하면 산천대축(山天大畜, ䷙)이 되고, 1효는 그대로 있고 나머지 효가 모두 반대로 바뀌면 택천쾌(澤天夬, ䷪)가 된다. 선대의 과오를 일소하고 올곧음을 지켜나가면, 다시 가문을 크게 일으킬 수 있다.

구이(九二)

어머니의 잘못을 바로 잡는다. 올곧을 수 없다. 상사에서 이르기를, 어머니의 잘못을 바로 잡는다 함은 중도를 얻었기 때문이다(幹母之蠱, 不可貞. 象曰, 幹母之蠱, 得中道也).

구이는 양효가 음위에 있지만, 중도를 얻었다. 또한 대응하는 육이와 정응(正應)하고 있다. 2효는 음위이기 때문에 어머니라고 하는 것이다. 구이는 어머니의 잘못을 바로 잡되, 강압적으로 할 수 없는 입장이다. 다행히 중도의 지혜를 지니고 있으므로, 부드럽게 고쳐나갈 수 있다.

어머니의 잘못을 바로 잡는 일은 더욱 힘든 일이다. 이것은 구이와 같이 의지가 강하고 중도의 지혜를 지닌 후손이 아니면 불가능하다. 어머니는 모든 허물을 다 받아주는 곤(坤)의 습성을 지니고 있다. 따라서 그 잘못을 바로 잡는 데는 단순히 논리적인 처분으로 가능한 일이 아니다. 감성적인 교감이 필요하다.

대표적인 예로《밤으로의 여로》를 쓴 미국의 극작가 유진 오닐(Eugene O'Neill)을 들 수 있다. 이 작품은 마약 중독에 빠질 수밖에 없던 어머니를 둔 작가의 어두운 가정사 일면을 극화한 것이다. 작가 사후에 발표된 이 작품의 서문에서 오닐은 사랑과 이해와 용서로써 이 작품을 썼다고 했다.

가정이든 사회이든 다 알고 있지만, 말하지 않는 비극이 조금이나마 있기 마련이다. 그래도 한 가족이기에, 한 사회이기에 사랑과 이해와 용서로 서로를 품어줄 수밖에 없다.

우리 사회도 대참회와 대각성 운동이 일어나, 바른 도리에 입각한 사회를 다시 건설해야 할 때다. 사랑과 이해와 용서를 위한 가장 중요한 조건은 진실이다. 진실이 우리를 자유롭게 할 것이다.

괘의 변화를 보자. 만약 2효가 음으로 변하면 중산간(重山艮, ䷳)이 되고, 2효는 그대로 있고 나머지 효가 모두 반대로 바뀌면 중택태(重澤兌, ䷹)가 된다. 묵은 허물을 없애기 위해서는 잠시 멈추어 서서 자신을 뒤돌아보고, 자신의 인생항로를 바로 잡아야 한다. 그런 노력을 기울여야 다시 기쁨이 찾아 올 것이다.

구삼(九三)

아버지의 잘못을 고친다. 작은 후회는 있으나, 큰 허물은 없다. 상사에서 이르기를, 아버지의 잘못을 고친다 함은 끝내 허물이 없다는 뜻이다(幹父之蠱, 小有悔, 无大咎. 象曰, 幹父之蠱, 終无咎也).

구삼은 양효가 양위에 있지만, 중도는 없다. 구삼은 비록 중도의 지혜는 없지만, 적폐를 고치려는 뜻이 강하다. 때문에 비록 작은 회한은 있을 수 있지만, 큰 잘못은 없다.

구삼은 강한 힘을 조절하는 지혜가 없기 때문에, 적폐를 청산하는 과정에서 약간의 무리가 있을 수 있다. 그러나 시절인연이 그러하기 때문에, 작은 실수는 큰 대의로 상쇄될 것이다.

괘의 변화를 보자. 만약 3효가 음으로 변하면 산수몽(山水蒙, ䷃)이 되고, 3효는 그대로 있고 나머지 효가 모두 반대로 바뀌면 택화혁(澤火革, ䷰)이 된다. 적폐청산은 시대의 흐름에 장애가 되는 구습을 일소하고, 그 과정에서 사람들의 어리석음을 깨우는 교육이 뒤따라야 성공할 수 있다.

육사(六四)

아버지의 잘못을 관대히 넘기다. 그대로 가면 부끄러움을 당한다. 상사에서 이르기를, 아버지의 잘못을 관대히 넘기는 일을 그대로 하면 뜻을 이루지 못할 것이다.(裕父之蠱, 往見吝. 象曰, 裕父之蠱, 往未得也).

육사는 음효가 음위에 있다. 그러나 중도는 없다. 또한 대응하는 초육과 정응(正應)하고 있지도 않다. 잘못을 강하게 척결할 의지도 힘도 없는 상황이다. 적폐청산에 가장 도움이 안 되는 자다. 육사는 우유부단하기 때문에, 잘못을 간과하고 문제를 오히려 더 키울 뿐이다.

지난날의 적폐는 반드시 도려내야 뒤탈이 없게 된다. 썩은 것을 그대로 방치하면, 사회 전체가 부패하기 때문이다. 따라서 공과(功過)를 분명히 가려서, 공은 공대로 인정하고, 과는 철저히 바로 잡을 필요가 있다.

괘의 변화를 보자. 만약 4효가 양으로 변하면 화풍정(火風鼎, ䷱)이 되고, 4효는 그대로 있고 나머지 효가 모두 반대로 바뀌면 수뢰준(水雷屯, ䷂)이 된다.

어려운 환경에서 지난날의 악습을 없애고, 새로운 사회의 기틀을 마련하는 일은 매우 어려운 일이다. 따라서 가마솥에서 새로운 음식을 만들 듯 온갖 정성을 들여야 한다.

육오(六五)

아버지의 잘못을 고친다. 명예를 얻는다. 상사에서 이르기를, 아버지의 잘못을 고치면 명예를 얻는다 함은 덕으로써 계승하기 때문이다(幹父之蠱, 用譽. 象曰, 幹父用譽, 承以德也).

육오는 음효가 양위에 있지만, 중도를 얻었다. 또한 대응하는 구이와 정응(正應)하고 있다. 중도의 지혜로 부드럽게 지난날의 잘못을 고침으로써, 오히려 명예를 얻을 수 있다. 잘못은 버리고 덕을 계승한 결과다.

적폐를 청산하는 것은 원수를 갚는 일이 아니다. 그것은 사회 발전에 피해를 줄 수 있는 부분을 없애고, 진실과 믿음을 회복하기 위해 불가피한 일이다. 따라서 사람들의 이해를 구하고 중도의 덕으로써 서로의 상처를 어루만지는 노력이 필요하다.

괘의 변화를 보자. 만약 5효가 양으로 변하면 중택태(重澤兌, ䷹)가 되고, 5효는 그대로 있고 나머지 효가 모두 반대로 바뀌면 중뢰진(重雷震, ䷲)이 된다. 올곧음을 지켜가면서 강한 추진력으로 어둠을 헤치고 나가면, 언젠가 즐거운 날이 올 것이다.

상구(上九)

왕후를 섬기지 않고, 일을 높이 숭상한다. 상사에서 이르기를, 왕후를 섬기지 않는다 했으니, 그 뜻을 본받을 만하다(不事王侯, 高尚其事. 象曰, 不事王侯, 志可則也).

상구는 양효가 음위에 있고, 중도도 없다. 또한 대응하는 구삼과 정응(正應)하고 있지도 않다. 더욱이 상구는 변화의 끝자락에 있다. 괘의 상황은 어렵지만, 이미 적폐가 어느 정도 정리된 단계이므로, 상구가 할 일은 마땅히 없다.

상구는 적폐의 위계질서에서 벗어나 하늘이 부여한 자신의 일을 하면 된다. 그러므로 세상의 일에서 자유롭다. 상구는 어지러운 세상에서 홀로 나라의 녹을 받지 않고, 은거한 사람과 같다.

상구는 돈과 명예는 관심이 없고, 오로지 덕을 숭상할 뿐이다. 적폐청산의 시절인연에서 그의 역할은 도덕적 모범을 보이는 일이다. 도덕적 기준이 서지 않은 적폐청산은 실패할 수밖에 없기 때문에, 상구의 역할은 매우 중요하다.

괘의 변화를 보자. 만약 6효가 음으로 변하면 지풍승(地風升, ䷭)이 되고, 6효는 그대로 있고 나머지 효가 모두 반대로 바뀌면 천뢰무망(天雷无妄, ䷘)이 된다.

일을 처리함에 있어서 중요한 것은 학연, 지연, 또는 돈이나 권력의 이해관계가 아니다. 그것은 일을 하는 뜻이다. 그 뜻을 올곧게 지켜나가면, 모든 허물을 방비하고 높은 정신세계로 비상할 수 있다.

19.

지택림(地澤臨)

어둠을 물리치는 도리

임은 으뜸으로 형통하고, 올곧으면 이롭다. 팔월에 이르면 흉함이 있다(臨, 元亨, 利貞, 至于八月有凶).

임(臨)은 큰 것이다. 일거리가 있으면 클 수 있으므로, 고(蠱) 다음에 임(臨)이 이어진다. 적폐를 청산하면, 세상을 바르게 통치하고 대업(大業)을 이룰 수 있다. 모든 일의 성패도 그렇고, 길흉화복도 그렇고, 올곧음에 따라 좌우된다. 단사의 해석을 보자.

단사에서 이르기를, 임은 굳센 양이 스며들어 자라나고 있다. 기뻐하며 순하다. 굳센 양이 중을 얻어 상응하고, 바름으로써 크게 형통한다. 팔월에 이르면 흉함이 있다 함은 점차 쇠퇴하므로 오래 가지 못함을 뜻한다(象曰, 臨, 剛浸而長, 說而順, 剛中而應. 大亨以正, 天之道也. 至于八月有凶, 消不久也).

하괘 태(兌)의 중심에 있는 구이가 상괘 곤(坤)의 육오와 바르게 상응하고 있다. "굳센 양이 스며들어 자라나고 있다."는 말은 강한 양효가 밑에서부터

2효까지 있는 모습을 말한다. 천문으로 지택림은 음력 12월이다. 절기로 소한(小寒)과 대한(大寒)이 있다. 양기가 세상에 거의 발현되기 직전이다.

"팔월에 이르면 흉함이 있다."는 말은 양기가 극점에 이르면 점차 물러나고, 음기가 성하게 되는 현상을 의미한다. 양기가 처음 돌아온 지뢰복(地雷復, ䷗)을 시작으로 여덟 번째 달은 천산돈(天山遯, ䷠)이다. 천산돈(䷠)은 양기가 음기로 전환되는 시점인 음력 6월이다. 이때부터는 자연의 생명력을 거두어들이고, 정리를 시작하는 때다. 지택림의 시절에 도리에 맞게 산 자는 천산돈(䷠)의 시절에 큰 결실을 거둘 수 있다. 상사의 해석을 보자.

> 상사에서 이르기를, 못 위에 땅이 있는 모습이 임이다. 군자는 이로써 가르치는 생각이 무궁하고 백성을 포용하고 보살핌이 끝이 없다(象曰, 澤上有地, 臨, 君子以教思无窮, 容保民无疆).

생명 에너지의 발산과 수렴이 반복됨에 따라, 세상에도 길흉화복이 반복되고 있다. 군자라고 부를 수 있는 지도자는 이러한 이치를 널리 알려서, 세상을 바르게 교화해야 하는 책무를 가지고 있다. 이 괘는 특히 정치 지도자에게 주는 지혜가 많다.

지택림의 잡괘를 보면, 택지췌(澤地萃, ䷬), 지뢰복(地雷復, ䷗), 천산돈(天山遯, ䷠), 풍지관(風地觀, ䷓) 등이다. 대업(大業)을 이루고 싶다면, 밝은 도덕을 널리 함양하고 좋은 사람들을 모아야 할 것이다. 그런 능력이 없다면 조용히 물러나서 세상을 관망하면서, 힘을 기르는 것이 현명하다.

초구(初九)

감응함으로써 임한다. 올곧으면 길하다. 상사에서 이르기를, 감응함으로써 임하고 올곧으면 길하다 함은 뜻이 바르게 행한다는 것이다(咸臨, 貞吉. 象曰, 咸臨貞吉, 志行正也).

함(咸)은 감응(感)을 의미한다. 초구는 양효가 양위에 있지만, 위치가 낮다. 따라서 초구는 육사와 바르게 감응함으로써 세상을 교화할 수 있다.

썩은 사회가 새롭게 힘을 회복되는 데는 사회 저변의 노력이 중요하다. 초구는 아직 힘을 떨칠 단계는 아니지만, 올곧음을 굳게 지켜나가면서 의지와 힘을 기르는 데는 문제가 없다.

괘의 변화를 보자. 만약 1효가 음으로 변하면 지수사(地水師, ☷)가 되고, 1효는 그대로 있고 나머지 효가 모두 반대로 바뀌면 천화동인(天火同人, ☲)이 된다.

사회의 기초를 이루는 사람들이 바른 뜻을 회복하고 힘을 합치면, 사회가 대동단결할 수 있다. 반대로 뜻이 사분오열되고 갈등이 고조되면, 내란이 일어나게 된다.

구이(九二)

감응함으로써 임한다. 길하고 불리함이 없다. 상사에서 이르기를, 감응함으로써 임하고 길하고 불리함이 없지만, 아직 천명에 순하지 않음이 있다(咸臨, 吉无不利. 象曰, 咸臨吉无不利, 未順命也).

구이는 양효가 음위에 있으나, 중도가 있다. 또한 육오와 바르게 상응하고 있다. 하지만 구이는 굳세므로, 온순히 천명에 따르지 않는 기운을 지니고 있다. 양기가 뻗치는 상황을 표현한 것이다.

양기가 점점 자라나는 형세이지만, 음의 세력이 아직도 만만치 않다. 따라서 구이는 시종일관 중도로써 임해야 한다. 적이 강할 때는 부드러운 덕으로 상대하는 것이 좋다. 구이는 육오의 음덕(陰德)을 배울 필요가 있다.

괘의 변화를 보자. 만약 2효가 음으로 변하면 지뢰복(地雷復, ䷗)이 되고, 2효는 그대로 있고 나머지 효가 모두 반대로 바뀌면 천풍구(天風姤, ䷫)가 된다.

구이는 어둠의 세력을 몰아내는 분기점에 있다. 중도의 덕과 지혜를 어떻게 쓰느냐에 따라서 광명을 회복할 수도 있고, 반대로 다시 무명 속으로 회귀할 수도 있다.

육삼(六三)

비위를 맞추며 임한다. 이로울 바가 없다. 이미 근심하고 있다면, 허물이 없다. 상사에서 이르기를, 비위를 맞추며 임한다 함은 위치가 부당하기 때문이다. 이미 근심하고 있기 때문에, 허물이 오래 가지는 않는다(甘臨, 无攸利, 既憂之, 无咎. 象曰, 甘臨, 位不當也, 既憂之, 咎不長也).

육삼은 음효가 양위에 있다. 더욱이 육삼은 대응하는 상육과 정응(正應)하지도 않고, 중도도 없다. 따라서 육삼은 가만히 자기 자리를 지키고 있기 힘들다. 육삼은 하괘 태(兌)의 괘주로서 맨 위에서 어둠의 세력인 상괘 곤(坤)을 마주하고 있다.

육삼은 음유(陰柔)하므로 세상의 변화에 대해 걱정이 많다. 그러나 걱정한 만큼 세상을 돌보면, 허물이 오래 갈 수 없다. 한편 육삼은 마주하는 상괘 곤과 같은 음(陰)이다. 만약 육삼이 상괘의 음의 세력에 비위를 맞춘다면,

밝은 도리가 다시 무너질 것이다.

괘의 변화를 보자. 만약 3효가 양으로 변하면 지천태(地天泰, ䷊)가 되고, 3효는 그대로 있고 나머지 효가 모두 반대로 바뀌면 천지비(天地否, ䷋)가 된다. 육삼이 현재의 위치에 만족하지 말고 분발해야, 조화로운 세상이 온다.

육사(六四)

지극한 마음으로 임한다. 허물이 없다. 상사에서 이르기를, 지극한 마음으로 임하니 허물이 없다 함은 위치가 합당하기 때문이다(至臨, 无咎. 象曰, 至臨无咎, 位當也).

육사는 음효가 음위에 바르게 있다. 비록 중도는 없지만, 대응하는 초구와 정응(正應)하고 있다. 상괘 곤(坤)의 가장 밑에서 지극히 따르는 마음이 있다.

새롭게 원기를 회복하고 사회의 기강을 바로 잡는 지택림의 시절인연에서 육사는 지극하고 유순한의 곤(坤)의 덕성으로 초구와 협력하고, 육오를 따르고 보필하는 것이 최선이다.

괘의 변화를 보자. 만약 4효가 양으로 변하면 뇌택귀매(雷澤歸妹, ䷵)가 되고, 4효는 그대로 있고 나머지 효가 모두 반대로 바뀌면 풍산점(風山漸, ䷴)이 된다. 힘을 모아 앞으로 나갈 적에 너무 서두르지 말고, 점진적으로 때와 공간을 살펴 가야 한다.

육오(六五)

지혜롭게 임한다. 대군의 마땅함이라면 길하다. 상사에서 이르기를, 대군의 마땅함은 중도를 행함을 일컫는다(知臨, 大君之宜, 吉. 象曰, 大君之宜, 行中之謂也).

육오는 음효가 양위에 있으나, 중도를 지니고 있다. 중도의 지혜를 지니고 있다면, 앞에 나서든지, 뒤에 물러나 있든지 지나침이 없다. 모든 것을 융회관통(融會貫通)할 수 있으므로 허물이 있을 수 없다.

사회의 원기가 아직 부족한 때에 육오는 구이와 함께 사회의 힘을 기르고 밝은 도리를 세워야 한다. 다행히 바르게 상응하는 구이가 굳세고 중도의 도리를 갖추고 있으므로, 육오가 크게 나설 일은 없다. 육오가 할 일은 법을 바로 세우는 일이다. 부드러운 덕과 지혜로 세상을 평정할 수 있으면, 그보다 좋은 일은 없다.

괘의 변화를 보자. 만약 5효가 양으로 변하면 수택절(水澤節, ䷻)이 되고, 5효는 그대로 있고 나머지 효가 모두 반대로 바뀌면 화산려(火山旅, ䷷)가 된다.

사회가 어려워지는 것을 방비하기 위해서는 지도자가 균형을 잘 잡아야 한다. 균형조율이 지도자가 갖추어야 할 최고의 덕목이다. 지도자가 균형을 잃으면, 사회가 무너질 수 있다.

상육(上六)

돈독하게 임한다. 길하며 허물이 없다. 상사에서 이르기를, 돈독하게 임해야 길하다 함은 뜻이 안에 있기 때문이다(敦臨, 吉, 无咎. 象曰, 敦臨之吉, 志在內也).

상육은 음효가 음위에 있다. 그러나 대응하는 육삼과 정응(正應)하고 있지 않다. 다행히 변화의 마지막 단계에서 더 이상 나아가지 않으려 하기 때문에, 잘못은 없다. 뜻이 안에 있기 때문에, 쓸데없이 밖을 헤맬 필요도 없다.

개인이든 조직이든 존폐를 결정하는 허물은 밖이 아니라, 안에 있다. 때문에 동서의 성현들은 공통적으로 해결책을 밖에서 찾지 말고, 안에서 구하라고 했다. 상육은 현자(賢者)라고 할 수 있다. 사회가 원기를 회복해서 서서히 발전하는 단계에서 바른 길을 제시하는 현자가 있다면, 스승으로 삼을 만하다.

괘의 변화를 보자. 만약 6효가 양으로 변하면 산택손(山澤損, ䷨)이 되고, 6효는 그대로 있고 나머지 효가 모두 반대로 바뀌면 택산함(澤山咸, ䷣)이 된다.

아직 사회가 힘이 부족하기 때문에, 위아래가 하나의 뜻으로 뭉쳐야 한다. 또한 아래는 위에게 힘을 실어주고, 위는 아래를 하늘같은 텅 빈 무소유의 마음으로 살펴야 한다.

20.

풍지관(風地觀)

풍속을 보면 세상이 보인다

관은 제사를 위해 손을 씻었으나 제물은 올리지 못함이다. 믿음이 있으면 엄숙할 것이다(觀, 盥而不薦, 有孚顒若).

관(觀)은 본다는 뜻이다. 사물이 크게 된 이후에 볼 수 있다. 그러므로 임(臨) 다음에 관(觀)으로 이어진다. 관은 제사를 통해 통치의 엄숙함을 경책하고 있다.

제사의 참뜻은 제물에 있는 것이 아니라, 제를 지내는 사람의 마음에 있다. 믿음과 엄숙한 마음이 있다면, 제사의 도리는 다하는 것이다. 단사를 보자.

단사에서 이르기를, 크게 보는 것이 위에 있어, 순순히 따르며, 중정으로써 천하를 바라본다. 관은 제사를 위해 손을 씻었으나, 제물은 올리지 못했지만, 믿음이 있으면 엄숙할 것이다 함은 아래가 보고 교화될 것이라는 뜻이다. 하늘의 신명한 도를 보면, 사계절이 어긋남이 없고 성인이 신명한 도로써 가르침을 세우니, 천하가 감복한다(象曰, 大觀在上, 順而巽, 中正以觀天下. 觀盥而不薦, 有孚顒若, 下觀而化也. 觀天之神道, 而四時不忒, 聖人以神道設敎, 而天下服矣).

'크게 보는 것'은 이 괘의 구오를 지칭한다. 구오는 중정(中正)하고 양강(陽剛)하다. 천하를 굽어보고, 하늘의 신명한 이치를 땅에 구현할 만한 지혜와 힘을 모두 겸비하고 있다. 원문의 신도설교(神道設教)는 종교의 기능을 말한다. 예전에는 종교를 통해 사람들을 교육하였다. 그러나 지금은 종교의 교육적 기능이 사라졌다고 해도 무방할 정도다. 바른 지혜에 관한 교육은 사라지고, 그 자리에 기복신앙만 남아있다.

세상의 교화는 형식에 있는 것이 아니라, 바른 이치에 대한 믿음에 있다. 진실한 모습을 위에서 보이면, 아래 사람들이 순순히 따르지 않을 수 없다. 상사를 보자.

상사에서 이르기를, 바람이 땅 위를 부는 것이 관이다. 선왕은 이로써 나라를 살피고 백성을 관찰하며 가르침을 베푼다(象曰, 風行地上, 觀, 先王以省方觀民設教).

상괘는 바람을 상징하는 손(巽)이고, 하괘는 땅을 상징하는 곤(坤)이다. 구오 밑의 음효들은 온순하게 위를 따르고 있다. 구오는 하늘의 도리에 맞게 풍속을 교화하고 선정을 베풀어야 한다. 이를 위해서는 대중문화를 잘 살피는 일이 무엇보다 중요하다.

천문으로 보면, 풍지관은 음력 8월에 해당한다. 백로(白露)와 추분(秋分)이 절기로 있고, 바야흐로 결실의 계절이다. 수확할 것과 버릴 것을 명확히 파악해서 한 해를 정리해야 하는 시점이다.

풍지관의 잡괘를 보면, 지풍승(地風升, ䷭), 산지박(山地剝, ䷖), 뇌천대장(雷天大壯, ䷡), 지택림(地澤臨, ䷒) 등이 있다. 대중문화를 건실하게 다지고 새롭게 정리하면, 사회가 상승기류를 탈 수 있다. 반대로 사회의 풍속이 저속화 되면, 밑 빠진 독처럼 언젠가 붕괴될 날만 남는다.

초육(初六)

어린이의 관찰이다. 소인은 허물이 없지만, 군자는 부끄러운 일이다. 상사에서 이르기를, 초육은 어린이의 관찰이다 함은 소인의 도라는 뜻이다(童觀, 小人无咎, 君子吝. 象曰, 初六童觀, 小人道也).

초육은 음효가 양위에 있고, 위치가 낮다. 가장 밑의 단계에 있기 때문에, 마치 철부지 아이의 상태와 같다. 소인의 단계이므로, 소인에게는 허물이 없다. 그러나 군자의 위치에서 보면, 이런 관점은 너무 미숙하다.

어린이의 관찰에는 두 가지 측면이 있다. 첫째, 물리현상을 잘 모르고 세상의 흐름에 대해 어둡기 때문에 생기는 무지몽매한 관찰이다. 둘째, 세상의 때가 배이지 않았기 때문에 볼 수 있는 순수한 관찰이다. 전자는 군자가 항시 조심해야 할 일이고, 후자는 군자가 잃지 말아야 할 덕목이다. 여기 효사에서는 첫 번째의 입장을 말하고 있다.

괘의 변화를 보자. 만약 1효가 양으로 변하면 풍뢰익(風雷益, ䷩)이 되고, 1효는 그대로 있고 나머지 효가 모두 반대로 바뀌면 뇌풍항(雷風恒, ䷟)이 된다.

세상을 바르게 관찰하기 위해서는 먼저 자신을 바로 세우고 세상의 이치를 배워야 한다. 그와 동시에 항시 자신의 허물을 살피고 실수를 반복하지 말아야 선을 높이고 악을 막을 수 있다.

육이(六二)

몰래 엿보는 관찰이다. 여자가 올곧으면 이롭다. 상사에서 이르기를, 몰래 엿보는 관이니, 여자는 올곧아야 한다 함은 역시 추한 일이라는 뜻이다(闚觀, 利女貞. 象曰, 闚觀女貞, 亦可醜也).

육이는 음효가 음위에 바로 있고, 중도도 있다. 또한 대응하는 구오와 바르게 상응하고 있다. 여자가 올곧게 지조를 지키는 모습이다. 그러나 선비가 몰래 엿본다면, 아무래도 추한 일일 수밖에 없다.

여자가 방안에서 밖을 조심스럽게 보는 모습이다. 지금은 시대가 바뀌었다. 남녀의 구별을 넘어서 해석하는 것이 좋다. 누구든 몰래 엿보는 것은 추한 일이 될 수 있다. 따라서 상황에 맞고 도리에 어긋나지 않게 중도를 지켜야 길하다. 다행히 구오와 정응(正應)하므로 도리에서 벗어나지 않을 수 있다.

괘의 변화를 보자. 만약 2효가 양으로 변하면 풍수환(風水渙, ䷺)이 되고, 2효는 그대로 있고 나머지 효가 모두 반대로 바뀌면 뇌풍항(雷風恒, ䷟)이 된다.

관찰하는 목적은 사회의 흐름을 파악하기 위함이다. 사회의 흐름은 풍속의 변화를 통해 알 수 있다. 대중문화가 물질과 정신의 균형을 잡으면, 사회가 오래 안정을 유지할 수 있다.

육삼(六三)

나의 삶을 보고 나아가고 물러난다. 상사에서 이르기를, 나의 삶을 보고 나아가고 물러난다 함은 아직 도를 잃지 않았다는 뜻이다(觀我生, 進退. 象曰, 觀我生進退, 未失道也).

육삼은 음효가 양위에 있고, 중도도 없다. 하지만 대응하는 상구와 바르게 상응하고 있다. 하괘 곤(坤)의 끝자락에 있지만, 다행히 온순한 곤덕(坤德)을 잃지는 않은 상태다. 내부의 변화가 임박하지만, 천도에 따라 진퇴를 결정한다면 허물이 없을 것이다.

나아갈 때는 생명력을 발산해서 도를 행하고, 물러나서는 자신을 돌아보며 생명력을 비축하는 것이 수행의 기본 이치다. 진퇴 양면에서 수행은 끊임이 없다. 발산과 수렴, 진퇴 등 안팎을 동시에 살필 수 있어야 전관(全觀)을 이룰 수 있다.

괘의 변화를 보자. 만약 3효가 양으로 변하면 풍산점(風山漸, ䷴)이 되고, 3효는 그대로 있고 나머지 효가 모두 반대로 바뀌면 뇌택귀매(雷澤歸妹, ䷵)가 된다.

음양(陰陽), 시종(始終), 정동(靜動) 등은 서로 순환하며 생명을 유지하고 있다. 따라서 마음을 고요히 멈추고 전체를 보는 습관을 들이는 것이 진리에 들어가는 첩경이다.

육사(六四)

> 나라의 빛을 본다. 왕의 손님으로 가면 이롭다. 상사에서 이르기를, 나라의 빛을 본다 함은 국가의 손님으로 받든다는 뜻이다(觀國之光, 利用賓于王. 象曰, 觀國之光, 尚賓也).

육사는 음효가 음위에 바로 자리를 잡았다. 구오의 빈사(賓師) 노릇을 하기에 적합하다. 나라의 빛은 덕망이 있는 왕을 뜻한다. 구오는 덕망이 있고 지혜로운 왕이기에 육사에게는 이로운 일이 많다.

지도자를 보필하는 대신(大臣)의 자리에 있는 자는 자신보다는 전체의 이익과 지도자의 명예를 높이는 데 중점을 두어야 한다. 때문에 품격을 잃지 않고, 전체를 조망하는 법을 익히는 것이 좋다.

괘의 변화를 보자. 만약 4효가 양으로 변하면 천지비(天地否, ䷋)가 되고, 4효는 그대로 있고 나머지 효가 모두 반대로 바뀌면 지천태(地天泰, ䷊)가 된다. 대신이 품격을 잃지 않고 부분과 전체의 균형을 살피면, 편안한 세상이 될 것이다. 그렇지 못하면 소통이 막히는 어지러운 세상이 된다.

구오(九五)

나의 삶을 관찰하다. 군자는 허물이 없다. 상사에서 이르기를, 나의 삶을 관찰하다 함은 백성을 본다는 뜻이다(觀我生, 君子无咎. 象曰, 觀我生, 觀民也).

구오는 양효가 양위에 바로 있고, 중도도 있다. 또한 대응하는 육이와 바르게 상응하고 있다. 하늘의 이치는 땅에 구현되어 있으므로, 사람들의 모습이 바로 하늘의 모습이다.

진리 본체는 자신의 모습을 볼 수 없다. 일체의 움직임이 없기 때문이다. 세상의 모습을 통해 진리를 엿볼 수 있다. 한편 자신의 모습은 다른 사람들의 모습 속에 투영되어 있다. 자신의 내면을 관조하고 동시에 세상의 모습을 동시에 바라본다면, 진리를 실체를 바로 볼 수 있다.

지도자인 구오가 잘 하고 있는지는 대중의 삶을 보면 알 수 있다. 사람들의 삶이 팍팍하다면, 구오는 자신의 허물을 돌아보고 바로 시정해야, 사회가 안정을 찾게 된다. 다행히 구오는 중정하기 때문에, 바른 도리에서 풍속을 살피고 있다.

괘의 변화를 보자. 만약 5효가 음으로 변하면 산지박(山地剝, ䷖)이 되고, 5효는 그대로 있고 나머지 효가 모두 반대로 바뀌면 택천쾌(澤天夬, ䷪)가 된다. 지도자는 세상의 부패를 막기 위해 풍속을 잘 살피고, 썩은 부위가 있다면 과감하게 도려내야 한다.

상구(上九)

삶을 관찰하다. 군자는 허물이 없다. 상사에서 이르기를, 삶을 관하다 함은 뜻이 아직 안정을 찾지 못했다는 뜻이다(觀其生, 君子无咎. 象曰, 觀其生, 志未平也).

상구는 양효가 음위에 있고, 중도도 없다. 변화가 일어날 위치이기 때문에, 안정을 이룰 수 없다. 그러나 세속의 부귀영화를 탐하지 않는 사람이라면, 문제가 될 수 없다. 오히려 정신수양을 하기에 좋은 때다.

최고의 관찰은 자신의 삶을 관찰하는 것이다. "군자는 허물이 없다."는 말은 소인은 할 수 없는 일이라는 뜻이다. 인생의 전반기는 사회활동에 매진하고, 인생후반에는 자신의 영혼을 고양시키는 일에 집중하는 것이 하늘의 도리에 순응하는 일이다.

비록 상구가 아직 마음의 안정을 이루지는 못했지만, 불안정 속에서 안정을 희구하는 것이 인생수업이다. 만약 불타는 번뇌의 집과 같은 세상에서 휴식을 취할 수 있다면, 대도(大道)를 이룰 수 있다.

마음의 안정을 찾는 것이 관찰의 핵심 요건이다. 마음이 안정이 돼야 자신과 세상을 바르게 볼 수 있기 때문이다. 그러나 마음작용을 멈추기 전에는, 마음의 안정을 찾을 수 없다. 때문에 공자의 도를 이은 그의 손자 자사(子思)가 《대학》에서 수도의 최우선 과제로 삼은 것이 바로 그침(止)이다.

괘의 변화를 보자. 만약 6효가 음으로 변하면 수지비(水地比, ䷇)가 되고, 6효는 그대로 있고 나머지 효가 모두 반대로 바뀌면 화천대유(火天大有, ䷍)가 된다. 모든 사람이 합심 협력하여 진리를 관찰한다면, 지혜 광명이 찬란하게 빛나는 대광명세계(大光明世界)가 펼쳐질 것이다.

21.

화뢰서합(火雷噬嗑)

형벌을 쓰는 도리

크게 길하고, 올곧으면 이롭다(元亨, 利貞)

서합(噬嗑)은 씹어 먹어 합(合)한다는 뜻이다. 사물의 정황을 자세히 관찰한다면, 이질적인 요소들을 하나로 합할 수 있다. 그러므로 관(觀) 다음에 서합을 놓았다.

군자의 정치가 사회의 풍속과 질서를 바로 잡으면, 사람들이 모여들기 마련이다. 그러므로 화뢰서합에 이르러서는 사람들을 바로 다스릴 필요가 있다. 감옥은 그런 의미에서 사람들의 일탈행위를 막는 역할을 한다. 단사를 보자.

단사에서 이르기를, 턱 사이에 음식물이 있는 것을 서합이라 한다. 물고 씹으니 형통하다. 굳센 양과 부드러운 음이 나누어 있고, 움직임과 밝음이 있다. 우레와 번개가 합하니 아름답다. 부드러운 음이 중을 얻어 위에서 행한다. 비록 위치는 부당하나, 감옥을 사용함이 이롭다(彖曰. 頤中有物, 曰噬嗑. 噬嗑而亨, 剛柔分,

動而明, 雷電合而章. 柔得中而上行, 雖不當位, 利用獄也).

위에 번개를 상징하는 리(離)와 아래에 우레를 뜻하는 진(震)이 만나서 아름다운 모습을 연출하고 있다. 강한 하괘의 움직임을 부드러운 상괘의 밝은 형벌로 다스리는 모습이다. 육오의 군주는 온유하지만 중도를 얻어 세상을 다스리는 현군이다.

비록 육오의 부드러운 성품에는 맞지 않을지라도, 형벌을 사용해서 아래의 진동을 다스림이 이롭다. 이 괘의 모습은 턱(頤)이 상징하듯이, 세상을 건실하게 양육하는 데 뜻이 있다. 상사를 보자.

상사에서 이르길, 우레와 번개가 서합이다. 선왕은 이로써 형벌을 밝히고 법령을 정비했다(象曰, 雷電, 噬嗑, 先王以明罰勅法).

시절인연에 따라 법령을 정비하고, 형벌을 맑게 사용해서 사람들의 활동에 질서를 부여하는 것은 마땅하다. 형벌은 교육적 의미와 효과가 있다. 적당한 매가 아이를 바르게 키우듯이, 적절한 형벌은 사회의 질서를 잡는다.

화뢰서합의 잡괘를 보면, 뇌화풍(雷火豊, ䷶), 수산건(水山蹇, ䷦), 수풍정(水風井, ䷯), 산화비(山火賁, ䷕) 등이 있다. 이질적 요소들을 하나로 합하기 위해서는, 규범과 인문정신이 필요하다. 절제와 조화가 이루어지면 사회가 풍요를 누릴 수 있고, 그렇지 못하면 고난을 겪게 될 것이다.

초구(初九)

차꼬를 발에 채우면 발가락이 잘린다. 허물이 없다. 상사에서 이르기를, 차꼬를 발에 채우면 발가락이 잘린다 함은 가지 못하게 한다는 뜻이다(履校滅趾, 无咎. 象曰, 履校滅趾, 不行也).

초구는 양효로서 양위에 바로 있지만, 위치가 낮다. 또한 구사와 바르게 상응하고 있지 않다. 발에 형벌을 가하면, 비록 발가락이 잘릴지 모르지만, 목숨에는 지장이 없다. 그러므로 큰 허물이 없다고 한 것이다. 더 이상 악행을 못하게 하는 의미가 크다.

작은 상처를 통해 큰 불행을 예방하는 효과가 있다. 공자는 《계사전》에서 초구의 상황에 대해 다음과 같이 해석했다.

소인은 부끄러운 일이 없으면 어질지 못하고, 두려운 일이 없으면 의롭지 못하다. 이익을 보지 않으면 따르지 않고, 형벌을 보이지 않으면 그만두지 않으니, 작게 벌을 주어 크게 조심시키는 것이다. 이것이 소인의 복이다. 역에 이르기를, 차꼬를 발에 채우면 발가락이 잘리지만 허물이 없다고 함은 이를 두고 하는 말이다(小人不恥不仁, 不畏不義, 不見利不勸, 不威不懲. 小懲而大戒, 此小人之福也. 易曰, 履校滅趾, 无咎, 此之謂也).《계사전》

인류문명사의 관점에서 보면 초기 인류는 짐승과 별반 다르지 않았다. 지금도 성정(性情)이 짐승과 크게 다르지 않은 사람들이 적지 않다. 그런 사람들을 동양에서는 소인(小人)이라고 불렀다. 소위 문화인(文化人)이란 짐승과 같은 성정을 다스려 인의예지신(仁義禮智信)을 회복한 사람을 말한다.

괘의 변화를 보자. 만약 1효가 음으로 변하면 화지진(火地晉, ䷢)이 되고, 1

효는 그대로 있고 나머지 효가 모두 반대로 바뀌면 수천수(水天需, ䷄)가 된다.

소인을 문화인으로 교육시키기 위해서는 적당한 형벌과 기다림이 필요하다. 적당한 벌이 오히려 소인의 큰 재난을 예방한다. 그러므로 소인의 복이라고 하는 것이다.

육이(六二)

> 살을 깨무는 것이다. 코가 잘린다. 허물이 없다. 상사에서 이르기를, 살을 깨무는데 코가 잘린다 함은 강을 타고 있기 때문이다(噬膚, 滅鼻, 无咎. 象曰, 噬膚滅鼻, 乘剛也).

육이는 음효가 음위에 있고, 중도도 있다. 그러나 대응하는 육오와 정응(正應)하고 있지 않다. 육이는 하괘의 주효인 초구를 타고 있으므로 위태롭다. 하지만 중정(中正)하므로 허물은 없다. 비록 코는 잘릴지 모르지만, 아직까지 생명에는 지장이 없다.

형벌을 주는 목적은 사람들이 악을 행하지 못하게 하고, 선을 행하게 하는 목적이 있다. 그러나 지나친 형벌은 오히려 사람들의 반감을 사게 마련이다. 따라서 형벌은 중도의 도리를 지켜야, 사람들을 깨우치는 효과가 있다.

괘의 변화를 보자. 만약 2효가 양으로 변하면 화택규(火澤睽, ䷥)가 되고, 2효는 그대로 있고 나머지 효가 모두 반대로 바뀌면 수산건(水山蹇, ䷦)이 된다.

만약 형벌이 너무 지나치거나 반대로 너무 약하다면, 사회의 법질서가 무너져 시회갈등을 막기 힘들고, 그 결과 어려운 시대가 오게 된다.

육삼(六三)

얇게 저민 고기를 씹다가 독에 걸리니, 조금은 부끄럽지만 허물은 없다. 상사에서 이르기를, 독에 걸림은 위치가 부당하기 때문이다(噬腊肉, 遇毒, 小吝, 无咎. 象曰, 遇毒, 位不當也).

육삼은 음효가 양위에 있고, 중도도 없다. 과오가 점점 중해지고 있는 상황이다. 다행히 대응하는 상구와 정응(正應)하고 있다. 비록 독에 걸리지만, 생명에는 지장이 있을 정도는 아니다. 따라서 문제가 될 만한 허물은 아니다.

육삼은 이제 밝은 빛을 상징하는 상괘 이(離)와 마주하고 있다. 자신의 과오가 천하에 그대로 드러나므로, 부끄러울 수밖에 없다. 비록 부끄럽지만, 자신을 바르게 되돌릴 기회이기도 하다. 자신의 허물을 반성할 기회를 살리면 좋다.

괘의 변화를 보자. 만약 3효가 양으로 변하면 중화리(重火離, ䷝)가 되고, 3효는 그대로 있고 나머지 효가 모두 반대로 바뀌면 중수감(重水坎, ䷜)이 된다. 과오를 반추해서 밝은 지혜를 회복한다면, 더 이상 타락하는 일은 없다.

구사(九四)

뼈에 붙은 마른 고기를 씹다가 쇠 화살촉을 얻는다. 어렵더라도 올곧음을 지키면 이롭다. 상사에서 이르기를, 어렵더라도 올곧음을 지키면 이롭다 함은 아직 빛나지 않기 때문이다(噬乾胏, 得金矢, 利艱貞, 吉. 象曰, 利艱貞吉, 未光也).

구사는 양효가 음위에 있다. 비록 중도는 없지만, 위치가 강한 힘을 자제시키는 역할을 하고 있다. 상괘 이(離)의 초입이기 때문에, 아직 형벌을 사용하는 도리가 밝게 빛나지 않은 상황이다. 다행한 것은 주군인 온순한 육오가 바로 위에 있으므로. 올곧음을 지키면 불리함은 없다.

괘의 변화를 보자. 만약 4효가 양으로 변하면 산뢰이(山雷頤, ☶☳)가 되고, 4효는 그대로 있고 나머지 효가 모두 반대로 바뀌면 택풍대과(澤風大過, ☱☴)가 된다.

화뢰서합의 시절인연에서 구사의 역할은 육오를 보필하여 형벌을 올곧게 집행하는 것이다. 매사에 언행을 조심하지 않으면, 오히려 큰 화를 입을 수 있다.

육오(六五)

마른 고기를 씹다가 황금을 얻는다. 올곧음을 지키면 어렵더라도 허물이 없다. 상사에서 이르기를, 올곧음을 지키면 어렵더라도 허물이 없다 함은 정당함을 얻었기 때문이다(噬乾肉, 得黃金, 貞厲, 无咎. 象曰, 貞厲无咎, 得當也).

육오는 음효가 양위에 있다. 비록 바른 위치는 아니지만, 육오는 중도를 지니고 있다. 그러나 육오는 대응하는 육이와 정응(正應)하고 있지는 않다. 고기가 다 말라비틀어진 상황이지만, 중도의 덕으로 화를 면할 수 있다. 상황이 어려울수록 올곧게 중도를 지키면, 어려움을 극복할 수 있다.

형벌을 집행함에 있어서 너무 강하게 하면, 도리어 반발을 살 수 있다. 그러므로 법집행에 관용을 베풀어야 한다. 형벌은 풍속과 질서를 바로 잡기 위한 것이지, 단순히 벌을 주기 위한 것이 아니다. 만약 형벌이 교육의 효과를 내지 못한다면, 중도의 도리를 지키지 못한 것이다.

괘의 변화를 보자. 만약 5효가 양으로 변하면 천뢰무망(天雷无妄, ☰☳)이 되고, 5효는 그대로 있고 나머지 효가 모두 반대로 바뀌면 지풍승(地風升,)이 된다.

형벌이 헛되지 않기 위해서는 법집행을 적기에 적절하게 해야 한다. 이렇게 해서 법질서가 바로 잡히면, 사회가 크게 발전할 수 있다.

상구(上九)

차꼬를 머리에 걸어 귀가 빠진다. 흉하다. 상사에서 이르기를, 차꼬를 머리에 걸어 귀가 빠진다 함은 귀가 밝지 않다는 뜻이다(何校滅耳, 凶. 象曰, 何校滅耳, 聰不明也).

상구는 양효가 음위에 있고, 중도도 없다. 비록 육삼과 정응(正應)하고 있지만, 형벌이 극에 달해 매우 흉한 상황이다. 귀가 밝지 않다는 말은 도리에 맞는 말을 해도 먹히지 않는다는 뜻이다. 공자는 《계사전》에서 상구에 대해 다음과 같이 해석했다.

선을 쌓지 못하면 이름을 이루기에 부족하고, 악을 쌓지 않으면 몸을 망치기에 부족하다. 소인은 작은 선이 유익함이 없다고 하지 않으며, 작은 악은 해로움이 없다고 버리지 않는다. 그러므로 악은 쌓여서 숨길 수 없고, 죄는 커져서 풀수가 없게 되면, 차꼬를 머리에 걸어 귀가 빠지니 흉하다고 하는 것이다(善不積不足以成名, 惡不積不足以滅身. 小人以小善爲无益而弗爲也, 以小惡爲无傷而弗去也, 故惡積而不可掩, 罪大而不可解).《계사전》

모든 문제는 작은 허물이 쌓여 생긴 것이다. 처음엔 대수롭지 않은 것이 나중엔 해결할 수 없는 큰 문제로 비화되는 법이다. 성인들이 악(惡)을 범하지 말고, 선(善)을 받들어 행하라고 하는 이유가 여기에 있다. 좋은 일이든 나쁜 일이든, 결과로 드러나는 데는 임계점이 있다. 임계점을 넘어가면, 과보는 피할 수 없다.

괘의 변화를 보자. 만약 6효가 음으로 변하면 중뢰진(重雷震, ䷲)이 되고, 6효는 그대로 있고 나머지 효가 모두 반대로 바뀌면 중풍손(重風巽, ䷸)이 된다.

작은 허물이 돌이킬 수 없는 잘못이 되지 않기 위해서는, 평소에 자신을 낮추고 반성하며 심신을 갈고 닦아야 한다. 허물이 쌓이는 틈을 주지 말고 수시로 털어내고, 좋은 덕행을 많이 쌓는 것이 행복을 얻는 최선의 방법이다.

22.

산화비(山火賁)

문화로 조화를 구하라

비는 형통하다. 갈 바가 있으면 조금 이롭다(賁, 亨, 小利有攸往).

모든 것을 하나로 합한다고, 일이 제대로 돌아가지는 않는다. 그러므로 서합(噬嗑) 다음에 비(賁)로 이어진다. 비는 꾸민다는 의미다. 문화로 장식함으로써 대업은 최종 완성된다. 여러 색을 섞어 새로운 색을 만드는 작용이므로, 특별히 정해둔 색이 따로 없다. 시절인연과 상황이 문화의 색을 결정한다.

사람들을 육성하고 사회를 꾸미는 데는 아름다운 장식이 필요하다. 여기서 '비(賁)'는 장식의 의미를 갖고 있다. 따라서 비는 문채의 장식을 의미하는 '문(文)'과 같다. 하늘에는 천문(天文)이 있고, 인간 세상에는 인문(人文)이 있다. 단사를 보자.

단사에서 이르기를, 비는 형통하다, 부드러운 음이 와서 굳센 양을 꾸미고 있으므로, 형통하다. 굳센 양을 나누어 올라가 부드러운 음을 꾸미고 있다. 갈 바가 있으면 조금은 이로우니, 하늘의 문채다. 문채가 밝고 머무는 것은 사람의 문채다. 하늘의 문채를 관찰하고 시간의 변화를 살피고, 사람의 문채를 관찰하여, 천하를 교화시키고 이룬다(象曰, 賁, 亨, 柔來而文剛, 故亨, 分剛上而文柔, 故小利有攸往. 天文也. 文明以止, 人文也. 觀乎天文, 以察時變, 觀乎人文, 以化成天下).

"굳센 양을 나누어 올라가 부드러운 음을 꾸미고 있다."는 말은 괘의 변화상을 두고 한 말이다. 상괘의 5효와 6효가 자리를 바꾸거나, 하괘의 2효와 3효가 자리를 바꾸어 산화비를 형성할 수 있다. 전자는 수화기제(水火旣濟, ䷾)가 변한 것이고, 후자는 산택손(山澤損, ䷨)이 변한 것이다.

하늘에는 수많은 별들이 천문을 이루고, 땅에는 현자들이 천문을 본받아 아름다운 인문을 만들어 세상을 장식하고 있다. 강(剛)은 하늘의 변하지 않는 본질을 말하고, 유(柔)는 상황에 맞게 본질을 구현하는 사람의 문덕(文德)을 의미한다. 군자는 인문을 통해 세상을 교화하고 아름다운 세상을 만든다. 상사를 보자.

상사에서 이르기를, 산 아래에 불이 있는 모습이 비다. 군자는 이로써 정사를 밝게 하고, 감히 옥사를 꺾지 않는다(象曰, 山下有火, 賁, 君子以明庶政, 无敢折獄).

세상에 인문 문화가 꽃피우기 위해서는 우선 정치가 바로 서야 한다. 정치가 바로 서기 위해서는 형벌을 멈추어서는 안 된다. 아름다움은 엄격한 질서 속에 만들어지는 법이다. 소크라테스가 악법도 법이라고 한 이유가 여기에 있다. 강건한 간(艮)이 음유한 이(離) 위에 있는 이치이기도 하다.

산화비의 잡괘를 보면, 화산여(火山旅), 뇌수해(雷水解, ䷧), 택수곤(澤水困), 화뢰서합(火雷噬嗑, ䷔) 등이 있다. 사회의 이질적인 요소들을 하나로 합해서 조화로운 문화를 만드는 것은 어려움이 수반되는 일이다. 따라서 조심스럽게 얽히고설킨 이해관계의 실타래를 풀어나가야 한다.

초구(初九)

발을 꾸민다. 탈것을 버리고 걷는다. 상사에서 이르기를, 탈것을 버리고 걷는다 함은 의로움으로 타지 않는다는 뜻이다(賁其趾, 舍車而徒. 象曰, 舍車而徒, 義弗乘也).

초구는 양효가 양위에 있지만, 위치가 낮다. 또한 대응하는 육사와 정응(正應)하고 있지도 않다. 아직 세상에 나갈 단계는 아니므로, 꾸밈이 소박하다. 인문을 향한 강한 의로운 마음이 내재해 있다.

최고의 꾸밈은 꾸밈이 없는 것이다. 마음에서 우러나온 밝은 뜻을 그대로 보여주는 것이 좋다. 초구는 밝음이 아직 미약한 단계이지만, 그 뜻은 정의롭다.

괘의 변화를 보자. 만약 1효가 음으로 변하면 중산간(重山艮, ䷳)이 되고, 1효는 그대로 있고 나머지 효가 모두 반대로 바뀌면 중택태(重澤兌, ䷹)가 된다. 밝은 지혜를 널리 알리는 것은 기쁜 일이다. 그러나 인문 문화가 충분히 성숙될 때까지 기다릴 필요가 있다.

육이(六二)

수염을 꾸민다. 상사에서 이르기를, 수염을 꾸민다 함은 위와 함께 일어난다는 뜻이다(賁其須. 象曰, 賁其須, 與上興也).

육이는 음효가 음위에 있고, 중도도 있다. 수염을 꾸민다는 것은 지체가 높다는 것을 의미한다. 그러므로 "위와 함께 일어난다."고 했다. 자신을 꾸미고 더불어 윗사람과 함께 할 수 있는 중도의 덕(德)을 지니고 있다.

인문 문화는 한 나라의 수준을 가늠하는 척도다. 문화의 수준이 높으면, 물질적 풍요에 뒤따르는 부작용을 예방할 수 있다. 대중문화와 고급문화가 함께 발흥하면, 사회가 크게 발전하게 된다. 따라서 양자의 균형과 조율이 중요하다.

괘의 변화를 보자. 만약 2효가 양으로 변하면 산천대축(山天大畜, ䷙)이 되고, 2효는 그대로 있고 나머지 효가 모두 반대로 바뀌면 택지췌(澤地萃, ䷬)가 된다. 문화는 옛것에서 새로운 것을 만드는 작업이다. 문화가 발달하면 사람들이 모이고, 재화를 크게 쌓을 수 있다.

구삼(九三)

꾸밈에 젖어들어 간다. 오래도록 올곧음을 지키면 길하다. 상사에서 이르기를, 오래도록 올곧음을 지키면 길하다 함은 끝내 업신여기지 못한다는 뜻이다 (賁如, 濡如, 永貞吉. 象曰, 永貞之吉, 終莫之陵也).

구삼은 양효가 양위에 있다. 비록 상구와 정응(正應)하고 있지 않지만, 장식의 입장에서는 가장 좋은 위치를 차지하고 있다. 구삼은 2, 3, 4효가 이루는 교호괘 감(坎)의 중심에 있기 때문에, "꾸밈에 젖어들어 간다."고 했다. 그러나 중도는 없으므로, 올곧음을 지켜나가야 문제가 없다.

문화의 발달이 정점에 이르면, 기교와 장식이 극에 이른다. 자칫하면 내용보다는 형식이 중요해질 수 있다. 내용과 형식이 유기적인 균형 관계를 이루어야, 문화가 조화를 이룬다.

괘의 변화를 보자. 만약 3효가 음으로 변하면 산뢰이(山雷頤, ䷚)가 되고, 3효는 그대로 있고 나머지 효가 모두 반대로 바뀌면 택풍대과(澤風大過, ䷛)가 된다. 문화의 내용과 형식의 균형이 무너지면, 사회의 풍속이 퇴폐적으로 흐르기 쉽다. 따라서 절제의 미학으로 문화를 바르게 육성해야 한다.

육사(六四)

꾸미는 듯, 꾸미지 않은 듯하다. 백마를 타고 나는 듯 달려온다. 도적이 아니면 혼인을 구하는 것이다. 상사에서 이르기를, 육사는 위치로 인해 의심을 받는다. 도적이 아니면 혼인을 구하는 것이다 함은 마침내 원망이 없다는 뜻이다(賁如, 皤如, 白馬翰如, 匪寇, 婚媾. 象曰, 六四當位, 疑也, 匪寇婚媾, 終无尤也).

육사는 음효가 음위에 있으나, 강력한 구삼을 타고 있는 상황이라 위치가 불안하다. 더구나 바르게 상응하는 초구와 결합하기 위해서는 구삼을 건너가야 한다. 위를 탐하는 것이 아니라, 아래와 응하는 것이므로 원망할 일은 아니다.

육사는 멈춤의 도에 해당하는 간(艮)의 초입이다. 이제 지나친 장식을 절제하는 단계에 들어가고 있다. "꾸미는 듯, 꾸미지 않은 듯하다."는 말은 장식이 있는 듯 없는 듯, 절제해야 한다는 의미다. 동양의 여백의 미가 필요한 때다.

괘의 변화를 보자. 만약 4효가 양으로 변하면 중화리(重火離, ䷝)가 되고, 4효는 그대로 있고 나머지 효가 모두 반대로 바뀌면 중수감(重水坎, ䷜)이 된다. 문화의 장식이 지나치면 풍속이 저속화되고, 그 결과 사회가 퇴보한다. 그러므로 바른 가치관을 잃지 말아야 한다.

육오(六五)

언덕과 정원을 꾸민다. 비단 묶음이 적다. 인색하지만 마침내 길하다. 상사에서 이르기를, 육오가 길하다 함은 기쁨이 있다는 뜻이다(賁于丘園, 束帛戔戔, 吝, 終吉. 象曰, 六五之吉, 有喜也).

육오는 음효가 양위에 있다. 또한 육이와 정응(正應)하고 있지 않지만, 중도를 얻고 있다. 꾸밈에 절제와 중도가 있기 때문에, 마침내 좋은 일이 있고 기쁨을 누리게 된다. 군주가 소박한 멋을 즐기니 더할 나위 없다.

꾸밈과 장식이 적당히 절제되는 단계다. "비단 묶음이 적다."는 말은 화려함이 절제되었다는 의미다. 지도자가 절제의 삶과 문화를 몸소 보인다면, 사람들이 기쁘게 따를 것이다.

괘의 변화를 보자. 만약 5효가 양으로 변하면 풍화가인(風火家人, ䷤)이 되고, 5효는 그대로 있고 나머지 효가 모두 반대로 바뀌면 뇌수해(雷水解, ䷧)가 된다. 문화의 내용과 형식을 적당히 절제하는 데는 수고로움이 따른다. 그리고 문화의 토대가 되는 가정과 사회의 법도가 바르게 유지돼야 한다.

상구(上九)

흰빛으로 꾸민다. 허물이 없다. 상사에서 이르기를, 흰빛으로 꾸미니 허물이 없다 함은 위에서 뜻을 이룬다는 뜻이다(白賁, 无咎. 象曰, 白賁无咎, 上得志也).

상구는 양효가 음위에 있고, 중도도 없다. 또한 구삼과 정응(正應)하고 있지도 않다. 더 이상 꾸밈이 필요 없는 상황이다. 그럼에도 상구는 장식의 최고봉에 있다.

"흰빛으로 꾸민다."는 말은 꾸밈이 없다는 의미다. 최고의 아름다움은 허례허식을 버린, 본질이 그대로 외면으로 우러난 미(美)다. 백색은 또한 진리의 빛을 상징한다.

상구는 인생여정과 관련이 있다. 지상의 일을 마치고, 하늘나라에 갈 때는 흰빛으로 상징되는 광명만이 유일하게 인간의 본성을 장식할 수 있다. 물질의 장식이 아니라, 정신의 장식이 인간의 의식상승에 필요하다.

괘의 변화를 보자. 만약 6효가 음으로 변하면 지화명이(地火明夷, ䷣)가 되고, 6효는 그대로 있고 나머지 효가 모두 반대로 바뀌면 천수송(天水訟, ䷅)이 된다.

정신이 물질에 가려지면, 그 다음 생은 무명의 세계로 떨어지게 된다. 또한 정신이 조화를 이루지 못하면, 끝없는 갈등이 마음속에서 일어난다.

23.
산지박(山地剝)

타락을 예방하라

박은 갈 바가 있으면 불리하다(剝, 不利有攸往).

하나로 합하고 아름답게 꾸며서 형통하게 되면, 완성에 이른다. 완성된 것은 무너질 수밖에 없으므로, 비(賁) 다음에 박(剝)으로 이어진다. 박(剝)은 깎여나간다는 의미다.

꾸밈의 도가 지나치면, 사회에 허례허식이 만연하게 된다. 대중문화가 너무 저속화되면, 사회의 원기가 시들게 된다. 이때는 지나침을 멈추고, 절제와 인내를 기를 수밖에 없다. 산지박이 주는 반면(反面)의 교훈은 크다. 단사를 보자.

단사에서 이르기를, 박은 깎는 것이다. 부드러운 음이 굳센 양을 변화시킨다. 갈 바가 있으면 불리하다. 소인의 도가 자라나고 있다. 순응과 멈춤이 상을 본 모습이다. 군자가 사라지고, 번식하고, 가득 차고, 비게 되는 것을 숭상함은 하늘이 운행하는 이치이기 때문이다(象曰, 剝, 剝也, 柔變剛也, 不利有攸往, 小人長也, 順

而止之, 觀象也, 君子尙消息盈虛, 天行也).

천문으로 산지박은 음력 9월이다. 절기로 한로(寒露)와 상강(霜降)이 있다. 음기가 극성으로 치닫고 있는 시기다. 이 모습을 "소인의 도가 자라나고 있다."고 표현하고 있다. 양기가 하나밖에 남지 않은 상황이기 때문에, 움직이는 것은 불리하다. 그러므로 갈 곳이 있는 것이 좋을 리 없다. 이때는 불필요한 것은 모두 없애버려야 살 수 있다. 상사를 보자.

상사에서 이르기를, 산이 땅에 붙어있는 것이 박이다. 위는 아래를 두텁게 함으로써 집을 평안케 한다(象曰, 山附於地, 剝, 上以厚下安宅).

풍요가 극에 이르면 몰락할 일만 남는다. 이를 예방하기 위해서는 허례허식을 미리 제거해야 한다. 그러나 풍요에 물든 사람에게서 덜어내는 일은 쉬운 일이 아니다. 누리던 것을 없애면, 불안심리가 작용하기 때문이다. 이때는 사람들의 마음을 안정시키는 것이 가장 시급한 문제다.
산지박의 잡괘인, 지산겸(地山謙, ䷎), 중지곤(重地坤, ䷁), 택천쾌(澤天夬, ䷪), 지뢰복(地雷復, ䷗) 등을 봐도 사회상을 알 수 있다. 무엇보다 지도자는 사람들이 검소함과 온순한 믿음을 회복할 수 있도록 해야 한다. 지도자가 결단을 내려서 악의 뿌리를 제거하고, 사회에 정의를 바로 세우면, 사회의 양기가 회복된다.

초육(初六)

침상 다리를 깎는다. 평형을 없애므로 흉하다. 상사에서 이르기를, 침상 다리를 깎는다 함은 아래를 없애는 것이다(剝牀以足, 蔑貞凶. 象曰, 剝牀以足, 以滅下也).

초육은 음효가 양위에 있고, 중도도 없다. 가장 밑에 있는 위치이기 때문에, 초육을 평상 다리에 비유하고 있다. 위에 바르게 상응하는 자도 없다. 따라서 불균형을 막을 도리가 없다.

사회가 산지박의 상황에 이르면, 어둠의 세력이 극에 이른다. 초육은 아직은 어둠이 본격화되기 전이므로, 밝은 세력이 조금 남아있다. 그러나 균형이 이미 무너지기 시작했다. 불균형을 막기에는 초육의 힘이 미약하다.

괘의 변화를 보자. 만약 1효가 양으로 변하면 산뢰이(山雷頤, ䷚)가 되고, 1효는 그대로 있고 나머지 효가 모두 반대로 바뀌면 택풍대과(澤風大過, ䷛)가 된다. 사회의 불균형을 미리 방지하지 않으면, 사회의 몰락은 예정된 일이다. 그곳을 막기 위해서는 바른 기운을 잘 키워나가야 한다.

육이(六二)

침상의 난간을 깎는다. 올곧음을 없애므로 흉하다. 상사에서 이르기를, 침상의 난간을 깎는다 함은 함께 할 자가 없다는 뜻이다(剝牀以辨, 蔑貞凶. 象曰, 剝牀以辨, 未有與也).

육이는 음효가 음위에 있고, 중도도 있다. 그러나 괘의 전체 상황이 좋지 않고, 육오와 바르게 상응하고 있지도 않다. 때문에 함께 할 자가 없다고 하는 것이다.

육이는 음의 세력이 더 심화된 상황이다. 하괘의 중심까지 악(惡)이 침투해서 중도의 도리를 펼칠 수 없다. 중심이 썩었으므로, 외부 몸체가 붕괴되는 것은 시간문제일 뿐이다. 괘의 형상이 아래로부터 중심을 타고 썩어 올라가는 모습이다.

괘의 변화를 보자. 만약 2효가 양으로 변하면 산화비(山火賁, ䷕)가 되고, 2효는 그대로 있고 나머지 효가 모두 반대로 바뀌면 택화혁(澤火革, ䷰)이 된다. 사회의 중심이 썩는 것을 방지하기 위해서는 인문정신으로 도덕을 회복하고, 사회전반에서 일대혁신이 필요하다.

육삼(六三)

깎아내지만 허물이 없다. 상사에서 이르기를, 깎아내지만 허물이 없다 함은 위아래를 잃는다는 뜻이다(剝, 无咎. 象曰, 剝之无咎, 失上下也).

육삼은 음효가 양위에 있고, 중도도 없다. 그러나 다행히 육삼은 상구와 바르게 상응하고 있다. 음효 중에서 육삼은 유일하게 의지할 수 있는 곳이 있다. 좋은 상황은 아니지만, 큰 문제가 될 정도는 아니다.

육삼은 하괘 곤(坤)의 맨 위에서 상괘 간(艮)을 마주하고 있다. 상구가 어둠에 빛을 주는 상황이라고 할 수 있다. "위아래를 잃는다."는 말은 육삼이 위아래의 네 음(陰)과는 달리 상구의 도움을 받고 있음을 의미한다.

괘의 변화를 보자. 만약 3효가 양으로 변하면 중산간(重山艮, ䷳)이 되고, 3효는 그대로 있고 나머지 효가 모두 반대로 바뀌면 중택태(重澤兌, ䷹)가 된다. 밝은 도리를 지향하면, 사회에 기쁨이 넘칠 것이다. 따라서 악을 멈추고, 바른 도리를 찾아야 한다.

육사(六四)

침상을 깎다가 피부에 이르렀다. 흉하다. 상사에서 이르기를, 침상을 깎다가 피부에 이르렀다 함은 재앙이 매우 가까이 이르렀다는 뜻이다(剝牀以膚, 凶. 象曰, 剝牀以膚, 切近災也).

육사는 음효가 음위에 있지만, 중도가 없다. 또한 초육과 정응(正應)하고 있지 않다. 악의 기운이 매우 가까이 이르러 그 피해가 화급하지만, 그 기운을 조절할 힘도 지혜도 없다. 재상의 위치에서 할 수 있는 일이 없는 상황이다.

산지박의 상황에서 지도자를 보필하는 자가 소인이라면, 지도자를 제대로 보필할 수 없다. 지도자는 사회의 중심이라고 할 수 있다. 만약 육사가 감언이설로 육오의 귀와 눈을 가린다면, 중심이 무너질 것이다.

괘의 변화를 보자. 만약 4효가 양으로 변하면 화지진(火地晉,)이 되고, 4효는 그대로 있고 나머지 효가 모두 반대로 바뀌면 수천수(水天需,)가 된다. 사회악의 근본원인 중의 하나는 빈곤이다. 최소한의 의식주 문제를 해결하고, 점진적으로 밝은 기운을 회복해야 한다.

육오(六五)

물고기를 꿰고 궁인의 총애를 얻는다. 불리함이 없다. 상사에서 이르기를, 궁인의 총애를 얻는다 함은 마침내 허물이 없다는 것이다(貫魚以宮人寵, 无不利. 象曰, 以宮人寵, 終无尤也).

육오는 음효가 양위에 있다. 비록 육이와 정응(正應)하고 있지 않지만, 중도가 있다. 육오는 유약하지만, 스승인 상구는 강한 힘을 지니고 있다. 어려운 상황을 헤쳐 나갈 지혜를 얻을 수 있을 것이다.

물고기를 꿴다는 말은 육오가 다섯 음효를 대표하는 것을 의미한다. 육오는 사회를 이끄는 지도자의 위치다. 사회를 대표하는 육오가 나머지 음의 세력을 상구의 밝은 지도를 받을 수 있도록 이끌어준다면, 사회의 붕괴를 막을 마지막 기회가 생길 것이다.

괘의 변화를 보자. 만약 5효가 양으로 변하면 풍지관(風地觀, ䷓)이 되고, 5효는 그대로 있고 나머지 효가 모두 반대로 바뀌면 뇌천대장(雷天大壯, ䷡)이 된다. 지도자는 사회의 풍속을 잘 살피고, 사회의 원기를 회복하는 과정에서 도리를 지켜야 한다.

상구(上九)

> 큰 과일은 먹지 않는다. 군자는 수레를 얻고, 소인은 풀집마저 무너뜨린다. 상사에서 이르기를, 군자는 수레를 얻는다 함은 백성이 태워준다는 뜻이다. 소인은 풀집마저 무너뜨린다 함은 마침내 쓸 수 없다는 뜻이다(碩果不食, 君子得輿, 小人剝廬. 象曰, 君子得輿, 民所載也, 小人剝廬, 終不可用也).

상구는 양효가 음위에 있고, 중도도 없다. 그러나 산지박에서 가장 현명한 괘주(卦主)다. 상구는 세상의 명리에 초탈한 현자다. 어려운 시기를 만나자, 모두가 상구의 지혜를 갈구하고 있다.

큰 과일은 제사상에 올리는 것이므로, 미리 먹지 않는다. 하늘의 이치를 통달한 사람은 수레가 상징하는 안락함을 얻을 수 있다. 그러나 한평생 환락에 빠져 인생 공부를 게을리 한 소인은 누울 집마저 없애는 상황을 맞이하게 된다.

물질주의가 극에 이르면, 물질이 주인이 되어 사람을 이끌게 된다. 주객이 전도되는 상황이 벌어지는 것이다. 물질이 말안장에 앉아 인간을 몰고 있다고, 에머슨은 19세기에 이미 물질주의의 피해를 경고한 바 있다. 바른 정신으로 이런 상황을 막고 물질과 정신의 균형을 맞춰야, 인류사회가 안정을 찾을 수 있다.

괘의 변화를 보자. 만약 6효가 음으로 변하면 중지곤(重地坤, ䷁)이 되고, 6효는 그대로 있고 나머지 효가 모두 반대로 바뀌면 중천건(重天乾, ䷀)이 된다.

상구는 이 사회에서 천지의 밝은 도리를 회복하는 임무를 맡았다. 난세에 성인이 진리의 수레를 굴려 세상을 구하는 상황이다. 모든 사람들이 그의 인도로 진리의 세계로 갈 수 있다.

24.

지뢰복(地雷復)

출입을 삼가고 양기를 키워라

복은 형통하다. 나가고 들어옴에 병이 없지만, 벗이 와야 허물이 없다. 도를 반복하여 칠 일만에 돌아온다. 갈 바가 있으면 이롭다(復, 亨. 出入无疾, 朋來无咎, 反復其道, 七日來復. 利有攸往).

　　사물은 아무리 깎여도, 없어질 수 없다. 다시 새롭게 시작하는 법이다. 그러므로 박(剝) 다음에 복(復)으로 이어진다. 위가 다하면 아래로 돌아오는 법이다. 산지박(☷☶)과 정반대의 모습이다.

　　지뢰복은 허물어진 사물이 다시 회복되는 최초의 단계다. 음양의 순환은 자연의 이치이므로, 병이 아니다. 다만 하나뿐인 양효가 점점 늘어나야, 훈풍이 불 것이다.

　　지뢰복은 음력 11월이므로, 아직은 한기가 세상을 뒤덮고 있다. 그러나 자월(子月)로 새로운 생명의 기운을 불어넣는 시점이다. 단사의 해석을 보자.

　　단사에서 이르기를, 복은 형통하다 함은 굳센 양이 돌아오는데, 움직임이 순조롭게 행하기 때문이다. 나가고 들어옴에 병이 없지만, 벗이 와야 허물이 없다. 도를 반복하여 칠 일만에 돌아온다 함은 하늘의 운행이 그렇다는 것이다. 갈 바가 있으면 이롭다 함은 굳센 양이 자라나기 때문이다. 복에서 어찌 천지의 마음을 볼 수 있겠는가(象曰, 復, 亨, 剛反, 動而以順行, 是以出入无疾, 朋來无咎. 反復其道, 七日來復, 天行也. 利有攸往, 剛長也. 復, 其見天地之心乎).

원문의 칠일래복(七日來復)은 천간으로 볼 때, 건괘(乾卦☰)인 갑(甲)으로부터 진괘(震卦☳)인 경(庚)에 이르면, 칠일이 걸린다는 의미다. 생명 에너지의 수렴이 끝나고 발산이 시작되는 시점이기 때문에, 앞으로 나갈 일이 있으면 좋다. 상사의 보충 해석을 보자.

상사에서 이르기를, 우레가 땅 속에 있는 모습이 복이다. 선왕은 이로써 동짓날에는 관문을 닫고, 상인과 여행객들도 다니지 못하고, 제후도 지방을 시찰하지 않았다(象曰, 雷在地中, 復, 先王以至日閉關, 商旅不行, 后不省方).

지뢰복은 절기상 동지(冬至)가 있는 달이다. 동지는 일 년 중 낮이 제일 짧은 날이다. 이 달에는 또한 눈이 많이 오는 대설(大雪)도 절기에 있다. 따라서 이 시기에는 바깥출입을 삼가고 새로운 활동을 위한 준비를 하는 것이 좋다.

원문의 폐관(閉關)이란 말을 수행의 측면에서 풀어볼 수도 있다. 양기가 막 돌아올 때는 온양을 통해 양기를 길러야 한다. 아직 양기가 미약하기 때문이다. 이때는 밖으로 향하는 모든 감각을 닫고, 마음을 안으로 갈무리할 필요가 있다. 단순히 몸만 밖을 나가지 않는 것이 아니라, 마음작용이 일체 외부 인연과 끊어져 고요한 상태를 유지하는 것이 진정한 폐관이다.

공자는 《계사전》에서 "복은 덕의 근본이다(復, 德之本也)."라고 말했다. 그 이유에 대해 공자는 "작은 것이지만 만물을 분별한다(小而辨於物)."고 설명했다. 갓 신생한 작은 양기가 만물을 분별하기 시작했기 때문이다.

빛이 나오면, 어둠은 물러나기 마련이다. 비록 처음은 미세하지만, 장차 바른 도가 사회에 충만하게 될 것이다. 비록 작은 씨앗이지만, 때가 되면 결실을 맺게 된다.

복의 정신을 구현하는 실천행으로, 공자는 "복으로써 스스로 아는 것이다(復以自知)."라고 우리에게 경책을 주었다. 모든 것은 자신의 마음과 몸이 만드는 것이다. 몸과 마음을 고요히 하면 도(道)가 스스로 돌아온다. 돌아올 복(復)의 의미다. 그러므로 문제가 있을 때는 언제나 자신을 먼저 돌아볼 필요가 있다.

석가가 "명마는 회초리의 그림자만 보아도 달린다."고 했듯이, 현명한 자는 어려움이 닥치기 전에 자신을 살피고 재난을 미리 피한다.

지뢰복의 잡괘를 보면, 뇌지예(雷地豫, ䷏), 중지곤(重地坤, ䷁), 천풍구(天風姤, ䷫), 산지박(山地剝, ䷖) 등이 있다. 갓 나온 양기(陽氣)를 잘 관리하고 키워나가기 위해서는, 올곧음을 유지하고 피땀 어린 노력과 인내가 필요하다.

초구(初九)

머지않아 돌아온다. 큰 후회는 없다. 으뜸으로 길하다. 상사에서 이르기를, 머지않아 돌아온다 함은 몸을 닦는다는 뜻이다(不遠復, 无祗悔, 元吉. 象曰, 不遠之復, 以脩身也).

초구는 양효가 양위에 있다. 비록 위치가 낮지만 지뢰복에서 유일하게 양강(陽剛)한 효다. 양효가 1효에 있으므로, 머지않아 양의 기운이 자라나는 것은 대자연의 섭리다. 그러나 자연의 섭리에 부합하는 인간의 노력이 병행되어야, 양기가 크게 성장할 수 있다.

생명의 활동을 시작하기에 앞서서 자신의 심신을 닦는 것은 바른 자세라고 할 수 있다. 공자는 《계사전》에서 제자인 안회(顔回)를 지뢰복 초구의 예로 들었다.

안회는 자신의 잘못을 알면 즉시 바른 길로 돌아왔다. 비록 가난으로 모진 어려움을 겪었지만, 《논어》에서 밝혔듯이, 그는 남에게 "화를 내지 않았고, 잘못을 반복하지 않았다(不遷怒 不貳過)." 안회처럼 초구는 항시 자신을 갈고 닦아 밝음을 회복하는 자다.

괘의 변화를 보자. 만약 1효가 음으로 변하면 중지곤(重地坤, ☷☷)이 되고, 1효는 그대로 있고 나머지 효가 모두 반대로 바뀌면 중천건(重天乾, ☰☰)이 된다. 안회와 같이 자신을 갈고 닦는 자는 음덕과 양덕을 모두 겸비할 수 있다.

육이(六二)

아름답게 돌아온다. 길하다. 상사에서 이르기를, 아름답게 돌아오니 길하다 함은 어진 자에게 몸을 낮춘다는 뜻이다(休復, 吉. 象曰, 休復之吉, 以下仁也).

육이는 음효가 음위에 있다. 비록 육오와 정응(正應)하고 있지 않지만, 육이는 중도를 지녔다. 자신을 낮추는 법을 안다. 초구의 양기를 구하는 의미가 있다. 초구는 아직 위치가 낮고, 힘이 약하다.

지뢰복의 시기에 육이는 중도의 덕으로 초구를 위해 몸을 낮추고, 양기를 기를 책무가 있다. 육이가 생명을 키우는 대지와 같은 역할을 맡게 되면, 세상에 서서히 양기가 충만해진다.

괘의 변화를 보자. 만약 2효가 양으로 변하면 지택림(地澤臨, ☷☱)이 되고, 2효는 그대로 있고 나머지 효가 모두 반대로 바뀌면 천산돈(天山遯, ☰☶)이 된다. 육이가 제 역할을 잘하면 양기가 더욱 자라나겠지만, 그렇지 못하면 오히려 음의 세상으로 바뀔 것이다.

육삼(六三)

자주 돌아온다. 위태롭지만 허물은 없다. 상사에서 이르기를, 자주 돌아와서 위태롭다 함은 의리상 허물이 없다는 뜻이다(頻復, 厲无咎. 象曰, 頻復之厲, 義无咎也).

육삼은 음효가 양위에 있고, 중도도 없다. 더욱이 대응하는 상육도 힘이 미약하다. 그러므로 육삼은 위태로울 수밖에 없다. 육삼은 하괘 진(震)의 맨 위에서 상괘 곤(坤)을 마주하고 있다.

육삼의 몸체는 생명의 기운을 깊이 간직하고 있지만, 육삼 자신은 음기이므로 위에 포진한 음의 세력에 동화되기 십상이다. 그러나 육삼의 뿌리인 초구에게 돌아가려는 마음을 바로 회복하므로, 위태로움은 있을지라도 허물은 없다.

괘의 변화를 보자. 만약 3효가 양으로 변하면 지화명이(地火明夷, ䷣)가 되고, 3효는 그대로 있고 나머지 효가 모두 반대로 바뀌면 천수송(天水訟, ䷅)이 된다. 육삼은 좋은 위치가 아니므로, 항상 자신을 돌아보고 눈 밝은 현자를 따라야 이롭다. 그렇지 않으면 밝은 도리를 잃고 분란에 휘말리게 된다.

육사(六四)

중도를 행해서 홀로 돌아온다. 상사에서 이르기를, 중도를 행해서 홀로 돌아온다 함은 도를 따르기 때문이다(中行獨復. 象曰, 中行獨復, 以從道也).

육사는 음효가 음위에 있다. 비록 육사는 효 자체에 중도의 힘은 없지만, 초구와 바르게 상응하고 있다. 그러므로 육사는 지뢰복의 시대에 맞게 천도(天道)를 따르고 있는 셈이다.

　"홀로 돌아온다."는 말은 육사가 유일하게 초구와 바르게 상응한다는 뜻이다. 중도의 자리는 아니지만, 중도의 기운을 받고 있다. 비록 초구와 정응(正應)하고 있지만, 육사 자신은 유약하고 위치도 초구와 함께 힘을 쓸 수 있는 자리가 아니다. 때문에 크게 이로울 수는 없다.

　괘의 변화를 보자. 만약 4효가 양으로 변하면 중뢰진(重雷震, ䷲)이 되고, 4효는 그대로 있고 나머지 효가 모두 반대로 바뀌면 중풍손(重風巽, ䷸)이 된다. 현재는 미약하지만, 올곧게 밝은 도리를 온순하게 따르면 점차 큰 힘을 발휘하게 될 것이다.

육오(六五)

돈독하게 돌아온다. 후회가 없다. 상사에서 이르기를, 돈독하게 돌아오니 후회가 없다 함은 중도로써 스스로 생각하기 때문이다(敦復, 无悔. 象曰, 敦復无悔, 中以自考也).

　육오는 음효가 양위에 있다. 또한 육이와 정응(正應)하고 있지 않지만, 육오는 중도가 있다. 중도의 도리로 자신을 돌아보고 행동하면, 후회할 일을 남기지 않는다.

　비록 중도의 위치에 있지만, 육오는 음(陰) 기운의 중심에 있다. 따라서 밝은 기운을 키울 자격과 능력이 되는지 항시 돌아봐야, 후회가 없을 것이다.

　한편 돈복(敦復)이 암시하듯, 지도자는 덕을 두텁게 쌓고 중도의 도리대로 베풀어야, 양기를 키울 수 있음을 알 수 있다. 그리고 양덕(陽德)이 아닌 음덕(陰德)이므로, 자신의 덕을 사람들에게 내세우면 공덕이 사라진다.

괘의 변화를 보자. 만약 5효가 양으로 변하면 수뢰준(水雷屯, ䷂)이 되고, 5효는 그대로 있고 나머지 효가 모두 반대로 바뀌면 화풍정(火風鼎, ䷱)이 된다. 이제 막 생긴 밝은 기운을 키워 새로운 것을 만들기 위해서는 어려움을 참고 이겨내야 한다.

상육(上六)

혼미하게 돌아온다. 흉하다. 재앙이 있다. 군사를 일으켜 사용하면, 끝내 대패하게 된다. 나라를 다스리는 데 쓰면 임금이 흉하고, 십년이 되도 정벌하지 못한다. 상사에서 이르기를, 혼미하게 돌아오니 흉하다 함은 임금의 도에 반하기 때문이다(迷復, 凶, 有災眚. 用行師, 終有大敗, 以其國, 君凶, 至于十年不克征. 象曰, 迷復之凶, 反君道也).

상육은 음효가 음위에 있다. 그러나 중도도 없고 호응하는 자도 없다. 지뢰복의 가장 끝에 있기 때문에, 앞으로 나갈 힘이 전혀 없다. 이런 상황에서 무리하게 군사를 움직여 정벌을 시도하는 것은 나라를 망치는 것과 다름이 없다.

상육은 상왕에 해당한다. 이미 정권에서 물러난 자가 다시 권력을 잡고자 한다면, 큰 흉이 아닐 수 없다. 이것은 정치의 도리에 어긋난 것이다.

괘의 변화를 보자. 만약 6효가 양으로 변하면 산뢰이(山雷頤, ䷚)가 되고, 6효는 그대로 있고 나머지 효가 모두 반대로 바뀌면 택풍대과(澤風大過, ䷛)가 된다. 상육은 밝은 기운과 지나치게 떨어져 너무 미약하고, 바른 도리가 없다. 따라서 밝은 기운과 도리를 잘 길러야, 큰 허물을 막을 수 있다.

25.
천뢰무망(天雷无妄)

헛됨을 방지하라

무망은 으뜸으로 형통하고 올곧으면 이롭다. 바름이 아니면 재앙이 있다. 갈 바가 있으면 이롭지 못하다(无妄, 元亨, 利貞, 其匪正有眚, 不利有攸往).

새로운 생명력이 돌아오면 활기가 돌게 되므로, 사물에 망령됨이 없다. 그러므로 복(復) 다음에 무망(无妄)으로 이어진다. 무망은 진실과 성심으로 헛됨을 경계한다는 경책을 담고 있다. 만약 가식과 불성실한 태도로 행동한다면, 재앙을 초래한다.

새로운 기운이 헛되게 낭비되지 않기 위해서는, 천도의 바른 이치에 따라 때에 맞게 알맞은 일을 해야 한다. 실패를 반복하지 않기 위해 새로운 다짐과 반성이 필요하다. 천뢰무망은 정도(正道)의 이치를 말하고 있다. 단사를 보자.

단사에서 이르기를, 무망은 굳센 양이 밖에서 와서 안의 주인이 되니, 움직임과 굳센 양을 지닌다. 굳센 양이 중을 얻고 상응하여 바름으로써 크게 형통하니, 하늘의 명이다. 바름이 아니라면 재앙이 있고, 갈 바가 있으면 이롭지 못하다 했는데, 헛됨이 없이 간들 어떻게 가겠는가. 천명이 돕지 않는데, 행할 수 있겠는가(象曰, 无妄, 剛自外來而爲主於內, 動而健, 剛中而應, 大亨以正, 天之命也. 其匪正有眚, 不利有攸往, 无妄之往, 何之矣. 天命不祐, 行矣哉).

하늘은 조금도 헛됨이 없다. 엄밀한 섭리의 법칙에 따라 우주는 운행한다. 이러한 천도의 법칙을 어기는 행동은 결국 큰 재앙을 초래할 뿐이다. 천도의 가장 큰 기준은 바름(正)이다. 바름이란 각기 시절인연에 맞게 행하는 것이다. 상사를 보자.

상사에서 이르기를, 하늘 아래 우레가 퍼져 만물에 무망의 섭리를 부여한다. 선왕은 이로써 풍성하게 시절에 맞추어서 만물을 육성한다(象曰, 天下雷行, 物與无妄, 先王以茂對時育萬物).

정치에 있어서 가장 중요한 것이 타이밍과 바름이다. 지도자는 하늘의 섭리에 따라 때에 맞추어서 모든 일을 도모해야, 사람들이 안녕과 번영을 누릴 수 있다. 정치를 하는 데 있어서 때 이른 것도, 반대로 때를 지체하는 것도 용서가 안 된다. 정치 지도자는 늘 천지인(天地人) 삼재(三才)를 바르게 살피고, 정치를 적기에 제대로 펼치고 있는지 돌아봐야 사회가 안정된다. 이 도리는 모든 영역에서도 마찬가지다.

천뢰무망의 잡괘를 보면, 뇌천대장(雷天大壯, ䷡), 풍산점(風山漸, ䷴), 지풍승(地風升, ䷭), 산천대축(山天大畜, ䷙) 등이다. 지도자가 역의 바른 이치대로 정치와 경영을 하면, 점차 사회가 강성하고 번영을 누리며 국운이 비상할 것이다.

초구(初九)

헛됨이 없이 가면 길하다. 상사에서 이르기를, 헛됨이 없이 간다 함은 뜻을 얻는다는 것이다(无妄, 往吉. 象曰, 无妄之往, 得志也).

초구는 양효가 양위에 있다. 비록 위치가 낮고 대응하는 구사와 정응(正應)하고 있지도 않지만, 가장 밑에서 하늘을 지향하는 단계라 허물이 없다. 또한 초구는 강한 움직임을 뜻하는 하괘 진(震)의 괘주로서 하늘의 섭리대로 움직이면, 전도가 유망하다.

사회 저변에 새로운 기운이 싹텄을 때, 이 기운을 바르게 이끌 필요가 있다. 뜻이 바르면, 그 길도 바르게 된다. 때문에 무엇보다 먼저 바른 뜻을 내는 것이 중요하다.

괘의 변화를 보자. 만약 1효가 음으로 변하면 천지비(天地否, ☷)가 되고, 1효는 그대로 있고 나머지 효가 모두 반대로 바뀌면 지천태(地天泰, ☷)가 된다. 초구가 바른 섭리를 잃으면, 세상의 소통이 막히게 된다. 반대로 하늘의 뜻을 유지하면, 태평성대를 맞이할 것이다.

육이(六二)

밭을 갈지 않고서도 수확하며, 경작한지 일 년도 안 되고서도 삼년 된 밭 같다. 갈 바가 있으면 이롭다. 상사에서 이르기를, 밭을 갈지 않고서도 수확한다 함은 부자가 되려고 한 일은 아니라는 뜻이다(不耕穫, 不菑畬, 則利有攸往. 象曰, 不耕穫, 未富也).

육이는 음효가 음위에 있고, 중도도 있다. 또한 구오와 정응(正應)하고 있으므로, 큰 힘을 들이지 않고도 수확하는 바가 크다. 치(菑)는 개간한 지 1년 된 밭이고, 여(畬)는 3년 된 밭이다. 1년 경작한 밭이 3년 된 밭과 같다는 말은 은현(隱賢)의 삶을 말한다.

육이는 오직 구오에 대한 충심으로 일을 하기 때문에, 부자가 되고 싶은 사욕은 없다. 하늘의 도에 뜻을 둔 자는 공자가 일반적인 세태로 지적한 음식남녀(飮食男女)라는 세상사의 문제로부터 벗어나 있다.

군자는 오직 밝은 도리를 추구하기 때문에, 음식을 탐하지 않고, 남녀 간의 문제에서 비롯된 인간사에서 초탈해 있다. 따라서 적은 수확으로도 오랜 즐거움을 누릴 수 있다.

괘의 변화를 보자. 만약 2효가 양으로 변하면 천택리(天澤履, ䷉)가 되고, 2효는 그대로 있고 나머지 효가 모두 반대로 바뀌면 지산겸(地山謙, ䷎)이 된다. 정도(正道)를 가기 위해서는 삶의 모든 영역에서 바른 토대를 잘 쌓아야 한다. 더불어 겸양의 자세로 자신을 갈고 닦아야 한다.

육삼(六三)

뜻밖의 재앙이다. 혹 소를 매어 놓으면, 길 가는 사람에게는 소득이지만, 읍인에게는 재앙이다. 상사에서 이르기를, 길 가는 사람이 소를 얻는다 함은 읍인에게는 재앙이라는 뜻이다(无妄之災, 或繫之牛, 行人之得, 邑人之災. 象曰, 行人得牛, 邑人災也).

육삼은 음효가 양위에 있고, 중도도 없다. 비록 강한 상구와 정응(正應)하지만, 상구는 변화의 끝에 있다. 따라서 도움이 되지 않는다. 더욱이 육삼도 하괘 진(震)의 끝자락에서 힘이 미약하다. 힘이 약할 때는 사소한 일에도 화를 당할 수 있다.

다행히 육삼은 상괘 건(乾)을 마주하고 있다. 비록 하늘의 밝은 도리를 펼칠 힘은 아직 미약하여 물질적 피해는 볼 수 있지만, 올곧게 바른 도리를 지켜나가면 밝은 정신을 회복할 수 있다.

괘의 변화를 보자. 만약 3효가 양으로 변하면 천화동인(天火同人, ䷌)이 되고, 3효는 그대로 있고 나머지 효가 모두 반대로 바뀌면 지수사(地水師, ䷆)가 된다. 중요한 것은 물질이 아니라 정신이다. 정신을 회복하면 세상이 하나가 될 것이다. 그러나 물질에 집착하면 싸움으로 번질 수밖에 없다.

구사(九四)

올곧음을 지킬 수 있으니, 허물이 없다. 상사에서 이르기를, 올곧음을 지킬 수 있으니 허물이 없다 함은 본래 갖고 있는 본성이라는 뜻이다(可貞, 无咎. 象曰, 可貞无咎, 固有之也).

구사는 양효가 음위에 있고, 중도도 없다. 또한 대응하는 초구와 정응(正應)하고 있지도 않다. 구사는 구오를 보필할 임무를 갖고 있다. 따라서 강한 힘을 억제하는 위치에 있는 것이 구사에게는 이로울 수 있다. 더욱이 현명하고 힘이 있는 주군인 구오 밑에 있기 때문에, 올곧음을 지키면 문제가 없다.

자신에게 부여된 천명을 성실하게 수행하는 일이 자신의 길이다. 모든 사람에게는 자신에게 맞는 길이 있다. 현재의 위치에서 자신의 역할을 성실하게 수행하는 것이 올곧음이다. 자신의 길에서 올곧음을 지키면, 자신의 본성을 회복할 수 있다.

괘의 변화를 보자. 만약 4효가 음으로 변하면 풍뢰익(風雷益, ䷩)이 되고, 4효는 그대로 있고 나머지 효가 모두 반대로 바뀌면 뇌풍항(雷風恒, ䷟)이 된다.

25. 천뢰무망(天雷无妄) ䷘

대신(大臣)의 위치에 있는 사람이 천명을 잘 따르면 사회의 질서가 오래 유지되고, 밑에 있는 많은 사람들이 큰 혜택을 누릴 수 있다.

구오(九五)

뜻밖의 병이다. 약을 쓰지 않으면 기쁜 일이 있으리라. 상사에서 이르기를, 뜻밖의 병이다 함은 시험해볼 필요가 없다는 뜻이다(无妄之疾, 勿藥有喜. 象曰, 无妄之藥, 不可試也).

구오는 양효가 양위에 있다. 중정(中正)을 모두 갖추었다. 또한 대응하는 육이와 정응(正應)하고 있다. 그런데도 뜻밖의 병이 있다고 말하고 있다. 식자우환(識字憂患)이란 말이 있듯이, 아는 것이 병이 된 경우다. 복이 화가 될 수 있는 상황이다. 뜻밖의 병은 병이 아닌 것을 병으로 생각하는 것을 의미한다.

천뢰무망의 시대에 지도자는 하늘의 섭리에 따라 세상을 경영해야 세상이 편안해진다. 하늘의 도리는 인연법이다. 따라서 어떤 문제가 발생했을 때, 그 일의 인연사를 성찰하면 문제의 해답을 찾을 수 있다. 어떤 결과를 일으킨 근본 원인을 바르게 치유하면, 더는 문제가 재발되지 않을 것이다.

괘의 변화를 보자. 만약 5효가 음으로 변하면 화뢰서합(火雷噬嗑, ䷔)이 되고, 5효는 그대로 있고 나머지 효가 모두 반대로 바뀌면 수풍정(水風井, ䷯)이 된다. 지도자가 할 일은 사회의 규범을 바로 세우고, 도리에 맞게 그것을 실행하는 것이다.

상구(上九)

헛됨이 없다 해도, 행하면 재앙이 있다. 이로울 바가 없다. 상사에서 이르기를, 헛됨이 없더라도 행한다 함은 마침내는 재앙이라는 뜻이다(无妄, 行有眚, 无攸利. 象曰, 无妄之行, 窮之災也).

상구는 양효가 음위에 있고, 중도도 없다. 비록 육삼과 정응(正應)하고 있지만, 변화의 끝자락에서 함부로 나서는 것은 바람직하지 못하다. 조용히 때를 기다리며 자신을 갈고 닦아야 할 입장이다.

자연의 도리는 무위(無爲)다. 상구가 만약 유위(有爲)의 행동을 보인다면, 자연의 섭리를 역행하게 된다. 역리(易理)를 위반하면, 재앙이 따를 수밖에 없다.

괘의 변화를 보자. 만약 6효가 음으로 변하면 택뢰수(澤雷隨, ䷐)가 되고, 6효는 그대로 있고 나머지 효가 모두 반대로 바뀌면 산풍고(山風蠱, ䷑)가 된다. 역리에 따라 올곧음을 지켜나가는 길만이 병폐를 방지하고 천명(天命)대로 살 수 있는 길이다.

26.

산천대축(山天大畜)

도리를 지켜 축적하라

대축은 올곧으면 이롭다. 집에서 밥을 먹지 않으면 길하고, 큰 내를 건너면 이롭다(大畜, 利貞. 不家食吉, 利涉大川).

새로운 기운이 허망하지 않게 법도를 지키면서 키워나가면, 크게 축적할 수 있다. 그러므로 무망(无妄) 다음에 대축(大畜)으로 이어진다. 크게 쌓기 위해서는 때(時)를 잘 얻어야 가능하다.

산천대축은 인재양성을 통한 사회 부흥의 시절이라고 할 수 있다. 지도자가 나라의 기틀을 바로 세우면서 동시에 할 일은 인재를 양성해서 요소요소에 배치하는 것이다. 단사를 보자.

단사에서 이르기를, 대축은 강건하고 독실하다. 날마다 새롭게 덕을 빛나게 한다. 굳센 양이 위에 있어 현인을 숭상하고, 강건함을 저지할 수 있으니, 크게 바르다. 집에서 밥을 먹지 않으면 길하다 함은 현인을 기른다는 뜻이다. 큰 내를 건너면 이롭다 함은 하늘에 호응하기 때문이다(象曰, 大畜, 剛健篤實, 輝光日新其德, 剛上而尙賢, 能止健, 大正也. 不家食吉, 養賢也. 利涉大川, 應乎天也).

산천대축은 간(艮)이 건(乾)을 한편으로는 받들고, 한편으로는 조율하면서 힘을 비축하는 모습이다. 하늘의 뜻이 땅 위에 이루어지기 위해서는 인간의 부단한 노력이 필요하다는 반면(反面)의 경책이 들어있다. 상사를 보자.

상사에서 이르기를, 하늘이 산 속에 있는 것이 대축이다. 군자는 이로써 예전의 말과 행동을 중히 여김으로써 덕을 쌓는다(象曰, 天在山中, 大畜, 君子以多識前言往行, 以畜其德).

산천대축의 시절에 군자는 생각과 말과 행동을 돌아보면서 자신의 허물을 방비해야 한다. 허물이 없어질 때마다 덕은 점차 높아질 것이다. 사회의 허물을 바로 잡는 것은 옛것을 무조건 버리는 것이 아니다.

옛것에서 우리는 새로운 길과 방향을 찾을 수 있다. 역의 이치는 돌고 돌기 때문이다. 공자가 《논어》에서 "옛것을 익혀서 새로운 것을 안다면, 스승이 될 만하다(溫故而知新, 可以爲師矣)."고 한 말은 여기에 적용할 수 있다.

산천대축의 잡괘를 보면, 천산돈(天山遯, ䷠), 뇌택귀매(雷澤歸妹, ䷵), 택지췌(澤地萃, ䷬), 천뢰무망(天雷无妄, ䷘) 등이 있다. 사회를 새롭게 부흥시킬 때 중요한 것은 일의 시작과 끝을 잘 살펴 상도를 벗어나지 않도록 해야 한다. 그래야 헛됨을 예방하고, 사람들을 모아 대업을 이룰 수 있다.

초구(初九)

어려움이 있다. 그만 두는 것이 이롭다. 상사에서 이르기를, 어려움이 있으니, 그만 두는 것이 이롭다 함은 재앙을 범하지 말라는 뜻이다(有厲, 利已. 象曰, 有厲利已, 不犯災也).

초구는 양효가 양위에 있지만, 중도가 없다. 더군다나 가장 낮은 위치에 있다. 따라서 힘을 적절하게 발휘할 단계가 아니다. 이런 위치에 있는 자라면 경거망동하지 않는 것이 재앙을 면하는 길이다. 우선은 수신(修身)을 통해 자신을 바로 세운 후에 뜻을 펼쳐야 한다.

다행히 초구는 대응하는 육사와 바르게 상응하고 있다. 산천대축의 시대에 초구는 경거망동하지 말고 힘을 기르면서, 육사와 함께 할 날을 기다리면 된다. 바름(正)을 기르면, 장차 크게 쓰일 날이 온다.

괘의 변화를 보자. 만약 1효가 음으로 변하면 산풍고(山風蠱, ䷑)가 되고, 1효는 그대로 있고 나머지 효가 모두 반대로 바뀌면 택뢰수(澤雷隨)가 된다. 역의 이치에 따라 바르게 일신우일신(一新又一新) 한다면, 모든 어려움을 이기고 사람들이 기쁜 마음으로 함께 할 것이다.

구이(九二)

수레의 바퀴살이 빠졌다. 상사에서 이르기를, 수레의 바퀴살이 빠졌지만 중도를 지키면 허물이 없을 것이다(輿說輹. 象曰, 輿說輹, 中无尤也).

구이는 양효가 음위에 있지만, 중도가 있다. 또한 구이가 현명한 군주인 육오와 정응(正應)하고 있기 때문에, 허물을 빨리 수습할 수 있다. 더욱이 구이의 강한 힘을 음유한 위치가 억제하는 작용을 하고 있다.

산천대축의 시기에 구이의 성공 여부는 적절한 조율에 있다. 양기가 너무 갑자기 뻗치는 것을 방비하고, 정신과 물질의 균형을 맞추는 것이 좋다. "수레의 바퀴살이 빠졌다."는 말 속에 속도 조절의 의미가 담겨있다.

괘의 변화를 보자. 만약 2효가 음으로 변하면 산화비(山火賁, ䷕)가 되고, 2효는 그대로 있고 나머지 효가 모두 반대로 바뀌면 택수곤(澤水困, ䷮)이 된다.

많이 쌓을 때는 기초가 튼튼하고 더불어 전체의 조화가 이루어져야, 나중에 문제가 없다. 이 과정에서 엄격한 질서를 지키지 못하면, 곤란한 상황이 찾아오게 된다.

구삼(九三)

좋은 말을 타고 달린다. 어렵지만 올곧음을 지키면 이롭다. 날마다 수레 타기와 방어술을 익히고, 갈 바가 있으면 이롭다. 상사에서 이르기를, 갈 바가 있으면 이롭다 함은 위와 뜻이 합하기 때문이다(良馬逐, 利艱貞, 曰閑輿衛, 利有攸往. 象曰, 利有攸往, 上合志也).

구삼은 양효가 양위에 있다. 양기가 뻗치는 상황이지만, 하괘 건(乾)의 상단이므로 도리를 벗어나지는 않는다. 또한 비록 구삼이 중도는 없지만, 상괘 간(艮)이 멈춤의 도리로써 구삼을 제어하고 있다.

한편 구삼은 산천대축의 괘주라고 할 수 있는 밝은 스승인 상구와 대응하고 있다. 비록 상구와 정응(正應)하고 있지 않기 때문에, 상구의 밝은 가르침이 아픔이 될 수도 있다.

그러나 몸에 좋은 약은 쓴 것처럼, 인간은 고통을 통해 성숙하는 법이다. 고통이 구삼의 굳센 힘을 바르게 유도할 수 있다. 올곧음을 지키고 뜻을 펼칠 준비를 하면, 좋은 결과가 있게 된다.

괘의 변화를 보자. 만약 3효가 음으로 변하면 산택손(山澤損, ䷨)이 되고, 3효는 그대로 있고 나머지 효가 모두 반대로 바뀌면 택산함(澤山咸, ䷞)이 된다. 절도와 순리를 따르고 욕심을 자제해야 크게 쌓을 수 있다.

육사(六四)

송아지의 뿔 날 곳에 가로 나무를 댄다. 크게 길하다. 상사에서 이르기를, 육사가 크게 길함은 기쁨이 있기 때문이다(童牛之牿, 元吉. 象曰, 六四元吉, 有喜也).

육사는 음효가 음위에 있다. 비록 중도는 없지만, 초구와 정응(正應)하고 있다. 또한 육사는 현명한 주군인 육오 밑에 있다. 따라서 유비무환의 정신으로 안팎을 잘 관리하고 방비하면, 좋은 일이 있을 것이다.

원문의 곡(牿)은 쇠뿔에 가로 댄 나무를 뜻한다. 송아지 때에 미리 가로 나무를 대어 강한 힘을 억제하는 방책을 세우는 것이다. 따라서 "송아지의 뿔 날 곳에 가로 나무를 댄다."는 말은 미리 우환을 방비한다는 의미다.

괘의 변화를 보자. 만약 4효가 양으로 변하면 화천대유(火天大有, ䷍)가 되고, 4효는 그대로 있고 나머지 효가 모두 반대로 바뀌면 수지비(水地比, ䷇)가 된다.

물질이 쌓이면 정신이 부패할 수 있다. 따라서 선(善)을 장려하고 악(惡)을 멀리함으로써 도덕과 질서를 잡을 필요가 있다. 또한 바른 뜻을 지닌 사람들이 서로 협력하여 사회 안정망을 구축해야 한다.

육오(六五)

거세한 돼지의 어금니다. 길하다. 상사에서 이르기를, 육오의 길함은 경사가 있다는 뜻이다(豶豕之牙, 吉. 象曰, 六五之吉, 有慶也).

육오는 음효가 양위에 있지만, 중도가 있다. 거세한 돼지는 난폭하지 않다. 다만 튼튼한 어금니로 모든 음식물을 잘 소화해낸다. 온유한 현군이 위아래의 문제를 잘 소통하고 해결하는 모습이라고 할 수 있다.

한편 음유한 육오는 양강한 구이와 정응(正應)하고 있다. 서로 협력하여 사회의 부를 크게 쌓을 수 있다. 또한 위에 있는 상구는 현명한 스승이다. 상구는 물질로 인한 병폐를 미리 방비할 지혜를 줄 수 있다. 이러한 시절 인연으로 육오에게 경사가 있을 수밖에 없다.

괘의 변화를 보자. 만약 5효가 양으로 변하면 풍천소축(風天小畜, ䷈)이 되고, 5효는 그대로 있고 나머지 효가 모두 반대로 바뀌면 뇌지예(雷地豫, ䷏)가 된다. 물질주의의 폐해를 막기 위해 인문교육을 강화하고 더불어 엄격한 규율을 세워야 한다.

상구(上九)

이 얼마나 사통팔달한 하늘의 길인가. 형통하다. 상사에서 이르기를, 이 얼마나 사통팔달한 하늘의 길인가 함은 도가 크게 행하기 때문이다(何天之衢, 亨. 象曰, 何天之衢, 道大行也).

상구는 양효가 음위에 있고, 중도도 없다. 하지만 상괘 간(艮)의 괘주로서 하괘 건(乾)의 강건함을 다스리는 고명한 은사에 해당한다. 상구는 산천대축의 정점을 이루고 있다. 쌓고 길러냄이 극에 달해 모든 것이 훤히 통하는 지경에 이르렀다.

비록 상구는 세상의 명리에는 뜻이 없지만, 넓고 깊은 식견으로 모두가 우러르고 따르는 위치에 있다. 물질의 병폐를 정신적 스승이 널리 깨우친다면, 널리 사회를 이롭게 하는 홍익사회(弘益社會)가 건설될 수 있다.

물질적 안정을 이루는 목적은 정신의 안정과 깨우침에 있다. 물질과 정신의 균형을 통해 의식을 상승시키면, 지금 여기의 삶에서 하늘의 문을 열

수 있다.

　괘의 변화를 보자. 만약 6효가 음으로 변하면 지천태(地天泰, ䷊)가 되고, 6효는 그대로 있고 나머지 효가 모두 반대로 바뀌면 천지비(天地否, ䷋)가 된다. 사람들이 바른 도리로 움직이면 세상이 태평성세를 누리고, 그렇지 않으면 소통이 막힌 어지러운 세상이 된다.

27.
산뢰이(山雷頤)

바른 도리로 양육하라

이는 올곧으면 길하다. 턱을 살핀다. 스스로 음식을 구한다(頤, 貞吉, 觀頤, 自求口實).

크게 축적한 이후에 만물을 기를 수 있다. 그러므로 대축(大畜) 다음에 이 (頤)로 이어진다. 이는 올바름을 기르는 것을 함축하고 있다. 괘의 형상이 위 아래 턱 사이의 치아 모습이다.

산뢰이는 천지가 생명을 기르듯이, 인간도 그 도리를 본받아 양육의 도리를 다해야 한다는 의미를 담고 있다. 단사를 보자.

단사에서 이르기를, 이는 올곧으면 길하다 함은 바름을 기르는 것이 길하다는 뜻이다. 턱을 살핀다 함은 기르는 바를 관찰하는 것이다. 스스로 음식을 구한다 함은 스스로 기름을 관찰하는 것이다. 천지가 만물을 기르고, 성인이 현인을 길러 만민에게 미치게 하니, 이의 시대적 의의가 크도다(彖曰, 頤, 貞吉, 養正則吉也. 觀頤, 觀其所養也, 自求口實, 觀其自養也. 天地養萬物, 聖人養賢以及萬民, 頤之時大矣哉).

뜻 있는 사람들이 세상에 나와 꿈을 펼칠 수 있기 위해서는, 작게는 개인에서부터 크게는 나라에 이르기까지 세심한 노력을 기울여야 가능하다. 개인은 자신의 실력을 쌓아야 하고, 나라는 실력 있는 인재들을 뽑아서 더욱 단련시켜야 한다.

상사에서 이르기를, 산 아래에 우레가 있는 모습이다. 군자는 이로써 언어를 삼가고 음식을 절제한다(象曰, 山下有雷, 頤, 君子以愼言語, 節飮食).

산뢰이는 상괘 간(艮)과 하괘 진(震)이 합쳐진 모습이다. 마치 턱과 이빨로 음식을 씹는 모습이다. 음식물을 씹어서 온몸에 공급할 영양분을 만들듯이, 매사 언행을 조심하고 물질에 대한 욕심을 절제하는 습관이 사람들 몸에 배이면 사회에 바른 기운이 충만하게 된다. 움직임을 상징하는 진(震)괘 위에 멈춤을 의미하는 간(艮)괘가 있는 이유가 여기에 있다.

공자는 인생사의 문제를 한마디로 음식남녀(飮食男女)라고 했다. 언행을 삼가는 일은 남녀관계에서 확대된 조화로운 인간관계의 기본이고, 음식의 절제는 건강한 삶을 위한 전제조건이다. 음식을 잘 씹어야 소화가 잘 되고, 영양분이 온몸에 고루 공급된다.

마찬가지로 인간관계를 잘 조율하고 서로 절제하면, 계층 간의 교류가 활발해지고 경제의 흐름이 안정적으로 유지될 수 있다. 그렇게 되면 사람들 간의 갈등 요소가 줄어들어 소통이 잘 되고, 건강한 사회를 만들 수 있다.

산뢰이의 잡괘를 보면, 뇌산소과(雷山小過, ䷽), 중지곤(重地坤, ䷁), 택풍대과(澤風大過, ䷛) 등이다. 작은 잘못이든 큰 잘못이든, 허물을 막기 위해서는 절제와 조율이 필요하고, 세상의 질서를 잘 따라야 한다.

초구(初九)

너의 영귀를 버리고, 나를 보고서 턱을 벌린다. 흉하다. 상사에서 이르기를, 나를 보고서 턱을 벌린다 함은 역시 귀하게 보기에는 부족하다는 뜻이다(舍爾靈龜, 觀我朶頤, 凶. 象曰, 觀我朶頤, 亦不足貴也).

초구는 양효가 음위에 있다. 비록 위치는 낮지만, 움직임을 뜻하는 하괘 진의 괘주다. 그러므로 초구는 움직이는 힘이 강하다. 그런데 대응하는 육사는 온유하므로, 더욱 그 힘을 억제하기 힘들다. 여기서 '너'는 육사고, '나'는 초구다.

영귀(靈龜)는 예전에 신점을 볼 때 사용하던 신령스런 거북이 껍데기를 의미한다. 그런 영귀를 버리는 것은 자신의 위치를 망각하는 것을 암시한다. 거북이는 기(氣)를 먹고 사는 동물이다. 신령스런 거북이를 버리고 다른 것을 탐하는 것이므로 흉하다.

우리 모두에게는 자신만의 영귀가 존재한다. 자신의 천부적인 재능과 품성을 버리고 남을 쫓는 것은 자신의 귀한 보물을 버리고 남의 하찮은 허세를 따르는 것과 다를 것이 없다. 밖으로 보이는 현상에 이끌리지 말고, 안에 내재한 본성을 찾게 되면 자신의 운명을 스스로 주재할 수 있다.

괘의 변화를 보자. 만약 1효가 음으로 변하면 산지박(山地剝, ䷖)이 되고, 1효는 그대로 있고 나머지 효가 모두 반대로 바뀌면 택천쾌(澤天夬, ䷪)가 된다. 중심을 잃고 허례허식에 빠지면, 자신의 정체성이 무너질 수 있다. 따라서 자신의 허물이 있다면, 과감하게 도려내야 한다.

육이(六二)

> 턱을 거꾸로 아래로 내민다면 도리에 위배된다. 위로 턱을 내밀며 정벌해도 흉하다. 상사에서 이르기를, 육이가 정벌하면 흉하다 함은 행함에 있어서 동류를 잃기 때문이다(顚頤拂經, 于丘頤, 征凶. 象曰, 六二征凶, 行失類也).

육이는 음효가 음위에 있고, 중도도 있다. 그러나 대응하는 육오와 정응(正應)하고 있지 못하다. 그런 상황에서 아래에 있는 초구나 위에 있는 상구에게 의지한다면, 중도의 도리를 잃게 된다. 자신의 역할을 망각하면 질서가 무너진다.

자신의 정체성은 자신에게 주어진 역할에 의해 결정된다. 음(陰)은 양(陽)을 따르고 기르는 것이 하늘의 이치다. 그리고 낮은 음은 높은 음을 따르고 보필하는 것이 도리다. 그 도리를 어기면, 동류의 친구들을 잃게 된다.

산뢰이의 괘상에서 보면, 중심을 잡아야 할 위치에 있는 육이가 힘도 너무 약하고, 중도의 도리도 활용하고 있지 못한 모습이다. 효사와 상사는 육이에 대한 경책을 담고 있다.

괘의 변화를 보자. 만약 2효가 양으로 변하면 산택손(山澤損, ䷨)이 되고, 2효는 그대로 있고 나머지 효가 모두 반대로 바뀌면 택산함(澤山咸, ䷞)이 된다. 욕심을 자제하고 분수와 도리를 지켜야 사회의 안정이 오래 유지된다.

산뢰이는 전체적으로 바른 기운을 새롭게 기르는 것이 쉽지 않다는 것을 보여주고 있다. 오직 자신의 위치에 맞게 올곧음을 지키고, 인고의 과정을 거쳐야 한다. 모든 것은 숙성을 거쳐야 깊은 맛과 맑은 기운을 낼 수 있는 법이다.

육삼(六三)

기르는 도에 위배되기 때문에 올곧음을 지킨다 해도 흉하다. 십년 동안 쓰지 못한다. 이로울 바가 없다. 상사에서 이르기를, 십년 동안 쓰지 못한다 함은 도가 크게 어그러졌기 때문이다(拂頤貞凶, 十年勿用, 无攸利. 象曰, 十年勿用, 道大悖也).

육삼은 음효가 양위에 있고, 중도도 없다. 비록 육삼이 상구와 정응(正應)하고 있지만, 하괘 진(震)의 끝자락인데다, 위아래로 유약한 자들이 있다. 때문에 육삼은 매우 불리한 상황이다.

"십년 동안 쓰지 못한다."는 말은 그만큼 상황이 좋지 않다는 뜻이다. 이처럼 곤란한 시기를 견디고 이겨내는 유일한 길은 바름을 지키는 길밖에 없다. 요즘 같은 언택트(Untact) 시대에는 양정(養正)의 도리로써, 독서를 통해 정신을 바르게 함양하고, 운동을 통해 몸을 바르게 유지하는 것이 최고다.

괘의 변화를 보자. 만약 3효가 양으로 변하면 산화비(山火賁, ䷕)가 되고, 3효는 그대로 있고 나머지 효가 모두 반대로 바뀌면 택수곤(澤水困, ䷮)이 된다. 당분간 어려움을 감내하면서 때를 기다리는 수밖에 없다. 어려움을 극복할 수 있는 강한 정신력과 체력을 심신의 수양을 통해 기르는 것이 좋다.

육사(六四)

턱을 거꾸로 아래로 내민다. 길하다. 호시탐탐하며 욕심을 쫓아도, 허물이 없다. 상사에서 이르기를, 턱을 거꾸로 아래로 내밀어도 길하다 함은 위에서 베풂이 빛나기 때문이다(顚頤吉, 虎視耽耽, 其欲逐逐, 无咎. 象曰, 顚頤之吉, 上施光也).

육사는 음효가 음위에 있다. 비록 중도는 없지만, 초구와 정응(正應)하고 있다. 또한 멈춤을 뜻하는 상괘 간(艮)의 아래에 있으므로 양육의 바른 위치를 확보하고 있다.

육사는 육오를 보필하며 바른 기운과 도리를 육성하는 바른 위치에 있다. 그러므로 육사는 초구의 양기를 잘 키울 수 있고, 자신도 그 혜택을 볼 수 있다.

괘의 변화를 보자. 만약 4효가 양으로 변하면 화뢰서합(火雷噬嗑, ䷔)이 되고, 4효는 그대로 있고 나머지 효가 모두 반대로 바뀌면 수풍정(水風井, ䷯)이 된다. 바른 규범을 세우고 형벌을 밝게 집행하면, 사회의 질서가 바르게 잡힐 것이다.

육오(六五)

도리에 어긋난다. 올곧음에 거하면 길하다. 큰 내를 건너서는 안 된다. 상사에서 이르기를, 올곧음에 거하면 길하다 함은 순순히 상구를 따르기 때문이다 (拂經, 居貞吉, 不可涉大川. 象曰, 居貞之吉, 順以從上也).

육오는 음효가 양위에 있지만, 중도가 있다. 그리고 대응하는 육이와 정응(正應)하고 있지 않다. 효사는 육오가 도리에 어긋난다고 했다. 그것은 육오가 너무 나약한 군주이기 때문이다. 다만 중도를 올곧게 지키고 있으면 좋다. 다행히 상구에 현명한 스승이 있기 때문이다.

육오는 마치 유비의 아들 바보 유선과 같다. 유선이 큰 고통 없이 여생을 살 수 있었던 것은 제갈량과 같은 사람이 스승의 위치에 존재했기 때문이다. 더불어 그가 아버지 유비의 가르침대로 악(惡)에 물들지 않고, 착하게 살았기 때문이다.

괘의 변화를 보자. 만약 5효가 양으로 변하면 풍뢰익(風雷益, ䷩)이 되고, 5효는 그대로 있고 나머지 효가 모두 반대로 바뀌면 뇌풍항(雷風恒, ䷟)이 된다. 선(善)을 쌓고 악을 멀리하면, 사회의 기운이 조화를 이루고 평화와 번영을 오래 누릴 수 있다.

상구(上九)

말미암아 기른다. 위태롭지만 길하다. 큰 내를 건너면 이롭다. 상사에서 이르기를, 말미암아 기르고 위태롭지만 길하다 함은 크게 경사가 있기 때문이다 (由頤, 厲吉, 利涉大川. 象曰, 由頤厲吉, 大有慶也).

상구는 양효가 음위에 있다. 또한 상구는 자리도 바르지 않고, 중도도 없다. 그러나 다행히 육삼과 정응(正應)하고 있고, 그침을 상징하는 간(艮)의 정상에 있다. 온갖 미혹된 생각을 멈추고, 세속의 모든 욕망을 건너가서 세상을 초연히 바라보는 자다. 스승으로서 양육의 도를 세상에 펼칠 만한 자격을 갖추고 있다.

세상에 바른 도를 키워나가기 위해서는 사도(師道)로 삼을 만한 큰 스승이 있어야 한다. 그리고 더불어 사회의 저변에서 새로운 사회를 이끌어갈 잠룡들이 있어야 가능하다.

우리 사회는 잠룡들은 많으나, 사도로 삼을 스승은 많지 않은 것 같다. 그러나 다행한 것은 바른 스승을 대신할 바른 도리를 담은 책들은 많다. 진리를 담은 성문(聖文)을 가까이 하고 자신을 갈고 닦는다면, 우리 사회의 앞날도 밝을 것이다. 석가의 말처럼, 진리의 등불에 의지하고 자신의 본성을 밝혀서, 진리의 세계로 나아갈 수 있다.

괘의 변화를 보자. 만약 6효가 음으로 변하면 지뢰복(地雷復, ䷗)이 되고, 6

효는 그대로 있고 나머지 효가 모두 반대로 바뀌면 천풍구(天風姤, ䷫)가 된다.

양기를 바르게 양육하는 것은 모두 자기 자신에게 달려있다. 역의 도리를 따르면 밝음의 세계로 나가고, 그렇지 않으면 어둠의 세상으로 반전된다.

28.

택풍대과(澤風大過)

썩은 것은 도려내야 한다

대과는 용마루가 휘어짐이다. 갈 바가 있으면, 이롭다(大過, 棟撓, 利有攸往, 亨).

만약 인재를 양육하지 않으면, 그 사회는 제대로 움직일 수 없다. 그러므로 이(頤) 다음에 대과(大過)로 이어진다. 대과는 넘어짐(顚)을 내포하고 있다.

모든 세상은 영고성쇠를 반복한다. 좋은 시절이 오래 가면, 사람들의 풍속이 저속화되기 마련이다. 택풍대과에는 이에 대한 경책이 들어있다. 문제의 싹이 트기 전에, 미연에 방지하는 것이 상책이다.

괘의 모습을 보면 위아래의 기반은 약한데, 중앙의 기둥이 너무 강하게 대립하고 있는 모습이다. 너무 강한 것이 마주하면, 기둥이 휘어질 수 있다. 단사를 보자.

단사에서 이르기를, 대과는 큰 것이 지나갔음을 말한다. 용마루가 휘어짐이다 함은 본말이 약하다는 뜻이다. 굳센 양이 지나치나 가운데 자리에 있고, 공손하면서 기쁨으로 행한다. 갈 바가 있으면, 이롭고, 이에 형통하다. 대과가 갖는 시대의 의미는 크다(象曰, 大過, 大者過也, 棟橈, 本末弱也. 剛過而中. 巽而說行, 利有攸往, 乃亨. 大過之時大矣哉).

태풍대과는 아래위로 강한 효가 맞서 있는 형국이다. 사회의 갈등과 대립이 심한 상황이다. 그러므로 뭔가 완충작용이나 돌파구가 필요하다. 만약 이 상황을 잘 해결하면, 보다 튼튼한 사회가 될 수 있다. 상사를 보자.

상사에서 이르기를, 못에 나무가 잠긴 모습이 대과다. 군자는 이로써 홀로 서서 두려워하지 않으며, 세상을 피하여 은둔하여도 번민하지 않는다(象曰, 澤滅木, 大過, 君子以獨立不懼, 遯世无悶).

상괘 태(兌) 밑에 하괘 손(巽)이 택풍대과를 이루고 있다. 못에 잠긴 나무는 썩기 십상이다. 문제가 터지기 전에 특단의 대책이 필요한 상황이다. 현자는 부패가 가득하고 바른 도리가 막힌 세상을 피해, 자신의 생명을 온전히 보존한다.

그러나 진정한 영웅과 성인은 이때 세상에 남아 살신성인(殺身成仁)의 정신으로 난국을 해결했다. 택풍대과의 잡괘를 보면, 풍택중부(風澤中孚, ䷼), 중천건(重天乾, ䷀), 산뢰이(山雷頤, ䷚) 등이 있다. 하늘의 뜻을 받들고 중도의 지혜를 발휘해서 사회를 잘 조율한다면, 난세를 평정할 수 있다.

초육(初六)

흰 띠풀을 깔개로 사용한다. 허물이 없다. 상사에서 이르기를, 흰 띠풀을 깔개로 사용한다 함은 부드러운 음이 아래에 있다는 뜻이다(藉用白茅, 无咎. 象曰, 藉用白茅, 柔在下也).

초육은 음효가 양위에 있고 중도도 없다. 그러나 대과의 가장 초기 단계이기 때문에 큰 문제가 없다. 음효가 1효에 있기 때문에 흰 띠풀을 깔개로 사용한다는 표현을 쓰고 있다.

공자는 《계사전》에서 초육에 대해, "대저 띠풀은 지극히 하찮은 물건이지만, 쓰임이 매우 중하다(夫茅之爲物薄, 而用可重也)."고 설명하고 있다. 독도약에 쓸 수 있는 것처럼, 하찮은 것도 쓰임에 따라 큰 역할을 할 수 있다. 따라서 수단과 방책을 적절하고 신중하게 쓴다면, 어떤 일에서든 허물을 방비할 수 있다.

다른 각도로 얘기하면, 보기에 하찮은 잘못도 방치하면 부패의 원인이 된다. 때문에 초기에 부패의 원인을 제거하는 것이 현명하다. 대의(大義)를 위해 썩은 것은 도려내야 한다.

괘의 변화를 보자. 만약 1효가 양으로 변하면 택천쾌(澤天夬, ䷪)가 되고, 1효는 그대로 있고 나머지 효가 모두 반대로 바뀌면 산지박(山地剝, ䷖)이 된다.

작은 문제가 큰 문제로 비화되기 전에 미리 문제의 원인을 제거하고, 더불어 부패와 부조리를 개혁해야 사회의 붕괴를 막을 수 있다.

구이(九二)

> 마른 버드나무에 새 싹이 생긴다. 늙은이가 젊은 아내를 얻는다. 불리함이 없다. 상사에서 이르기를, 늙은이와 젊은 아내는 지나친 만남이다(枯楊生稊, 老夫得其女妻, 无不利. 象曰, 老夫女妻, 過以相與也).

구이는 양효가 음위에 있지만, 중도를 얻었다. 태풍대과는 인생이 허물어져가는 늙은이에 비유할 수 있다. 늙은이가 젊은 아내를 얻는 것은 일반적인 일은 아니다. 지나침이 있는 것이다.

그러나 불리함은 없다고 했다. 늙은 남자라도 생리적인 기능은 살아 있기 때문이다. 생명 순환의 측면에서는, 새로운 자녀를 얻는 일이기 때문에 나쁜 일이 아니다. 마른 나무에 새로운 생명이 돋아나는 것과 같다.

괘의 변화를 보자. 만약 2효가 음으로 변하면 택산함(澤山咸, ䷞)이 되고, 2효는 그대로 있고 나머지 효가 모두 반대로 바뀌면 산택손(山澤損, ䷨)이 된다.

음양의 교류에는 절도와 순리가 있다. 따라서 멈춤의 도리를 알아야 한다. 또한 지나친 욕망을 자제하고 아랫사람의 고충을 헤아려야, 문제를 방지할 수 있다.

구삼(九三)

용마루가 휘어진다. 흉하다. 상사에서 이르기를, 용마루가 휘어짐의 흉함은 돕는 이가 있을 수 없기 때문이다(棟橈, 凶. 象曰, 棟橈之凶, 不可以有輔也).

구삼은 양효가 양위에 있으나, 중도가 없다. 구삼은 하괘 손(巽)의 끝자락인데다, 구삼과 대응하는 상육의 힘이 모두 빠진 상태라 도움을 받을 수도 없다. 그런데 구삼이 자기 힘만 믿고 행동한다면, 분명 누구에게나 배척당할 것이다.

사회가 썩어서 몰락하는 택풍대과의 시기에 사회의 중심을 이루고 있는 사람들이 자기의 힘을 절제하지 못하고 남용한다면, 사회의 붕괴는 가속화될 수밖에 없다.

괘의 변화를 보자. 만약 3효가 음으로 변하면 택수곤(澤水困, ䷮)이 되고, 3효는 그대로 있고 나머지 효가 모두 반대로 바뀌면 산화비(山火賁, ䷕)가 된다.

택풍대과에서 구삼의 경우에는 사회의 도덕을 높여야 한다. 그런 차원에서, 인문 문화를 장려하고 동시에 엄격한 법질서를 확립하는 것이 사회의 몰락을 막을 수 있다.

사회의 중심을 이루는 중도세력들이 서로 조화를 이루어야 사회가 건강해진다. 우리 사회도 조화로운 인문정신을 다시 회복해야 할 때다.

구사(九四)

용마루가 높다. 길하다. 다른 데에 마음을 두면, 부끄럽게 된다. 상사에서 이르기를, 용마루가 높아 길함은 아래로 휘지 않는다는 뜻이다(棟隆, 吉, 有它, 吝. 象曰, 棟隆之吉, 不橈乎下也).

구사는 양효가 음위에 있다. 비록 중도도 없지만, 대응하는 초육과 정응(正應)하고 있다. 이제 상황이 하괘에서 상괘로 전환되어 '일인지하 만인지상(一人之下 萬人之上)'의 위치에 구사가 있기 때문에, 용마루가 높다고 하는 것이다. 비록 기쁨을 상징하는 태(兌)괘에 있지만, 괘의 아래이고 강한 군주 밑의 음위에 있다. 따라서 구사가 강한 힘을 함부로 쓸 수 없는 입장이기 때문에, 크게 문제를 일으킬 수 없는 상황이다. 따라서 길하다.

그러나 구사가 자신의 본분을 망각하고 지나치게 권력을 남용하거나 쾌락에 도취된다면, 문제는 심각해진다. 택풍대과의 시기에 구사는 철저하게 자신의 허물을 돌아보고, 올곧게 구오를 보필해야 사회 붕괴를 막을 수 있다.

괘의 변화를 보자. 만약 4효가 음으로 변하면 수풍정(水風井, ䷯)이 되고, 4효는 그대로 있고 나머지 효가 모두 반대로 바뀌면 화뢰서합(火雷噬嗑, ䷔)이 된다.

사회의 부패를 막기 위해서는 고위 공직자나 기업의 경영자가 지나친

28. 택풍대과(澤風大過) ䷛

욕심을 버리고 공존번영의 규범을 지켜야, 사회의 풍속과 질서가 바르게 유지될 수 있다.

구오(九五)

마른 버드나무에 꽃이 핀다. 늙은 여자가 젊은 남편을 얻는다. 허물도 없고 명예도 없다. 상사에서 이르기를, 마른 버드나무에 꽃이 피면, 얼마나 오래갈 수 있겠는가. 늙은 여자와 젊은 남편은 또한 추한 모습이다(枯楊生華, 老婦得其士夫, 无咎无譽. 象曰, 枯楊生華, 何可久也. 老婦士夫, 亦可醜也).

구오는 양효가 양위에 있고, 중도도 있다. 그러나 대응하는 구이와 정응(正應)하고 있지 않다. 대과(大過)의 시절인연에서, 주군으로서의 역할은 하지 않고, 주색잡기에 빠진 모습이다. 멀지 않아 패가망신할 상황이다. 생명 순환의 입장에서 볼 때도, 늙은 여자는 생산을 할 수 없기 때문에, 결국 추한 모습만 보일 뿐이다.

만약 늙은 여자 지도자가 바른 정치와 경제에는 관심이 없고 젊은 남자와 쾌락을 즐긴다면, 그 나라는 곧 붕괴될 것이다. 청나라를 몰락의 길로 끌고 간 서태후(西太后)가 그 대표적인 예일 것이다. 구오 자신은 "허물도 없고 명예도 없다."고 말할지 모르지만, 나라의 입장에서는 비극이라고 할 수 있다.

괘의 변화를 보자. 만약 5효가 음으로 변하면 뇌풍항(雷風恒, ䷟)이 되고, 5효는 그대로 있고 나머지 효가 모두 반대로 바뀌면 풍뢰익(風雷益, ䷩)이 된다.

음양의 질서인 생명의 질서가 바로 잡혀야, 사회의 위계질서가 바로 잡힐 수 있다. 그리고 택풍대과의 시기에는 지도자가 탐욕을 버리고, 위의 것을 덜어 아래 사람들에게 베풀어야, 나라를 바로 세울 수 있다.

상육(上六)

무리하게 건너다 머리까지 물에 빠진다. 흉하지만, 허물은 없다. 상사에서 이르기를, 무리하게 건너다 생긴 흉함은 탓할 데가 없다는 뜻이다(過涉滅頂, 凶, 无咎. 象曰, 過涉之凶, 不可咎也).

상육은 음효가 음위에 있지만, 중도가 없다. 더군다나 대과의 마지막 단계에서 흉함이 극에 달하고 있다. 다만 온유한 덕을 지니고 있고, 구삼과 정응(正應)하고 있으므로 큰 잘못은 없다고 하는 것일 뿐이다.

택풍대과의 시절에 상육과 같은 의지가 나약한 도덕군자는 하등의 쓸모가 없다. 자신은 몸을 보호하고 도덕을 지키고 있으므로, 허물이 없을지 모른다. 그러나 상육은 사회의 원로로서 사도(師道)를 바로 세워야 할 사회적 역할은 전혀 수행하지 못하고 있다.

괘의 변화를 보자. 만약 6효가 양으로 변하면 천풍구(天風姤, ䷫)가 되고, 6효는 그대로 있고 나머지 효가 모두 반대로 바뀌면 지뢰복(地雷復, ䷗)이 된다.

사회의 원로들이 자신의 안위보다 바른 도를 세우는 일에 헌신한다면, 사회에 다시 밝은 양기가 회복될 것이다. 그러나 그렇지 못하면 어두운 혼란의 시대가 지속될 수밖에 없다.

29.
중수감(重水坎)
위기는 기회

습감은 믿음이 있다. 오직 마음으로 형통하다. 행하면 숭상함이 있다(習坎, 有
孚, 維心亨, 行有尙).

너무 지나친 것은 위험에 빠진다. 그러므로 대과(大過) 다음에 감(坎)으로
이어진다. 감(坎)은 위험에 빠짐(陷)을 뜻한다. 또한 감은 내려감(下)을 함축하
고 있다.

태풍대과를 지나면, 본격적인 어려움이 이어 온다. 중수감은 이런 시대
상에 대한 경책이다. 습감(習坎)은 중수(重水)의 다른 표현으로, 위험과 험난함
이 겹쳐 오는 것을 말한다. 단사를 보자.

단사에서 이르기를, 습감은 험함이 거듭됨이다. 물은 흘러가므로 가득차지 않
는다. 위험 속에 행하나 믿음을 잃지 않는다. 오직 마음으로 형통하다 함은 굳
센 양이 가운데 있기 때문이다. 행하면 숭상함이 있다 함은 가면 공이 있다는
뜻이다. 하늘이 험함은 오를 수 없기 때문이다. 땅이 험함은 산천과 구릉 때문
이다. 왕공은 험한 것을 설치하여 나라를 지킨다. 험함의 때와 쓰임이 크다(象

曰, 習坎, 重險也, 水流而不盈. 行險而不失其信, 維心亨, 乃以剛中也, 行有尙, 往有功也. 天險不可升也, 地險山川丘陵也, 王公設險以守其國, 險之時用大矣哉).

난세에 영웅이 난다는 말이 있다. 아무리 험난한 일이 거듭될지라도 마음만 중심을 잡고 있다면, 오히려 위기가 위대한 기회가 될 수 있다. 영웅은 난세의 위기를 모든 사람의 기회로 만들고, 새로운 세상을 연 사람이다. 위기를 하나하나 해결하다보면, 새로운 길이 열린다. 상사를 보자.

상사에서 이르기를, 물이 계속 흘러옴이 습감이다. 군자는 이로써 항상 덕을 행하고, 늘 가르침에 힘쓴다(象曰, 水洊至, 習坎, 君子以常德行, 習敎事).

수행자는 어려움을 피하지 말고, 고난을 자기 단련의 기회로 삼아야 한다. 일상에서 만나는 모든 어려움이 공부의 대상이 된다. 모든 것은 마음먹기에 달렸다. 석가와 예수 모두 고난과 궁핍을 수행의 중요한 원동력으로 삼았다.

중수감의 잡괘를 보면, 산뢰이(山雷頤, ䷚), 중화리(重火離, ䷝) 등이다. 고난이 중첩된 어려운 시대를 잘 견디기 위해서는, 무엇보다 심신의 상태를 잘 조율하고 밝은 지혜를 함양하는 것이 바른 도리다. 수신(修身)과 수덕(修德)으로 고난을 이겨나갈 힘과 지혜를 얻을 수 있다.

초육(初六)

거듭해서 위험이 닥친다. 구덩이 속으로 들어간다. 흉하다. 상사에서 이르기를, 거듭해서 위험이 닥쳐서 구덩이에 들어간다 함은 도를 잃은 것이므로 흉하다는 뜻이다(習坎, 入于坎窞, 凶. 象曰, 習坎入坎, 失道凶也).

초육은 음효가 양위에 있고, 위치가 낮다. 하괘 감(坎)의 아래에 있는데, 상괘도 감이다. 위험이 중첩되는 험난한 시대의 초입에 있는 상황이다. 초육은 위험을 헤쳐 나갈 힘도 지혜도 없는 상황이다. 위에 대응하는 육사도 초육과 정응(正應)하고 있지 않고, 힘도 없다.

그러나 하늘이 무너져도 솟아날 구멍이 있기 마련이다. 역에서는 포기하는 것이 없다. 포기하면 더 안 좋은 상황으로 내몰릴 뿐이다. 역에서 포기는 과함을 멈추는 것이다.

모든 문제의 해결은 자기 안에서 찾아야 한다. 어려움은 결국 자신이 초래한 것이기 때문이다. 모든 결과는 눈에 보이는 원인과 보이지 않는 원인이 현재의 현상을 만나 발현된 것이다. 그리고 모든 인연의 중심에는 자신이 있다. 따라서 현재 자신이 마주하는 모든 것은 자신이 만든 것이라는 사실을 자각할 필요가 있다.

괘의 변화를 보자. 만약 1효가 양으로 변하면 수택절(水澤節, ䷻)이 되고, 1효는 그대로 있고 나머지 효가 모두 반대로 바뀌면 화산려(火山旅, ䷷)가 된다.

크게 심기일전해서 수신(修身)을 통해 자신을 바로 세우고 절도 있는 생활을 하지 않으면, 삶의 터전도 잃고 떠도는 신세가 되기 십상이다.

구이(九二)

구덩이에 험함이 있으나, 구하면 조금 얻는다. 상사에서 이르기를, 구하면 조금 얻는다 함은 가운데를 벗어나지 않았기 때문이다(坎有險, 求小得. 象曰, 求小得, 未出中也).

구이는 양효가 음위에 있으나, 중도가 있다. 비록 험난한 시대에 있지만, 중도의 지혜를 발휘하면 조금이나마 얻을 수 있다. 그러나 구이는 감(坎)

이 중첩된 중수감의 시대에 하괘에 있기 때문에, 구덩이 속에서 목숨만 유지하고 있는 상황이다.

더욱이 대응하는 구오와 정응(正應)하고 있지 않기 때문에, 협력을 기대하기도 힘들다. 그러나 포기하면 안 된다. 힘을 내야 한다. 중도의 도리를 지키고 어려움을 인내하면, 반드시 상황을 전환시킬 기회가 온다.

괘의 변화를 보자. 만약 2효가 음으로 변하면 수천수(水天需, ䷄)가 되고, 2효는 그대로 있고 나머지 효가 모두 반대로 바뀌면 화풍정(火風鼎, ䷱)이 된다. 조용히 도리를 지키면 먹고사는 문제는 해결되겠지만, 그것으로는 부족하다. 사회의 부조리한 상황을 일소하고 새로운 기틀을 만들어야, 위험에서 벗어날 수 있다.

육삼(六三)

> 오고 가는 길에 구덩이가 연속한다. 위험이 또한 가로막아, 구덩이 속으로 들어간다. 움직일 수 없다. 상사에서 이르기를, 오고 가는 길에 구덩이가 연속한다 함은 끝내 공이 없다는 뜻이다(來之坎坎, 險且枕, 入于坎窞, 勿用. 象曰, 來之坎坎, 終无功也).

육삼은 음효가 양위에 있고, 중도도 없다. 더욱이 대응하는 상육은 도울 힘도 지혜도 없다. 위기가 중첩된 상황에서 육삼은 위기를 헤쳐 나갈 방법도 없고, 그럴 상황도 아니다. 따라서 함부로 움직일 수 없다.

육삼은 하괘 감(坎)의 끝에 있다. 불행이 끝날 것 같지만, 바로 위에 또 감이 있다. 진퇴양난의 형국에서 음효가 양위에 있어서, 쓸데없는 고집만 세다. 어리석은 고집을 버리지 못하면, 결국 위험에 또 빠질 수밖에 없다.

괘의 변화를 보자. 만약 3효가 양으로 변하면 수풍정(水風井, ䷯)이 되고,

3효는 그대로 있고 나머지 효가 모두 반대로 바뀌면 화뢰서합(火雷噬嗑, ䷔)이 된다.

　사회의 허리 부위에 해당하는 공무원이나 기업의 중간 간부는 자기주장을 내세우지 말고, 어려운 사람들의 심정을 위로하고 도와야 한다. 또한 자신의 안위보다는 사회질서를 바로 잡는데 헌신해야 사회가 안정된다.

육사(六四)

술통 하나와 제기 두 개를 질그릇으로 사용하고, 검소하게 들창으로 들인다. 마침내 허물이 없다. 상사에서 이르기를, 술통 하나와 제기 두 개는 굳센 양과 부드러운 음의 만남을 뜻한다(樽酒, 簋貳, 用缶, 納約自牖, 終无咎. 象曰, 樽酒簋貳, 剛柔際也).

　육사는 음효로서 음위에 있지만, 중도는 없다. 대응하는 초육과도 정응(正應)하고 있지 않다. 상황이 궁핍하기 때문에, 제사를 아주 소박하게 지내는 모습이다. '굳센 양과 부드러운 음의 만남'은 육사와 구오가 아래위로 접하고 있는 모습을 말한다.

　다행히 육사는 온순하고 검소하다. 또한 위에 있는 구오는 중정(中正)하므로, 상하가 힘을 합치면 사회의 허물을 고칠 수 있다. 참모가 강력한 리더십을 가진 지도자를 올곧게 보필하면, 위기를 극복할 수 있다.

　괘의 변화를 보자. 만약 4효가 양으로 변하면 택수곤(澤水困, ䷮)이 되고, 4효는 그대로 있고 나머지 효가 모두 반대로 바뀌면 산화비(山火賁, ䷕)가 된다.

　어려움에 닥쳤을 때, 자신의 허물은 돌보지 않고, 남을 탓하는 자는 더욱 큰 나락으로 떨어질 수밖에 없다. 어려울수록 자신을 반성하고, 뜻을 바로 세우는 자만이 위기를 기회로 삼아 성공할 수 있다.

구오(九五)

구덩이에 가득 차지 않았다. 때마침 평온해졌다. 허물이 없다. 상사에서 이르기를, 구덩이에 가득 차지 않았다 함은 중도가 아직 크지 못하다는 뜻이다(坎不盈, 祗旣平, 无咎. 象曰, 坎不盈, 中未大也).

구오는 양효가 양위에 있고, 중도도 있다. 그러나 대응하는 구이와 바르게 상응하고 있지 못하다. 더욱이 중수감의 험난한 시대를 맞아 구오가 힘을 펼치기에는 상황이 좋지 않다. 다행히 위험이 극에 이르지 않은 상황에서 평온해졌을 뿐이다.

"구덩이에 가득 차지 않았다."는 말은 중도의 그릇이 아직 원만하지 않음을 암시한다. 위험한 난세에 정치 지도자가 특정 종교에 빠져 자신의 구원과 안위에만 관심을 두고 있으면, 세상이 평온을 회복할 수 없다.

공자는 일찍이 이에 대한 경책을 했다. 공자는 《논어》 옹야편에서 나라의 공적인 일을 하는 자는 "귀신을 공경하되 멀리해야 한다(敬鬼神而遠之)."고 경고했다. 우리 시대의 문제는 사회의 지도자가 자신의 이익과 안전이 하늘의 뜻이자 국민의 이익과 안전인 냥 떠들어대는 데 있다.

괘의 변화를 보자. 만약 5효가 음으로 변하면 지수사(地水師, ䷆)가 되고, 5효는 그대로 있고 나머지 효가 모두 반대로 바뀌면 천화동인(天火同人, ䷌)이 된다. 지도자가 중도의 덕을 제대로 베풀지 못하면, 사회의 갈등이 폭발하고 싸움이 벌어질 수밖에 없다. 따라서 지도자는 사회의 소통에 앞장서고, 밝은 도리를 세상에 펼쳐야 한다.

상육(上六)

두 가닥 또는 세 가닥 노끈에 묶여, 가시나무 덤불에 내버려져있다. 삼년 동안 면하지 못하니, 흉하다. 상사에서 이르기를, 상육이 도를 잃으면 삼년동안 흉하다(係用徽纆, 寘于叢棘, 三歲不得, 凶. 象曰, 上六失道, 凶三歲也).

상육은 음효로서 음위에 있지만, 중도가 없다. 또한 대응하는 육삼과 정응(正應)하고 있지 않다. 위험이 극에 이르러 생명의 도를 상실한 모습이다. 포승줄에 묶여 가시나무 덤불 같은 감옥에 있는 상황을 상징한다.

삼세(三歲)는 3년을 뜻할 수도 있고, 전생(前生), 금생(今生), 그리고 후생(後生) 전부를 말할 수도 있다. 무명(無明)을 밝히는 지혜가 없다면, 팔만대겁을 살아도 광명(光明)을 회복할 수 없다.

특히 진리의 세계로 나가야 하는 상육이 밝은 도리를 잃는다면, 세상에 어두운 기운이 드리우게 된다. 예수의 경책처럼, 마치 맹인이 맹인을 인도하여 둘 다 구덩이에 빠지게 되는 종교 지도자와 같은 상황이 될 수 있다.

괘의 변화를 보자. 만약 6효가 양으로 변하면 풍수환(風水渙, ䷺)이 되고, 6효는 그대로 있고 나머지 효가 모두 반대로 바뀌면 뇌화풍(雷火豊, ䷶)이 된다.

제사를 지낼 때 하늘의 뜻과 하나가 되도록 정성을 기울이는 것처럼, 종교 지도자는 언행을 신중하게 해야 한다. 또한 사람들이 물질적 쾌락에 빠지지 않도록 정신을 바로 세우고, 품격과 덕성을 함양할 필요가 있다.

30.

중화리(重火離)

진리가 어둠을 밝힌다

이는 올곧음을 지키면 이롭고, 형통하다. 암소를 기르면 길하다(離, 利貞, 亨, 畜牝牛吉).

함몰하면 반드시 붙는 곳이 있기 마련이다. 그리고 제자리에 올곧게 붙어있어야, 조화를 이루고 아름답다. 그러므로 감(坎) 다음에 이(離)를 놓았다. 중수감(䷜)과 중화리는 대조를 이루는 괘다. 한편 감(坎)과 반대로 이(離)는 올라감(上)을 함축하고 있다.

환난이 극에 이르면, 대충돌이 일어나기 마련이다. 이때 정법(正法)에 의지해 올곧게 지키면서, 지혜를 닦아 진리의 모습을 회복하는 자는 살아남는다. 그러나 진리를 외면하고 삿된 길에 빠져 방만한 자는 사라지게 마련이다. 암소는 온유한 중도의 덕(德)으로 세상에 밝은 지혜를 주는 지도자를 상징한다. 단사를 보자.

단사에서 이르기를, 이는 아름다운 빛이니, 해와 달이 하늘에서 아름답게 빛나고, 백곡과 초목이 땅에서 아름답게 빛난다. 밝음이 중첩되어 바름에서 아름답게 빛난다. 이에 천하를 교화하여 이룬다. 부드러운 음이 중도와 바름으로 아름답게 빛나고 있으므로 형통하다. 이 때문에 암소를 기르면 길하다 하는 것이다(象曰, 離, 麗也. 日月麗乎天, 百穀草木麗乎土. 重明以麗乎正, 乃化成天下, 柔麗乎中正, 故亨, 是以畜牝牛吉也).

진리는 온 세상에 가득하다. 다만 어리석은 인간만이 오만과 독선에 빠져 진리를 왜곡하고 있을 뿐이다. 세상이 어지러울 때는 온유함을 지니고 지혜를 갖추는 것만이 살 길이다.

한편 어떤 것도 홀로 아름다울 수 없다. 부분과 전체의 조화를 이루며, 제자리에 있어야 아름답다. 그런 의미에서, 려(麗)는 '붙어있다' 또는 '아름답다'는 두 가지 의미로 볼 수 있다. 역(易)의 묘미는 상황에 따라 뜻이 달라지는 데 있다. 상사를 보자.

상사에서 이르기를, 밝음이 둘이 모여 된 것이다. 대인은 이로써 밝음을 이어 사방을 비춘다(象曰, 明兩作, 離, 大人以繼明照于四方).

어둠은 밝음이 오면, 사라진다. 모든 죄의 근본 원인은 무명(無明)에 있다. 개인의 지혜가 모이면, 사회의 어둠은 사라지게 된다. 사회의 혼란을 강압적인 법이나 무력만으로 잡을 수는 없다. 가장 근본적인 방법은 바른 가치관과 도덕을 배양해서 밝은 지혜를 길러주는 데 있다.

중화리의 잡괘를 보면, 택풍대과(澤風大過, ䷛), 중수감(重水坎, ䷜) 등이 있다. 사회의 고난과 위험은 밝은 지혜를 회복해야 해결할 수 있다. 물질의 근본은 정신이다. 물질의 불균형으로 비롯된 재난은 바른 정신으로 바로 잡을 수 있다. 그러나 밝은 진리를 회복하는 길은 매우 험난하다.

초구(初九)

> 발걸음이 어지럽다. 존경하면 허물이 없다. 상사에서 이르기를, 발걸음이 어지러우면서도 존경함은 허물을 피한다는 뜻이다(履錯然, 敬之, 无咎. 象曰, 履錯之敬, 以辟咎也).

초구는 양효가 양위에 있지만, 중도는 없다. 그리고 대응하는 구삼과 정응(正應)하고 있지 않다. "발걸음이 어지럽다."는 말은 초구의 상황이 위험하고, 어지러운 시절을 막 지나간 시기라는 것을 암시한다. 아직은 세상이 어두워 발걸음을 어찌 해야 할지 난감하다.

어리석은 사람은 밝은 지혜를 갖춘 사람을 존경하고 따르면, 문제가 없다. 그러나 그런 기회를 만나는 것은 극히 드문 일이다. 가장 좋은 방법은 스스로 밝은 도리를 존중하고, 틈틈이 고전을 통해 삶의 지혜를 배우고 체득하는 것이다. 자신을 구하는 길은 바른 진리를 깨우치는 것밖에 없다.

다행히 진리는 이미 성인들이 밝혀 놓았으므로, 모든 성인들의 공통적인 말씀을 찾으면 된다. 이 시대의 좋은 점은 모든 진리가 개방되어 있다는 점이다. 예전에는 평생을 찾아도 구할 수 없던 진리의 말씀을 현재는 누구든지 디지털 기술의 도움을 받아 빠르게 찾을 수 있다. 누구나 의지만 있다면, 성인들의 공통적인 진리를 구할 수 있다.

괘의 변화를 보자. 만약 1효가 음으로 변하면 화산려(火山旅, ䷄)가 되고, 1효는 그대로 있고 나머지 효가 모두 반대로 바뀌면 수택절(水澤節, ䷻)이 된다.

중화리의 시절 초기에는 착한 사람이 아직 적은 상황이다. 따라서 자연의 법도를 배우고, 절도와 균형 있는 생활을 통해 사회의 질서를 잡아야 한다. 만약 이때 바른 도리를 제대로 체득하지 못하면, 자신의 생명과 재산을 온전히 보존할 수 없다.

30. 중화리(重火離) ䷝

육이(六二)

황금색으로 아름답게 빛난다. 으뜸으로 길하다. 상사에서 이르기를, 황금색으로 아름답게 빛나고 으뜸으로 길하다 함은 중도를 얻었기 때문이다(黃離, 元吉. 象曰, 黃離元吉, 得中道也).

육이는 음효가 음위에 있고, 중도를 얻었다. 세상의 모순과 갈등을 해결하는 데, 중도의 도리만한 것이 없다. 중도의 지혜로 세상을 비추어 보면, 얽히고설킨 문제의 실마리를 찾을 수 있다.

황금색은 중도를 의미한다. 비록 대응하는 육오와 정응(正應)하고 있지 않지만, 육이가 음위에 있기 때문에 중심을 확고하게 잡고 있는 모습이다. 흔들림이 없이 세상을 비추어볼 수 있는 토대를 마련한 것이다.

괘의 변화를 보자. 만약 2효가 양으로 변하면 화천대유(火天大有, ䷍)가 되고, 2효는 그대로 있고 나머지 효가 모두 반대로 바뀌면 수지비(水地比, ䷇)가 된다. 중도의 지혜를 지니고 있기 때문에, 안팎으로 변화의 양상이 좋다. 중도의 도리로 서로 협력하여, 큰 번영을 이룰 수 있다.

구삼(九三)

해가 기울어 아름답게 빛난다. 질장구를 두드리며 노래하지 않으면, 너무 늙음을 한탄하는 것이다. 흉하다. 상사에서 이르기를, 해가 기울어 아름답게 빛난다 하니, 어찌 오래갈 수 있겠는가(日昃之離, 不鼓缶而歌, 則大耋之嗟, 凶. 象曰, 日昃之離, 何可久也).

구삼은 양효가 양위에 있지만, 중도가 없다. 대응하는 상구와도 정응(正應)하고 있지 않다. 해가 이미 기운 것처럼, 균형이 무너진 상태다. 아무리 노을이 아름답다 해도 곧 사라질 수밖에 없다. 아름다움은 잠시에 불과하다.

구삼이 양위에 있으므로, 밝음이 지나친 모습이다. 밝음을 오래 유지하기 위해서는 지나침을 막고 균형을 잡아야 한다. 지나친 것은 기울기 마련이고, 기운 것은 사라지기 마련이다. 세상을 구하기 위해서는 지혜와 자비가 균형을 이루어야 가능하다.

괘의 변화를 보자. 만약 3효가 음으로 변하면 화뢰서합(火雷噬嗑, ䷔)이 되고, 3효는 그대로 있고 나머지 효가 모두 반대로 바뀌면 수풍정(水風井, ䷯)이 된다.

밝음에 대한 지나친 욕심은 어둠의 혜택을 망각할 수 있다. 진리에 대한 지나친 집착은 오히려 세상을 병들게 만들 수 있다. 진리는 형식화 될 수 없는 것이다. 형식화 될 수 없는 것을 형식으로 만들어 집착한다면, 오히려 진리에서 멀어지게 된다. 현상계에서 진리는 상황의 도(道)이고, 변화의 도이기 때문이다. 밝음과 어둠을 함께 녹여내어, 새로운 세상을 만들 필요가 있다.

구사(九四)

갑작스레 온다. 불타 듯 죽는 듯 버려진 듯하다. 상사에서 이르기를, 갑작스레 온다면 받아들일 곳이 없다(突如其來如, 焚如, 死如, 棄如. 象曰, 突如其來如, 无所容也).

구사는 양효가 음위에 있고, 중도도 없다. 더욱이 대응하는 초구와 정응(正應)하는 바도 없다. 불과 불이 만나는 접점에 있으니, 불길이 너무 급박하게 치솟는 형국이다. 이 상황에서는 자신을 주체하기 힘들다.

메마른 지혜는 단편적인 지식에 불과하다. 그것으로는 세상을 구할 수 없다. 현재 우리는 너무 많은 정보에 노출되어 있다. 그 중에 대부분은 거짓 정보이거나 통합적인 성찰이 결여된 것들이다. 때문에 그런 정보에 빠지면, 진실의 실체를 볼 수 없게 된다.

특히 지금은 종교가 제 기능을 상실하고 있는 시대다. 종교의 진리는 사라지고, 자본주의가 그 중심을 차지하고 있다. 중세 유럽에서 돈으로 천국행 티켓을 사던 상황과 다를 것이 없다. 마치 불지옥에 있는 것과 같다.

괘의 변화를 보자. 만약 4효가 음으로 변하면 산화비(山火賁, ䷕)가 되고, 4효는 그대로 있고 나머지 효가 모두 반대로 바뀌면 택수곤(澤水困, ䷮)이 된다. 현재의 상황을 벗어나기 위해서는, 그나마 자신을 낮추고 올곧음을 지켜야 한다. 더불어 인문정신을 함양하고 중도의 도리를 배우면서, 때를 기다리는 것이 상책이다.

육오(六五)

눈물이 펑펑 쏟아진다. 근심하고 탄식하는 듯하다. 길하다. 상사에서 이르기를, 육오의 길함은 왕공의 자리에 있기 때문이다(出涕沱若, 戚嗟若, 吉. 象曰, 六五之吉, 離王公也).

육오는 음효가 양위에 있지만, 중도가 있다. 그러나 밝은 도리를 세상에 밝히기에는 아직 힘이 부족하다. 더욱이 대응하는 육이와 정응(正應)하고 있지 않다. 상황이 좋지 않으니, 군주로서 근심하고 탄식하지 않을 수 없다.

다행히 상구는 밝은 도리를 갖춘 스승이다. 육오는 온유한 군주이므로, 현자인 상구에게서 지혜를 구할 수 있다. 예전의 왕은 당대의 현자들을 불러 고견을 들었다. 그래서 나라의 위기를 극복할 수 있는 지혜를 얻을 수 있었다. 지금의 지도자도 기술적인 전문가뿐만 아니라 정신적 깨달음이 있는 현자들의 의견을 들을 필요가 있다.

괘의 변화를 보자. 만약 5효가 양으로 변하면 천화동인(天火同人, ䷌)이 되고, 5효는 그대로 있고 나머지 효가 모두 반대로 바뀌면 지수사(地水師, ䷆)가 된다.

지도자는 막히고 어두운 세상을 밝고 열린 세상으로 만들 책임이 있다. 이때 가장 중요한 것은 중도의 도리를 세우는 일이다. 중도의 도리가 무너지면, 세상은 이익집단으로 나뉘어 싸움판이 될 수밖에 없다.

상구(上九)

왕이 출정할 때 쓰면, 경사가 있다. 우두머리만 자르고, 그 무리는 붙잡지 않는다. 허물이 없다. 상사에서 이르기를, 왕이 출정할 때 쓴다 함은 나라를 바로잡는 것이다(王用出征, 有嘉, 折首, 獲匪其醜, 无咎. 象曰, 王用出征, 以正邦也).

상구는 양효가 음위에 있고, 중도도 없다. 그러나 괘의 구성상 가장 지혜가 높은 현자다. 따라서 왕인 육오가 출정할 때, 상구의 지혜를 쓰면 큰 승리를 얻을 수 있다.

우두머리를 자르고 그 무리를 놔주는 것은 군사를 쓰는 도리다. 함부로 무력을 행사하는 것은 더 큰 재앙을 불러올 뿐이다. 지혜에는 자비로 균형을 잡아야 한다는 뜻이 들어있다. 원문에서 추(醜)는 주(儔)의 통자(通字)로서 '무리'라는 뜻이다.

괘의 변화를 보자. 만약 6효가 음으로 변하면 뇌화풍(雷火豊, ䷶)이 되고, 6효는 그대로 있고 나머지 효가 모두 반대로 바뀌면 풍수환(風水渙, ䷺)이 된다.

밝은 도리는 많은 사람들에게 공유시켜야, 사회가 풍요롭게 된다. 한편 풍요에는 쾌락이 수반되기 때문에, 엄격한 도덕적 규범을 함께 세울 필요가 있다.

31.

택산함(澤山咸)

소통은 조율이다

함은 형통하다. 올곧으면 이롭다. 여자에게 장가들면 길하다(咸, 亨, 利貞, 取女吉).

택산함은 주역 하경(下經)의 첫 괘다. 세상이 하늘과 땅으로 시작한다면, 인간 사회의 시작은 남녀의 결합으로 시작한다. 함(咸)은 음양 교류의 빠름(速)을 내포한다. 감(感)을 함(咸)이라고 한 이유가 여기 있다.

택산함은 부부의 도리를 통해 소통의 도리를 설명하고 있다. 고대에는 결혼할 때 처가에 장가를 가는 것이 일반적이었다. 아이들을 다 키우고 시댁으로 가는 것을 시집간다고 했다. 고대의 결혼풍습은 요즘으로 보면 상당히 페미니스트적이라고 할 수 있다. 세상살이에서 남녀 간에 음양의 조화가 가장 중요하다. 단사를 보자.

단사에서 이르기를, 함은 감이다. 부드러운 음이 위에 있고 굳센 양이 아래에 있어서, 두 기가 감응하여 서로 나누어주는 것이다. 그침과 기쁨이다. 남자가 여자 아래 있다. 이 때문에 형통하고 올곧으면 이롭고, 여자에게 장가들면 길하다고 하는 것이다. 천지가 감응하여 만물이 화생하듯이, 성인이 사람의 마음을 감화시켜서 천하가 화평해진다. 감응하는 바를 관찰하면 천지 만물의 사정을 볼 수 있다(象曰, 咸, 感也, 柔上而剛下, 二氣感應以相與. 止而說, 男下女, 是以亨, 利貞, 取女吉也. 天地感而萬物化生, 聖人感人心而天下和平, 觀其所感, 而天地萬物之情可見矣).

택산함은 그침과 남자를 상징하는 간(艮)이 아래에 있고, 기쁨과 여자를 상징하는 태(兌)가 위에 있다. 생명의 이치로 보면, 여자가 위에 있고 남자가 아래에 있는 것이 조화를 이루는 데 이롭다. 천지가 감음하듯이, 남녀가 화합함으로써 생명의 조화로움이 유지된다. 상사를 보자.

상사에서 이르기를, 산 위에 못이 있는 것이 함이다. 군자는 이로써 마음을 비워 사람을 받아들인다(象曰, 山上有澤, 咸, 君子以虛受人).

상괘 태(兌)는 건(乾)에서 온 것으로, 하늘의 텅 빔을 지니고 있다. 군자는 이러한 텅 빔의 성품을 지녀야 한다. 그래야 오만한 간(艮)의 성질을 지닌 사람들을 품고 다스릴 수 있다. 마음을 비우고 봐야 실체를 볼 수 있기 때문이다.

한편 음양의 도리는 남녀 간의 경계를 넘어 모든 인간관계에 적용된다. 넓게 보면, 인간관계에서 음양은 역할의 차이로 볼 수 있다. 서로 관계 맺고 있는 양자 사이에 음양의 조화가 잘 되면, 관계가 원만해진다. 원만한 관계를 유지하는 비결은 서로 간에 밀고 당김의 균형조율에 있다.

밀당의 힘이 너무 세도 문제고, 너무 약해도 문제다. 마찬가지로 둘 사이가 너무 멀어도 곤란하고, 너무 가까워도 곤란하다. 따라서 음양의 감응에는 절도와 순리가 필요하다. 함부로 끌리는 대로 가다가는 인생을 망칠 수 있다. 그런 맥락에서, 하괘에 그침을 의미하는 간(艮)이 있기도 하다.

택산함의 잡괘를 보면, 산택손(山澤損,), 천풍구(天風姤,), 뇌풍항(雷風恒,) 등이다. 음양의 조화를 회복하고 사회의 바른 소통을 오래 유지하려면, 지나친 쾌락을 절제하고 생명의 질서를 회복해야 가능하다.

초육(初六)

엄지발가락에서 느낀다. 상사에서 이르기를, 엄지발가락에서 느낀다 함은 뜻이 밖에 있다는 것이다(咸其拇. 象曰, 咸其拇, 志在外也).

초육은 음효가 양위에 있고, 위치가 낮다. "엄지발가락에서 느낀다."는 말에서 알 수 있듯이, 아직 감응이 제대로 안 되는 단계다. 다행히 초육이 대응하는 구사와 정응(正應)하고 있는 덕분에, 느낄 수 있는 정도다. 그러므로 뜻이 밖에 있을 수밖에 없다.

공자는 인간관계의 기본을 남녀관계로 보았다. 음양의 조화가 사회로 확대되면, 사회가 부드럽고 원활하게 움직인다. 여기서 중요한 것은 조화의 각 주체가 중심을 잡아야 진정한 조화라 할 수 있다는 점이다. 그런데 초육은 양위에 있고 중도가 없다. 때문에 초육은 중심점이 바르지 못하고, 중심을 잡을 지혜도 없다.

괘의 변화를 보자. 만약 1효가 양으로 변하면 택화혁(澤火革, ䷰)이 되고, 1효는 그대로 있고 나머지 효가 모두 반대로 바뀌면 산수몽(山水蒙, ䷃)이 된다. 사회의 바른 소통과 교류를 위해 사회의 변화에 맞게 묵은 것을 새롭게 바꾸고, 그에 걸맞은 교육이 필수적이다.

육이(六二)

장딴지에서 느낀다. 흉하다. 제자리에 자리 잡고 있으면 길하다. 상사에서 이르기를, 비록 흉하더라도 제자리에 자리 잡고 있으면 길하다 함은 순리대로 하면 해롭지 않다는 뜻이다(咸其腓, 凶, 居吉. 象曰, 雖凶居吉, 順不害也).

육이는 음효가 음위에 있고, 중도도 있다. 또한 다행히 구오와 정응(正應)하므로 감응하는 바가 더 높다. 그러나 아직 움직일 단계는 아니다. 함부로 움직이면 좋지 않다. 따라서 자신의 위치에서 때를 기다리는 것이 바람직하다.

사회의 소통이 충분히 되지 않은 상태에서 함부로 일을 추진하는 것은 위험하다. 사공이 많으면 배가 산으로 간다는 말이 있듯이, 여론이 통일되지 않으면 큰 힘을 쓸 수가 없다.

특히 우리나라 사람들은 뜻과 의지가 강한 사람들이 많기 때문에, 소통의 규범을 잘 만들고 서로 간의 의사를 잘 조율할 필요가 있다. 그렇지 않으면 국론이 분열되기 쉽다. 반대로 뜻을 하나로 합하는 경우에는 어떤 나라보다 강한 힘을 발휘한다.

우리나라가 위기에 강한 것은 이런 습성과 관련이 있다. 따라서 지도자는 정책을 결정할 때, 이런 점을 잘 인식해야 한다. 무엇보다 지도자와 지지층 일부의 이익이 아닌, 국익의 입장에서 소통과 조율을 통한 여론형성을 잘 이끌 필요가 있다.

괘의 변화를 보자. 만약 2효가 양으로 변하면 택풍대과(澤風大過, ䷛)가 되고, 2효는 그대로 있고 나머지 효가 모두 반대로 바뀌면 산뢰이(山雷頤, ䷚)가 된다.

괘의 변화도를 보더라도 여론을 잘 다듬을 필요가 있음을 알 수 있다. 음식을 잘 씹어 소화하듯이, 다양한 여론을 잘 조율해서 움직이면 큰 성과를 낼 수 있다. 반대로 그런 과정 없이 함부로 움직이면, 좋지 않음을 알 수 있다.

구삼(九三)

허벅지에서 느낀다. 부응하는 대로 따른다. 가면 부끄럽다. 상사에서 이르기를, 허벅지에서 느낀다 함은 또한 처신이 바르지 못하다는 뜻이다. 뜻이 다른 사람을 따르는 데에 있으므로 부응하는 수준이 낮다(咸其股, 執其隨, 往吝. 象曰, 咸其股, 亦不處也, 志在隨人, 所執下也).

구삼은 양효가 양위에 있으나, 중도가 없다. 그침의 극점인 하괘 간(艮)의 맨 위에 있으므로, 아직 움직일 때가 아님을 알 수 있다. 그러나 대응하는 상육과 정응(正應)하고 있다. 구삼의 위치에 맞게 교감의 수준이 보다 상승했다.

그러나 "허벅지에서 느낀다."는 말이 암시하듯이, 소통이 너무 감정적이고 육체적인 수준에 머물고 있다. 구삼은 강하고 상육은 유약(柔弱)하다. 때문에 구삼의 감성을 상육이 제어하기에는 힘이 부족하다.

사회의 소통이 너무 감성적으로 흐르면, 사람들이 자기중심을 잡기 힘들다. 따라서 부화뇌동(附和雷同)하기 쉽다. 자신의 중심을 잃고 남이 하는 대로 따라가다 보면, 거짓 선동하는 사람들의 희생양이 되기 쉽다.

괘의 변화를 보자. 만약 3효가 음으로 변하면 택지췌(澤地萃, ䷬)가 되고, 3효는 그대로 있고 나머지 효가 모두 반대로 바뀌면 산천대축(山天大畜, ䷙)이 된다.

감정적인 사람들은 군중심리의 희생양이 되기 쉽다. 따라서 소통의 3단계에서는 이성을 회복하고, 자신의 생각과 말과 행동을 돌아보면서, 자신의 허물을 방비해야 한다. 그런 후에 사회의 소통을 통해 국가의 분란을 막는 것이 좋다.

구사(九四)

올곧으면 길하다. 후회는 사라진다. 마음이 왔다 갔다 하면, 많은 잡념이 네 생각을 뒤따를 것이다. 상사에서 이르기를, 올곧으면 길하고 후회는 사라진다 함은 감응으로 아직 해를 입지 않았다는 뜻이다. 마음이 왔다 갔다 함은 아직 기세가 크지 못하다는 뜻이다(貞吉, 悔亡, 憧憧往來, 朋從爾思. 象曰, 貞吉悔亡, 未感害也, 憧憧往來, 未光大也).

구사는 양효가 음위에 있고, 중도도 없다. 다행히 강한 양(陽)이 음위에 있어 세력이 약하다. 따라서 지조를 지키고 있으면, 나쁜 일은 없을 것이다. 동동왕래(憧憧往來)는 마음이 갈피를 못 잡고 어찌할 바를 모르는 상태를 의미한다.

원문의 붕(朋)은 친구라는 의미가 아니라, 많은 잡념을 의미한다. 공자는 《계사전》에서 동동왕래의 상태를 다음과 같이 해석했다.

천하가 무슨 생각을 하고 무엇을 근심하겠는가. 천하가 돌아감은 같지만 길을 다르며, 하나로 합치될 수 있지만 생각은 백 가지이니, 천하에 깊이 생각을 하고 근심할 것이 무엇이겠는가(天下何思何慮. 天下同歸而殊塗, 一致而百慮, 天下何思何慮).《계사전》

세상에 수많은 여론이 존재한다. 만약 사사로운 이익을 배제하고, 뜻을 하나로 합치할 수 있다면 감이수통(感而遂通)의 도가 이루어진다. 비록 서로

간의 생각과 목표는 다르지만, 서로의 생각이 교류되면, 인간만사의 이치는 하나이기 때문에 막힘없이 소통되게 된다. 근본이치에 따라 생각하고 행동한다면, 화이부동(和而不同)의 대동사회(大同社會)를 이룰 수 있다.

괘의 변화를 보자. 만약 4효가 음으로 변하면 수산건(水山蹇, ䷦)이 되고, 4효는 그대로 있고 나머지 효가 모두 반대로 바뀌면 화풍정(火風鼎, ䷱)이 된다. 사회의 여론이 분열되어 야기되는 어려움을 방비하기 위해서는, 여론을 하나로 융합시키는 노력이 필요하다.

구오(九五)

등살에서 느낀다. 후회는 없다. 상사에서 이르기를, 등살에서 느낀다 함은 뜻이 끝에 이르렀다는 뜻이다(咸其脢, 无悔. 象曰, 咸其脢, 志末也).

구오는 양효가 양위에 있고, 중도도 있다. 또한 구오는 육이와 정응(正應)하고 있다. 하괘 간(艮)의 중심과 상괘 태(兌)의 중심이 서로 감응을 하고 있다. 따라서 음양의 조화가 적절히 조율된 중화(中和)의 상태에 이르렀음을 알 수 있다.

"뜻이 끝에 이르렀다."는 말은 뜻하는 바를 이루었다는 의미다. 감응과 소통이 정점에 이르면, 사회가 목표한 것을 이룰 수 있다. 이때 지도자는 여론이 어느 한쪽으로 치우치지 않도록, 중심을 확고히 잡아야 한다. 뜻을 이루는 순간은 또 다른 시작에 불과하기 때문에, 일시적 성취에 만족하면 다시 위기가 찾아오게 된다.

괘의 변화를 보자. 만약 5효가 음으로 변하면 뇌산소과(雷山小過, ䷽)가 되고, 5효는 그대로 있고 나머지 효가 모두 반대로 바뀌면 풍택중부(風澤中孚, ䷼)가 된다. 사회가 역동적으로 움직일 때는 약간의 지나침은 불가피하다.

그러나 지나친 불균형은 사회적 규범과 조율을 통해 균형을 잡아야, 사회의 질서가 바르게 유지된다.

상육(上六)

> 뺨과 혀에서 느낀다. 상사에서 이르기를, 뺨과 혀에서 느낀다 함은 말이 막힘이 없고 기쁘다는 뜻이다(咸其輔頰舌. 象曰, 咸其輔頰舌, 滕口說也).

상육은 음효가 음위에 있다. 비록 중도는 없지만, 상괘 태(兌)의 괘주다. 대응하는 구삼과도 정응(正應)하고 있다. 천지합일의 법열(法悅)을 느끼고 있다. 진리를 체득하면, 말에 막힘이 없게 된다. 소위 변재(辯才)를 얻게 된다.

상육은 소통의 마지막 단계다. 세간(世間)의 소통을 넘어 출세간(出世間)의 소통에 이르고 있다. 세간의 소통은 끝없는 모순과 갈등을 조화시키는 것이다. 따라서 조화는 일시적이고, 부조화를 조화로 전환시키는 끝없는 과정이 반복될 뿐이다. 반면 출세간은 모순과 갈등이 일어나지 않는 단계이므로, 따로 조화를 추구하지 않아도 막힘없이 조화가 유지된다.

괘의 변화를 보자. 만약 6효가 양으로 변하면 천산돈(天山遯, ䷠)이 되고, 6효는 그대로 있고 나머지 효가 모두 반대로 바뀌면 지택림(地澤臨, ䷒)이 된다.

정신적 스승이나 원로가 진리를 추구하지 않으면, 사회는 믿고 의지할 정신적 지주가 없게 된다. 정신이 비어 있는 자리에 물질이 들어오면, 이해 관계로 어지러운 세상이 오기 쉽다. 상하가 소통이 이루어지지 않으면, 사회의 밝은 기운이 물러나게 된다.

이때는 잠시 멈추어서 자신을 돌아보고, 새로운 힘을 쌓을 필요가 있다. 택산함의 시절인연에서 정신적 스승이 올곧게 하늘의 이치를 알리고 세상을 바르게 교화하면, 공동체가 꿈꾸는 큰일을 이룰 수 있다.

32.
뇌풍항(雷風恒)

영원한 것은 없다

항은 형통하다. 허물이 없다. 올곧으면 이롭다. 갈 바가 있으면 이롭다(恒, 亨, 无咎, 利貞, 利有攸往).

부부의 도리는 오래 지속돼야 하므로, 함(咸) 다음에 항(恒)을 놓았다. 음양이 조화를 이루면, 세상은 오래 갈 수 있는 터전을 마련한 셈이다. 음양의 조화는 생명의 질서를 형성한다. 위계질서가 잡히면, 생명공동체는 평화와 번영을 오래 유지할 수 있다.

그러나 어떤 것도 영원한 것은 없다. 보다 오래 유지하고 싶다면 올곧음을 지켜야 하고, 위기를 극복해야 한다. 뇌풍항은 이런 시대에 대한 경책을 담고 있다. 단사를 보자.

단사에서 이르기를, 항은 오래 유지함이다. 굳센 양이 위에 있고 부드러운 음이 아래에 있다. 우레와 바람이 서로 주고받고, 공손하게 움직인다. 굳센 양과 부드러운 음이 모두 호응함이 항이다. 항은 형통하고 허물이 없고 올곧으면 이롭다 함은 그 도를 오래 유지함을 뜻한다. 천지의 도는 항구하여 그치지 않는다.

갈 바가 있으면 이롭다 함은 끝나면 시작이 있기 때문이다. 해와 달이 하늘에서 오래 비출 수 있고, 사계절은 변화하여 오래 이룰 수 있고, 성인이 도에 오래 머물러 천하가 교화되니, 그 항구함을 보면 천지 만물의 사정을 볼 수 있다(象曰, 恒, 久也. 剛上而柔下, 雷風相與, 巽而動, 剛柔皆應, 恒. 恒, 亨, 无咎, 利貞, 久於其道也. 天地之道, 恒久而不已也. 利有攸往, 終則有始也. 日月得天而能久照, 四時變化而能久成, 聖人久於其道而天下化成, 觀其所恒, 而天地萬物之情可見矣).

뇌풍항은 우레, 움직임, 강함 등을 의미하는 진(震)이 위에 있고, 바람, 부드러움, 공손함 등을 뜻하는 손(巽)이 아래 있는 괘다. 위아래의 효가 모두 정응(正應)하고 있다. 이처럼 강유가 서로 조화롭게 교류하면, 모든 것이 순리대로 진행된다. 상사를 보자.

상사에서 이르기를, 우레와 바람이 항이다. 군자는 이로써 자신을 세우되 도리를 바꾸지 않는다(象曰, 雷風, 恒, 君子以立不易方).

군자는 영원한 자연의 이치를 보고 배워서, 세상에 변치 않는 도리를 베풀어야 한다. 세상이 오래 동안 평화롭게 유지되기 위해서는 먼저 자신을 바로 세우고, 세상의 이치대로 살아야 한다는 것이 변치 않는 도리다. 도리에 맞게 변화를 수용하는 것이 역의 이치다. 공자는 변화의 도리에서 위계질서가 자연스럽게 형성돼 나온다고 보았다.

공자는 《계사전》에서 "항은 덕의 군건함이다(恒, 德之固也)."라고 말했다. 이에 대해 공자는 "잡다해도 싫증내지 않는다(雜而不厭)."고 부연 설명했다. 복잡하게 얽혀있는 현실에서도 싫증을 내지 말고, 덕을 고수할 것을 가르치고 있다. 덕은 군건함이 없으면 한결같을 수 없기 때문이다. 그래서 공자는 "한마음으로 덕을 한결같이 하는 것이다(恒以一德)."라고 결론을 내렸다.

뇌풍항의 잡괘를 보면, 풍뢰익(風雷益, ䷩), 택천쾌(澤天夬, ䷪), 택산함(澤山咸, ䷠) 등이다. 역의 이치로 볼 때, 오래 가려면 변화의 법칙에 통해야 한다. 시대의 흐름, 환경의 변화, 그리고 사회 구성원들 사이의 관계와 소통이 잘 이루어지는지 항상 살펴야 한다. 그리고 무엇보다 위정자들이 자신의 이익보다는 국민의 이익을 앞세우고, 부조리와 부패를 혁신해나가야 한다.

초육(初六)

항구함이 깊다. 올곧더라도 흉하다. 이로운 바가 없다. 상사에서 이르기를, 항구함이 깊어 흉하다 함은 처음에 깊게 구하기 때문이다(浚恒, 貞凶, 无攸利. 象曰, 浚恒之凶, 始求深也).

초육은 음효가 양효에 있지만, 하괘 손(巽)의 괘주다. 비록 대응하는 구사와 정응(正應)하고 있지만, 초육은 가장 아래에서 온순하게 제자리를 지킬 뿐이다. 그래서 "항구함이 깊다."고 한다. 변화를 모르고 한 곳에 너무 깊이 침잠하는 것은 좋지 못하다.

사회가 오래 유지되기 위해서는 사회의 막힘 현상을 풀어주는 변통(變通)이 항시 수반되어야 가능하다. 한 곳에 고인 물은 썩듯이, 사회의 질서도 마찬가지다. 세상의 변화에 맞게 사회질서도 변화를 주어야, 사회 갈등이 줄어든다. 변하고 통해야 오래가는 것이 역의 이치다.

괘의 변화를 보자. 만약 1효가 양으로 변하면 뇌천대장(雷天大壯, ䷡)이 되고, 1효는 그대로 있고 나머지 효가 모두 반대로 바뀌면 풍지관(風地觀, ䷓)이 된다.

변화의 질서를 오래 유지하기 위해서는 세상의 풍속을 잘 살피고, 사람들이 상황에 맞게 서로 예의를 잘 지켜야, 분란을 예방하고 사회발전을 이룰 수 있다. 특히 요즘 같은 다문화, 다원화 사회에서는 다름을 이해하는 정신이 필요하다. 다름을 포용하고 하나가 되면 큰 힘을 발휘할 수 있다.

구이(九二)

후회가 사라진다. 상사에서 이르기를, 구이의 후회가 사라진다 함은 중도를 오래 지키기 때문이다(悔亡, 象曰, 九二悔亡, 能久中也).

구이는 양효가 음위에 있지만, 중도가 있다. 금상첨화로 대응하는 육오와 정응(正應)하고 있다. 구이는 부드러운 손(巽)의 중심에 있고, 육오는 움직임이 강한 진(震)의 중심에 있다. 양강(陽剛)한 구이와 음유(陰柔)한 육오를 상하 괘가 서로 조율하는 형국이다. 중심이 잘 잡혀있기 때문에, 변화에 대처함이 매우 유연하다.

구이가 생활력이 강한 어머니라면, 육오는 온순한 덕을 지닌 아버지라고 할 수 있다. 육오가 지도층의 대표라면, 구이는 국민의 대표다. 둘 사이의 균형이 잘 조율되면, 사회의 질서가 잡히고 나라가 균형발전을 이루게 된다.

괘의 변화를 보자. 만약 2효가 음으로 변하면 뇌산소과(雷山小過, ䷽)가 되고, 2효는 그대로 있고 나머지 효가 모두 반대로 바뀌면 풍택중부(風澤中孚, ䷼)가 된다. 사회의 중심추가 지나치게 한쪽으로 치우치지 않게 중도의 도리를 지키면, 사회의 질서가 오래 유지된다.

구삼(九三)

덕을 항구히 지니지 못하면, 혹 수치를 당하게 된다. 올곧더라도 부끄럽게 된다. 상사에서 이르기를, 덕을 항구히 지니지 못하면 용납할 곳이 없다(不恒其德, 或承之羞, 貞吝. 象曰, 不恒其德, 无所容也).

구삼은 양효가 양위에 있어서 힘이 지나치게 강하다. 더욱이 중도가 없기 때문에, 그 힘을 조절하기 힘들다. 비록 대응하는 상육과 정응(正應)하고 있지만, 상육은 힘이 떨어진 상태다. 따라서 상육은 구삼을 억제하는 데 역부족이다.

구삼은 언제나 변함없이 여여(如如)한 항심(恒心)이 부족하다. 덕을 오래 지킬 수 있는 인내심이 부족하고, 양기를 발산하려는 욕구가 너무 강하기 때문이다. 그러나 경거망동하면, 패가망신하기 마련이다.

사회의 변화는 양날의 칼과 같다. 변화의 강도가 너무 강하고 발전의 속도가 너무 빠르면, 아노미(Anomie) 현상이 발생한다. 급격한 사회변동의 과정에서 종래의 규범과 새로운 규범이 충돌함으로써, 혼란한 상태가 유발되는 것이다. 반대로 너무 느리면, 사회발전이 이루어지기 어렵다.

괘의 변화를 보자. 만약 3효가 음으로 변하면 뇌수해(雷水解, ䷧)가 되고, 3효는 그대로 있고 나머지 효가 모두 반대로 바뀌면 풍화가인(風火家人, ䷤)이 된다.

사회를 새롭게 전환할 때에는, 한편으로는 이해와 용서의 관용의 정신이 필요하다. 그러나 다른 한편으로는 법과 원칙이 합리적이고 분명해야 한다. 두 정신은 서로 모순되지만, 상황에 맞게 모순을 잘 조율하는 사회가 질서를 오래 유지하게 된다.

구사(九四)

사냥터에 새가 없다. 상사에서 이르기를, 오래 있어도 그 자리가 아닌데, 어찌 새를 잡을 수 있겠는가(田无禽. 象曰, 久非其位, 安得禽也).

구사는 양효가 음위에 있고, 중도도 없다. 대응하는 초육과 정응(正應)하고 있지만, 서로 너무 대조적이다. 구사는 운동과 변화를 뜻하는 진(震)의 괘주다. 반대로 초육은 변화에 너무 소심하다.

공자는 《논어》에서 과유불급(過猶不及)이라고 경책했다. 초육의 부족함과 구사의 지나침은 다를 것이 없다. 움직이는 새를 잡기 위해서는 오히려 고요한 상태를 유지해야 가능하다.

괘의 변화를 보자. 만약 4효가 음으로 변하면 지풍승(地風升, ䷭)이 되고, 4효는 그대로 있고 나머지 효가 모두 반대로 바뀌면 천뢰무망(天雷无妄, ䷘)이 된다.

사회변화의 기준은 진실이다. 그리고 진실은 시대의 변화에 따라 달라진다. 예를 들어, 고대, 중세, 현대를 비교해볼 때, 인류의 생활환경은 크게 다르다. 앞으로 도래하는 문명의 특이점시대는 그 차이가 더욱 크다. 따라서 시대의 변화에 맞게 사회의 규범을 확립해야, 사회가 고도로 발전할 수 있다.

육오(六五)

덕을 항구히 지닌다. 올곧더라도, 부인은 길하고, 남자는 흉하다. 상사에서 이르기를, 부인은 올곧으면 길하다 함은 하나를 따라 마치기 때문이다. 남자는 법도와 정의를 추구해야 하는데, 부인을 따르면 흉하다(恒其德, 貞, 婦人吉, 夫子凶. 象曰, 婦人貞吉, 從一而終也, 夫子制義, 從婦凶也).

육오는 음효가 양위에 있지만, 중도가 있다. 또한 대응하는 구이와 정응(正應)하고 있다. 그러나 육오는 진(震)의 움직임에서 한 단계 벗어나 있다. 그러므로 여자에게는 좋고, 남자에게는 나쁘다고 한다. 남자는 동적(動的)이고, 여자는 정적(靜的)이기 때문이다.

하지만 이 말은 현대에서는 맞지 않는 해석이다. 여기서는 남자와 여자로 보지 말고, 역할로 보는 것이 좋다. 뇌풍항의 시절인연에서는 정적인 역할을 하는 사람은 육오의 입장이 좋다고 보는 것이 합리적이다.

괘의 변화를 보자. 만약 5효가 양으로 변하면 택풍대과(澤風大過, ䷛)가 되고, 5효는 그대로 있고 나머지 효가 모두 반대로 바뀌면 산뢰이(山雷頤, ䷚)가 된다. 변화도에서 볼 수 있듯이, 시절 인연이 음유(陰柔)한 것에 적당함을 알 수 있다.

상육(上六)

항구함이 흔들린다. 흉하다. 상사에서 이르기를, 항구함이 흔들리는데 위에 있으니, 크게 공이 없는 것이다(振恒, 凶. 象曰, 振恒在上, 大无功也).

상육은 음효가 음위에 있지만, 중도가 없다. 비록 구사와 정응(正應)하고 있지만, 상육은 진(震)의 끝자락에 있다. 상하의 균형을 잡을 수 없는 위치에 접어들어서, 항구함이 무너지고 있다. 때문에 상육은 변화를 수용하면서 동시에 항구함을 유지할 덕(德)이 부족하다.

아무리 좋은 것도, 아무리도 단단한 것도 영원할 수 없다. 세상에 변하지 않는 것은 아무것도 없다. 우리가 떠받들고 있는 종교도 시대의 변화에 따라 부침할 수밖에 없다. 변하지 않는 것은 변화의 이치, 즉 역리(易理)일 뿐이다.

괘의 변화를 보자. 만약 6효가 양으로 변하면 화풍정(火風鼎, ䷱)이 되고, 6효는 그대로 있고 나머지 효가 모두 반대로 바뀌면 수뢰준(水雷屯, ䷂)이 된다. 항구함을 오래 누리고 싶다면, 낡은 것을 새로운 것으로 바꾸는 노력과 역량을 키워야 한다.

33.

천산돈(天山遯)

물러나서 자신을 돌아보라

돈은 형통하다. 올곧으면 조금 이롭다(遯, 亨, 小利貞).

돈(遯)은 물러난다는 뜻이다. 사물은 한 곳에 오래 머물 수 없다. 오래된 것은 무너질 수밖에 없다. 그러므로 항(恒) 다음에 돈(遯)으로 이어진다. 세상은 궁하면 변하고, 변하면 통하고, 통하면 오래가고, 오래간 것은 다시 궁하게 되는 순환작용을 반복하고 있다.

뇌풍항(䷟)의 시대가 저물면, 이제 잠시 멈추어서 자신을 돌아볼 필요가 있다. 멀리 뛰기 위해서는 반드시 잠시 멈추어야, 힘을 비축할 수 있다. 단사를 보자.

단사에서 이르기를, 돈은 형통하다 함은 도피하여 형통한 것이다. 굳센 양이 위치에 합당하고 호응하고, 때와 더불어 행한다. 올곧으면 조금 이롭다 함은 점점 자라나기 때문이다. 돈이 갖는 시대적 의의는 크다(象曰, 遯, 亨, 遯而亨也, 剛當位而應, 與時行也. 小利貞, 浸而長也. 遯之時義大矣哉).

천산돈의 구오가 정중(正中)을 얻고 육이와 정응(正應)하고 있으므로, 멈춤과 나아감의 중도를 지키고 있다. 상사를 보자.

상사에서 이르기를, 하늘 아래에 산이 있는 것이 돈이다. 군자는 이로써 소인을 멀리하되, 미워하지 않고 엄숙하게 한다(象曰, 天下有山, 遯, 君子以遠小人, 不惡而嚴).

생명 순환의 입장에서 보면, 고요히 멈춤은 역동적인 활동을 위해 생명력을 응축하는 것이다. 이러한 궁핍의 시대에 소인은 참기 힘들다. 군자는 소인을 미워하기 보다는 반면교사로 삼아 자신을 반성하는 기회로 삼아야 한다.

천문으로 보면, 천산돈은 음력 6월이다. 절기로 소서(小暑)와 대서(大暑)가 있다. 양기가 물러나고 음기가 힘을 쓰기 시작하는 초입이다. 역학적으로 보면 소인들이 득세하고, 군자들은 힘을 쓸 곳이 줄어드는 상황이다. 대세가 기울 때, 현자는 미리 벗어날 준비를 한다.

천산돈의 잡괘를 보면, 산천대축(山天大畜, ䷙), 천풍구(天風姤, ䷫), 지택림(地澤臨, ䷒), 뇌천대장(雷天大壯, ䷡) 등이다. 물러나서 힘을 회복하면, 크게 전진할 수 있다. 생명 에너지의 수렴과 발산을 조화롭게 하면 크게 쌓아 나갈 수 있다.

초육(初六)

꼬리를 감춘다. 위태롭다. 갈 바가 있어도 쓸 수 없다. 상사에서 이르기를, 꼬리를 감추는데 위태로우니, 가지 않으면 무슨 재앙이 있겠는가(遯尾, 厲, 勿用有攸往. 象曰, 遯尾之厲, 不往, 何災也).

초육은 음효가 음위에 있지만, 위치가 낮다. 비록 구사와 정응(正應)하고 있지만, 천산돈의 상황에서는 초육은 움직이지 않는 것이 좋다. 난세에 영웅이 나기도 하지만, 상황에 따라서는 피해야 할 때도 있다. 더욱이 초육은 그릇이 작은 소인이다. 피하는 것이 상책이다.

그러나 피함에도 정도가 있다. 몸통은 그대로 있고 꼬리만 감춘다면, 위태로울 수밖에 없다. 초육은 멈춤을 뜻하는 간(艮)의 가장 밑에 있다. 따라서 경거망동하지 말고 자신의 위치를 고수한다면, 문제가 일어나지 않을 것이다.

괘의 변화를 보자. 만약 1효가 양으로 변하면 천화동인(天火同人, ䷌)이 되고, 1효는 그대로 있고 나머지 효가 모두 반대로 바뀌면 지수사(地水師, ䷆)가 된다.

사회의 양기(陽氣)가 사라지기 시작하면, 음기(陰記)가 강성해지기 마련이다. 음기가 많아지는 것은 사회의 갈등이 해소되지 않기 때문이다. 따라서 서로 소통을 통해 갈등이 싸움으로 비화되지 않도록 화이부동(和而不同)의 정신을 회복해야 한다.

육이(六二)

잡아매는 데 황소의 가죽을 쓴다. 풀 수 없다. 상사에서 이르기를, 황소 가죽을 써서 잡아맨다 함은 뜻을 견고하게 하는 것이다(執之用黃牛之革, 莫之勝說. 象曰, 執用黃牛, 固志也).

육이는 음효가 음위에 있고, 중도도 있다. 황소의 가죽은 중도를 의미한다. 육이와 대응하는 구오와도 정응(正應)하므로, 비록 난세이지만 중심을 잡고 자신의 뜻을 확고히 할 만하다.

육이는 멈춤을 뜻하는 간(艮)의 중심에 있고, 구오는 하늘의 섭리를 의미하는 건(乾)의 중심에 있다. 비록 세상의 밝은 기운이 조금 물러나고 있지만, 상괘의 중심인 구오가 육이에게 하늘의 양기(陽氣)를 주고 있고, 육이는 현실의 삶속에 굳건히 자리를 잡고 있는 상황이다. 아직은 세상에 도(道)가 있으므로, 뜻을 확고하게 잡을 수 있다.

괘의 변화를 보자. 만약 2효가 양으로 변하면 천풍구(天風姤, ䷫)가 되고, 2효는 그대로 있고 나머지 효가 모두 반대로 바뀌면 지뢰복(地雷復, ䷗)이 된다. 육이는 아직 활동할 단계가 아니다. 따라서 외부활동 보다는 내실을 쌓고, 새로운 활동을 위한 의지와 실력을 다지는 것이 순리다.

구삼(九三)

> 매어 있으면서 도피한다. 병이 있어서 위태롭다. 신첩을 기르면, 길하다. 상사에서 이르기를, 매어 있으면서 도피하는데 위태롭다 함은 병이 있어서 고달프다는 뜻이다. 신첩을 기르면 길하다 함은 큰일을 할 수 없다는 것이다(係遯, 有疾厲, 畜臣妾, 吉. 象曰, 係遯之厲, 有疾憊也, 畜臣妾吉, 不可大事也).

구삼은 양효가 양위에 있지만, 중도가 없다. 또한 대응하는 상구와 정응(正應)하고 있지도 않다. 상황은 비색하지만, 간(艮)의 괘주로서 할 일이 있다. 세상에 나갈 수는 없어도, 집안을 돌보는 일은 할 수 있다. 그래서 "매어 있으면서 도피한다."고 하는 것이다.

예전에는 하인과 첩을 여럿 두는 것이 사회의 안전을 보장하는 장치로 어느 정도 작용했다. 고대 농경사회에서 신첩이 많으면, 자식을 많이 생산하고 노동력을 확보할 수 있었다.

멈춤의 정점에 있는 구삼이 비록 나라를 경영하는 큰일은 할 수 없어도,

가정을 다스리고 장차 재목이 될 인재를 키워야 한다. "신첩을 기르면 길하다."고 한 이유가 여기에 있다.

괘의 변화를 보자. 만약 3효가 음으로 변하면 천지비(天地否, ䷋)가 되고, 3효는 그대로 있고 나머지 효가 모두 반대로 바뀌면 지천태(地天泰, ䷊)가 된다. 가정을 잘 정비하면, 태평성대를 경영할 토대가 마련된다. 만약 그렇지 못하면, 사회의 소통이 막히고 바른 도가 사라진다.

구사(九四)

즐거이 도피한다. 군자는 길하고 소인은 비색하다. 상사에서 이르기를, 군자는 즐거이 도피하고 소인은 비색하다(好遯, 君子吉, 小人否. 象曰, 君子好遯, 小人否也).

구사는 양효가 음위에 있고, 중도도 없다. 그러나 구사는 현군인 구오의 아래에 있고, 초육과 정응(正應)하고 있다. 굳센 양이 부드러운 음에 거하고 있으므로, 즐거이 은거할 만하다. 군자만이 안빈낙도(安貧樂道)를 누릴 수 있다. 군자는 심신이 고달픈 상황을 수행으로 삼을 수 있다. 그러나 소인은 그런 상황을 참기 힘들다.

천산돈의 시절인연에서 구사는 어둠의 세력과 맞서 싸우기 보다는 물러서는 것이 바람직하다. 전진을 위한 후퇴다. 어려운 시기도 때가 되면 물러난다. 구사는 변화의 이치를 잘 알고 있기 때문에, 괴롭지 않다.

괘의 변화를 보자. 만약 4효가 음으로 변하면 풍산점(風山漸, ䷴)이 되고, 4효는 그대로 있고 나머지 효가 모두 반대로 바뀌면 뇌택귀매(雷澤歸妹, ䷵)가 된다. 잠시 물러나 힘을 기르고, 다시 전진하는 것은 하늘의 섭리와 일치한다. 변화의 시기에 시작과 끝을 동시에 잘 살펴야 문제가 없다.

구오(九五)

아름다운 도피다. 올곧으면 길하다. 상사에서 이르기를, 아름다운 도피이니 올곧으면 길하다 함은 뜻을 바르게 하기 때문이다.(嘉遯, 貞吉. 象曰, 嘉遯貞吉, 以正志也).

구오는 양효가 양위에 있고, 중도도 있다. 또한 대응하는 육이와 정응(正應)하고 있다. 그러나 주변 상황이 좋지 않은 천산돈의 시대에 군주는 올곧음을 지키고 조용히 때를 기다리는 것이 바람직하다. 무엇보다 바른 뜻을 잃지 말아야 한다. 구오는 그럴만한 의지, 지혜, 그리고 덕이 있다.

지도자는 어려운 시기를 자신을 돌아보는 기회로 삼고, 그동안의 문제와 폐단을 하나하나 제거해나가야 한다. 이렇게 하면 어려운 시기가 오히려 새로운 발전을 위한 준비기간이 된다.

괘의 변화를 보자. 만약 5효가 음으로 변하면 화산려(火山旅, ☲)가 되고, 5효는 그대로 있고 나머지 효가 모두 반대로 바뀌면 수택절(水澤節, ☵)이 된다. 지도자가 바른 뜻과 도리를 잃으면, 주객이 바뀔 수도 있다. 따라서 지도자는 강한 의지로 절도 있는 생활을 하면서 때를 기다려야 한다.

상구(上九)

여유로운 도피다. 이롭지 않음이 없다. 상사에서 이르기를, 여유로운 도피니 이롭지 않음이 없다 함은 의심할 바가 없는 것이다(肥遯, 无不利. 象曰, 肥遯无不利, 无所疑也).

상구는 양효가 음위에 있다. 또한 대응하는 구삼과도 정응(正應)하고 있지 않다. 멘토의 위치에 있는 상구가 자신의 지혜를 숨기고 은거한 모습이다. 비록 중도는 없지만, 돈(遯)의 시절인연에서 세상의 명리에 초탈한 위치에 있다. 그러므로 상구는 여유롭게 세상을 관망할 수 있다.

정신세계의 측면에서는 천산돈의 시절이 오히려 하늘의 도리를 공부하기에 가장 좋은 때다. 이렇게 보면 운명은 평등하다. 좋고 나쁨은 사람들의 편견일 뿐이다.

괘의 변화를 보자. 만약 6효가 음으로 변하면 택산함(澤山咸, ䷞)이 되고, 6효는 그대로 있고 나머지 효가 모두 반대로 바뀌면 산택손(山澤損, ䷨)이 된다. 일체의 집착과 욕망을 비우고, 의식을 상승시켜 음양이 교류하는 도리를 따르면, 천지인(天地人)의 기운이 하나로 합일되는 경지에 이른다. 호연지기를 얻을 수 있다.

34.

뇌천대장(雷天大壯)

예가 아니면 행하지 말라

대장은 올곧으면 이롭다(大壯, 利貞).

물러나는 것은 다시 힘을 비축하고 큰 힘을 낼 수 있다. 그러므로 돈(遯) 다음에 대장(大壯)을 놓았다. 천산돈(☰)의 시절에 힘을 기르면서 기다리면, 뇌천대장의 시절이 돌아온다.

힘이 강성해지면 좋은 점도 있지만, 조심해야 할 일도 많아진다. 뇌천대장은 그에 대한 경책이다. 그런 의미에서, 대장(大壯)에는 그침(止)의 가르침이 내포되어 있다. 단사를 보자.

단사에서 이르기를, 대장은 큰 것이 왕성하다. 굳센 양으로써 움직이기 때문에 왕성하다. 대장은 올곧으면 이롭다 함은 큰 것이 바르다는 뜻이다. 바르고 크므로 천지의 정을 볼 수 있다(彖曰, 大壯, 大者壯也, 剛以動, 故壯. 大壯, 利貞, 大者正也. 正大而天地之情可見矣).

움직임을 뜻하는 진(震)이 위에 있고, 하늘을 상징하는 건(乾)이 아래에 있다. "큰 것이 왕성하다."는 말은 강성한 기운이 점차 커지는 양상을 뜻한다. 천문으로 볼 때, 뇌천대장은 음력 2월이다. 절기상 경칩(驚蟄)과 춘분(春分)이 있다. 바야흐로 봄기운이 천지를 기운생동(氣韻生動)하게 만드는 시기다.

큰 기운이 바르면, 세상이 큰 이익을 볼 수 있다. 그러나 반대로 그 기운이 바르지 않으면, 큰 위험이 아닐 수 없다. 상사를 보자.

상사에서 이르기를, 우레가 하늘 위에 있는 모습이 대장이다. 군자는 이로써 예가 아니면 행하지 않는다(象曰, 雷在天上, 大壯, 君子以非禮弗履).

세대교체를 이룰 때, 힘이 센 자가 함부로 움직이면 여러 사람이 다친다. 이때 필요한 것이 예다. 예의는 단순히 형식적인 에티켓이 아니라, 서로를 배려하는 마음이다.

예의는 세상을 윤택하고 부드럽게 하는 윤활유와 같은 역할을 한다. 공자는 《논어》안연(顔淵)편에서 "예가 아니면 행동하지 말라(非禮勿動)."고 경책했다. 공자는 예의를 성공의 실질적인 요건으로 보았다. 공자의 충서(忠恕)의 정신이 행동으로 드러난 것이 예의다. 따라서 예(禮)는 넓게 보면 인문정신이라고 할 수 있다.

뇌천대장의 잡괘를 보면, 천뢰무망(天雷无妄, ䷘), 택천쾌(澤天夬, ䷪), 풍지관(風地觀, ䷓), 천산돈(天山遯, ䷠) 등이 있다. 세상은 양기가 음기보다 너무 많아도 문제고, 반대로 너무 적어도 문제가 된다. 따라서 뇌천대장의 시절에는 사회의 풍속을 잘 살펴서 헛된 것들이 없도록 해야 한다. 따라서 이 시기에 사회의 악습과 폐단을 처단하는 것만이 사회의 어려움을 예방하는 길이다.

초구(初九)

발에 힘이 왕성하다. 가면 흉함이 있다. 믿음이 있다. 상사에서 이르기를, 발에 힘이 왕성하다 함은 그 믿음이 궁하다는 뜻이다(壯于趾, 征凶, 有孚. 象曰, 壯於趾, 其孚窮也).

초구는 양효가 양위에 있지만, 위치가 낮다. 따라서 뻗치는 힘을 조절하기 어렵다. 더욱이 초구는 대응하는 구사와 정응(正應)하고 있지도 않다. 아직 움직일 단계가 아닌데 강한 힘만 믿고 나아간다면, 반드시 좋지 않은 일이 일어날 것이다.

사회가 융성하게 발흥하면, 사람들의 기운이 왕성해진다. 그러나 힘이 세지는 사람들이 많이 생기면, 반드시 피해를 보는 사람들이 생기기 마련이다. 햇빛이 강하면, 음지도 뚜렷해지는 것과 같다. 작용이 크면, 그에 상응하는 반작용도 크다는 역의 이치를 잊지 말아야 한다.

괘의 변화를 보자. 만약 1효가 음으로 변하면 뇌풍항(雷風恒, ䷟)이 되고, 1효는 그대로 있고 나머지 효가 모두 반대로 바뀌면 풍뢰익(風雷益, ䷩)이 된다. 음양의 조화를 회복하고, 넘치는 부를 끊임없이 아래 사람들에게 베푸는 길만이 사회의 안전과 번영을 동시에 이룰 수 있다.

구이(九二)

올곧으면 길하다. 상사에서 이르기를, 구이가 올곧으면 길하다 함은 중도로 하기 때문이다(貞吉. 象曰, 九二貞吉, 以中也).

구이는 양효가 음위에 있고, 중도가 있다. 또한 육오와 정응(正應)하고 있다. 온유한 자리에 있으므로, 뇌천대장의 강성한 기운을 적절하게 조율할 수 있는 자격이 있다.

구이는 대중을 대표하는 자리다. 강성한 구이가 유약한 육오를 대신해 중도의 지혜를 발휘해야, 사회가 균형을 잡을 수 있는 상황이다. 구이가 넘치는 힘을 올곧게 사용하기 위해서는 시간(時)과 위치(位)를 잘 살피고, 시위(時位)를 동시에 장악할 필요가 있다.

괘의 변화를 보자. 만약 2효가 음으로 변하면 뇌화풍(雷火豊, ䷶)이 되고, 2효는 그대로 있고 나머지 효가 모두 반대로 바뀌면 풍수환(風水渙, ䷺)이 된다.

밝은 양기를 사회 곳곳에 불어넣어주면, 사회가 풍요롭게 된다. 그러나 그에 따른 부작용도 있기 때문에, 풍속이 저속화되지 않도록 법질서를 확립해야 한다.

구삼(九三)

소인은 장성한 것을 사용하고, 군자는 비어있는 것을 사용한다. 올곧아도 위태롭다. 숫양이 울타리를 받아서, 그 뿔이 걸린다. 상사에서 이르기를, 소인은 장성한 것을 사용하고, 군자는 사용하는 바가 없다(小人用壯, 君子用罔, 貞厲, 羝羊觸藩, 羸其角. 象曰, 小人用壯, 君子罔也).

구삼은 양효가 양위에 있다. 비록 중도는 없지만, 구삼은 대응하는 상육과 정응(正應)하고 있다. 소인은 불리하고, 군자는 위험을 피할 수 있는 상황이다.

소인은 왕성한 기운을 주체하지 못하고 사용함으로써 화를 면치 못할 것이다. 그러나 군자는 힘을 쓰지 않고도 상대방을 다스리는 법을 알기 때문에, 힘을 과시하지 않는다.

숫양의 뿔은 숫양의 자랑거리다. 그러나 지나치게 뿔을 자랑하다 울타리를 받는다면, 뿔이 울타리에 걸려 뽑을 수가 없다. 장점으로 망하고, 단점으로 생명을 구하는 것이 일반적인 세상사의 이치다.

괘의 변화를 보자. 만약 3효가 음으로 변하면 뇌택귀매(雷澤歸妹, ䷵)가 되고, 3효는 그대로 있고 나머지 효가 모두 반대로 바뀌면 풍산점(風山漸, ䷴)이 된다. 자신의 힘을 남에게 과시하기 전에, 자신의 덕을 기르는 것이 우선이다. 그리고 힘은 때와 장소를 가려서 써야 가치가 있다.

구사(九四)

올곧으면 길하다. 후회는 사라진다. 울타리가 터져서 걸리지 않는다. 큰 수레의 바퀴살이 장성하다. 상사에서 이르기를, 울타리가 터져서 걸리지 않는다 함은 더욱 나아간다는 뜻이다(貞吉, 悔亡, 藩決不羸, 壯于大輿之輹. 象曰, 藩決不羸, 尙往也).

구사는 양효가 음위에 있고, 중도도 없다. 또한 대응하는 초구와 정응(正應)하고 있지도 않다. 그러나 진(震)의 괘주로서 움직이는 힘이 가장 크다. 강한 양이 음유한 자리에 있기 때문에, 다행히 부드러운 음이 강함을 조율하는 형국이다.

구사는 대장괘에서 영향력이 가장 큰 자다. 강한 기운을 바탕으로 앞으로 나가는 데 주저함이 없다. 구사에게 사소한 장애는 아무런 문제가 되지 않는다. 힘이 장성하기 때문에 막을 자도 없다. 유약한 육오를 대신해 천하를 이끌 만하다.

괘의 변화를 보자. 만약 4효가 음으로 변하면 지천태(地天泰, ䷊)가 되고, 4효는 그대로 있고 나머지 효가 모두 반대로 바뀌면 천지비(天地否, ䷋)가 된다.

지도자를 보필할 아랫사람이 너무 장성한 것은 좋은 징조가 아니다. 따라서 자신을 낮추고 지도자와 협력해야, 태평성세를 구가할 수 있다. 반대로 힘만 믿고 계속 나서면, 세상의 소통이 막히고 혼란한 시절을 맞이하게 될 것이다.

육오(六五)

양을 쉽게 잃는다. 후회는 없다. 상사에서 이르기를, 양을 쉽게 잃는다 함은 위치가 합당하지 않기 때문이다(喪羊于易, 无悔. 象曰, 喪羊于易, 位不當也).

육오는 음효가 양위에 있지만, 중도가 있다. 또한 대응하는 육이와 정응(正應)하고 있다. 온순한 군주가 힘이 없어 양(羊)을 잃어버린 경우다. 그러나 중도의 덕이 있기 때문에, 후회할 일이 없다. 세상사는 힘세고 충직한 신하에 맡기고, 한가로이 있는 군주와 같다.

뇌천대장의 시절에 지도자가 힘이 없다면, 비록 후회는 없을지라도 처량한 일이 아닐 수 없다. 조용히 와신상담하며 힘을 기르고, 역의 도리를 깨우쳐 때를 장악해야 한다.

괘의 변화를 보자. 만약 5효가 양으로 변하면 택천쾌(澤天夬, ䷪)가 되고, 5효는 그대로 있고 나머지 효가 모두 반대로 바뀌면 산지박(山地剝, ䷖)이 된다.

지도자는 부패의 원인을 미리 척결해야 사회를 안정시킬 수 있다. 만약 그렇지 못하고 계속 방관만 하면, 장차 사회조직이 붕괴될 것이다.

상육(上六)

숫양이 울타리를 들이받아서 물러나지도 나아가지도 못한다. 이로운 바가 없다. 애를 쓰면 길하다. 상사에서 이르기를, 물러나지도 나아가지도 못한다 함은 자세히 살피지 않았기 때문이다. 애를 쓰면 길하다 함은 허물이 더 커지지 않기 때문이다(羝羊觸藩, 不能退, 不能遂, 无攸利, 艱則吉. 象曰, 不能退, 不能遂, 不詳也, 艱則吉, 咎不長也).

상육은 음효가 음위에 있지만, 중도가 없다. 비록 구삼과 바르게 정응(正應)하고 있지만, 뇌천대장의 극에 이르러 힘이 떨어진 상태다. 나아갈 힘도 없고 물러날 힘도 없다. 그러므로 조신하게 제자리에서 근신하는 편이 좋다.

강성한 기운을 아래에 두고 음유한 위치에 있으므로, 상육은 유순하게 물러나는 도리를 알려준다. 이 단계에서는 강성한 기운으로 나아가기 보다는 부드러움으로 물러남이 좋다.

괘의 변화를 보자. 만약 6효가 양으로 변하면 화천대유(火天大有, ䷍)가 되고, 6효는 그대로 있고 나머지 효가 모두 반대로 바뀌면 수지비(水地比, ䷇)가 된다. 서로 협력하고 분발하면, 큰일을 도모할 수 있다.

35.

화지진(火地晉)

진보의 도리를 지켜라

진은 나라를 평안케 하는 왕후에게 말을 많이 내려주고, 낮에 세 번 접견한다
(晉, 康侯用錫馬蕃庶, 晝日三接).

양기(陽氣)가 왕성하면 새로움을 추구하게 마련이다. 그러므로 대장(大壯)
다음에 진(晉)으로 이어진다. 진(晉)은 전진(進)의 의미다. 천도의 진행은 음양
의 원만함을 이루며 나아간다.

그러나 인간세상의 진보는 신구 세력의 충돌로 원만하지 않다. 진보는
구시대의 질서를 파괴하지 않을 수 없다. 때문에 나라가 강성한 이후에는
오히려 그 기운을 눌러 온유하게 다스려야 한다. 이때는 군주가 밝은 덕을
베풀어야 한다. 화지진은 그 과정에 대한 경책이다. 단사를 보자.

단사에서 이르기를, 진은 나아감이다. 밝음이 땅 위로 솟아오르는 모습이다. 유
순함이 ~~~~~~~~~~~~~~ 붙어 큰 밝음에 있다. 부드러운 음이 나아가서 위로
올라간다. 이 때문에 나라를 평안케 하는 왕후에게 말을 많이 내려주고, 낮에
세 번 접견한다는 것이다(象曰, 晉, 進也, 明出地上. 順而麗乎大明, 柔進而上行, 是以康

侯用錫馬蕃庶, 晝日三接也).

땅, 유순함, 따름 등을 뜻하는 곤(坤) 위에 태양, 밝음, 지혜 등을 의미하는 이(離)가 있는 괘의 형상이다. 어진 임금 밑에 부지런하고 어진 왕후가 있는 모습이다. 더욱이 육오가 온유한 임금이고 현명하고, 충직한 왕후인 육이와 정응(正應)하고 있다. 왕후가 임금을 자주 알현해서 정사를 논하고, 임금은 그에 대한 보상을 넉넉히 해줌으로써 선순환 작용이 일어나고 있다. 상사를 보자.

상사에서 이르기를, 밝음이 땅 위로 솟아오름이 진이다. 군자는 이로써 스스로 밝은 덕을 밝힌다(象曰, 明出地上, 晉, 君子以自昭明德).

군자는 먼저 자신을 밝히고 나서 세상을 밝힌다. 태양이 지평선 위에 솟아올라 하늘의 정점에 이르는 데는 일련의 과정이 있다. 점진적인 노력이 큰 성과를 내는 법이다. 너무 급진적으로 나가는 것은 위험하다.

화지진의 잡괘를 보면, 지화명이(地火明夷, ䷣), 수산건(水山蹇, ䷦), 수천수(水天需, ䷄) 등이 있다. 사회가 발전하기 위해서는 사회적 소통과 합의를 통해서 믿음이 생겨나야 가능하다. 이러한 노력과 과정이 없다면, 사회의 토대가 약해서 큰 추진력을 발휘할 수 없다. 따라서 많은 갈등을 유발하고 혼란한 상황을 맞게 된다.

초육(初六)

나아갈 듯 말 듯하다. 올곧으면 길하다. 믿음은 없어도, 여유로우면 허물이 없다. 상사에서 이르기를, 나아갈 듯 말 듯하다 함은 홀로 바름을 행하는 것이다. 여유로우면 허물이 없다 함은 아직 천명을 받지 않았기 때문이다(晉如摧如, 貞吉, 罔孚, 裕无咎. 象曰, 晉如摧如, 獨行正也, 裕无咎, 未受命).

초육은 음효가 음위에 있지만, 위치가 낮다. 비록 구사와 정응(正應)하고 있지만, 구사의 상황이 좋지 않다. 때문에 나아갈지 말지 당혹스런 상황이다. 이런 때는 올곧음을 지키고 자신의 무명(無明)을 밝히는 편이 낫다. 아직 나아가 상소를 할 단계는 아니다.

초육은 뜻을 세우고 조용히 힘을 기를 단계다. 기초를 탄탄히 쌓으면서 언젠가 나아가 활동할 때를 대비해야 한다. 사회가 어려운 시기를 견디고 힘을 쌓아서 나아갈 때는, 조심스럽게 과정을 밟아 나가는 것이 현명하다.

괘의 변화를 보자. 만약 1효가 양으로 변하면 화뢰서합(火雷噬嗑, 🌐)이 되고, 1효는 그대로 있고 나머지 효가 모두 반대로 바뀌면 수풍정(水風井, 🌐)이 된다. 본격적으로 나아가기에 앞서, 사람들의 일탈행위를 막기 위해 미리 법령을 정비하고 사회적 규범을 바로 세울 필요가 있다.

육이(六二)

나아감이 근심하는 듯하다. 올곧으면 길하다. 복을 왕모에게서 받는다. 상사에서 이르기를, 이런 큰 복을 받는 것은 중정하기 때문이다(晉如愁如, 貞吉, 受福, 于其王母. 象曰, 受玆介福, 以中正也).

육이는 음효가 음위에 있고, 중도가 있다. 자신을 절제하고 바른 도리를 실천하는 모습이 신중하다. 왕모는 음유(陰柔)한 육오를 가리킨다. 중정한 덕에 육이는 육오로부터 복을 받게 된다.

또한 나가는 모습이 도리에 부합하기 때문에, 사회적 모순이나 갈등이 유발되지 않는다. 비록 육오와 바르게 상응하고 있지 않지만, 육오의 신뢰를 받을 수 있다. 서로 중도로 통하기 때문이다.

괘의 변화를 보자. 만약 2효가 양으로 변하면 화수미제(火水未濟, ䷿)가 되고, 2효는 그대로 있고 나머지 효가 모두 반대로 바뀌면 수화기제(水火旣濟, ䷾)가 된다. 육이가 현재의 바른 도리를 끝까지 지킨다면, 대업을 완성할 수 있다. 반대로 그렇게 하지 못하면, 다시 사회는 혼란 속으로 **빠져** 들어갈 것이다.

육삼(六三)

대중이 믿는다. 후회가 없다. 상사에서 이르기를, 대중이 믿는 뜻은 위로 올라가는 법이다(衆允, 悔亡. 象曰, 衆允之志, 上行也).

육삼은 음효가 양위에 있다. 비록 중도도 없지만, 대응하는 상구와 정응(正應)하고 있다. 한편 육삼은 곤의 가장 윗자리에서 밝은 태양을 마주하고 있다. 모든 사람이 올려다보는 상황이다.

전진의 3단계에 해당한다. 1, 2 단계의 과정을 성공적으로 완수했다면, 이제 사람들이 진보의 의미를 믿게 된다. 이제 탄력을 받아 앞으로 나아갈 수 있는 바탕을 모두 마련한 셈이다.

괘의 변화를 보자. 만약 3효가 양으로 변하면 화산려(火山旅, ䷷)가 되고, 3

효는 그대로 있고 나머지 효가 모두 반대로 바뀌면 수택절(水澤節, ䷻)이 된다.

3단계는 아직도 사회적 동의를 구해야 힘을 얻을 수 있다. 이때는 빠른 전진보다는 균형을 잡는 절도 있는 멈춤이 적절하게 필요하다. 그렇지 않고 너무 서두르면, 모든 것을 잃고 쫓겨날 것이다.

구사(九四)

날다람쥐처럼 나아간다. 올곧더라도 위태롭다. 상사에서 이르기를, 날다람쥐처럼 날쌔지만 올곧더라도 위태롭다 함은 위치가 합당하지 않기 때문이다(晉如鼫鼠, 貞厲. 象曰, 鼫鼠貞厲, 位不當也).

구사는 양효가 음위에 있고, 중도도 없다. 비록 자신을 밝히는 자이기는 하지만, 위치가 음유하고 아직 밝음이 크지 못하다. 중도의 지혜가 없기 때문에, 덕을 좀 더 쌓아야 한다. 강한 힘과 높은 지위로 함부로 나아가면 낭패를 보기 쉽다.

모든 준비가 다 됐다고, 성급하게 판단하고 함부로 강한 힘을 내세우면, 역(易)의 반작용이 생긴다. 구사는 성급하게 나서지 말라는 경책을 담고 있다. 구사는 지도자를 보필하는 자리다. 그리고 여기서는 다시 한 번 대중의 의지를 하나로 규합하는 단계이기도 하다. 마지막으로 사회적 합의를 제도적으로 합법화는 과정을 거치는 것이 좋다.

괘의 변화를 보자. 만약 4효가 음으로 변하면 산지박(山地剝, ䷖)이 되고, 4효는 그대로 있고 나머지 효가 모두 반대로 바뀌면 택천쾌(澤天夬, ䷪)가 된다. 사회의 부조리와 병폐를 척결하는 것이 사회의 붕괴를 미리 예방하는 길이다. 그러나 그 과정이 도리에 어긋나면, 오히려 척결의 대상이 될 수도 있다.

육오(六五)

후회는 사라진다. 잃고 얻음을 걱정할 필요 없다. 간다면 길하고 불리함이 없다. 상사에서 이르기를, 잃고 얻음을 걱정할 필요 없다 함은 가면 경사가 있다는 뜻이다(悔亡, 失得勿恤, 往吉, 无不利. 象曰, 失得勿恤, 往有慶也).

육오는 음효가 양위에 있지만, 중도가 있다. 비록 대응하는 육이와 정응(正應)하고 있지 않지만, 육오는 지혜를 뜻하는 상괘 이(離)의 괘주다. 따라서 육오는 밝은 지혜를 가진 온유한 현군이다.

비록 육오가 양강(陽剛)한 기운이 부족하고 구사가 힘을 주체하지 못하고 있지만, 하괘 곤(坤)이 모두 온순하게 육오를 따르고 있다. 때문에 일을 추진함에 문제가 없다. 중도의 지혜로 얼마든지 어려움을 헤치고 나아갈 수 있다.

괘의 변화를 보자. 만약 5효가 양으로 변하면 천지비(天地否,☰☷)가 되고, 5효는 그대로 있고 나머지 효가 모두 반대로 바뀌면 지천태(地天泰,☷☰)가 된다.

어려움을 헤치고 나아갈 때는, 지도자가 강한 힘으로 밀어붙이기 보다는 온유한 덕을 베푸는 것이 태평성세를 맞이하는 데 더 낫다. 지도자가 선불리 나서면, 오히려 복이 화로 바뀌어 세상이 다시 막히게 된다.

상구(上九)

뿔로 나아간다. 오직 읍을 정벌하는 데 사용한다. 위태롭지만 길하고 허물이 없다. 올곧더라도 부끄럽다. 상사에서 이르기를, 오직 읍을 정벌하는 데 사용한다 함은 도가 아직 빛나지 않기 때문이다(晉其角, 維用伐邑, 厲吉, 无咎, 貞吝. 象曰, 維用伐邑, 道未光也).

상구는 양효가 음위에 있고, 중도도 없다. 그러나 밝음의 극에 이르러 있다. 뿔은 괘의 끝을 의미하기도 하고, 돌진하는 사나운 기상을 뜻하기도 한다. 상구는 작은 효용은 있으나, 크게 쓰일 수 없는 상황임을 암시하고 있다.

무력은 함부로 쓸 수 없는 것이다. 따라서 비록 무력을 사용해 작은 마을을 정벌한다 해도 부끄러운 일이다. 노자는 "굳고 강한 것은 죽음의 무리다(堅强者死之徒)."라고 설파한 바 있다.

괘의 변화를 보자. 만약 6효가 음으로 변하면 뇌지예(雷地豫, ䷏)가 되고, 6효는 그대로 있고 나머지 효가 모두 반대로 바뀌면 풍천소축(風天小畜, ䷈)이 된다. 도덕과 엄격한 규율을 통해 사회의 질서를 잡고, 한꺼번에 너무 많은 것을 이루려는 생각을 버리고, 조금씩 쌓아나가는 것이 좋다. 그런 의미에서, 인문정신을 함양할 필요가 있다.

36.
지화명이(地火明夷)

암흑의 시대를 사는 길

명이는 어렵지만 올곧으면 이롭다(明夷, 利艱貞).

사물이 나아가면, 반드시 다치는 바가 있다. 그러므로 진(晉) 다음에 명이(明夷)를 놓았다. 이(夷)는 상처를 뜻한다. 따라서 명이(明夷)는 어둠과 어리석음을 의미한다.

지화명이는 어두운 고난의 시대에 대한 방책이자 경책이다. 어둠과 고난의 시대에 살아남는 길은 올곧음을 지키면서 밝은 날을 대비하는 것밖에 없다. 단사를 보자.

단사에서 이르기를, 밝음이 땅속으로 들어간 것이 명이이다. 안은 문명하고 밖은 유순하다. 큰 어려움을 겪는다. 문왕이 그렇게 하였다. 어렵지만 올곧으면 이롭다 함은 밝음을 감춘 것이다. 안이 어렵지만 그 뜻을 바르게 할 수 있다. 기자가 그렇게 하였다(象曰, 明入地中, 明夷, 內文明而外柔順, 以蒙大難, 文王以之. 利艱貞, 晦其明也, 內難而能正其志, 箕子以之).

문왕과 기자는 모두 은(殷)나라 주왕(紂王)을 속이기 위해, 밝은 뜻을 감추고 바보처럼 행동하면서 위기를 면했다. 밝은 태양을 뜻하는 이(離)가 땅을 상징하는 곤(坤) 밑에 있다. 이러한 시대에는 밝은 지혜는 사라지고, 사회에 어둠이 짙게 깔려 온갖 권모술수가 난무하게 된다. 상사를 보자.

상사에서 이르기를, 밝음이 땅속으로 들어간 것이 명이이다. 군자는 이로써 군중에 임할 때에는 어둠을 사용하여 밝게 한다(象曰, 明入地中, 明夷, 君子以莅衆, 用晦而明).

지화명이의 시대에는 내부의 고요함을 지키면서 외부 움직임의 변화를 살펴야 한다. 어둠 속에서 실력을 다져 밝음을 대비한다. 현자는 고난의 시대를 역이용하여 자신의 내실을 다진다.

음(陰)은 어둠도 상징하지만, 보이지 않는 가운데 내실을 다지는 의미도 있다. 지화명이 시대의 시절인연을 역으로 이용하는 도리이자 방법이 내포되어 있다.

지화명이의 잡괘를 보면, 화지진(火地晉, ䷢), 뇌수해(雷水解, ䷧), 천수송(天水訟, ䷅) 등이 있다. 사회의 모순과 갈등을 역으로 활용하는 법을 찾는다면, 위기를 해결하고 사회가 다시 전진할 수 있다.

초구(初九)

어둠 속에서는 나는 새도 날개를 접는다. 군자는 길을 떠남에 삼일 동안 먹지 못한다. 갈 바가 있음에도 주인이 나무라는 말이 있다. 상사에서 이르기를, 군자는 길을 떠남에 의리상 먹지 않는다(明夷于飛, 垂其翼, 君子于行, 三日不食. 有攸往, 主人有言. 象曰, 君子于行, 義不食也).

초구는 양효가 양위에 있지만, 위치가 낮다. 대응하는 육사와는 정응(正應)하고 있다. 명이의 시대를 맞이해 군자가 녹(祿)을 먹지 않는 것은 의리를 지키는 일이기도 하다. 세상에 밝은 도가 없기 때문이다. 더욱이 가장 밑바닥에 있는 초구의 입장에서는 달리 방법이 없다.

역사상 정권이 바뀌는 시기에 이런 일들이 벌어진다. 특히 무력으로 새로운 정권이 들어설 때 역의 도리를 아는 자는, 어둠 속에서 새가 날개를 접고 숨듯이, 세상에 나서지 않았다.

괘의 변화를 보자. 만약 1효가 음으로 변하면 지산겸(地山謙, ䷎)이 되고, 1효는 그대로 있고 나머지 효가 모두 반대로 바뀌면 천택리(天澤履, ䷉)가 된다.

세상이 더 어두워지기 전에 극기복례(克己復禮)를 통해 사회의 도덕과 질서를 회복해야 한다. 그러기 위해서는 무엇보다 자신의 허물을 먼저 돌아보는 겸양의 정신이 필요하다.

육이(六二)

어둠 속에서 좌측 허벅지에 상처를 입는다. 건장한 말을 쓰면 구출된다. 길하다. 상사에서 이르기를, 육이의 길함은 유순하게 법도를 지키기 때문이다(明夷, 夷于左股, 用拯馬壯, 吉. 象曰, 六二之吉, 順以則也).

육이는 음효가 음위에 있고, 중도도 있다. 그러나 대응하는 육오와 정응(正應)하고 있지 않기 때문에, 서로 도울 수도 없다. 육이는 문왕이 마지막까지 무력을 행사하지 않고, 주왕을 온순히 섬겼다는 사실을 빗대어 말하고 있다.

어떤 상황에서든 새로운 정권을 세우거나 기업의 총수를 바꾸는 일은 알 수 없는 변수가 많다. 어둠 속에 있는 상대편 적이 호시탐탐 육이를 노리고 있는 상황이기 때문이다. 따라서 조심하고 또 조심하는 길 밖에 없다. 이 때는 바른 법도를 지키면서, 몸을 낮추는 것이 안전하다.

괘의 변화를 보자. 만약 2효가 양으로 변하면 지천태(地天泰, 〓)가 되고, 2 효는 그대로 있고 나머지 효가 모두 반대로 바뀌면 천수송(天水訟, 〓)이 된다.

국민의 뜻을 대표하는 현자가 몸을 숨기고 힘을 기른다면, 언젠가 새로운 태평성세를 맞이할 날이 올 때 큰 쓰임이 있다. 그러나 함부로 나서면 큰 싸움에 휘말리고, 위급한 상황에 직면할 것이다.

구삼(九三)

어둠 속에서 남쪽으로 사냥하여 우두머리를 잡는다. 급히 바르게 할 수는 없다. 상사에서 이르기를, 남쪽으로 사냥하는 뜻을 이에 크게 얻는다(明夷于南狩, 得其大首, 不可疾貞. 象曰, 南狩之志, 乃大得也).

구삼은 양효가 양위에 있지만, 중도가 없다. 명이(明夷)의 3단계에 해당하므로, 어둠이 조금씩 걷혀가고 있는 상황이다. 그러나 구삼 앞에는 어둠을 뜻하는 곤(坤)이 마주하고 있다.

'남쪽으로 사냥하는 뜻'은 반정(反正)의 의미가 담겨 있다. 비록 밝은 신하가 어둠의 주군을 잡기 위해서는 불가피한 일이겠지만, 급히 서두를 수없다. 때를 기다려야 한다. 아무리 좋은 일도 역의 도리를 어기면, 재난을 피할 수 없다.

괘의 변화를 보자. 만약 3효가 음으로 변하면 지뢰복(地雷復, 〓)이 되고, 3 효는 그대로 있고 나머지 효가 모두 반대로 바뀌면 천풍구(天風姤, 〓)가 된다.

반정의 시기를 잘 잡아 움직이면, 새로운 밝은 세상을 회복할 수 있다. 그러나 그 시기를 제대로 잡지 않고 움직이면, 어둠의 세상이 지속될 것이다. 구삼이 반전의 카드를 쥐고 있는 상황이다.

육사(六四)

좌측 배로 들어가, 명이의 마음을 얻어서, 대문과 뜰로 나온다. 상사에서 이르기를, 좌측 배로 들어간다 함은 마음과 뜻을 얻는다는 뜻이다(入于左腹, 獲明夷之心, 于出門庭. 象曰, 入于左腹, 獲心意也).

육사는 음효가 음위에 있지만, 중도가 없다. 육사는 어둠의 본체인 곤(坤)의 첫 효이기 때문에 뱃속으로 들어간다고 했다. 대문과 뜰로 나온다는 말은 아직 어둠 속을 다 나오지 못한 것을 암시한다.

육사는 육오를 보필하는 자로서 육오의 어두운 심정을 잘 파악하고 있다. 이제 어둠의 세상을 탈출할 준비를 해야 한다. 다행히 대응하는 초구와 정응(正應)하고 있고, 육오의 음덕(陰德)으로 육사는 지혜를 구할 수 있다.

괘의 변화를 보자. 만약 4효가 양으로 변하면 뇌화풍(雷火豐, ䷶)이 되고, 4효는 그대로 있고 나머지 효가 모두 반대로 바뀌면 풍수환(風水渙, ䷺)이 된다. 커다란 위기 상황에서 살아남기 위해서는 번개처럼 밝고 빠르게 판단하고, 제사를 지내듯 신중하게 행동해야 한다.

육오(六五)

기자의 어둠이다. 올곧으면 이롭다. 상사에서 이르기를, 기자의 올곧음은 밝음이 멈출 수 없는 것이다(箕子之明夷, 利貞. 象曰, 箕子之貞, 明不可息也).

육오는 음효가 양위에 있다. 비록 중도가 있지만, 대응하는 육이와 정응(正應)하고 있지 않다. 외부의 상황은 매우 어둡지만, 기자의 마음은 밝다. 육오는 중도의 지혜를 발휘해서 어둠을 헤쳐 나갈 수 있다.

기자가 주왕의 폭정에서 살아남은 이유는 올곧음을 지키면서 쉬지 않고 밝은 도리를 추구했기 때문이다. 혼란한 시대를 살아남는 비결 중의 하나가 심신수양을 통해 자신을 밝히는 공부다. 공부를 통해 살아남을 수 있는 지혜와 용기를 얻을 수 있다.

괘의 변화를 보자. 만약 5효가 양으로 변하면 수화기제(水火旣濟, ䷾)가 되고, 5효는 그대로 있고 나머지 효가 모두 반대로 바뀌면 화수미제(火水未濟, ䷿)가 된다.

어둠 속에서도 공부하고 의지와 힘을 기른 자는 새로운 세상을 만날 것이다. 그러나 그렇지 못한 자는 계속 혼란 속에 있을 수밖에 없다.

상육(上六)

밝지 못하여 어둡다. 처음에는 하늘에 오르고, 뒤에는 땅속으로 들어간다. 상사에서 이르기를, 처음에는 하늘에 오른다 함은 사방의 나라에 비춘다는 뜻이다. 뒤에는 땅속으로 들어간다 함은 법칙을 잃는다는 뜻이다(不明晦, 初登于天, 後入于地. 象曰, 初登于天, 照四國也, 後入于地, 失則也).

상육은 음효가 음위에 있지만, 중도가 없다. 대응하는 육삼과는 정응(正應)하고 있다. 상육은 곤의 괘주로서 어둠의 극에 있다. 처음에는 천자로서 모든 나라에 위세를 떨쳤지만, 나중에는 하늘의 법도를 잃고 비참하게 지옥에 떨어질 처지에 놓여있다.

상육은 지나치게 물질의 쾌락에 빠져 바른 정신을 잃은 자다. 비록 초기에는 물질적 풍요로 천하를 호령할 수 있었지만, 정신이 바르지 못하기 때문에 물질이 오히려 화가되어 자신을 헤치는 상황에 이르렀다. 이제 상육이 할 수 있는 마지막 일은 다시 정신의 세계로 가는 것이다.

괘의 변화를 보자. 만약 6효가 양으로 변하면 산화비(山火賁, ䷕)가 되고, 6효는 그대로 있고 나머지 효가 모두 반대로 바뀌면 택수곤(澤水困, ䷮)이 된다. 인문 문화로 피폐한 정신을 다시 윤택하게 바꾸어야, 곤궁한 상태를 벗어날 수 있다.

37.

풍화가인(風火家人)

가정의 법도가 사회의 초석

가인은 여자가 올곧으면 이롭다(家人, 利女貞).

밖에서 힘들고 상처 입으면 집으로 돌아오기 마련이다. 그러므로 명이 (明夷) 다음에 가인(家人)을 놓았다. 세상을 바로 잡을 때, 가장 기본이 되는 수신(修身) 다음이 제가(齊家)라 할 수 있다.

고대로부터 집안의 중심은 여자다. 한 집안의 여자가 어떤 사람인지를 보면, 그 집안의 미래를 미리 알 수 있다. 단사를 보자.

단사에서 이르기를, 가인은 여자가 바르게 안에 자리하고, 남자가 바르게 밖에 자리하므로, 남자와 여자가 바르다. 천지의 큰 뜻이다. 가인에 엄한 어른이 있으니, 부모를 말한다. 아버지가 아버지답고, 자식이 자식답고, 형이 형답고, 아우가 아우답고, 남편이 남편답고, 아내가 아내다우면, 집안의 도가 바르게 된다. 집안을 바르게 해야 천하가 안정된다(象曰, 家人, 女正位乎內, 男正位乎外, 男女正, 天地之大義也. 家人有嚴君焉, 父母之謂也. 父父, 子子, 兄兄, 弟弟, 夫夫, 婦婦, 而家道

正, 正家而天下定矣).

풍화가인은 집안의 도리를 말하고 있다. 집안의 도리가 확대되어 나라의 도리가 된다. 그래서 고대에 신하를 뽑을 때, 가장 염두에 두어 살핀 것이 효자인지 여부였다. 모든 것에 나름의 쓰임과 역할이 있듯이, 가정도 관계에 따른 역할이 있다. 공자가 《논어》에서 강조한 나라와 가정의 역할론은 이 괘사에 근거한다. 상사를 보자.

상사에서 이르기를, 바람이 불에서 나오는 모습이 가인이다. 군자는 이로써 말에 사실이 있고 행동에 항상함이 있다(象曰, 風自火出, 家人, 君子以言有物而行有恒).

바람을 상징하는 상괘 손(巽)과 불을 뜻하는 하괘 이(離)가 풍화가인괘를 구성하고 있다. 불은 또한 지혜를 상징하고, 바람은 부드럽게 퍼져나가는 속성을 지니고 있으므로, 가정의 바른 도리가 세상으로 파급되는 모습을 보이고 있다.

가정의 법도가 바로 서기 위해서는, 가족의 언행이 진실해야 한다. 마찬가지로 나라의 법도가 서려면, 법과 원칙이 합리적이고 분명해야 사람들이 믿고 따르게 된다.

풍화가인의 잡괘를 보면, 화풍정(火風鼎, ䷱), 화수미제(火水未濟, ䷿), 뇌수해(雷水解, ䷧), 화택규(火澤睽, ䷥) 등이다. 집안의 갈등요소를 잘 조율하고 융합하여 새로운 규범을 만들면, 여러 문제들이 풀린다. 가정의 바른 법도가 사회로 확산되면, 사회의 모순과 갈등도 풀리고 사회의 혼란도 미연에 방지할수 있다.

초구(初九)

집안을 이룸에 방비한다. 후회가 사라진다. 상사에서 이르기를, 집안을 이룸에 방비한다 함은 뜻을 바꾸지 않기 때문이다(閑有家, 悔亡. 象曰, 閑有家, 志未變也).

초구는 양효가 양위에 있다. 비록 위치가 낮고 육사와 정응(正應)하고 있지도 않지만, 지혜를 뜻하는 이(離)의 초효이기 때문에 뜻이 확고하다. 가정의 법도를 바로 세우는 데 가장 먼저 할 일은 집안 안팎을 방비하는 것이다.

제가(齊家)의 기본은 바른 언행이다. 말과 행동 속에는 그 사람의 뜻이 들어 있다. 따라서 언행을 삼감으로써 뜻을 바로 세울 수 있다. 가족의 생각, 말, 그리고 행동이 바른 도리에 맞으면, 집안의 질서가 잡힌다. 집안을 지키는 데 이보다 더한 방비는 없다. 물론 위험에 대비해서 물리적인 준비도 갖추어야 할 것이다.

괘의 변화를 보자. 만약 1효가 음으로 변하면 풍산점(風山漸, ䷴)이 되고, 1효는 그대로 있고 나머지 효가 모두 반대로 바뀌면 뇌택귀매(雷澤歸妹, ䷵)가 된다.

집안의 질서에 절대적인 영향을 미치는 것이 혼사(婚事)로 인해 새로운 식구들이 생기는 것이다. 순리에 맞는 혼사를 진행하는 것이 좋다. 그리고 새로운 식구들이 기존의 식구들과 잘 융합할 수 있도록 바른 덕을 기르고, 집안의 폐단을 줄이는 노력을 기울여야 한다.

육이(六二)

이루는 바가 없다. 부녀자가 음식을 장만하고 가사를 돌본다. 올곧으면 길하다. 상사에서 이르기를, 육이의 길함은 순종하고 공손하기 때문이다(无攸遂, 在中饋, 貞吉. 象曰, 六二之吉, 順以巽也).

육이는 음효가 음위에 있고, 중도도 있다. 지혜 있는 부인이 가정의 중심에 있는 모습이다. 더불어 구오와 바르게 상응하고 있다. 육이는 내괘 이(離)의 중심 괘주다. 육이는 밝은 지혜와 덕을 겸비하고 있다.

"이루는 바가 없다."는 말은 무위(無爲)의 도를 의미한다. 가정에서 부인이 하는 일은 밖에서 보면 아무 일도 아닌 것 같지만, 모든 사람이 살아가는 근본이 여기에 있다. 그리고 나라도 이 근본을 떠나서는 존립할 수 없다.

괘의 변화를 보자. 만약 2효가 양으로 변하면 풍천소축(風天小畜, ䷈)이 되고, 2효는 그대로 있고 나머지 효가 모두 반대로 바뀌면 뇌지예(雷地豫, ䷏)가 된다.

집안이 바른 법도 속에서 있어야, 즐거움을 오래 누릴 수 있다. 그러나 즐거움이 자칫 방종이 되지 않도록 일정한 규범 속에서 조화가 이루어져야 한다. 조화로운 분위기에서 가정이 인재를 길러내면, 사회가 장차 윤택해진다.

구삼(九三)

가인에게 매우 엄하게 소리친다. 후회스럽고 위태롭지만 길하다. 부녀자가 헤프게 웃는다. 마침내 부끄럽다. 상사에서 이르기를, 가인에게 매우 엄하게 소리친다 함은 잃지 않은 것이다. 부녀자가 헤프게 웃는다 함은 집안의 절도를 잃은 것이다(家人嗃嗃, 悔厲, 吉, 婦子嘻嘻, 終吝. 象曰, 家人嗃嗃, 未失也, 婦子嘻嘻, 失家節也).

구삼은 양효가 양위에 있지만, 중도는 없다. 또한 상구와 정응(正應)하고 있지도 않다. 따라서 강한 힘이 약간 지나치게 집안을 다스리고 있는 형국이다. 약간은 소란스럽고 위태로워 보이지만, 위험을 예방하는 효과가 있으므로 길하다.

그러나 만약 구삼이 부녀자라면, 문제는 달라진다. 가정의 안사람이 절도를 벗어난 언행을 한다면, 가정의 근간이 무너질 수 있다. 이 말은 매우 남성 위주의 해석이다.

현대적으로 풀면, 남녀를 불문하고 언행의 의도가 중요하고, 풍속을 해칠 정도의 언행은 결국 가정을 붕괴시킬 수밖에 없다고 보면 좋을 것이다.

괘의 변화를 보자. 만약 3효가 음으로 변하면 풍뢰익(風雷益, ䷩)이 되고, 3효는 그대로 있고 나머지 효가 모두 반대로 바뀌면 뇌풍항(雷風恒, ䷟)이 된다.

사회뿐만 아니라 가정도 위계질서가 집안의 평화를 오래 유지하는 데 필요하다. 더불어 위계질서가 잘 유지되기 위해서는 무엇보다 윗사람이 먼저 아랫사람을 돌보고 베풀어야 한다.

육사(六四)

부유한 집안이다. 크게 길하다. 상사에서 이르기를, 부유한 집안이라서 크게 길하다 함은 유순하게 제자리에 있기 때문이다(富家, 大吉. 象曰, 富家大吉, 順在 位也).

육사는 음효가 음위에 있다. 비록 중도는 없지만, 상괘 손(巽)의 괘주다. 부드러운 기운이 세상을 바로 잡고 있다. 유순한 도가 강한 것을 이기는 이치가 여기에 있다.

한편 대응하는 초구와 정응(正應)하고 있다. 위아래가 하나로 협력한다면, 재산을 크게 일굴 수 있다. 집안이 번성하기 위해서는 각자 제자리에서 맡은 바 일을 성심을 다해야 한다. 무엇보다, 바른 도리로 덕행(德行)을 많이 쌓은 집은 부유하게 된다.

괘의 변화를 보자. 만약 4효가 양으로 변하면 천화동인(天火同人, ䷌)이 되고, 4효는 그대로 있고 나머지 효가 모두 반대로 바뀌면 지수사(地水師, ䷆)가 된다.

가족들 서로 간의 갈등이 싸움으로 비화되지 않도록, 서로를 포용하고 다양성을 인정하면서, 하나가 되는 대동(大同)의 정신을 발휘해야 한다.

구오(九五)

왕이 집안을 이룸이 크다. 근심하지 않아도 된다. 길하다. 상사에서 이르기를, 왕이 집안을 이룸이 크다 함은 사귀어 서로 사랑한다는 뜻이다(王假有家, 勿恤, 吉. 象曰, 王假有家, 交相愛也).

구오는 양효가 양위에 있고, 중도도 있다. 또한 육이와 바르게 상응하고 있다. 리더십이 강한 가장이 현명하고 온순한 부인과 함께 가정을 다스리는 모습이다.

바른 도리를 갖춘 자는 천하를 중도의 도리로 한 집안처럼 다스릴 수 있다. 가정의 사랑을 확대하면, 천하를 사랑하는 마음과 의지가 된다. 수신제가(修身齊家)와 치국평천하(治國平天下)는 결국 하나의 도리다.

괘의 변화를 보자. 만약 5효가 음으로 변하면 산화비(山火賁, ䷕)가 되고, 5효는 그대로 있고 나머지 효가 모두 반대로 바뀌면 택수곤(澤水困, ䷮)이 된다.

가정의 구성원들은 다양한 성격과 취향을 가지고 있다. 같은 피를 나눈 형제자매들도 자세히 보면 모두 독특한 차이가 있다. 따라서 가정의 평화를 이루기 위해서는 다양한 성향을 아우를 수 있는 문화가 필요하다.

가정을 넘어 사회와 국가 차원으로 확대되면, 그 다양성은 훨씬 더 커진다. 따라서 바른 도덕에 기초한 문화가 있는 가정과 사회는 안녕과 번영을 동시에 누릴 수 있고, 그렇지 못하면 혼란한 상황에 빠지게 될 것이다.

상구(上九)

믿음이 있다. 위엄을 지키면, 마침내 길하다. 상사에서 이르기를, 위엄을 지키면, 마침내 길하다 함은 자신을 돌이켜 반성한다는 뜻이다(有孚, 威如, 終吉. 象曰, 威如之吉, 反身之謂也).

상구는 양효가 음위에 있다. 비록 중도는 없지만, 육삼과 정응(正應)하고 있다. 손(巽)의 맨 위에서 지혜와 부드러움을 겸하고 있다. 육삼의 허물을 한편으로는 엄하게 깨우치고, 한편으로는 부드럽게 포용할 수 있는 위치다.

상구는 가정에서 지혜와 위엄이 있는 할아버지나 할머니의 위치다. 그러나 변화의 끝자락이기 때문에, 항상 역지사지(易地思之)로 가족을 살펴야 뒤탈이 없다. 만약 노욕(老慾)을 부린다면, 오히려 가족의 질서가 무너질 수 있다.

괘의 변화를 보자. 만약 6효가 음으로 변하면 수화기제(水火旣濟, ䷾)가 되고, 6효는 그대로 있고 나머지 효가 모두 반대로 바뀌면 화수미제(火水未濟, ䷿)가 된다.

늙으면 땅으로 돌아가는 것이 자연의 순리다. 모든 집착과 욕심을 버리고 자신을 돌이켜 반성하는 것이 다음 생을 준비하는 바른 길이다.

37. 풍화가인(風火家人) ䷤

38.

화택규(火澤睽)

화이부동(和而不同)의 세상

규는 작은 일은 길하다(睽, 小事吉).

　　집안의 법도가 균형을 잃고 한쪽으로 치우치면, 분란이 일어나기 마련이다. 그러므로 가인(家人) 다음에 규(睽)로 이어진다. 규는 관계가 어그러짐이 극에 이르러, 서로 반목한다는 뜻이다.

　　집안의 화목이 영원히 지속되면 좋겠지만, 인간사에 불행히도 그런 사례는 없다. 보통 길어야 3대를 지속할 뿐이다. 3대 이상을 지속한다면, 그 집안은 천하의 모범이 될 만하다. 화택규는 가정의 불화에 대한 경책이다. 단사를 보자.

　　단사에서 이르기를, 규는 불이 움직이되 위로 가고, 못이 움직이되 아래로 감이다. 두 여자가 함께 있으나, 그 뜻이 하나로 행하지 않는다. 기뻐하며 밝게 빛나는 모습이다. 부드러운 음이 나아가 위로 가서, 가운데를 얻어 굳센 양에 호응한다. 이로써 작은 일은 길하다. 천지가 서로 다르지만 함께 일을 하며, 남녀가 서로 다르지만 뜻이 통한다. 만물이 서로 다르지만 일은 유사하다. 규의 때와 쓰임이 크다(象曰, 睽, 火動而上, 澤動而下, 二女同居, 其志不同行. 說而麗乎明, 柔進而上行, 得中而應乎剛, 是以小事吉. 天地睽而其事同也, 男女睽而其志通也, 萬物睽而其事類也, 睽之時用大矣哉).

상괘 이(離)는 불과 아름답게 빛남을 뜻하고, 하괘 태(兌)는 연못과 기쁨을 의미한다. 음유한 육오가 중도를 차지하고 강건한 구이와 정응(正應)하고 있다. 따라서 비록 불은 위로 향하고, 연못의 물은 아래로 가기 때문에, 서로 만날 일은 없지만 모두 제 갈 길로 가고 있다.

때문에 겉보기에 큰일은 이루지 못하는 것 같아도, 실제로는 각자 자신의 일은 하고 있는 것이다. 서로 다름으로써 세상은 크게 하나로 합할 수 있다. 각자 다른 길로 가지만, 결국 하나로 회귀한다. 어긋남으로써 세상을 바로 잡는 법이다. 인생사의 묘한 이치다. 상사를 보자.

상사에서 이르기를, 위는 불이고 아래는 못이 규다. 군자는 이로써 같으면서도 다르다(象曰, 上火下澤, 睽, 君子以同而異).

가정의 불화가 사회로 확대되면, 온 나라가 갈등으로 불안하게 된다. 이에 대한 경책으로 화택규는 화이부동(和而不同)의 대원칙을 제시하고 있다. 군자는 같음과 다름을 중도로써 평등하게 꿰뚫고 있다. 현실은 하나가 아니기 때문에 조화로 다스리고, 이상은 현실의 다름으로 구현될 수 있다.

공자는 《계사전》에서 반목을 뜻하는 화택규로부터 문명의 이로움과 더불어 전쟁의 위협을 보았다.

나무에 시위 줄을 걸어 활을 만들고, 나무를 깎아서 화살을 만들었다. 활과 화살의 이로움으로 천하를 위협하니, 이것은 규괘에서 취한 것이다(弦木爲弧, 剡木爲矢, 弧矢之利, 以威天下, 蓋取諸睽).《계사전》

고대에 활과 화살을 이용해 인류는 먹고사는 문제를 해결할 수 있었지만, 그것은 또한 인류의 생존을 위협하는 전쟁도구가 되었다. 인류문명은 문명의 이기가 주는 이로움과 위협의 모순을 동시에 마주하며 발전해왔다.

인류문명은 발전할수록 어그러짐이 고도화되고 있다. 공자의 지적은 노자가《도덕경》에서 "사람의 재간이 늘어나면 기이한 물건이 갈수록 많이 생긴다(人多伎巧, 奇物滋起)."고 한 말과 일맥상통한다.

기이한 물건들이 사람들을 풍요롭고 편리하게 만들기도 하지만, 사람들의 생명을 위협하는 수단이 되기도 한다. 예를 들어, 자동차와 비행기는 교통수단의 혁명을 일으켰지만, 그것에서 발달한 탱크와 전투기는 세상을 붕괴시킬 수 있다. 때문에 물질문명의 발달에 비례해서 정신문명의 성숙이 필요하다.

화택규의 잡괘를 보면, 택화혁(澤火革, ䷰), 수화기제(水火旣濟, ䷾), 수산건(水山蹇, ䷦), 풍화가인(風火家人, ䷤) 등이다. 사회의 어그러짐이 폭발하지 않게 하기 위해서는, 사회를 일대혁신하고 위험요소를 방비해야 한다. 근본적으로는 무엇보다 가정의 법도를 바로 세우고 나아가 사회의 기강을 바로 잡아야 한다.

초구(初九)

후회는 사라진다. 말을 잃더라도 쫓을 필요 없다. 스스로 돌아온다. 나쁜 사람을 만나도, 허물이 없다. 상사에서 이르기를, 나쁜 사람을 만나도 이로써 허물을 피하기 때문이다(悔亡, 喪馬, 勿逐自復, 見惡人, 无咎. 象曰, 見惡人, 以辟咎也).

초구는 양효가 양위에 있지만, 위치가 낮다. 또한 대응하는 구사와 정응(正應)하고 있지도 않다. 어떻게 해야 할지 모를 상황이다. 이런 때는 무심히 대하라는 경책을 주고 있다. 물이 알아서 대해로 가듯이, 해결하기 힘든 문제는 놔두면 저절로 풀리는 법이다.

세옹지마(塞翁之馬)의 지혜가 필요하다. 매사에 좋고 나쁨에 너무 들뜨지 말고, 변화의 흐름에 따라 흘러가는 대로 임하면 무리가 없다. 오히려 문제를 쓸데없이 건드려, 악화시키는 경우가 많다.

괘의 변화를 보자. 만약 1효가 음으로 변하면 화수미제(火水未濟, ䷿)가 되고, 1효는 그대로 있고 나머지 효가 모두 반대로 바뀌면 수화기제(水火旣濟, ䷾)가 된다. 변화의 흐름에 맡기고 자신의 할 일을 올곧게 하면, 모든 일이 도리에 맞게 이루어진다. 반대로 역의 도리에 역행하면, 재난을 피하기 어렵다.

구이(九二)

거리에서 임금을 만난다. 허물이 없다. 상사에서 이르기를, 거리에서 임금을 만난다 함은 도를 잃지 않은 것이다(遇主于巷, 无咎. 象曰, 遇主于巷, 未失道也).

구이는 양효가 음위에 있지만, 중도가 있다. 또한 육오와 정응(正應)하고 있다. 서로 다른 길을 가고 있지만, 믿음과 중도가 있다. 따라서 목적지가 다른 길목에서 만나더라도, 서로 간의 도리에 어긋남이 없다.

기업의 입장에서 보면, 구이는 강한 힘을 가진 노조 대표이고, 육오는 온유한 기업의 대표다. 강유가 만나고 있지만, 둘 다 중도가 있기 때문에 조화와 질서를 이룰 수 있다.

괘의 변화를 보자. 만약 2효가 음으로 변하면 화뢰서합(火雷噬嗑, ䷔)이 되고, 2효는 그대로 있고 나머지 효가 모두 반대로 바뀌면 수풍정(水風井, ䷯)이 된다.

구이의 역할에 따라 향후 사회의 평화가 달려 있다. 구이가 규범을 보이고 사소한 것도 바르게 다져나가면, 사회의 법도가 바로 설 것이다.

육삼(六三)

수레가 끄는 모습을 본다. 소는 끌려가고, 그 사람은 머리와 코를 베인다. 처음은 없어도 끝은 있다. 상사에서 이르기를, 수레가 끄는 모습을 본다 함은 자리가 마땅하지 않기 때문이다. 처음은 없어도 끝은 있다 함은 굳센 양을 만나기 때문이다(見輿曳, 其牛掣, 其人天且劓. 无初有終. 象曰, 見輿曳, 位不當也, 无初有終, 遇剛也).

육삼은 음효가 양위에 있고, 중도도 없다. 육삼은 물로 이루어진 연못이고, 마주하는 상괘는 불을 뜻하는 이(離)다. 따라서 비록 육삼은 대응하는 상구와 정응(正應)하고 있지만, 위아래 괘가 서로 상극적인 요인으로 어긋나 있어서 큰 도움이 안 된다.

육삼은 위치가 안 좋기 때문에, 모든 상황이 여의치 않다. 비록 처음에는 힘들겠지만, 밝은 도리를 굳건히 지니고 있는 상구와 정응(正應)하는 인연으로 결말은 나쁘지 않다.

괘의 변화를 보자. 만약 3효가 양으로 변하면 화천대유(火天大有, ䷍)가 되고, 3효는 그대로 있고 나머지 효가 모두 반대로 바뀌면 수지비(水地比, ䷇)가 된다. 이익집단의 대표들이 자기 이익을 앞세우지 말고 서로 연합하고, 동시에 악을 멀리하고 선을 행한다면, 큰 결실을 거둘 수 있다.

구사(九四)

어긋남에 외롭다. 착한 남편을 만나 믿음을 나눈다. 위태하나 허물은 없다. 상사에서 이르기를, 믿음을 나눠 허물은 없다 함은 뜻이 행하는 것이다(睽孤, 遇元夫, 交孚, 厲无咎. 象曰, 交孚无咎, 志行也).

구사는 양효가 음위에 있고, 중도도 없다. 대응하는 초구와도 정응(正應)하지 않고 어긋나 있다. 다른 효는 서로 정응(正應)하고 있는데, 유일하게 구사와 초구만 외톨이처럼 어긋나 있다.

그럼에도 불구하고 초구는 양(陽)이 바른 자리에 있기 때문에, 믿을 만하다. 한편 구사의 경우는 음유한 자리가 강함을 제어하고 있다. 따라서 같은 양이라도 초구와 구사는 서로 다른 입장이기 때문에, 서로 보상관계를 이루고 하나가 될 수 있는 여지가 있다.

괘의 변화를 보자. 만약 4효가 음으로 변하면 산택손(山澤損, ䷨)이 되고, 4효는 그대로 있고 나머지 효가 모두 반대로 바뀌면 택산함(澤山咸, ䷞)이 된다. 어긋난 상황과 입장을 인정하고 대동(大同)을 이루기 위해서는, 구사는 욕심을 비우고 텅 빈 마음으로 지도자를 보필해야 한다.

육오(六五)

후회는 사라진다. 그 친족이 살갗을 깨문다. 간다면 무슨 허물이 있겠는가. 상사에서 이르기를, 그 친족이 살갗을 깨문다 함은 가면 경사가 있다는 뜻이다 (悔亡, 厥宗噬膚, 往何咎. 象曰, 厥宗噬膚, 往有慶也).

육오는 음효가 양위에 있지만, 중도가 있다. "친족이 살갗을 깨문다."는 말은 구이의 양(陽)과 육오의 음(陰)이 서로 조화를 이루고 있다는 것을 암시한다. 육오가 구이와 정응(正應)하기 때문에 믿음을 가지고 거리로 나가면, 구이와 만나 어긋남을 해소할 수 있다.

세상은 다양한 가치와 이해관계로 얽혀있다. 현상세계는 이것과 저것이 상대하면서, 관계를 맺고 변화하고 있다. 때문에 한쪽의 이익이 커지면, 상대편 이익은 줄게 되어 있다. 이 모순 때문에 사회는 항상 갈등이 있을 수밖에 없다. 따라서 지도자는 중도의 도리로 사회의 균형을 조율해야 한다.

괘의 변화를 보자. 만약 5효가 음으로 변하면 천택리(天澤履, ䷉)가 되고, 5효는 그대로 있고 나머지 효가 모두 반대로 바뀌면 지산겸(地山謙, ䷎)이 된다.

사람들이 예의와 법도를 지키고 자신을 낮추는 겸양의 정신으로 서로를 대한다면, 사회의 모순과 갈등은 중화(中和)될 것이다. 사회는 양극적인 요소들로 이루어져 있기 때문에, 모순과 갈등은 어찌 보면 당연한 현상이다. 문제는 중재를 통해 조율하는 시스템을 마련하는 것이다.

상구(上九)

어긋남에 외롭다. 돼지가 진흙을 짊어짐을 본다. 귀신이 한 수레 실려 있는 것 같다. 먼저 활을 당겼다가, 뒤에 활을 내려놓는다. 도적이 아니라, 혼인을 구하는 것이다. 가서 비를 만나면 길하다. 상사에서 이르기를, 비를 만나면 길하다 함은 뭇 의심이 사라진다는 뜻이다(睽孤, 見豕負塗, 載鬼一車, 先張之弧, 後說之弧, 匪寇, 婚媾, 往遇雨則吉. 象曰, 遇雨之吉, 羣疑亡也).

상구는 양효가 양위에 있다. 비록 중도는 없지만, 상구는 육삼과 정응(正應)하고 있다. 다만 어긋난 시대를 만나 상구는 외롭다. 상구의 입장에선 육삼은 진흙을 뒤집어쓴 더러운 돼지와 같다.

상구는 아래 것들에 대한 의심으로 활을 들었다가, 의심을 풀고 활을 거두는 상황이다. 비가 내림은 의혹이 해소된 상황을 의미한다. 서로 간의 의심을 풀면, 상대방을 이해할 수 있다. 역지사지(易地思之)가 필요하다.

괘의 변화를 보자. 만약 6효가 음으로 변하면 뇌택귀매(雷澤歸妹, ䷵)가 되고, 6효는 그대로 있고 나머지 효가 모두 반대로 바뀌면 풍산점(風山漸, ䷴)이 된다.

사회의 모순을 해결하기 위해서는 단편적인 지식으로는 불가능하다. 역의 도리에 순응해서 변화의 흐름에 따라 점진적으로 일을 도모하고, 일의 시작과 끝을 미리 살펴 폐단을 줄여야 한다.

39.

수산건(水山蹇)

고난은 자기반성의 기회다

건은 서남이 이롭고, 동북은 이롭지 않다. 대인을 보면 이롭다. 올곧으면 길하다(蹇, 利西南, 不利東北, 利見大人. 貞吉).

건(蹇)은 고난을 의미한다. 사회에 반목과 불화가 극에 이르면, 반드시 어려움이 찾아온다. 그러므로 규(睽) 다음에 건(蹇)으로 이어진다. 건은 그에 대한 경책이다.

문왕팔괘도에 따르면, 곤(坤)은 서남방향이고, 간(艮)은 동북방향이다. 고난의 시대에 어둡고 막힌 동북방향으로 가는 것은 위험하다. 따라서 밝고 탁트인 서남방향으로 가야 유리하다. 단사를 보자.

단사에서 이르기를, 건은 어려움이다. 험함이 앞에 있다. 험함을 보고 멈출 수 있으니 지혜롭다. 건은 서남이 이롭다 함은 가면 중을 얻기 때문이다. 동북은 이롭지 않다 함은 그 도가 궁하기 때문이다. 대인을 보면 이롭다 함은 가면 공이 있다는 뜻이다. 위치가 합당하여 올곧으면 길하다 함은 이로써 나라를 바르게 한다는 뜻이다. 건의 때와 쓰임이 크다(象曰, 蹇, 難也, 險在前也, 見險而能止, 知

矣哉. 蹇, 利西南, 往得中也, 不利東北, 其道窮也. 利見大人, 往有功也, 當位貞吉, 以正邦
也. 蹇之時用大矣哉)

수산건은 위험을 뜻하는 감(坎)이 위에 있고, 멈춤을 의미하는 간(艮)이 아래에 있는 괘다. 위험 앞에서 멈출 수 있는 것은 구오가 밝은 지혜가 있고, 하괘에 멈춤의 도가 있기 때문이다. 강건한 구오와 온순한 육이가 중도가 있고 바르게 상응하기 때문에, 나라의 혼란을 바르게 다스릴 수 있다. 상사를 보자.

상사에서 이르기를, 산 위에 물이 있는 것이 건이다. 군자는 이로써 자신을 돌이켜 덕을 닦는다(象曰, 山上有水, 蹇. 君子以反身修德).

아픔은 축복이다. 아파야 비로소 심신의 문제를 돌아볼 수 있기 때문이다. 마찬가지로 혼란은 사회의 축복이 될 수 있다. 그동안 잘못된 관행을 바로 잡을 수 있는 기회가 되기 때문이다.

군자는 수산건의 시절을 맞이하여, 자신을 돌아보고 허물을 고친다. 모든 허물은 자신 안에서 비롯된 것이기 때문이다. 사회의 부조리와 폐단의 원인은 사회 내부에 있다. 모든 혼란은 안에서 자라나서 밖으로 터져 나온 것이다. 안을 잘 살피는 지도자는 사회를 편안하게 할 수 있다.

수산건의 잡괘를 보면, 산수몽(山水蒙, ䷃), 화수미제(火水未濟, ䷿), 화택규(火澤睽, ䷥), 뇌수해(雷水解, ䷧) 등이다. 어려움을 자초한 근본원인은 어리석음 때문이다. 어리석음으로 끊임없는 모순과 갈등이 빚어진다. 그로 인해 사회의 질서가 잡히지 않고, 혼란한 상황이 전개되는 것이다.

따라서 지도자는 사회의 변화에 맞는 교육을 통해 대중의 어리석음을 깨워야 한다. 더불어 이해와 사랑과 용서를 통해 대화합을 이끌어내야, 작게는 가정과 기업의 위기, 크게는 국난을 해결할 수 있다.

초육(初六)

가면 어렵고 오면 명예가 있다. 상사에서 이르기를, 가면 어렵고 오면 명예가 있다 함은 마땅히 기다려야 한다는 뜻이다(往蹇, 來譽. 象曰, 往蹇來譽, 宜待也).

초육은 음효가 양위에 있다. 자리가 바르지 않고, 위치도 낮다. 초육은 멈춤을 뜻하는 간(艮)의 밑바닥에 있다. 더욱이 대응하는 육사와 정응(正應)하고 있지도 못하다. 갈 수 있는 상황이 아닌 데 가면, 다리를 절 정도로 어려움이 닥친다.

여기서 온다(來)는 것은 반신수덕(反身修德)의 의미를 담고 있다. 자신을 돌이켜 덕을 닦고, 때를 기다려야 한다. 어려움이 찾아온 원인을 정확히 파악하고, 새로운 상황이 전개될 때까지 지혜와 힘을 기르는 것이 좋다. 해결할 수 있는 시절인연을 기다리며 안팎으로 준비한다면, 명예가 있을 수밖에 없다.

괘의 변화를 보자. 만약 1효가 양으로 변하면 수화기제(水火旣濟, ䷾)가 되고, 1효는 그대로 있고 나머지 효가 모두 반대로 바뀌면 화수미제(火水未濟, ䷿)가 된다. 사회적 모순으로 촉발된 갈등으로 사회 밑바닥에 어려움이 짙게 깔려있다. 이때는 사회 전반에서 새로운 기운을 불어넣어야 한다.

힘은 스스로 내는 것이다. 지도층이 지도력을 발휘하기 어려운 시기에는 국민 스스로 일어나서 나라를 구할 수밖에 없다. 이러한 상황에서 국민이 스스로 힘을 낼 수 없다면, 나라가 큰 혼란에 빠질 수밖에 없다.

육이(六二)

왕의 신하가 거듭 어렵다. 자기 몸을 돌보지 않기 때문이다. 상사에서 이르기를, 왕의 신하가 거듭 어렵다 하지만, 끝내 허물은 없다(王臣蹇蹇, 匪躬之故. 象曰, 王臣蹇蹇, 終无尤也).

육이는 음효가 음위에 있고, 중도도 있다. 또한 구오와 정응(正應)하고 있다. 시대와 혼란을 건져낼 만한 그릇이다. 자신을 잘 관리하고 하늘의 이치를 닦은 사람은 시대의 혼란을 맞아, 자신의 안위를 돌보지 않고 사회의 위기를 극복하는 데 앞장설 수 있다. 죽음을 불사하기 때문에, 오히려 죽지 않을 수 있다.

살고자 하는 자는 죽을 것이고, 죽기를 각오하는 자는 사는 것이 역의 원리다. 비록 몸은 죽어도 정신은 살아남기 때문에, 영원히 살 수 있다. 반면 몸은 살아도 정신이 죽는다면, 영원히 죽는 것과 다를 것이 없다.

괘의 변화를 보자. 만약 2효가 양으로 변하면 수풍정(水風井, ䷯)이 되고, 2효는 그대로 있고 나머지 효가 모두 반대로 바뀌면 화뢰서합(火雷噬嗑, ䷔)이 된다.

사회의 위기를 극복하기 위해서는 서로 위로하고 돕는 수밖에 없다. 더불어 어려운 시절인연에 맞게 법령을 정비하고 형벌을 맑게 사용해야, 사회를 안정시킬 수 있다.

구삼(九三)

가면 어렵고, 오면 반성한다. 상사에서 이르기를, 가면 어렵고, 오면 반성한다 함은 안에서 기뻐한다는 뜻이다(往蹇, 來反. 象曰, 往蹇來反, 內喜之也).

구삼은 양효가 양위에 있지만, 중도는 없다. 다행히 상육과 정응(正應)하고 있다. 또한 구삼은 간(艮)의 괘주로서 멈추는 힘이 강하다. 상괘 감(坎)을 직면해서, 위험의 앞에 멈추어 서서 자신을 돌아볼 힘이 강하다. 원문의 반(反)은 반신수덕(反身修德)을 의미한다.

태풍이 힘을 쓰는 것은 중심이 고요하기 때문이다. 구삼은 태풍의 눈과 같은 존재다. 고요히 멈추어 있으나 강한 힘이 있으므로, "안에서 기뻐한다."고 할 만하다. 구삼은 정중동(靜中動), 동중정(動中靜)의 역리(易理)에 부합하는 자리에 있다.

사회가 어려울 때 구삼 같은 존재가 사회의 붕괴를 막는 역할을 할 수 있다. 괘의 변화를 봐도 알 수 있다. 만약 3효가 음으로 변하면 수지비(水地比,䷇)가 되고, 3효는 그대로 있고 나머지 효가 모두 반대로 바뀌면 화천대유(火天大有,䷍)가 된다. 위기를 남에게 전가하지 말고 서로 협력하여 힘을 합치면, 어려움을 극복하고 대업을 이룰 수 있다.

육사(六四)

가면 어렵고, 오면 협력한다. 상사에서 이르기를, 가면 어렵고 오면 협력한다함은 위치가 합당하고 충실함이 있기 때문이다(往蹇, 來連. 象曰, 往蹇來連, 位當實也).

육사는 음효가 음위에 바르게 있다. 하지만 대응하는 초육과 정응(正應)하고 있지 않다. 때문에 초육을 구하러 가면 어려움에 처한다. 더욱이 육사는 위험을 의미하는 감(坎)에 있고 중도도 없지만, 제자리에 올곧게 앉아 때를 기다리는 덕을 갖추고 있다.

더불어 멈춤의 힘이 강한 구삼과 연이어 있다. 그 덕에 구삼의 큰 힘을 빌려 육사는 위험에 직면해서도 흔들리지 않고, 자신의 중심으로 돌아올 수 있다.

괘의 변화를 보자. 만약 4효가 양으로 변하면 택산함(澤山咸,䷞)이 되고, 4 효는 그대로 있고 나머지 효가 모두 반대로 바뀌면 산택손(山澤損,䷨)이 된다. 마음을 비우고 자신의 실체를 봐야 위기를 극복할 지혜를 얻을 수 있다.

모든 위기는 자신의 욕심, 분노, 그리고 어리석음이 만든 것이다. 따라서 탐진치(貪瞋痴) 삼독(三毒)을 깨끗이 비워야, 세상을 밝게 볼 수 있는 혜안을 얻을 수 있다.

구오(九五)

큰 어려움에, 벗이 온다. 상사에서 이르기를, 큰 어려움에 벗이 온다 함은 중도에 꼭 맞는다는 뜻이다(大蹇, 朋來. 象曰, 大蹇朋來, 以中節也).

구오는 양효가 양위에 있고, 중도도 있다. 또한 대응하는 육이와 정응(正應)하고 있다. 위기의 한 복판에 있지만, 충직한 친구를 불러올 힘과 지혜가 있다. 위기는 중도의 지혜로 얼마든지 기회로 역이용할 수 있다.

아무리 어려워도 지도자가 중심을 잘 잡고 있다면, 모든 위기에 적절하게 대응할 수 있다. 다행히 구오는 위험을 뜻하는 감(坎)의 한 복판에서 위험을 벗어날 기회를 보고 있다.

괘의 변화를 보자. 만약 5효가 음으로 변하면 지산겸(地山謙,䷠)이 되고, 5 효는 그대로 있고 나머지 효가 모두 반대로 바뀌면 천택리(天澤履,䷉)가 된다.

어려울수록 지도자는 겸양의 정신으로 자신을 낮추고 사람들에게 관용을 베풀고, 자신을 돌이켜 예(禮)를 세워야 한다. 극기복례(克己復禮)가 사회의 위기를 예방하고 극복하는 근본 해결책이다.

상육(上六)

가면 어렵고, 오면 크다. 길하다. 대인을 보면 이롭다. 상사에서 이르기를, 가면 어렵고 오면 크다 함은 뜻이 안에 있다는 것이다. 대인을 보면 이롭다 함은 귀함을 쫓는다는 뜻이다(往蹇, 來碩, 吉, 利見大人. 象曰, 往蹇來碩, 志在內也, 利見大人, 以從貴也).

상육은 음효가 음위에 있지만, 중도가 없다. 다행히 구삼과 정응(正應)하고 있지만, 위험의 극에 이르러 있다. 오직 살 길은 귀인인 구삼과 지도자인 구오를 따르고, 자신을 돌이켜 반성하는 길밖에 없다. 구삼과 구오가 상육에게는 대인이다.

"뜻이 안에 있다."는 말은 모든 문제의 해결 실마리는 안에 있다는 것을 의미한다. 어려운 시기를 만나면, 보통 다른 사람을 탓하는 것이 일반적인 생리다. 그러나 군자는 자신의 잘못을 돌아보고 해결책을 구한다. 그래서 공자도 《논어》 위령공(衛靈公) 편에서 "군자는 자신에게서 구하고, 소인은 남에게서 구한다(君子求諸己, 小人求諸人)."고 경책했다.

괘의 변화를 보자. 만약 6효가 양으로 변하면 풍산점(風山漸, ䷴)이 되고, 6효는 그대로 있고 나머지 효가 모두 반대로 바뀌면 뇌택귀매(雷澤歸妹, ䷵)가 된다.

자신의 현덕(賢德)을 먼저 기르고 평소 다른 사람들에게 베풀어야, 위기 시에 사람들이 따르기 마련이다. 더불어 사회의 풍속을 잘 살펴 폐단을 줄여야 한다.

40.

뇌수해(雷水解)

준비된 뒤에 움직여라

해는 서남쪽이 이롭다. 갈 곳이 없으면, 돌아오는 것이 길하다. 갈 곳이 있으면, 일찍 가면 길하다(解, 利西南, 无所往, 其來復吉, 有攸往, 夙吉).

음이 극에 이르면, 양이 돌아온다. 마찬가지 역리(易理)가 인간사회에도 적용된다. 고난의 압력이 극에 이르면, 느슨하게 풀리기 시작한다. 그러므로 건(蹇) 다음에 해(解)로 이어진다. 해는 느슨해짐(緩)을 내포한다.

그러나 고난의 수산건(≣) 시대를 끝내는 데는 반드시 수고로움이 따른다. 뇌수해는 고난을 풀어나가는 시절에 주의해야 할 경책을 담고 있다. 단사를 보자.

단사에서 이르기를, 해는 험난함 가운데 움직임이다. 움직임으로 험난함을 벗어나는 것이 해다. 해는 서남쪽이 이롭다 함은 가면 무리를 얻는다는 뜻이다. 돌아오는 것이 길하다 함은 이에 중도를 얻기 때문이다. 갈 곳이 있으면 일찍 가면 길하다 함은 가면 공이 있다는 뜻이다. 천지가 풀리자 우레와 비가 일어나고, 우레와 비가 일어나자 온갖 과일과 초목이 다 껍질이 터진다. 해의 때가 갖는 의미가 크다(象曰, 解, 險以動, 動而免乎險, 解. 解, 利西南, 往得衆也, 其來復吉, 乃得中也, 有攸往, 夙吉, 往有功也. 天地解而雷雨作, 雷雨作而百果草木皆甲坼, 解之時大矣哉).

위험을 뜻하는 감(坎) 위에 움직임을 의미하는 진(震)이 있는 모습이 뇌수해다. 서남쪽은 탁 트인 대지가 있는 곤(坤)의 방향이다. 대지에는 많은 사람들이 있으므로, 협력자를 얻을 수 있다. 위험이 하괘에 있지만, 상괘의 움직임으로 그 위험을 벗어날 수 있다. 우레와 비가 오면, 겨울을 벗어나 만물이 개화되는 시기임을 알 수 있다. 상사를 보자.

상사에서 이르기를, 우레와 비가 일어남이 해다. 군자는 이로써 잘못을 사면하고 죄를 용서한다(象曰, 雷雨作, 解, 君子以赦過宥罪).

험난한 시대를 지나고 새롭게 분위기를 전환할 때에는, 가벼운 죄를 짓거나 참회의 빛이 보이는 사람들은 용서하고 사면을 할 필요가 있다. 사회의 힘을 하나로 모아야 국난을 극복할 수 있기 때문이다.

뇌수해의 잡괘를 보면, 수뢰준(水雷屯, ䷂), 수화기제(水火旣濟, ䷾), 풍화가인(風火家人, ䷤), 수산건(水山蹇, ䷦) 등이 있다. 난국을 헤쳐나가는 일은 어려움을 수반할 수밖에 없다. 어려움이 풀리는 초기에는 수신(修身)과 제가(齊家)를 먼저 이루고, 나아가 새로운 사회에서 경륜을 쌓아야 한다. 더불어 사회의 법과 원칙을 바로 세워야, 위기를 극복하고 번영의 공동목표를 향해 사람들이 함께 나아갈 수 있다.

초육(初六)

허물은 없다. 상사에서 이르기를, 굳센 양과 부드러운 음의 사귐이니, 의리에 허물이 없다(无咎. 象曰, 剛柔之際, 義无咎也).

초육은 음효가 양위에 있고, 위치가 낮다. 그러나 뇌수해의 괘주라 할 수 있는 구사와 정응(正應)하고 있다. 구사의 양강(陽剛)과 초육의 음유(陰柔)가 교류하는 형국이다.

초육은 아직 위험한 상황에서 벗어나지 못한 상황이지만, 하괘 감(坎)의 위험을 구사가 흔들어 푸는 형국이다. 음양이 화합하고 강유가 조화를 이루고 있으므로, 위험은 머지않아 해소될 수 있다.

괘의 변화를 보자. 만약 1효가 양으로 변하면 뇌택귀매(雷澤歸妹, ䷵)가 되고, 1효는 그대로 있고 나머지 효가 모두 반대로 바뀌면 풍산점(風山漸, ䷴)이 된다. 아직은 본격적으로 움직일 단계가 아니다. 먼저 자신의 지혜와 덕을 쌓고, 더불어 내부의 문제점들을 개선하고 난 후에 점차 외부로 나가야 한다.

구이(九二)

사냥 중에 세 마리 여우를 잡는다. 황금빛 화살을 얻는다. 올곧으면 길하다. 상사에서 이르기를, 구이는 올곧으면 길하다 함은 중도를 얻기 때문이다(田獲三狐, 得黃矢, 貞吉. 象曰, 九二貞吉, 得中道也).

구이는 양효가 양위에 있고, 중도도 있다. 또한 육오와 정응(正應)하고 있다. '세 마리 여우(三狐)'는 육삼을 비유한다. 부정한 육삼을 제거하고 온유하고 중도를 지닌 육오와 만날 수 있다. '황금빛 화살'은 중도를 의미한다.

뇌수해에서 육삼이 위기를 풀어나가는 데 가장 걸림돌이 되고 있다. 어떤 사회든 사회발전에 장애 요소로 작용하는 사람들이 있다. 특히 위기를 풀어나가는 과정에서 그런 사람들은 더욱 심각한 문제가 아닐 수 없다. 사회를 대표하는 사람들이 그들을 어떻게 조율하고 인도하느냐가 성공의 관건이다. 여기서는 중도의 지혜를 써서 처리하라는 경책을 주고 있다.

괘의 변화를 보자. 만약 2효가 음으로 변하면 뇌지예(雷地豫, ䷏)가 되고, 2효는 그대로 있고 나머지 효가 모두 반대로 바뀌면 풍천소축(風天小畜, ䷈)이 된다.

중도의 도리가 통하기 위해서는 자발적인 도덕과 엄격한 규율이 동시에 필요하다. 사회의 질서가 어느 정도 잡힌 연후에, 사람들이 협력하여 조금씩 발전을 이룰 수 있다.

육삼(六三)

짊어지고 또한 올라탄다. 도적이 오게 한다. 올곧더라도 부끄럽다. 상사에서 이르기를, 짊어지고 또한 올라탄 것은 역시 추하다. 내가 스스로 오랑캐를 불렀으니, 또 누구의 허물을 탓하겠는가(負且乘, 致寇至, 貞吝. 象曰, 負且乘, 亦可醜也, 自我致戎, 又誰咎也).

육삼은 음효가 양위에 있고, 중도도 없다. 또한 대응하는 상육과 정응(正應)하고 있지도 않다. 이런 삼육이 아래 구이를 올라타고 동시에 구사를 짊어지고 있는 형국이다. 능력이 안 되는 자가 할 일이 아니다. 그러므로 추하다고 하는 것이다. 《계사전》에서 육삼에 대한 공자의 해설을 보자.

짐을 짊어지는 것은 소인의 일이고, 탈것은 군자의 도구다. 소인이 군자의 도구에 올라탔으니, 도둑이 뺏고자 생각하는 것이다. 위에 있는 사람이 거만하고 아랫사람에게 난폭하면, 도둑도 징벌을 생각할 것이다(負也者, 小人之事也, 乘也者, 君子之器也. 小人而乘君子之器, 盜思奪之矣, 上慢下暴, 盜思伐之矣).(계사전)

각자 자신의 지위나 능력에 따라 품격과 씀씀이가 다르다. 격에 맞지 않는 생활 태도는 자신을 해치는 비수가 된다. 물론 자신의 그릇이 한정되어 있는 것은 아니다. 자신의 그릇은 자기 스스로 키우는 것이다.

괘의 변화를 보자. 만약 3효가 양으로 변하면 뇌풍항(雷風恒, ䷟)이 되고, 3효는 그대로 있고 나머지 효가 모두 반대로 바뀌면 풍뢰익(風雷益, ䷩)이 된다. 사회의 위계질서를 해치는 자들을 잘 교화시키기 위해서는, 선(善)을 장려하고 악(惡)을 짓지 않도록 법질서를 엄격하게 확립해야 한다.

구사(九四)

엄지손가락을 푼다. 벗이 와서 이에 믿는다. 상사에서 이르기를, 엄지손가락을 푼다 함은 위치가 합당하지 않기 때문이다(解而拇, 朋至斯孚. 象曰, 解而拇, 未當位也).

구사는 양효가 음위에 있다. 바른 위치도 아니고 중도도 없다. 그러나 대응하는 초육과는 정응(正應)하고 있다. 비록 구사가 상괘 진(震)의 괘주로서 힘이 강하지만, 음위에 있기 때문에 힘을 마음껏 쓸 수는 없다.

"엄지손가락을 푼다."는 말은 육삼의 붙잡는 손을 물리친다는 의미다. 육삼은 구사와 어울릴 합당한 위치가 아니다. 벗은 같은 양기(陽氣)를 지닌 구이를 말한다. 해빙의 시기에 얼어붙은 세상을 녹일 수 있는 양기를 지닌 것은 구이와 구사뿐이다.

괘의 변화를 보자. 만약 4효가 음으로 변하면 지수사(地水師, ䷆)가 되고, 4효는 그대로 있고 나머지 효가 모두 반대로 바뀌면 천화동인(天火同人, ䷌)이 된다.

구사가 자신의 의지를 잃지 않고 위기를 헤쳐 나가면, 사람들이 하나가 되어 따를 것이다. 그러나 자신의 의지를 잃고 부화뇌동하면, 위기를 막지 못하고 더 큰 싸움으로 번질 것이다.

육오(六五)

군자는 오직 풀음이 있다. 길하다. 소인에게 믿음이 있다. 상사에서 이르기를, 군자는 오직 풀음이 있다 함은 소인이 물러간다는 뜻이다(君子維有解, 吉, 有孚于小人. 象曰, 君子有解, 小人退也).

육오는 음효가 양위에 있지만, 중도가 있다. 정응(正應)하는 구이의 도움과 구사의 보필로 육오는 모든 난관을 풀어나갈 수 있다. 자연히 주변의 소인이 물러나게 된다.

뇌수해의 시절에는 지도자가 아직 힘을 쓸 수 없는 상황이다. 그런데 주위에 소인이 들끓으면, 지도자가 세상을 바로 조율할 수 없다. 이때는 구이와 같은 국민의 대표와 구사와 같은 대신(大臣)이 힘을 합쳐 지도자를 구해야 한다.

괘의 변화를 보자. 만약 5효가 양으로 변하면 택수곤(澤水困, ䷮)이 되고, 5효는 그대로 있고 나머지 효가 모두 반대로 바뀌면 산화비(山火賁, ䷕)가 된다.

아직은 상황이 곤궁한 상태다. 따라서 함부로 움직이기 보다는 자신을 돌아보고, 자신의 허물을 고쳐야 할 때다. 자신을 돌아보는 데 인문 정신과 문화만한 것이 없다. 만약 지도자가 이러한 준비도 없이 함부로 움직이면, 큰 곤란에 빠질 것이다.

상육(上六)

> 공이 높은 보루 위에서 매를 쏘아 잡는다. 불리함이 없다. 상사에서 이르기를, 공이 매를 쏜다 함은 어긋남을 풀어버리는 것이다(公用射隼于高墉之上, 獲之, 无不利. 象曰, 公用射隼, 以解悖也).

상육은 음효가 음위에 있다. 비록 중도도 없고 육삼과 정응(正應)하고 있지도 않지만, 상육은 바른 자리에 앉아서 고난의 시기를 끝낼 정당성을 얻고 있다. 상육은 괘의 맨 위에 있기에 보루의 위라고 했다. 매는 육삼을 가리킨다. 공자는《계사전》에서 상육을 다음과 같이 해석했다.

> 매는 날짐승이고, 활과 살은 도구이고, 쏘는 이는 사람이다. 군자가 사냥도구를 몸에 숨기고, 때를 기다려 움직인 것이니, 어찌 불리함이 있겠는가. 움직여서 구속되지 않는다. 이로써 나가서 획득하는 바가 있으니, 도구를 이룬 뒤에 움직이는 것을 말한다(隼者, 禽也, 弓矢者, 器也, 射之者, 人也. 君子藏器于身, 待時而動, 何不利之有. 動而不括, 是以出而有獲, 語成器而動者也).《계사전》

대업을 이루기 위해서는 우선 뜻을 바로 세워야 한다, 그런 다음 움직일 시기를 기다려야 하고, 적당한 위치를 확보하고, 더불어 일을 이룰 도구를 갖추고 준비해야 한다. 여기서 도구는 물리적 방법이 될 수도 있고, 적절한 사람이 될 수도 있다. 이것들 중에 하나라도 부족하면, 대사(大事)를 완수할 수 없다. 준비된 자만이 기회를 잡을 수 있다.

세상에 우연히 이루어지는 일은 없다. 우연한 것도 알고 보면 그 때, 그 곳에서, 마침 그 일에 맞는 어떤 사람이 있었기 때문에 가능했다. 그렇기 때문에 현명한 자는 평소에 자신을 준비하며 때를 기다리고, 자신에게 맞는 위치를 찾는다. 준비된 자만이 기회를 활용할 수 있는 법이다.

괘의 변화를 보자. 만약 6효가 양으로 변하면 화수미제(火水未濟, ䷿)가 되고, 6효는 그대로 있고 나머지 효가 모두 반대로 바뀌면 수화기제(水火旣濟)가 된다. 어떤 일을 성취하려면 함부로 움직이지 말고, 철저히 준비한 후에 때가 되어 움직이라는 뜻이 있다.

41.

산택손(山澤損)

아래를 덜어 위를 구하는 도리

손은 믿음이 있으면, 크게 길하고 허물이 없다. 올곧음을 지킬 수 있고, 갈 곳이 있으면 이롭다. 어찌 쓸 것인가. 제기 두 개로도 제사지낼 수 있다(損, 有孚, 元吉, 无咎, 可貞, 利有攸往. 曷之用. 二簋可用享).

어려움이 서서히 풀리면서 사람들이 느슨해지면, 반드시 잃어버리는 것이 있다. 그러므로 해(解) 다음에 손(損)으로 이어진다. 역의 도리에 따르면, 손해는 이익을 위한 준비라고 할 수 있다.

괘의 형상으로 볼 때, 산택손은 지천태(地天泰, ䷊)가 변화된 모습이다. 지천태(䷊)의 구삼이 상육으로 올라가 산택손이 되었다. 이에 대한 단사의 해석을 보자.

단사에서 이르기를, 손괘는 아래를 덜어서 위에 보태는 것이다. 그 도는 위로 행한다. 덜되 믿음이 있으면, 크게 길하고 허물이 없다. 올곧음을 지킬 수 있고, 갈 곳이 있으면 이롭다 하고, 어찌 쓸 것인가에 관해, 제기 두 개로도 제사지낼 수 있다 함은 제기 두 개도 마땅히 때가 있다는 뜻이다. 굳센 양을 덜어 부드러운 음에 보탬에 때가 있다는 것이다. 덜고 보태며, 채우고 비움 모두 때에 맞게 행한다(象曰, 損, 損下益上, 其道上行. 損而有孚, 元吉, 无咎, 可貞, 利有攸往. 曷之用. 二簋可用享. 二簋應有時, 損剛益柔有時, 損益盈虛, 與時偕行).

아래를 덜어 위를 보태는 상황에서 믿음이 없다면, 사회 혼란이 야기된다. 아래가 위를 위하는 일은 위에 대한 믿음으로 할 수 있다. IMF 시절 국민들이 금을 모아 국난 해결에 일조한 것은 아래를 덜어 위를 보태준 대표적인 예다. 사람들이 그렇게 할 수 있었던 것은 국가에 대한 충성심이 있었기 때문이다. 그때는 그런 시절인연이 있었다.

제사를 지내는 일도 마찬가지다. 제사는 조상에 대한 존경과 때에 맞게 하는 것이 중요하다. 형식과 규모는 문제가 되지 않는다. 모든 일에는 시절인연에 따른 적당함이 있기 마련이다. 허례허식은 역의 도리를 모르는 무지의 결과다. 상사를 보자.

상사에서 이르기를, 산 아래 못이 있는 것이 손이다. 군자는 이로써 분노를 자제하고 욕심을 막는다(象曰, 山下有澤, 損, 君子以懲忿窒欲).

아래를 덜어 위를 채우는 때에 지도자가 욕심과 분노를 자제하지 못하면, 나라가 무너질 수도 있다. 영원할 것 같던 대제국도 결국 지도층의 지나친 욕심과 부패로 한 순간에 무너졌다. 이 경우에는 동서양 모두 예외가 없었다.

공자는 《계사전》에서 "손은 덕을 닦는 것이다(損, 德之脩也)."라고 말했다. 이어 공자는 "손은 처음은 힘들고 나중은 쉽다(損, 先難而後易)."고 설명하며 그러기 위해서는 "해를 멀리해야 한다(遠害)."고 경책을 주고 있다.

손익(損益)은 한 몸이다. 역의 보상원리에 따르면, 당장의 손해가 나중에는 이익이 되어 돌아올 수 있다. 문제는 겉으로 보이는 손익이 아니라, 내면의 심리상태다. 올곧음을 지키고 바른 도리를 따른다면, 비록 현재 일시적인 손해를 보더라도 나중에는 큰 복을 받을 것이다.

산택손의 잡괘를 보면, 택산함(澤山咸, ䷞), 지뢰복(地雷復, ䷗), 풍뢰익(風雷益, ䷩) 등이다. 사회의 위기를 극복하기 위해 사람들의 희생과 협조를 구하고자 한다면, 지속적인 소통을 통해 밝은 뜻을 널리 펴고, 더불어 이익을 사회에 환원하려는 노력이 있어야 한다.

초구(初九)

일을 마치고 빨리 간다면, 허물이 없다. 참작해서 덜어낸다. 상사에서 이르기를, 일을 마치고 빨리 간다 함은 뜻을 높이 합한다는 것이다(已事遄往, 无咎, 酌損之. 象曰, 已事遄往, 尙合志也).

초구는 양효가 양위에 있다. 비록 위치가 낮지만, 육사와 정응(正應)하고 있다. 자신을 덜어내어 연약한 육사에게 보태줄 만하다. "뜻을 높이 합한다."는 말은 그런 뜻이다.

원문의 작손(酌損)은 참작하여 적당히 덜어 낸다는 의미다. 시절인연이 아래를 덜어 위를 보태는 상황이라 해도, 정도가 있는 법이다. 자신의 능력을 벗어난 지나침은 상도(常道)가 아니다.

괘의 변화를 보자. 만약 1효가 음으로 변하면 산수몽(山水蒙, ䷃)이 되고, 1효는 그대로 있고 나머지 효가 모두 반대로 바뀌면 택화혁(澤火革, ䷰)이 된다.

사회조직이 어려울 때 사회저변이 건강하다면, 다시 사회를 재건하는 데 어려움이 적다. 이때는 사회의 부패요인을 척결하고, 어리석음을 깰 교육이 무엇보다 절실하다.

구이(九二)

올곧으면 이롭고, 가면 흉하다. 덜지 않고 보태주는 것이다. 상사에서 이르기를, 구이는 올곧으면 이롭다 함은 중도로 뜻을 삼기 때문이다(利貞, 征凶, 弗損益之. 象曰, 九二利貞, 中以爲志也).

구이는 양효가 음위에 있지만, 중도가 있다. 또한 유약한 육오와 정응(正應)하고 있다. 구이와 육오는 서로 중도를 지니고 있기 때문에, 자신을 덜지 않아도 서로 이익을 줄 수 있다. 구이가 자신의 중심을 잃지 않고 지키고 있는 것만으로도 육오에게는 도움이 되는 경우다.

오히려 가서 도와주면, 지나치게 되는 결과를 초래한다. 지나침은 부족만큼 해롭다. 괘의 변화를 봐도 알 수 있다. 만약 2효가 음으로 변하면 산뢰이(山雷頤, ☶☳)가 되고, 2효는 그대로 있고 나머지 효가 모두 반대로 바뀌면 택풍대과(澤風大過, ☱☴)가 된다.

구이가 넘치는 힘을 믿고 계속 밀고 나가면 큰 화를 초래한다. 반대로 그 자리에 멈추어서 자신의 힘을 기르고, 사회의 정기(精氣)를 기르는 것이 바른 길이다.

육삼(六三)

세 사람이 가면 한 사람을 잃고, 한 사람이 가면 그 벗을 얻는다. 상사에서 이르기를, 한 사람이 간다 함은 셋이면 의심이 있다는 뜻이다(三人行, 則損一人, 一人行, 則得其友. 象曰, 一人行, 三則疑也).

육삼은 음효가 양위에 있고, 중도도 없다. 하괘 건(乾)의 삼효 중에서 맨

위 3효만이 양효가 음효로 바뀌어 태(兌)괘로 변했다. 이것을 세 사람이 가면 한 사람을 잃는다고 하는 말의 의미다. 한편 육삼은 상구와 정응(正應)하므로, 한 사람이 가서 벗을 얻을 만하다.

공자는 《계사전》에서 육삼의 상황을 천지의 음양의 교섭으로 보고 있다.

천지의 기운이 어지럽게 뒤엉켜, 만물이 변화하며 숙성되고, 남녀가 정을 나누어, 만물이 변화하여 생긴다. 역에 이르기를, 세 사람이 가면 한 사람을 잃고, 한 사람이 가면 그 벗을 얻는다 함은 하나를 이룸을 말한 것이다(天地絪縕, 萬物化醇, 男女構精, 萬物化生. 易曰, 三人行, 則損一人, 一人行, 則得其友. 言致一也).《계사전》

천지의 기운이 하나로 모여 만물이 생기듯이, 남녀의 성적 결합으로 생명이 태어난다. 모든 개체에는 천지 음양의 기운이 하나로 합쳐져 있다. 인간도 남성과 여성의 기운이 하나로 합쳐져서 탄생한다. 남성은 상대적으로 남성성이 좀 더 많을 뿐이다. 여성도 마찬가지다. 음양이 합쳐지는 순간은 혼돈과 같다. 그러나 혼돈 속에서 새로운 생명이 탄생한다.

괘의 변화를 보자. 만약 3효가 양으로 변하면 산천대축(山天大畜, ䷙)이 되고, 3효는 그대로 있고 나머지 효가 모두 반대로 바뀌면 택지췌(澤地萃, ䷬)가 된다. 음이든 양이든, 하나가 다른 쪽 하나를 찾아 새롭게 완성된 하나가 된다.

하나가 모여 만물을 이루고, 만물은 결국 하나로 돌아간다. 그러므로 하나가 만물의 시작이자 끝이다. 노자가 "도는 하나를 낳고, 하나는 둘을 낳고, 둘은 셋을 낳고, 셋은 만물을 낳는다(道一生 一生二 二生三 三生萬物)."라고 한 말과 일맥상통한다.

육사(六四)

그 병을 덜어내는데, 빨리하면 기쁨이 있다. 허물이 없다. 상사에서 이르기를, 그 병을 덜어낸다 함은 역시 기뻐할 만하다(損其疾, 使遄有喜, 无咎. 象曰, 損其疾, 亦可喜也).

육사는 음효가 음위에 있지만, 중도가 없다. 지도자를 보필하는 육사는 힘이 없다. 도움이 절실하다. 다행히 초구와 육사는 정응(正應)하고 있다. 초구가 빨리 와서 도움을 준다면 기쁜 일이다.

육사는 멈춤을 뜻하는 상괘 간(艮)의 아래에 있다. 대신(大臣)에 해당하는 높은 자리에 있지만, 어려운 시절인연을 맞아 대중의 도움을 받아야 할 처지다. 다행히 온순히 따르는 음덕(陰德)을 지니고 있어서, 사람들의 도움으로 위기를 넘길 수 있다.

괘의 변화를 보자. 만약 4효가 양으로 변하면 화택규(火澤睽, ䷥)가 되고, 4효는 그대로 있고 나머지 효가 모두 반대로 바뀌면 수산건(水山蹇, ䷦)이 된다. 사회의 균형이 무너져 분란이 일어나는 것을 방비하기 위해서는, 그동안 잘못된 관행을 바로 잡아야 한다.

육오(六五)

혹 보태면 벗이 열이 된다. 거북점도 어긋남이 없다. 크게 길하다. 상사에서 이르기를, 육오는 크게 길하다 함은 위에서 돕는다는 뜻이다(或益之十朋之, 龜弗克違, 元吉. 象曰, 六五元吉, 自上祐也).

육오는 음효가 양위에 있지만, 중도가 있다. 또한 구이와 정응(正應)하고 있다. 온유한 덕성으로 부족함이 없는데, 구이의 도움을 받는다면 원군이 크게 늘어날 것이다.

여기서 붕(朋)은 명(明)으로도 해석할 수 있다. 고어에서는 붕이 명인 경우가 많다. 그렇게 해석하면, 도움을 받으면 밝음이 크게 증대된다고 말할 수 있다. 영광의 길이다.

한편 자상우야(自上祐也)의 상(上)은 하늘을 의미한다. 그리고 하늘은 어떤 신이나 부처를 의미하는 것이 아니다. 하늘의 법(法)이란 의미로 보는 것이 좋다. 하늘의 법은 바로 인과법이다. 뿌리는 대로 거두는 법이다. 따라서 "스스로 위의 도움을 받는다."고 해석할 수도 있다.

괘의 변화를 보자. 만약 5효가 양으로 변하면 풍택중부(風澤中孚, ䷽)가 되고, 5효는 그대로 있고 나머지 효가 모두 반대로 바뀌면 뇌산소과(雷山小過, ䷽)가 된다.

국민의 마음은 천심(天心)이다. 지도자가 국민을 믿는 마음이 확고하다면, 균형과 조율의 중심을 잘 잡을 수 있다. 그런 믿음이 있다면, 전진하면서 생기는 일순간의 불균형은 오히려 사회 발전의 촉매자가 될 수 있다. 불균형을 끝없이 조율하는 과정을 통해 사회는 계속 발전할 수 있다.

상구(上九)

덜지 않고 보탠다. 허물이 없다. 올곧으면 길하다. 갈 곳이 있으면 이롭다. 집안일을 잊은 신하를 얻는다. 상사에서 이르기를, 덜지 않고 보탠다 함은 크게 뜻을 얻는다는 것이다(弗損益之, 无咎, 貞吉, 利有攸往, 得臣无家. 象曰, 弗損益之, 大得志也).

상구는 양효가 음위에 있다. 비록 중도는 없지만, 육삼과 정응(正應)하고 있다. '집안일을 잊은 신하'는 육삼이다. 육삼은 집안일을 잊고 오직 나라를 위하는 자다. 때문에 상구는 자신을 덜 필요도 없이 보탤 수 있는 상황이다. 상괘 간(艮)의 괘주로서 상구는 뜻과 힘을 가장 크게 얻을 수 있다.

상구는 사회의 정신적 스승의 입장이다. 맑고 밝은 정신으로 사회의 중심을 잡고 지혜를 주는 것이 그의 역할이다. "덜지 않고 보탠다."는 의미는 머무름이 없는 보시 중에서 법보시(法布施)를 의미한다. 법보시는 물질이 아닌 정신적 지혜를 베푸는 것이다. 베푼다는 마음 없이 베풀 뿐이다.

괘의 변화를 보자. 만약 6효가 음으로 변하면 지택림(地澤臨, ䷒)이 되고, 6효는 그대로 있고 나머지 효가 모두 반대로 바뀌면 천산돈(天山遯, ䷠)이 된다. 상구는 고요히 멈추어서 사회의 변화를 관찰하고, 바른 이치로 세상을 교화하는 책무를 성실히 수행해야 한다.

42.

풍뢰익(風雷益)

위를 덜어 아래를 구하는 도리

익은 갈 곳이 있으면 이롭다. 큰 내를 건너면 이롭다(益, 利有攸往, 利涉大川).

　　세상만사 손해만 보는 일은 없다. 손해 보는 중에 얻는 이익이 있다. 그러므로 손(損) 다음에 익(益)을 놓았다. 손과 익은 서로 원인이자 결과를 이룬다. 손이 극에 이르면 익이 되고, 익이 극에 이르면 손이 된다.

　　풍뢰익은 산택손☶과 반대로 위의 것을 덜어 아래에 보태주는 모습이다. 시절인연으로 아래를 덜어 위를 보태줬다면, 그 다음은 위를 덜어 아래를 보태는 것이 역의 도리다. 괘상으로 볼 때, 천지비(天地否, ☰)의 구사가 초육과 자리를 바꾸어 풍뢰익이 된 모습이다. 단사를 보자.

　　단사에서 이르기를, 익은 위에서 덜어서 아래에 보태주는 것이다. 백성의 기쁨이 끝이 없다. 위에서 아래로 낮추므로, 그 도가 크게 빛난다. 갈 곳이 있으면 이롭다 함은 중정해서 경사가 있다는 뜻이다. 큰 내를 건너면 이롭다 함은 나무의 도가 이에 행해진다는 뜻이다. 익은 움직임과 공손함이 날로 나아감이 끝이 없다. 하늘은 베풀고 땅은 낳아서, 그 유익함이 한량이 없다. 무릇 익의 도는 때에 맞게 행한다(象曰, 益, 損上益下, 民說无疆, 自上下下, 其道大光. 利有攸往, 中正有慶, 利涉大川, 木道乃行. 益動而巽, 日進无疆, 天施地生, 其益无方. 凡益之道, 與時偕行).

구오와 육이가 모두 중정(中正)하므로 큰 경사가 있을 시절인연이다. 하늘은 베풀고 땅은 만물을 낳듯이. 지도자들은 겸손하게 선정을 베풀고 백성은 활발히 움직이므로, 나라에 유익한 일이 크게 증가한다.

상괘 손(巽)이 나무를 의미하고, 하괘 진(震)이 동쪽 목(木)의 방향이므로, '나무의 도(木道)'는 결국 '익의 도(益之道)'라고 할 수 있다. 상사를 보자.

상사에서 이르기를, 바람과 우레가 익이다. 군자는 이로써 착함을 보면 바로 옮기고, 허물이 있으면 바로 고친다(象曰, 風雷, 益, 君子以見善則遷, 有過則改).

군자는 풍뢰익의 시절을 맞아, 선(善)을 옮기는 것을 바람 같이 널리 펴야 한다. 또한 허물을 고치는 것을 우레 같이 엄중하게 해야 한다. 그리 하면 자신을 바로 하고, 더불어 나라를 바로 세울 수 있다.

공자는 《계사전》에서 "익은 넉넉함이다(益, 德之裕也)."라고 말했다. 이어 공자는 "넉넉함을 기르되 도모하지 않는다(長裕而不設)."라고 부연 설명했다. 이익을 진작시켜 나가되, 무리하게 하지 말고 변화의 도리에 따르라는 경책이다.

그렇게 함으로써 공자는 "이익을 널리 진흥시키는 것이다(益以興利)."라고 결론을 내렸다. 이것은 우리의 전통사상인 홍익인간(弘益人間)의 정신과 상통하는 말이다.

풍뢰익의 잡괘를 보면, 뇌풍항(雷風恒, ䷟), 산지박(山地剝, ䷖), 산택손(山澤損, ䷨) 등이 있다. 넉넉함을 오래 지속시키고 싶다면, 지나침을 경계해야 한다. 넉넉함과 여유로움이 지나치면, 풍속이 저속화되고 도덕이 무너지기 쉽다. 따라서 사회의 미풍양속을 잘 단속할 필요가 있다.

초구(初九)

크게 일을 일으키면 이롭다. 으뜸으로 길하고 허물이 없다. 상사에서 이르기를, 으뜸으로 길하고 허물이 없다 함은 아랫사람은 일을 두텁게 할 수 없다는 뜻이다(利用爲大作, 元吉, 无咎. 象曰, 元吉无咎, 下不厚事也).

초구는 양효가 양위에 있다. 비록 위치가 낮지만, 하괘 진(震)의 괘주로서 초구는 큰 힘을 쓸 수 있다. 더불어 육사와 정응(正應)하기 때문에, 초구는 크게 일을 일으킬 수 있는 자다. 그러나 가장 밑바닥에서 일을 하기 때문에, 초구의 두터움에는 한계가 있다.

풍뢰익의 시절인연은 산택손과 정반대로 위는 두텁고 아래는 얇은 모습이다. 때문에 밑바닥에서 일을 하는 초구로서는 일을 해도 크게 쌓을 수는 없는 상황이다.

괘의 변화를 보자. 만약 1효가 음으로 변하면 풍지관(風地觀, ䷓)이 되고, 1효는 그대로 있고 나머지 효가 모두 반대로 바뀌면 뇌천대장(雷天大壯, ䷡)이 된다.

큰일을 하기 위해서는 무엇보다 사회의 풍속을 잘 살피는 일이 중요하다. 사회의 흐름에 맞춰 일을 진행한다면, 장차 큰 세력을 모을 수 있다.

육이(六二)

혹 보태면 벗이 열이 된다. 거북점도 어긋남이 없다. 오래도록 올곧음을 지키면 길하다. 임금이 상제께 제사지내면 길하다. 상사에서 이르기를, 혹 보탠다 함은 밖에서 온다는 뜻이다(或益之, 十朋之. 龜弗克違, 永貞吉, 王用享于帝, 吉. 象曰, 或益之, 自外來也).

육이는 음효가 음위에 있고, 중도도 있다. 또한 육이는 구오와 정응(正應)하고 있다. 원군이 크게 늘어날 상황이다. 임금인 구오가 좋은 신하인 육이를 두었으므로, 하늘에 제사를 지낼 만하다. 현대적으로 해석하면, 대통령이 국민의 대표와 의사소통이 잘 되는 상황이다.

보태줌이 "밖에서 온다."는 말의 의미는 뜻하지 않게 외부로부터 도움을 받는다는 뜻이다. 육이가 자신의 일을 도리를 다해 하면, 하늘의 법인 인과법에 의해 도움을 받을 수 있다. 원문의 십붕(十朋)이란 말이 의미하는 것처럼, 많은 사람들이 도울 것이다. 동기상구(同氣相求)의 원리가 여기에도 작용한다.

괘의 변화를 보자. 만약 2효가 양으로 변하면 풍택중부(風澤中孚, ䷼)가 되고, 2효는 그대로 있고 나머지 효가 모두 반대로 바뀌면 뇌산소과(雷山小過, ䷽)가 된다.

국민이나 노조의 대표는 행정부나 기업의 대표를 굳게 믿고, 중도의 도리로 사소한 허물은 용서하고 균형을 잡아가는 것이 풍뢰익의 시절인연을 잘 보내는 비결이다.

육삼(六三)

흉한 일에 보태준다. 허물은 없다. 믿음을 가지고 중도를 행하고, 공에게 고하되 규를 사용한다. 상사에서 이르기를, 흉한 일에 보태준다 함은 단단히 해준다는 뜻이다(益之用凶事, 无咎, 有孚中行, 告公用圭. 象曰, 益用凶事, 固有之也).

육삼은 음효가 양위에 있다. 좋지 못한 위치다. 그러나 다행히 상구와 정응(正應)하고 있다. 비록 중도는 없지만, 상구에 대한 믿음이 강하다면, 중도를 행할 수 있다. 규(圭)는 공후(公侯)에게 사실임을 증명하는 옥으로 만든 홀(笏)이다.

상구는 정신적 스승이므로, 흉한 일에 보탠다는 것은 물질적으로 도움을 주는 것이 아니라, 정신적인 담금질을 한다는 의미다. 궂은일을 통해 사람은 더욱 확고하게 서는 법이다.

괘의 변화를 보자. 만약 3효가 양으로 변하면 풍화가인(風火家人, ䷤)이 되고, 3효는 그대로 있고 나머지 효가 모두 반대로 바뀌면 뇌산소과(雷山小過, ䷽)가 된다.

사회의 법과 원칙이 합리적이고 분명해야, 사람들이 믿고 따르게 된다. 더불어 작은 허물이 큰 허물이 되지 않도록, 사회적 조율이 필요하다.

육사(六四)

중도를 행한다. 공에게 고하여 따른다. 의지하고 나라를 옮기면 이롭다. 상사에서 이르기를, 공에게 고하여 따른다 함은 유익하게 하는 뜻으로 한다는 것이다(中行, 告公從, 利用爲依遷國. 象曰, 告公從, 以益志也).

육사는 음효가 음위에 있다. 비록 중도의 자리는 아니지만, 손(巽)의 괘주다. 지도자를 보필하는 입장인 육사는 온순하게 구오를 따를 수 있는 덕을 갖추고 있다.

또한 육사는 대응하는 초구에게 모든 것을 기꺼이 내주는 자다. 초구는 육사에게 고(告)하여 따르는 모습이다. 육사는 위로는 충성하고 아래로는 위의 베풂을 온순히 따르고 있다. 중행(中行)의 모습이 아닐 수 없다. 공무원의 표상으로 삼을 만한 자다.

원문의 천국(遷國)이란 현대적으로 해석하면, 나라의 수도를 옮기는 일이라고 보면 된다. 그와 같은 중차대한 일도 육사와 같은 헌신적인 공무원이라면 믿고 의지할 만하다.

괘의 변화를 보자. 만약 4효가 양으로 변하면 천뢰무망(天雷无妄, ䷡)이 되고, 4효는 그대로 있고 나머지 효가 모두 반대로 바뀌면 지풍승(地風升, ䷭)이 된다.

공무(公務)를 맡은 사람이 자신의 이익을 돌보지 않고, 진실하고 성실하게 헛됨을 경계한다면, 사람들의 뜻이 모이고 사회의 운이 상승한다.

구오(九五)

믿음이 있고 은혜로운 마음이다. 묻지 않아도 으뜸으로 길하다. 믿음이 있어서 나의 덕을 은혜롭게 여긴다. 상사에서 이르기를, 믿음이 있고 은혜로운 마음이다 함은 물을 필요가 없다는 뜻이다. 나의 덕을 은혜롭게 여긴다 함은 크게 뜻을 얻은 것이다(有孚惠心, 勿問元吉, 有孚惠我德. 象曰, 有孚惠心, 勿問之矣, 惠我德, 大得志也).

구오는 양효가 양위에 있고, 중도도 있다. 더욱이 올곧은 육이와 정응

(正應)하고 있다. 따라서 서로 간에 믿음과 은혜가 있다. 둘 간의 관계는 물을 필요도 없이 돈독하다. 장차 큰 뜻을 이룰 수 있는 형국이다.

구오는 지도자의 이상적인 상황이다. 아랫사람들은 자신을 믿고 따르고, 자신의 명령을 수행하는 공직자는 사람들을 위해 헌신하고 있다. 다만 이런 상황이 영원히 지속되지는 않는 것이 문제다.

괘의 변화를 보자. 만약 5효가 음으로 변하면 산뢰이(山雷頤, ䷚)가 되고, 5효는 그대로 있고 나머지 효가 모두 반대로 바뀌면 택풍대과(澤風大過, ䷛)가 된다.

사회의 질서가 바로 잡히기 위해서는 지도자는 무엇보다 언행을 조심해야 한다. 더불어 바른 정기를 길러서 사회의 풍속이 저속화되는 것을 예방할 필요가 있다.

상구(上九)

보태줌이 없다. 혹 공격이 있다. 마음을 세우되 지속하지 않으면, 흉하다. 상사에서 이르기를, 보태줌이 없다 함은 치우친 말이기 때문이다. 혹 공격이 있다 함은 밖에서 온다는 뜻이다(莫益之, 或擊之, 立心勿恒, 凶. 象曰, 莫益之, 偏辭也, 或擊之, 自外來也).

상구는 양효로서 음위에 있고, 중도도 없다. 상구는 대응하는 육삼에게 보태줘야 하는 자다. 그러나 도움은 없고 오히려 공격을 받을 수 있는 상황이다. 만약 뜻이 아무리 좋아도 지속성이 없다면, 결국 흉한 꼴을 면치 못할 것이다. 치우친 언행의 결과로 뜻밖에 밖으로부터 반격을 받을 수 있다.

공자는 상구에 대한 경책으로《계사전》에서 다음과 같이 말했다.

군자는 몸을 편안히 한 후에 움직이고, 그 마음을 편안히 한 후에 말하며, 교류를 다진 이후에 구하는 법이다. 군자는 이 세 가지 것을 닦음으로써 완전해진다. 위태로운 상태서 움직이면, 사람들이 함께하지 않는다. 위협하면서 말하면, 사람들이 호응하지 않는다. 소통 없이 구하면, 사람들이 도와주지 않는다. 도와줄 이가 없으면, 상해를 주는 자가 생기게 된다(君子安其身而後動, 易其心而後語, 定其交而後求, 君子脩此三者, 故全也. 危以動, 則民不與也, 懼以語, 則民不應也, 无交而求, 則民不與也, 莫之與, 則傷之者至矣).《계사전》

　　지도자는 타인의 거울과 같은 존재다. 그의 언행이 다른 사람들에게 영향을 미친다. 따라서 먼저 자신의 심신을 닦아 안정을 이룬 후에, 뜻하는 일에 솔선수범하는 모습을 지속적으로 보여야 사람들에게 믿음을 줄 수 있다. 그런 믿음이 강해지면 사람들이 자연히 따르게 된다.

　　지도자와 대중의 소통은 단순히 말로만 하는 것이 아니라, 실제 행동으로 보여줘야 가능하다. 지도자가 이와 반대로 속 다르고 겉 다르게 행동한다면, 사람들은 지도자의 말을 따르지 않을 것이고, 심하면 그를 공격할 수 있다. 가까운 사람들 간의 관계도 지속적인 교류를 통해 믿음이 쌓여야 서로 필요한 것을 구할 수 있다. 하물며 정치적인 관계는 말할 필요가 없다.

　　괘의 변화를 보자. 만약 6효가 음으로 변하면 수뢰준(水雷屯, ䷂)이 되고, 6효는 그대로 있고 나머지 효가 모두 반대로 바뀌면 화풍정(火風鼎, ䷱)이 된다.

　　지도자가 힘과 덕이 없다면, 능력 있는 인재를 앞에 세워 일을 추진하는 것이 좋다. 만일 지도자의 지도력이 원만하면, 사람들과 함께 대업을 이룰 수 있다.

43.

택천쾌(澤天夬)

혁명에는 대의명분이 중요하다

쾌는 왕의 뜰에 오른다. 믿음을 가지고 고하더라도 위태롭다. 읍에서부터 고하라. 바로 무력을 씀은 이롭지 않다. 갈 곳이 있으면 이롭다(夬, 揚于王庭, 孚號有厲, 告自邑, 不利卽戎, 利有攸往).

쾌(夬)는 결단한다는 뜻이다. 어느 한쪽이 이익을 지나치게 보면, 불균형이 심화된다. 역의 반작용으로 반드시 불균형을 결단하는 시점이 도래한다. 그러므로 익(益) 다음에 쾌(夬)를 놓는다.

천문으로 볼 때, 택천쾌는 양기가 거의 절정에 이르기 직전인 음력 3월에 해당한다. 절기로 청명(淸明)과 곡우(穀雨)가 있다. 다섯 양(陽)이 한 개 남은 음(陰)을 결단하는 모습이다.

풍요로움이 오래 가다보면, 사회가 점차 환락과 부패에 빠지게 마련이다. 사회의 붕괴를 막기 위해 택천쾌의 시절인연이 돌아온다. 역은 중화(中和) 작용을 하며 돌아간다. 쾌(夬)는 썩은 곳을 도려내는 척결, 개혁의 의미를 담고 있다.

다섯 개의 밝은 세력이 하나 남은 어둠의 세력을 몰아내는 형국이다. 그러나 어둠의 정점에 있는 상대는 택천쾌의 맨위에 있는 상왕(上王)이다. 함부로 무력을 사용한다면, 모처럼 찾아온 개혁의 기회가 물거품이 될 수 있다. 단사를 보자.

단사에서 이르기를, 쾌는 결단이다. 굳센 양이 부드러운 음을 결단한다. 강건함과 기쁨이고, 결단과 화합이다. 왕의 뜰에 오른다 함은 부드러운 음이 다섯 굳센 양을 탄 것이다. 믿음을 가지고 고하더라도 위태롭다 함은 그 위태로움이 이에 빛난다는 뜻이다. 읍에서부터 고하라 하고, 바로 무력을 씀은 이롭지 않다 함은 숭상하는 바가 이에 궁하게 된다는 뜻이다. 갈 곳이 있으면 이롭다 함은 굳센 양의 자람이 이에 끝이 난다는 뜻이다(象曰, 夬, 決也, 剛決柔也, 健而說, 決而和. 揚于王庭, 柔乘五剛也, 孚號有厲, 其危乃光也, 告自邑, 不利卽戎, 所尚乃窮也, 利有攸往, 剛長乃終也).

혁명을 이루는 데는 여러 가지 어려움이 산재해 있다. 어둠을 상징하는 상육이 정상에 이르기까지 수많은 부패가 쌓여있기 때문이다. 따라서 작은 곳에서 먼저 동지를 규합한 다음, 점차 여론을 확산시켜가는 길이 안전하다.

무력은 또 다른 무력의 실마리만 제공할 뿐이다. 인도에서 간디(Mahatma Gandhi)의 무저항주의 운동이 대영제국의 무력을 이긴 사실에서 알 수 있듯이, 정의와 명분을 쌓아 대세를 형성하는 것이 중요하다. 대의명분을 가지고 무저항으로 이룬 혁명은 부작용이 매우 적다. 상사를 보자.

상사에서 이르기를, 못이 하늘 위에 있는 모습이 쾌다. 군자는 이로써 녹을 베풀어 아래에 미치되, 덕에 머무는 마음이 있다면 원망을 사게 된다(象曰, 澤上於天, 夬, 君子以施祿及下, 居德則忌).

군자는 베풂에 있어서 유무위(有無爲), 즉 함이 없이 해야 공덕을 이룰 수 있다. 거덕(居德)은 덕에 머무르는 것으로, 무위의 덕을 거스르는 행위다. 덕을 베풀되 베푼다는 마음도 없어야 진정한 베풂이 되고, 백성이 진정으로 따르게 된다.

택천쾌의 잡괘를 보면, 천택리(天澤履, ䷉), 중천건(重天乾, ䷀), 산지박(山地剝, ䷖), 천풍구(天風姤, ䷫) 등이 있다. 택천쾌에 이르러 양기가 거의 절정에 이르렀다는 사실은 반대로 보면, 양기가 곧 끝난다는 것을 암시한다. 따라서 양기를 오래 보존하기 위해서는 사회의 기본을 다시 새롭게 다져, 사회를 끊임없이 일신(日新)해야 한다.

초구(初九)

앞으로 내딛는 발이 힘차다. 가서 이기지 못하면 허물이 된다. 상사에서 이르기를, 이길 수 없는데도 간다면 허물이다(壯于前趾, 往不勝爲咎. 象曰, 不勝而往, 咎也).

초구는 양효가 양위에 있다. 강한 힘을 조율할 수 있는 자리가 아니다. 뜻은 가상하지만, 아직 위치가 너무 낮고, 중도가 없어서 뜻을 이룰 수 없다. 아직은 뜻을 모으고 힘과 지혜를 더 모아야 할 단계다.

또한 대응하는 구사와도 정응(正應)하고 있지 않다. 동조자도 구할 수 없는 입장이다. 혁명의 1단계에서 아직 혁명을 일으킬 세력도 미약하고, 어떻게 해야 할지 방법도 도출이 안 된 상황과 같다.

괘의 변화를 봐도 알 수 있다. 만약 1효가 음으로 변하면 택풍대과(澤風大過, ䷛)가 되고, 1효는 그대로 있고 나머지 효가 모두 반대로 바뀌면 산뢰이(山雷頤, ䷚)가 된다.

혁명의 기운이 아직 미약한 단계이므로, 섣불리 움직이면 큰 화를 면할

43. 택천쾌(澤天夬) ䷪

수 없다. 따라서 말과 행동을 조심하고, 상황을 살피면서 조용히 때를 기다려야 한다.

구이(九二)

조심하며 고하다. 늦은 밤에 전쟁이 있더라도 걱정할 필요 없다. 상사에서 이르기를, 전쟁이 있더라도 걱정할 필요 없다 함은 중도를 얻었기 때문이다(惕號, 莫夜有戎, 勿恤. 象曰, 有戎勿恤, 得中道也).

구이는 양효가 음위에 있다. 그리고 대응하는 구오와 정응(正應)하고 있지 않다. 아직 때가 아님을 알 수 있다. 그러나 구이는 중도가 있다. 강한 뜻을 상황을 살펴, 조심스럽게 개진하는 지혜가 있다. 구이는 전쟁이 난다해도, 그에 대한 대비책을 가지고 있다.

그 대비책은 여론이다. 그만큼 여론의 형성이 중요하다. 대의(大義)가 분명한 일이라면, 명분을 조심스럽게 차근차근 쌓아가야 한다. 펜은 총보다 강하다는 말이 있듯이, 대의명분의 여론이 쌓이면 무력보다 강한 것이 글의 힘이다. 대의명분은 모든 사람을 하나로 뭉치게 하는 힘이 있기 때문이다.

괘의 변화를 보자. 만약 2효가 음으로 변하면 택화혁(澤火革, ䷰)이 되고, 2효는 그대로 있고 나머지 효가 모두 반대로 바뀌면 산수몽(山水蒙, ䷃)이 된다. 글을 통해 사회적 불의(不義)를 사람들에게 알리고 지도자의 결단을 촉구한다면, 구시대의 부조리를 일소할 수 있다.

구삼(九三)

광대뼈에 기운이 넘친다. 흉하다. 홀로 가면 비를 만난다. 군자는 결단할 것은 결단한다. 젖는 일이 있어 성냄이 있어도, 허물은 없다. 상사에서 이르기를, 군자는 결단할 것은 결단한다 함은 끝내 허물이 없다는 뜻이다(壯于順, 有凶, 獨行遇雨, 君子夬夬, 若濡有慍, 无咎. 象曰, 君子夬夬, 終无咎也).

구삼은 양효가 양위에 있다. 기세가 하늘을 찌를 듯하다. 광대뼈에 기운이 넘칠 만하다. 중도도 없기 때문에 흉한 꼴을 당할 수도 있다. 그러나 다행히 택천쾌의 시절인연으로 구삼은 대응하는 상육을 처단할 수 있는 적임자다.

소인이라면 큰 화를 입겠지만, 구삼은 사사로운 목적이 아닌 대의를 품은 군자다. 따라서 그의 결단은 마침내 성공을 거둘 것이다. 따라서 허물이 없게 된다.

쾌의 변화를 보자. 만약 3효가 음으로 변하면 중택태(重澤兌, ☱)가 되고, 3효는 그대로 있고 나머지 효가 모두 반대로 바뀌면 중산간(重山艮, ☶)이 된다.

무엇보다 올곧음을 지키고, 자신의 위치를 고수하는 것이 중요하다. 그와 더불어 어둠의 세력을 척결할 전략과 전술을 잘 짜면서 때를 기다리면, 장차 혁명은 성공할 수 있다.

구사(九四)

엉덩이에 살이 없다. 걸음을 머뭇거린다. 양을 끌듯하면 후회가 없다. 말을 들어도 믿지 않는다. 상사에서 이르기를, 걸음을 머뭇거린다 함은 위치가 마땅하지 않기 때문이다. 말을 들어도 믿지 않는다 함은 밝게 듣지 못하기 때문이다(臀无膚, 其行次且, 牽羊悔亡, 聞言不信. 象曰, 其行次且, 位不當也, 聞言不信, 聽不明也).

구사는 양효가 음위에 있다. 중도도 없다. 더욱이 대응하는 초구와 정응(正應)하고 있지도 않다. 구사가 강한 세 양효를 깔고 앉은 형국이기 때문에, 엉덩이의 촉감이 너무 딱딱해서 살이 없는 듯하다.

따라서 양을 끌 듯 천천히 일을 추진해야만, 큰 문제가 없다. 아직 거사를 치를 단계는 아님을 알 수 있다. 여건이 성숙되기 전에 일을 추진하면, 저항하는 힘을 이겨내기 힘들다.

괘의 변화를 보자. 만약 4효가 음으로 변하면 수천수(水天需, ䷄)가 되고, 4효는 그대로 있고 나머지 효가 모두 반대로 바뀌면 화지진(火地晉, ䷢)이 된다.

대중이 혁명의 당위성에 대해 확고한 믿음을 가져야 혁명이 성공할 수 있다. 강한 믿음이 없다면, 한발도 나아갈 수 없다. 따라서 믿음이 숙성될 때까지 기다리는 것이 좋다. 조급한 마음을 비우고 점진적인 노력을 기울인다면, 큰 성과를 거둘 수 있다.

구오(九五)

자리공 풀을 과감히 베는데, 중도를 행하면 허물이 없다. 상사에서 이르기를, 중도를 행하면 허물이 없다 함은 중도가 아직 빛나지 않았다는 뜻이다(莧陸夬夬, 中行无咎. 象曰, 中行无咎, 中未光也).

구오는 양효가 양위에 있다. 비록 구이와 정응(正應)하고 있지 않지만, 구오는 중도가 있다. 구오는 마침내 육오를 벨 결단을 내릴 수 있는 위치에 있다. 그러나 세상은 양(陽)만으로 존재할 수 없다. 그러므로 음(陰)을 제거하는데 신중을 기해야 한다. 때문에 경계의 말로 "중도가 아직 빛나지 않았다."고 하는 것이다.

구삼과 구오는 이제 힘을 합쳐 상육을 벨 수 있는 단계에 이르렀다. 구삼이 행동대장이라면, 구오는 명령을 내리는 자다. 아무리 상육이 구시대의 패악이라고 해도, 그는 상왕(上王)의 위치에 있는 자다. 따라서 중도로 척결을 명한다 해도, 그 거사는 구오에게는 괴롭고 부끄러운 일이 아닐 수 없다.

괘의 변화를 보자. 만약 5효가 음으로 변하면 뇌천대장(雷天大壯, ䷡)이 되고, 5효는 그대로 있고 나머지 효가 모두 반대로 바뀌면 택지췌(澤地萃, ䷬)가 된다.

비록 악을 처단하는 일이라도, 예의와 도리가 있다. 한편 혁명으로 많은 사람들이 모일 수 있다. 그로 인한 불의의 사고를 방비한다면 혁명은 성공할 것이다.

상육(上六)

호소할 데 없다. 마침내 흉함이 있다. 상사에서 이르기를, 호소할 데 없이 흉하다 함은 끝내 오래 갈 수 없다는 뜻이다(无號, 終有凶. 象曰, 无號之凶, 終不可長也).

상육은 음효가 음위에 있고, 중도는 없다. 바야흐로 음(陰)의 시대가 막을 내리고 있는 상황에서 어디에도 호소할 데가 없다. 때가 되면 물러나야 하는 것이 천도(天道)다.

음이든 양이든 영원한 것은 없다. 선과 악도 마찬가지다. 악을 처단하면 영원한 천국이 도래할 것 같지만, 현상의 세계에서는 그런 일은 없다. 선악을 잘 조율해서 사회의 발전을 유도하는 길이 최선일 뿐이다.

괘의 변화를 봐도 알 수 있다. 만약 6효가 양으로 변하면 중천건(重天乾, ䷀)이 되고, 6효는 그대로 있고 나머지 효가 모두 반대로 바뀌면 중지곤(重地坤, ䷁)이 된다. 음과 양이 순환하면서 세상은 돌고 돈다. 결국 중요한 것은 음양의 조율에 있음을 알 수 있다.

44.

천풍구(天風姤)

욕망을 다스려라

구는 여자가 억세다. 여자에게 장가들지 말라(姤, 女壯, 勿用取女).

사회의 부패를 척결하면, 기존 사회의 구성요소들이 분리되어 헤어지는 현상이 발생한다. 그리고 헤어진 것은 반드시 만나게 되어 있다. 그러므로 쾌(夬) 다음에 구(姤)를 놓는다. 구는 만난다(遇)는 뜻이다.

천풍구는 다섯 양(陽)이 하나의 음(陰)을 만난다는 의미다. 음은 여자를 양은 남자를 뜻하므로, 한 여자가 다섯 남자를 상대하는 형국이다. 부드러운 음이 하나이기 때문에, 음의 세력이 매우 약하다. 그러므로 아직 온양의 단계를 거쳐야 한다. 장가들 때는 아니다.

"구는 여자가 억세다."라는 괘사는 여자가 아직 어리니 길들여야 한다는 반면(反面)의 의미가 내포되어 있다. 여자를 폄하는 뜻으로 보면 안 된다. 남자도 어리면, 여자와 마찬가지다. 단사를 보자.

단사에서 이르기를, 구는 만남이다. 부드러운 음이 굳센 양을 만나는 것이다. 여자에게 장가들지 말라 함은 더불어 오래할 수 없기 때문이다. 하늘과 땅이 서로 만나 만물이 모두 성장한다. 굳센 양이 중정을 만나, 천하에 크게 행한다. 구가 갖는 때의 뜻이 크다(彖曰, 姤, 遇也, 柔遇剛也. 勿用取女, 不可與長也. 天地相遇, 品物咸章也, 剛遇中正, 天下大行也. 姤之時義大矣哉).

중천건(重天乾, ☰)에 바람이 난 모습이 천풍구다. 마치 봄바람이 불어 여자가 남자를 홀려 새로운 기운을 불어 넣는 모습이다. 음은 곤(坤)의 모습이기도 하기 때문에, 천풍구는 하늘과 땅의 만남이기도 하다. 천문으로 천풍구는 음력 5월로, 절기상 망종(芒種)과 하지(夏至)가 있다. 하지에는 일음(一陰)이 새로 막 생긴다. 하지는 일 년 중에 낮이 가장 긴 날이다.

다행이 구오가 중정을 얻어 세상에 도를 펼칠 수 있다. 음양의 화합으로 새로운 세상이 만들어지는 것은 자연의 법도다. 상사를 보자.

상사에서 이르기를, 하늘 아래에 바람이 있는 것이 구다. 임금은 이로써 명령을 내려 사방에 고한다(象曰, 天下有風, 姤, 后以施命誥四方).

천풍구의 시대가 도래하면, 새롭게 풍속을 정비할 필요가 있다. 그때 제도와 법을 바르게 제정하고 널리 알려야 효과를 볼 수 있다.

천풍구의 잡괘를 보면, 풍천소축(風天小畜, ☴), 중천건(重天乾, ☰), 지뢰복(地雷復, ☳), 택천쾌(澤天夬, ☱) 등이 있다. 음양이 균형을 잡고 있는 상태가 아니기 때문에, 조금씩 균형을 맞추어갈 필요가 있다.

한편 양이 너무 강한 상태이기 때문에 발생되는 문제점을 척결하고, 새로운 시작을 준비하는 것이 좋다. 그리하면 음양의 조화를 지상에서 구현할 수 있을 것이다.

초육(初六)

쇠말뚝에 맨다. 올곧으면 길하다. 갈 곳이 있으면 흉함을 본다. 어린 돼지가 뛰다 머뭇거리며 논다. 상사에서 이르기를, 쇠말뚝에 맨다 함은 부드러운 음의 도가 이끌기 때문이다(繫于金柅, 貞吉, 有攸往, 見凶, 羸豕孚蹢躅. 象曰, 繫于金柅, 柔道牽也).

초육은 음효가 양위에 있고, 위치가 낮다. 강한 양효들 밑에 하나의 음효가 생긴 것이므로, 그것을 어린 돼지에 비유하고 있다. 아직 미약한 음의 기운이기 때문에, 움직일 단계가 아니다.

양(陽)이 극에 이르러 일음(一陰)이 처음 생겼으므로, 이때는 온양(溫養)이 필요하다. 앞으로 세상을 변화시킬 존재이므로, 잘 기를 필요가 있다. 따라서 강한 양기를 뜻하는 쇠말뚝에 매어두고 보호를 받아야 한다. 때가 되면 양기를 안에 품고, 세상을 변화시킬 날이 온다.

괘의 변화를 보자. 만약 1효가 양으로 변하면 중천건(重天乾, ䷀)이 되고, 1효는 그대로 있고 나머지 효가 모두 반대로 바뀌면 중지곤(重地坤, ䷁)이 된다.

일음(一陰)을 잘 간직하고 키우면 순음의 중지곤(䷁)이 된다. 반대로 일양(一陽)을 잘 기르면 순양의 중천건(䷀)이 된다. 음과 양이 서로 갈마 돌면서 천도를 형성하고 있다. 중천건(䷀)과 중지곤(䷁)은 결국 일음과 일양의 순환이라고 볼 수 있다.

구이(九二)

> 꾸러미에 물고기가 있다. 허물은 없다. 손님에게는 이롭지 않다. 상사에서 이르기를, 꾸러미에 물고기가 있다 함은 의리상 손님에게 이를 수 없다는 뜻이다(包有魚, 无咎, 不利賓. 象曰, 包有魚, 義不及賓也).

구이는 양효가 음위에 있고, 중도가 있다. 그러나 대응하는 구오와 정응(正應)하고 있지 않다. 천풍구의 시절인연에서는 구이는 초구의 상대가 아니다. 더구나 구이는 중도의 자리에 있다. 도의상으로도 초육과 상대할 수 없다.

꾸러미의 물고기는 요리를 해야 손님에게 낼 수 있다. 이런 과정이 없이, 손님을 접대할 수는 없다. 같은 맥락에서 구이는 아직 초육에게 장가갈 수 있는 상황은 아니다.

모든 일에는 법도와 순서가 있다. 이러한 순리를 어기면, 일시적으로는 좋을지 모른다. 그러나 사소한 실수와 미숙한 점이 전체의 과정에서 보면, 나중에 큰 문제를 만드는 것을 볼 수 있다. 따라서 한 단계 한 단계 과정을 충실히 밟아가는 것이 중요하다.

괘의 변화를 보자. 만약 2효가 음으로 변하면 천산돈(天山遯, ䷠)이 되고, 2효는 그대로 있고 나머지 효가 모두 반대로 바뀌면 지택림(地澤臨, ䷒)이 된다.

아직 음양의 조화를 이루기에는 부족한 상황이다. 따라서 고요히 멈추어서 생명력을 좀 더 응축할 필요가 있다. 생명 에너지의 발산과 수렴 작용을 통해 모든 존재는 점점 커지게 된다.

구삼(九三)

엉덩이에 살이 없다. 걸음을 머뭇거린다. 위태롭지만, 큰 허물은 없다. 상사에서 이르기를, 걸음을 머뭇거린다 함은 가되 이끌지 못하는 것이다(臀无膚, 其行次且, 厲, 无大咎. 象曰, 其行次且, 行未牽也).

구삼은 양효가 양위에 있지만, 중도가 없다. 또한 대응하는 상구와 정응(正應)하고 있지 않다. 주위로 강한 양효가 있기 때문에, 앉는 자리도 불편하고 움직일 수 있는 여건도 좋지 않다. 초육을 끌고 가고 싶지만, 마음만 앞설 뿐 이끌 수 없는 상태다.

다행히 구삼은 초육과 같은 하괘 손(巽)에 있기 때문에, 부드러운 기운 속에 있어서 큰 허물이 없을 뿐 좋은 일은 아니다. 따라서 머뭇거리듯, 조심스럽게 행동해야 위험을 벗어날 수 있다.

괘의 변화를 보자. 만약 3효가 음으로 변하면 천수송(天水訟, ䷅)이 되고, 3효는 그대로 있고 나머지 효가 모두 반대로 바뀌면 지화명이(地火明夷, ䷣)가 된다. 구삼은 자칫 진실이 가려지고 다툼으로 번질 수 있는 상황이다. 그러므로 언행을 신중하게 해야 한다.

구사(九四)

꾸러미에 물고기가 없다. 흉함이 일어난다. 상사에서 이르기를, 물고기가 없어 흉함이 일어난다 함은 백성을 멀리하기 때문이다(包无魚, 起凶. 象曰, 无魚之凶, 遠民也).

구사는 양효가 음위에 있고, 중도도 없다. 비록 구사가 초육과 정응(正應)

44. 천풍구(天風姤) ䷫

하고 있지만, 초육이 연약하기 때문에 서로 짝이 될 수 없다. 구사는 구오의 충직한 신하의 도리를 다해야 할 위치다.

만약 구사가 그 도리를 망각하고 욕망을 채우고자 한다면, 크게 낭패를 볼 것이다. 백성을 돌볼 의무가 있는 구사가 사욕을 부린다면, 백성을 멀리하는 것과 같다. 구사는 초육을 키우고 돌볼 의무가 있다. 천풍구는 세상사의 관계보다는 천도의 이치에서 보는 것이 좋다.

괘의 변화를 보자. 만약 4효가 음으로 변하면 중풍손(重風巽, ䷸)이 되고, 4효는 그대로 있고 나머지 효가 모두 반대로 바뀌면 중뢰진(重雷震, ䷲)이 된다.

아직 음(陰)이 미약한 상황에서는 부드러움은 배가할수록 좋다. 그런 연후에 움직인다고 해도, 위험이 일상에 상존하고 있음을 깨닫고 조심해야 무사할 수 있다.

구오(九五)

버들로 오이를 싼다. 아름다움을 머금고 있다. 하늘에서 떨어짐이 있다. 상사에서 이르기를, 구오가 아름다움을 머금고 있다 함은 중정하기 때문이다. 하늘에서 떨어짐이 있다 함은 뜻이 천명을 버리지 않기 때문이다(以杞包瓜, 含章, 有隕自天. 象日, 九五含章, 中正也, 有隕自天, 志不舍命也).

구오는 양효가 양위에 있고, 중도도 있다. 구오는 현명한 주군이므로 초육에 대한 욕심이 없다. 다만 축 늘어진 버들에 해당하는 구이가 오이를 감싸듯 초육을 보살피길 바랄 뿐이다.

세속의 탐욕을 버림으로써 하늘의 선물을 받을 수 있다. 초육은 누군가가 소유할 수 있는 대상이 아니라, 모든 이가 보살피고 가꿀 소중한 생명의 씨앗이다. 역의 도리로 순환하는 땅의 기운이다. 따라서 중도의 미덕으로 가꾼다면, 아름다운 선물이 될 것이다. 천명을 따르는 것이 인간이 스스로를 완성해나가는 길이다.

괘의 변화를 보자. 만약 5효가 음으로 변하면 화풍정(火風鼎, ䷱)이 되고, 5효는 그대로 있고 나머지 효가 모두 반대로 바뀌면 수뢰준(水雷屯, ䷂)이 된다.

땅의 기운이 세상에 새롭게 나올 때는 어려움이 따른다. 이 어려움을 이겨내기 위해서는 무엇보다 수신양성(修身養性)에 힘을 쏟아야 한다.

상구(上九)

그 뿔에서 만난다. 부끄러우나 허물은 없다. 상사에서 이르기를, 그 뿔에서 만난다 함은 위에 있어서 궁하므로 부끄럽다는 뜻이다(姤其角, 吝, 无咎. 象曰, 姤其角, 上窮吝也).

상구는 양효가 음위에 있고, 중도도 없다. 뿔은 더 이상 올라갈 수 없는 꼭대기를 의미한다. 상구와 짝할 상대도 없고, 변화의 극에 이르러 상황이 매우 궁색하다.

궁하면 변할 수밖에 없다. 만약 궁한데도 변하지 않는다면, 생명의 순환이라는 하늘의 법칙, 즉 역의 도리를 위반하는 것이다. 그렇게 되면, 생명의 세계에서 사라질 수밖에 없다.

괘의 변화를 보자. 만약 6효가 음으로 변하면 택풍대과(澤風大過, ䷛)가 되고, 6효는 그대로 있고 나머지 효가 모두 반대로 바뀌면 산뢰이(山雷頤, ䷚)가 된다.

모든 변화에는 위험이 따르기 마련이다. 따라서 바른 역의 도리를 따라야 한다. 하늘과 땅의 흐름에 맞게 절도 있게 변화한다면, 안전하게 생명을 양성할 수 있다.

45.

택지췌(澤地萃)

군중심리를 조심하라

췌는 형통하다. 왕이 종묘를 둠이 지극하다. 대인을 보면 이롭고, 형통하다. 올곧으면 이롭다. 큰 제물을 쓰면 길하고, 갈 곳이 있으면 이롭다(萃, 亨, 王假廟, 利見大人, 亨, 利貞, 用大牲吉, 利有攸往).

서로 만남이 이루어지면, 많은 것들이 모이기 시작한다. 그러므로 구(姤) 다음에 췌(萃)를 놓는다. 췌는 모여서 결합하는 뜻이다. 그러나 모임에는 여러 가지 문제도 생기기 마련이다. 택지췌는 이에 대한 경책을 담고 있다.

　기쁨을 뜻하는 상괘 태(兌)와 따름을 의미하는 하괘 곤(坤)이 택지췌의 시절인연이다. 아래 사람들은 유순하고, 윗사람들은 기뻐하는 모습이다. 단사를 보자.

단사에서 이르기를, 췌는 모임이다. 순응하고 기뻐하며, 굳센 양이 중을 얻어 상응하기 때문에 모인다. 왕이 종묘를 둠이 지극하다 함은 효도를 다해 제사를 올리는 것이다. 대인을 보면 이롭고, 형통하다 함은 바름으로 모인 것이다. 큰 제물을 쓰면 길하고, 갈 곳이 있으면 이롭다 함은 천명에 순응하는 것이다. 모인 것을 보면, 천지만물의 사정을 알 수 있다(彖曰, 萃, 聚也, 順以說, 剛中而應, 故聚

也. 王假有廟, 致孝享也, 利見大人 亨, 聚以正也, 用大牲吉, 利有攸往, 順天命也. **觀其所聚,**
而天地萬物之情可見矣).

모든 것이 모여서 기뻐하는 형국이다. 이때에는 효도로서 집안의 가통을 바로 하듯이, 종묘사직에 크게 예와 제물을 갖춰 제사지냄으로써 나라의 법통을 세우는 것이 좋다. 상사를 보자.

상사에서 이르기를, 못이 땅 위에 있는 것이 췌다. 군자는 이로써 무기를 손질하고 예기치 못한 사태를 경계한다(象曰, 澤上於地, 萃, 君子以除戎器, 戒不虞).

사람이 모이면 좋은 일도 있지만, 언제든 불의의 사고도 발생할 수 있다. 특히 군중심리를 조심해야 한다. 많은 사람들이 모이면, 그 움직임을 예상하기 힘들다. 따라서 지도자는 이에 대한 대비를 미리 해야 한다. 사람들이 모일 때 분란을 경계하면, 평화 속에 대업을 이룰 수 있다. 그런 맥락에서, 평화는 전쟁을 미리 방비할 수 있는 힘을 기른 자만이 누릴 수 있다.

택지췌의 잡괘를 보면, 지택림(地澤臨, ䷒), 풍산점(風山漸, ䷴), 산천대축(山天大畜, ䷙), 지풍승(地風升, ䷭) 등이 있다. 사람들이 모이면, 풍속이 저속화될 수 있다. 풍속이 타락하면, 사람들의 관계가 깨지게 된다. 때문에 사람들의 올곧은 마음 유지가 관계의 조화에 필수적이다. 사람들이 바른 덕을 기른다면, 사회가 크게 융성해지고 발전할 것이다.

초육(初六)

믿음이 있지만, 끝까지 이르지 못한다. 이에 혼란스럽고 이에 모인다. 만약 부르짖으면, 하나가 되어 웃는다. 근심할 필요 없다. 가면 허물이 없다. 상사에서 이르기를, 이에 혼란스럽고 이에 모인다 함은 그 마음이 혼란스럽다는 뜻이다(有孚不終, 乃亂乃萃, 若號, 一握爲笑, 勿恤, 往无咎. 象曰, 乃亂乃萃, 其志亂也).

초육은 음효가 양위에 있고, 위치가 낮다. 초육은 아직 택지췌의 초기 단계이고 음유하므로, 모일 힘이 미약하다. 대응하는 구사는 힘이 있지만, 중도가 없다. 그러므로 믿음은 있어도, 어찌 해야 할지 혼란스러울 뿐이다. 그러나 시절인연이 좋기 때문에, 걱정할 필요는 없다.

택지췌의 시절인연에서 요점은 일악위소(一握爲笑)를 이루는 데 요점이 있다. 사람들이 하나가 될 때만이 웃을 수 있기 때문이다. 상괘 태(兌)는 건(乾)에서 온 것이다. 따라서 하늘의 도리가 하괘 곤(坤), 즉 땅에 임해서, 음양의 조화를 이루고 천지가 즐거움을 누리는 데 택지췌의 목적이 있다. 음양의 조화가 바로 하나를 이루는 것이다. 화이부동(和而不同)이다.

괘의 변화를 보자. 만약 1효가 양으로 변하면 택뢰수(澤雷隨, ䷐)가 되고, 1효는 그대로 있고 나머지 효가 모두 반대로 바뀌면 산풍고(山風蠱, ䷑)가 된다.

음양의 조화를 이루면, 모든 존재가 기뻐하며 따르게 된다. 이것이 자연의 질서다. 만약 이러한 자연의 질서를 어긴다면, 생명의 순환이 깨지고 부패하게 된다.

육이(六二)

끌어주면 길하고, 허물이 없다. 믿음이 있으므로 이에 약식 제사로 함이 이롭다. 상사에서 이르기를, 끌어주면 길하고 허물이 없다 함은 중도가 있어서 변하지 않기 때문이다(引吉, 无咎, 孚乃利用禴. 象曰, 引吉无咎, 中未變也).

육이는 음효가 음위에 있고, 중도도 있다. 또한 육이는 구오와 정응(正應)하고 있다. 믿고 끌어주는 관계이므로, 그 믿음을 약식 제사로 표현해도 무방하다.

제사는 정성과 믿음이 중요하다. 제물은 그 다음이다. 비록 제물이 부족해서 약식으로 한다 해도, 믿음과 정성만 있다면 충분하다. 마찬가지로 인간관계도 그와 같다. 육이와 구오가 서로 신뢰하고 중도의 마음으로 진실하게 대한다면, 어떠한 어려움도 유혹도 이겨낼 수 있다.

괘의 변화를 보자. 만약 2효가 양으로 변하면 택수곤(澤水困, ䷮)이 되고, 2효는 그대로 있고 나머지 효가 모두 반대로 바뀌면 산화비(山火賁, ䷕)가 된다.

서로 간의 믿음이 사라지면, 조화는 깨지고 어려움이 닥치게 된다. 따라서 믿음을 잘 가꿀 필요가 있다. 그런 차원에서 인문 정신과 문화를 장려해야 한다.

육삼(六三)

모이는 듯하고 한탄하는 듯하다. 이로울 바가 없다. 가면 허물이 없지만, 조금 부끄럽다. 상사에서 이르기를, 가면 허물이 없다 함은 위가 손순하기 때문이다(萃如嗟如, 无攸利, 往无咎, 小吝. 象曰, 往无咎, 上巽也).

육삼은 음효가 양위에 있고, 중도도 없다. 모이고자 하는 충동은 강하나, 움직일 여건은 좋지 않다. 대응하는 상육과 정응(正應)하고 있지도 못하다. 그러므로 모여도 동조자가 없으니, 탄식만 할 뿐이다.

육삼은 하괘 곤(坤)의 맨 위에서 상괘 태(兌)의 구사를 마주하고 있다. 육삼은 땅의 도리를 지키며 제자리에 있고 싶지만, 구사의 유혹이 싫지 않다. 그나마 다행인 것은 구사가 억세지 않기 때문에, 따라가도 큰 문제는 없다.

괘의 변화를 보자. 만약 3효가 양으로 변하면 택산함(澤山咸, ䷞)이 되고, 3효는 그대로 있고 나머지 효가 모두 반대로 바뀌면 산택손(山澤損)이 된다.

음양의 교류가 너무 빠르면 문제가 생긴다. 함부로 끌리는 대로 가다가는 인생을 망칠 수 있다. 특히 군중심리에 이끌려 가면 낭패를 볼 수 있다. 따라서 순간의 유혹과 욕망을 이겨내는 절제의 미학이 필요하다.

구사(九四)

크게 길하면 허물이 없다. 상사에서 이르기를, 크게 길하면 허물이 없다 함은 위치가 합당하지 않기 때문이다(大吉, 无咎. 象曰, 大吉无咎, 位不當也).

구사는 양효가 음위에 있다. 위치가 강한 힘을 어느 정도 중화시키고 있다. 구사는 대응하는 초육과 정응(正應)하므로, 뜻을 하나로 모을 수 있다. 그러나 중도가 없는 자리이므로, 크게 뜻을 모아야 허물이 없다.

구사는 구오를 보필하는 자리에 있다. 따라서 사람들이 모일 때, 지나치게 자신을 내세우면 화를 입을 수 있다. 구사가 사사로운 이익을 버리고, 대의를 위해 충심을 다해 본연의 임무를 수행한다면, 크게 길할 것이다.

괘의 변화를 보자. 만약 4효가 음으로 변하면 수지비(水地比, ䷇)가 되고,

4효는 그대로 있고 나머지 효가 모두 반대로 바뀌면 화천대유(火天大有, ䷍)가 된다. 서로 화합하고 협력한다면, 대업을 성취할 수 있다.

구오(九五)

모이는 위치다. 허물이 없다. 믿음이 없더라도, 크고 오래 올곧으면, 후회는 사라진다. 상사에서 이르기를, 모이는 위치다 함은 뜻이 아직 빛나지 않기 때문이다(萃有位, 无咎, 匪孚, 元永貞, 悔亡. 象曰, 萃有位, 志未光也).

구오는 양효가 양위에 있고, 중도도 있다. 또한 육이와 정응(正應)하고 있다. 다만 육이 이외에는 구오와 짝이 될 자는 없다. 그렇지만 구오가 자신의 자리를 올곧게 지키고 있으면, 구사가 사람들을 이끌고 올 것이다. 시간이 걸리더라도, 때를 기다리면 된다.

사람들이 모일 때는 구심점이 필요하다. 사회 전체로 보면 다양한 구심 점들이 존재한다. 지도자는 그 구심점들을 하나로 통합하는 중도의 지혜를 발휘하면 된다. 모든 사람들이 자신을 따르고 믿게 할 필요는 없다. 각각의 중심만 제어할 수 있다면, 전체를 통솔하는 것과 같다.

괘의 변화를 보자. 만약 5효가 음으로 변하면 뇌지예(雷地豫, ䷏)가 되고, 5효는 그대로 있고 나머지 효가 모두 반대로 바뀌면 풍천소축(風天小畜, ䷈)이 된다.

구오는 쾌락을 조심하고 엄격한 위계질서를 확립해야 한다. 더불어 너무 큰 욕심을 버리고, 사회의 화합을 다지고 육성하는 마음으로 정성을 들인다면, 장차 뜻을 이룰 수 있다. 작은 것이 모여 큰 것을 이루는 법이다.

상육(上六)

탄식하며 눈물과 콧물을 흘린다. 허물은 없다. 상사에서 이르기를, 탄식하며 눈물과 콧물을 흘린다 함은 위에서 편안하지 않다는 뜻이다(齎咨涕洟, 无咎. 象曰, 齎咨涕洟, 未安上也).

상육은 음효가 음위에 있지만, 중도가 없다. 바르게 상응하는 자도 없다. 그러므로 맨 위에 있지만 즐거운 일이 없다. 다만 구오가 중정하기 때문에, 상육에게 허물이 없을 뿐이다.

사람이 모이는 시절인연이지만, 상육 주변에는 사람이 없다. 그러나 수행의 도리에서 보면, 이때가 가장 공부하기 좋은 시절이기도 하다. 몸과 마음의 허함을 바른 정신으로 채우면, 영혼이 살찌게 된다.

괘의 변화를 보자. 만약 6효가 양으로 변하면 천지비(天地否, ䷋)가 되고, 6효는 그대로 있고 나머지 효가 모두 반대로 바뀌면 지천태(地天泰, ䷊)가 된다.

상육이 물질과 명예에 대한 욕심으로 함부로 움직이면, 앞길이 막힐 것이다. 반대로 마음을 비우고 공부한다면, 지상천국을 맛보게 된다. 일상 속에 천국의 법열(法悅)이 있다.

46.

지풍승(地風升)

올라가는 데 절차가 있다

승은 크게 형통하다. 대인을 만나 쓰임이다. 근심할 필요 없다. 남쪽으로 가면 길하다(升, 元亨, 用見大人, 勿恤, 南征吉).

사람들이 많이 모이고 여론이 하나로 집중되면, 올라가고자 하는 힘이 발생한다. 그러므로 췌(萃) 다음에 승(升)을 놓는다. 그러나 올라가는 것은 한계가 있기 마련이다. 따라서 정도를 지켜 올라가야 화를 면할 수 있다.

택지췌(萃)의 시절인연에서 사람의 뜻이 모이면, 나라의 운이 상승한다. 이제 뜻이 있는 자는 세상에 나가 뜻을 펼칠 때가 된 것이다. 단사를 보자.

단사에서 이르기를, 부드러운 음이 때에 맞춰 올라간다. 공손하고 유순한데 굳센 양이 중을 얻어 호응한다. 이 때문에 크게 형통하다. 대인을 만나 쓰임이니 근심할 필요 없다 함은 경사가 있다는 뜻이다. 남쪽으로 가면 길하다 함은 뜻이 행해지기 때문이다(象曰, 柔以時升, 巽而順, 剛中而應, 是以大亨. 用見大人, 勿恤, 有慶也, 南征吉, 志行也).

강한 뜻이 부드러운 기운을 만나 위로 오르는 때는, 세상에 활기가 넘친다. 하괘 손(巽)은 나무이고, 상괘 곤(坤)은 땅이다. 나무가 자라나는 근본은 땅이다. 강한 생명력이 땅에 의지해 뻗어나가는 형국이다. 한편 손은 동남방(東南方)이고, 곤은 서남방(西南方)이다. 남쪽은 밝은 태양이 있는 곳이므로, 큰 에너지를 얻을 수 있다. 상사를 보자.

상사에서 이르기를, 땅속에서 나무가 나오는 것이 승이다. 군자는 이로써 덕에 순응하며 작은 것을 쌓아 높고 크게 한다(象曰, 地中生木, 升, 君子以順德, 積小以高大).

모든 것은 순리가 있다. 올라가는 것도 이치가 있다. 자신의 덕을 조금씩 쌓아서 큰 그릇을 만들어야, 쓸모가 있게 된다. 너무 욕심이 앞서면, 낭패를 볼 수 있다. 아무리 능력이 있고 욕심을 내도, 한 번에 올라가는 데는 한계가 있다. 단계적 절차를 밟아 올라가는 것이 그 한계를 깰 수 있는 유일한 길이다.

괘의 변화를 보자. 지풍승의 잡괘를 보면, 풍지관(風地觀, ䷓), 뇌택귀매(雷澤歸妹, ䷵), 천뢰무망(天雷无妄, ䷘), 택지췌(澤地萃, ䷬) 등이 있다. 기운을 모아 상승하는 것은 점진적으로 쌓아 올라가야 폐단이 없다. 또한 그 과정에서 헛된 기운이 풍속에 파고들지 않도록 잘 살펴야 한다.

초육(初六)

믿음으로 오른다. 크게 길하다. 상사에서 이르기를, 믿음으로 오르니 크게 길하다 함은 위와 뜻을 합하기 때문이다(允升, 大吉. 象曰, 允升大吉, 上合志也).

초육은 음효가 양위에 있지만, 위치가 낮다. 또한 육사와 정응(正應)하지도 않지만, 초육은 하괘 손(巽)의 괘주다. 그러므로 위의 두 양효와 뜻이 같다. 함께 오를 수 있는 믿음이 충만하다.

뜻이 하나로 모인 상태에서 지풍승의 초효 단계에 이르면, 그 기운이 상승할 수 있는 통로가 형성된다. 초육이 온순하기 때문에, 더욱 그 기운을 따르는 형국이다. 마치 초육은 기운이 들어가는 입구의 모습을 하고 있다.

괘의 변화를 보자. 만약 1효가 양으로 변하면 지천태(地天泰, ䷊)가 되고, 1효는 그대로 있고 나머지 효가 모두 반대로 바뀌면 천지비(天地否, ䷋)가 된다.

사람들이 모여서 크게 도약하기 위해서는, 모든 사람들이 대동단결하고 조화를 이루어야 한다. 만약 그렇지 못하면, 사회의 흐름이 막히게 된다.

구이(九二)

민음이 있으므로 이에 약식 제사로 함이 이롭다. 허물이 없다. 상사에서 이르기를, 구이의 민음은 기쁨이 있는 것이다(孚乃利用禴, 无咎. 象曰, 九二之孚, 有喜也).

구이는 양효가 음위에 있고, 중도도 있다. 또한 구이는 온유한 현군인 육오와 정응(正應)하고 있다. 서로 간에 믿음이 있으므로, 형식은 검소해도 정성이면 족하다.

구이는 택지췌(䷬)의 육이의 상황과 비슷하다. 다른 점은 상응하는 대상 사이에 각기 입장과 상황이 다를 뿐이다. 이것은 상승할 때는 아래의 기운이 매우 튼튼해야, 상승 에너지가 힘을 잃지 않는다는 사실을 보여준다.

괘의 변화를 보자. 만약 2효가 음으로 변하면 지산겸(地山謙, ䷎)이 되고, 2효는 그대로 있고 나머지 효가 모두 반대로 바뀌면 천택리(天澤履, ䷉)가 된다.

상승기류를 타고 올라갈 때, 주의할 점은 자칫 무례할 수 있는 것이다. 예(禮)가 없으면, 큰일을 이룰 수 없다. 다 된 일도 예가 없으면, 깨지는 경우가 많다. 공자도 이 점을 경책한 바 있다. 따라서 겸양의 정신으로 매사에 임해야 한다.

구삼(九三)

빈 마을로 올라간다. 상사에서 이르기를, 빈 마을로 올라간다 함은 의심할 것이 없기 때문이다(升虛邑. 象曰, 升虛邑, 无所疑也).

구삼은 양효가 양위에 있다. 비록 중도는 없지만, 구삼은 상육과 정응(正應)하고 있다. 빈 마을은 상괘 곤(坤)의 세 음효를 말한다. 텅 비어있기 때문에, 나무가 자라는 데 걸림이 없다.

하괘 손(巽)은 나무를 뜻하므로, 강한 기운을 지닌 나무가 이제 땅위로 자라서 올라가는 형국이다. 상괘 곤(坤)은 모든 것을 유순하게 받아서 길러내는 곤덕(坤德)을 지니고 있다. 따라서 나무가 자랄 수 있는 환경이 마련이 된 상태다.

괘의 변화를 보자. 만약 3효가 음으로 변하면 지수사(地水師, ䷆)가 되고, 3효는 그대로 있고 나머지 효가 모두 반대로 바뀌면 천화동인(天火同人, ䷌)이 된다.

올라가는 기운이 분산되면, 여러 사람들 사이에서 다툼이 벌어지게 된다. 따라서 서로 다름을 인정하고, 부분과 전체가 조화를 이룰 수 있도록 노력해야 한다.

육사(六四)

왕이 기산에서 제사를 지낸다. 길하고 허물이 없다. 상사에서 이르기를, 왕이 기산에서 제사를 지낸다 함은 순리대로 섬기는 것이다(王用亨于岐山, 吉, 无咎. 象曰, 王用亨于岐山, 順事也).

육사는 음효가 음위에 있다. 비록 중도도 없고 초육과 정응(正應)하지도 않지만, 순리대로 순응하는 상괘 곤(坤)의 첫째 효다. 기산은 주문왕의 선조가 발흥한 곳이다. 하늘의 명을 따를 뿐이므로, 허물이 없고 길하다.

문왕은 당시 중원의 세 지역 중에서 둘을 가졌는데도, 계속 제후의 예를 지키면서 상나라에 복종하고 제사를 지냈다고 한다. 이것은 하늘의 순리를 따른다는 점을 통해 주문왕의 정통성을 부각하는 의미가 있다.

괘의 변화를 보자. 만약 4효가 양으로 변하면 뇌풍항(雷風恒, ䷟)이 되고, 4효는 그대로 있고 나머지 효가 모두 반대로 바뀌면 풍뢰익(風雷益, ䷩)이 된다.

천지인삼재가 조화를 이루면, 사회질서가 오래 유지되고 사회가 발전한다. 사회가 번영하면, 꼭 좋은 일만 있는 것이 아니다. 따라서 허물을 방비하는 노력이 병행되어야 한다.

육오(六五)

올곧으면 길하다. 계단을 오른다. 상사에서 이르기를, 올곧으면 길하고 계단을 오른다 함은 크게 뜻을 얻는 것이다(貞吉, 升階. 象曰, 貞吉升階, 大得志也).

육오는 음효가 양위에 있지만, 중도가 있다. 또한 강하고 현명한 구이와 정응(正應)하고 있다. 따라서 구이는 계단을 오르듯 육오에게 올라갈 수 있다. 육오는 그 자리에 올곧게 있으면 만사가 길하고, 큰 뜻을 이룰 수 있는 자리를 마련하게 된다.

구이는 세상 속에서 뜻을 품고 있는 군자라 할 수 있다. 그런 자가 육오에게 이르기 위해서는, 올라갈 수 있는 통로와 방법을 마련해 두어야 한다. 그것이 계단으로 표현되어 있다. 또한 계단은 올라오는 과정에 순차적인 절차가 있다는 것을 암시한다.

괘의 변화를 보자. 만약 5효가 양으로 변하면 수풍정(水風井, ䷯)이 되고, 5효는 그대로 있고 나머지 효가 모두 반대로 바뀌면 화뢰서합(火雷噬嗑, ䷔)이 된다.

지도자는 사회의 규범을 만들어 분란을 미리 해소해야 한다. 만약 그 규범을 어기는 자가 있다면, 적절하게 형벌을 사용해서 사회질서를 확립하는 것이 좋다.

상육(上六)

어둠 속에서 올라간다. 쉼 없이 올곧음을 지키면 이롭다. 상사에서 이르기를, 어둠 속에서 올라가서 위에 있는 것은 기운이 빠져 왕성하지 않다는 뜻이다 (冥升, 利于不息之貞. 象曰, 冥升在上, 消不富也).

상육은 음효가 음위에 있지만, 중도는 없다. 비록 구삼과 정응(正應)하고 있지만, 상승의 끝에 위치하고 있다. 때문에 세력이 많이 약화된 상태다. 오직 올곧음을 지키고 있어야 화를 면할 수 있다.

물질과 권세의 상승은 끝이 있다. 때가 되면 물러나야 하는 것이다. 그러나 정신의 상승은 우주의 본심(本心)에 이를 때까지 한계가 없다. 쉼 없이 올곧음을 지키는 길만이 대도(大道)에 이를 수 있다.

괘의 변화를 보자. 만약 6효가 양으로 변하면 산풍고(山風蠱, ䷑)가 되고, 6효는 그대로 있고 나머지 효가 모두 반대로 바뀌면 택뢰수(澤雷隨, ䷐)가 된다.

하늘의 정도(正道)에 대한 믿음을 가지고 진리를 추구해야, 자기중심을 잃지 않을 수 있다. 만약 중심을 못 잡고 쾌락에 휩쓸려 다니면, 심신에 병폐가 쌓이게 된다.

47.

택수곤(澤水困)

인욕의 정신이 필요하다

곤은 형통하다. 올곧으면 대인은 길하고 허물이 없다. 말을 해도 믿지 않는다 (困, 亨, 貞, 大人吉, 无咎, 有言不信).

올라가는 힘이 미약해지거나 반작용이 생기면, 곤궁하게 된다. 그러므로 승(升) 다음에 곤(困)을 놓는다. 아무리 힘이 좋은 것도 오르는 데 한계가 있고, 그 한계를 극복하지 못하면 곤란한 상황에 빠지기 마련이다.

그러나 어려움은 자신을 새롭게 돌아보는 기회를 제공한다. 군자는 위기를 더욱 발전할 수 있는 기회로 삼아야 한다. 위기가 기회인 것이 역의 도리다. 단사를 보자.

단사에서 이르기를, 곤은 굳센 양이 가려진 것이다. 험한 가운데 기뻐함이다. 곤란해도 그 도리를 잃지 않으면 형통하다. 그런 사람은 오직 군자일 뿐이다. 올곧으면 대인은 길하다 함은 굳센 양이 중을 얻었기 때문이다. 말을 해도 믿지 않는다 함은 입을 숭상하여 이에 곤궁한 것이다(象曰, 困, 剛揜也. 險以說, 困而不失其所亨, 其唯君子乎! 貞, 大人吉, 以剛中也, 有言不信, 尙口乃窮也).

어려운 시기를 즐겁게 견딜 수 있는 사람은 군자만이 가능하다. 이 시기를 잘 이겨내는 방법은 올곧음을 지키면서 때를 기다리는 수밖에 없다. 어려운 시기에는 말을 삼가고, 뜻과 행동으로 모범을 삼아야 한다. 상사를 보자.

상사에서 이르기를, 못에 물이 없는 것이 곤이다. 군자는 이로써 목숨을 바쳐 뜻을 이룬다(象曰, 澤无水, 困, 君子以致命遂志).

상괘 태(兌)는 호수이고, 하괘 감(坎)은 물이다. 호수에 물이 다 빠져 나간 모습이다. 이런 상황에서는 목숨을 바칠 만한 뜻이 있는 자만이 살아남을 수 있다.

공자는 《계사전》에서 "곤은 덕의 분별이다(困, 德之辨也)."라고 말했다. 이어 공자는 "곤은 궁하지만 통한다(困, 窮而通)."고 했다. 따라서 공자는 어려워도 "원망을 적게 하는 것(寡怨)."이 좋다고 경책하고 있다.

한계에 봉착하면, 곤란한 일이 생긴다. 그러나 곤란함 속에서도 그 원인을 분별하면, 해결책을 만날 수 있다. 궁즉변(窮卽變), 변즉통(變卽通)의 원리가 작용하기 때문이다. 곤란함이 오히려 자신을 성숙시키는 원동력이다.

택수곤의 잡괘를 보면, 수택절(水澤節, ䷻), 풍화가인(風火家人, ䷤), 산화비(山火賁, ䷕), 수풍정(水風井, ䷯) 등이 있다. 곤란을 극복하기 위해서는, 집안을 단속하고 나아가 사회 구성원들 간의 협력과 절제를 통해 사람들의 의식수준을 높여야 한다.

초육(初六)

엉덩이가 나무 그루터기에 있으면서도 괴롭다. 깊은 골짜기로 들어가서, 삼년 동안 만나보지 못한다. 상사에서 이르기를, 깊은 골짜기로 들어간다 함은 깊어서 밝지 못한 것이다(臀困于株木, 入于幽谷, 三歲不覿. 象曰, 入于幽谷, 幽不明也).

초육은 음효가 양위에 있고, 위치가 낮다. 어려움을 뜻하는 감(坎)의 초기에 해당하므로 깊은 골짜기에 비유하고 있다. 무명(無明)이 광명(光明)을 가린 상태다. 무지가 세상 모든 고통의 근본 원인이다.

초육은 나무 그루터기에 해당하는 구사와 정응(正應)하고 있다. 그루터기에 앉아 있으면서도 엉덩이가 아프다는 것은 무명이 너무 짙어서, 광명을 느끼지 못하는 것과 같다. 인생사 대부분의 고통은 어리석음으로 생긴다는 것을 암시한다.

괘의 변화를 보자. 만약 1효가 양으로 변하면 중택태(重澤兌, ☱)가 되고, 1효는 그대로 있고 나머지 효가 모두 반대로 바뀌면 중산간(重山艮, ☶)이 된다.

어려움이 중첩될 때는 멈추어서 자신을 돌아볼 필요가 있다. 자신의 인생항로를 재설정함으로써, 어려움을 뚫고 나가 기쁨을 맛볼 수 있다.

구이(九二)

술과 음식에 곤란함이 있다. 왕이 바야흐로 올 것이다. 제사를 지내면 이롭다. 가면 흉하나, 허물은 없다. 상사에서 이르기를, 술과 음식에 곤란함이 있다 함은 중도가 있어서 경사가 있다는 뜻이다(困于酒食, 朱紱方來, 利用享祀, 征凶, 无咎. 象曰, 困于酒食, 中有慶也).

구이는 양효가 음위에 있고, 중도도 있다. 비록 주군인 구오와 정응(正應)

하지는 않지만, 구이는 곤란한 이 시대를 구할 적임자다. 그러나 함부로 움직이면 곤란하다.

주불(朱紱)은 왕이 입는 제복(祭服)의 무릎 덮개다. 따라서 주불은 왕을 상징한다. 어려움을 참고 제자리에서 때를 기다리면, 주군이 그 뜻을 받아들일 날이 반드시 올 것이다.

생활이 어려워지면, 사람들은 세상을 한탄하고 남을 탓하기 마련이다. 그러나 군자는 어려움을 참고 견디며, 자신을 더욱 단련하는 기회로 삼는다. 세상의 변화를 불평하는 것보다는 새로운 변화에 맞서 도약을 준비하는 자가 현명하다. 결국 그 사람이 장차 세상의 주인공이 되는 법이다.

괘의 변화를 보자. 만약 2효가 음으로 변하면 택지췌(澤地萃, ䷬)가 되고, 2효는 그대로 있고 나머지 효가 모두 반대로 바뀌면 산천대축(山天大畜, ䷙)이 된다. 뜻이 같은 사람들이 모여서 역의 도리에 맞게 적절한 일을 추진한다면, 못 이룰 일이 없다.

육삼(六三)

돌 때문에 곤란하고, 가시덤불에 걸려 있다. 집에 들어가도 아내를 만나보지 못한다. 흉하다. 상사에서 이르기를, 가시덤불에 걸려 있다 함은 굳센 양을 타고 있기 때문이다. 집에 들어가도 아내를 만나보지 못한다 함은 상서롭지 못한 것이다(困于石, 據于蒺藜, 入于其宮, 不見其妻, 凶. 象曰, 據于蒺藜, 乘剛也, 入于其宮, 不見其妻, 不祥也).

육삼은 음효가 양위에 있고, 중도도 없다. 육삼은 강한 양효 사이에 낀 존재다 마치 돌에 치이고, 가시에 찔린 형국이다. 대응하는 상육이 정응(正應)하지 않으므로, 집에 들어가도 아내를 보지 못한다고 비유하고 있다. 공자는 《계사전》에서 이 상황에 대해 다음과 같이 해석했다.

곤란할 일이 아닌데 곤란하게 되었으니, 이름이 반드시 욕되게 된다. 자리할
곳이 아닌데 자리한 것이니, 몸이 반드시 위태롭게 된다. 이미 욕되고 또 위태
하므로, 죽을 시기가 장차 이를 것인데, 아내를 볼 수 있겠는가(非所困而困焉, 名
必辱, 非所據而據焉, 身必危. 旣辱且危, 死期將至, 妻其可得見邪).《계사전》

공자의 해석은 곤란을 스스로 초래해서 맞이한 위급한 상황을 묘사하고
있다. 역의 바른 이치를 거스르고 나아간 결과는 비참하다. 개인은 명예와
생명을 잃을 수 있고, 사회는 몰락과 파멸의 길을 맞이하게 된다.

만약 이런 상황에 처해 있다면, 어떻게 해야 할 것인가? 체념한다면 그
것으로 끝이다. 그러나 역은 포기하지 말라고 가르치고 있다. 빨리 자신과
사회를 돌아보고, 변화의 순리를 회복한다면, 재앙을 막을 수 있다. 모든 재
앙은 근원을 따져보면, 결국 한 생각 잘못해서 생긴 것이다. 그러므로 그 생
각을 바르게 돌리면 된다.

괘의 변화를 보자. 만약 3효가 양으로 변하면 택풍대과(澤風大過, ䷛)가 되
고, 3효는 그대로 있고 나머지 효가 모두 반대로 바뀌면 산뢰이(山雷頤, ䷚)가
된다.

자신이 초래한 위급한 상황에서 함부로 경거망동하면, 오히려 화를 더
키울 수 있다. 그러므로 자신을 돌아보고 와신상담(臥薪嘗膽)하는 자세로, 자
신의 결점을 하나하나 고쳐나가는 길이 최선이다.

구사(九四)

느리게 서서히 온다. 쇠수레 때문에 곤란하다. 인색하지만 끝마침이 있다. 상사에서 이르기를, 느리게 서서히 온다 함은 뜻이 아래에 있기 때문이다. 비록 위치가 합당하지 않으나, 함께 하는 바가 있다(來徐徐, 困于金車, 吝, 有終. 象曰, 來徐徐, 志在下也, 雖不當位, 有與也).

구사는 양효가 음위에 있고, 중도도 없다. 다행히 구사는 초육과 정응(正應)하고 있다. 따라서 구사가 어려움을 참고 기다리면, 초육과 함께 할 날이 반드시 올 것이다.

쇠수레는 구이를 가리킨다. 초육이 구사의 도움을 받기 위해서는 쇠수레에 비유되는 구이를 넘어서야 한다. 따라서 천천히 올 수밖에 없다. "뜻이 아래에 있다(志在下也)."는 말은 구사가 초육을 구할 뜻을 두고 있음을 말한다. 뜻이 하나로 합하면, 어떤 어려움도 이겨낼 수 있다.

괘의 변화를 보자. 만약 4효가 음으로 변하면 중수감(重水坎, ䷜)이 되고, 4효는 그대로 있고 나머지 효가 모두 반대로 바뀌면 중화리(重火離, ䷝)가 된다.

구사가 택수곤의 시절인연에서 어려움과 곤란을 이겨내기 위해서는, 초지일관 밝은 도리와 강한 의지를 지니고 있어야 가능하다. 그렇지 못하면, 어려움이 중첩될 것이다.

47. 택수곤(澤水困) ䷮

구오(九五)

코를 베이고 발꿈치를 베인다. 적불 때문에 곤란하다. 이에 서서히 기쁨이 있다. 제사를 지내는 것이 이롭다. 상사에서 이르기를, 구오가 코를 베이고 발꿈치를 베인다 함은 뜻을 얻지 못했기 때문이다. 이에 서서히 기쁨이 있다 함은 중도로써 곧기 때문이다. 제사를 지내는 것이 이롭다 함은 복을 받는다는 뜻이다(劓刖, 困于赤紱, 乃徐有說, 利用祭祀. 象曰, 劓刖, 志未得也, 乃徐有說, 以中直也, 利用祭祀, 受福也).

구오는 양효가 양위에 있고, 중도도 있다. 상육은 칡넝쿨 때문에 곤란하고, 초육은 그루터기에 괴로우므로, 코를 베이고 발꿈치를 베이는 것 같다. 적불(赤紱)은 제후의 복식이다. 여기서 적불은 강인한 제후인 구이를 상징한다. 구이는 술과 음식 때문에 곤란을 겪고 있으므로, 적불 때문에 곤란하다고 했다.

그러나 어려움 속에서도 구오가 중도를 지니고 있고 강인한 정신으로 굳세기 때문에, 천천히 곤란은 해소되고 기쁜 일이 있을 것이다. 구오는 제사를 지내는 정성으로 정사를 돌봐야만, 어려운 시국을 헤쳐 나갈 수 있다.

괘의 변화를 보자. 만약 5효가 음으로 변하면 뇌수해(雷水解, ䷧)가 되고, 5효는 그대로 있고 나머지 효가 모두 반대로 바뀌면 풍화가인(風火家人, ䷤)이 된다.

어려운 시대를 이겨나가기 위해서는 이해와 용서로 가벼운 죄는 관용을 베풀어야 한다. 서로를 사랑하는 마음으로 집안을 바로 세우고, 나아가 사회의 힘을 하나로 모으면, 어떤 어려움도 극복할 수 있다.

상육(上六)

칡넝쿨과 위태로움에 곤란하다. 움직이면 후회한다고 말한다. 후회하더라도 가면 길하다. 상사에서 이르기를, 칡넝쿨에 곤란하다 함은 합당하지 않기 때문이다. 움직이면 후회하고 후회하는 것은 길한 길이다(困于葛藟, 于臲卼, 曰動悔, 有悔, 征吉. 象曰, 困于葛藟, 未當也, 動悔有悔, 吉行也).

상육은 음효가 음위에 있고, 중도도 없다. 상육은 곤란의 극에 이르러 있다. 그러나 도와줄 사람이 없다. 그러나 뉘우침을 통해 인간은 자신의 잘못을 반성하고, 정신적으로 성숙해진다.

물질적으로는 비록 곤궁할지라도, 정신을 바로 잡으면 밝은 길로 가게 된다. 그러므로 오히려 길하다고 말할 수 있다. 삶의 역설이다. 인생이 고단해지면, 고통을 통해 인간의 영혼은 맑아진다. 물론 그 형극을 견디고 나아가야 하는 과정이 필요하다. 인욕(忍辱)의 정신이 수행뿐만 아니라 인생교육 과정에 꼭 필요한 이유다.

괘의 변화를 보자. 만약 6효가 양으로 변하면 천수송(天水訟, ䷅)이 되고, 6효는 그대로 있고 나머지 효가 모두 반대로 바뀌면 지화명이(地火明夷, ䷧)가 된다.

괘의 변화가 좋지 않다. 이것은 정신의 수행과정이 그만큼 형극의 길이라는 것을 암시한다. 그러나 그 고통을 이겨내면, 광명의 세계에 들어갈 수 있다. 고통이 클수록 깨달음도 크게 된다.

48.

수풍정(水風井)

사회적 규범을 세워 소통하라

정은 마을은 바꿔도 우물은 바꾸지 않는다. 잃음도 없고 얻음도 없다. 오고가는 이가 우물을 우물로 쓴다. 거의 이르러 우물에 두레박줄을 드리우지 못하면, 두레박이 깨진다. 흉하다(井, 改邑不改井, 无喪无得, 往來井井, 汔至亦未繘井, 羸其瓶, 凶.

위에서 곤궁해서 힘들거나 망하면, 반드시 아래로 내려오기 마련이다. 그러므로 곤(困) 다음에 정(井)을 놓는다. 정은 우물이다. 우물은 사람들의 갈증을 해소해줄 수 있다. 그러나 지나치게 욕심이 앞서면, 우물의 혜택을 볼 수 없다. 곤란을 해소하는 과정에서 지켜야 할 바른 규범과 정성이 필요하다.

모든 생명은 물이 없이는 살 수가 없다. 물은 막혀 있는 생명의 흐름을 풀어주는 역할을 한다. 택수곤(䷮) 시절에서 겪은 목마름의 고통을 수풍정의 시대가 해소하는 형국이다. 물은 생명의 근원이기 때문에, 물이 모인 곳에 사람들이 모이기 마련이다. 한편 노자가 상선약수(上善若水)란 말을 했듯이, 물은 덕의 근본 이치를 보여준다.

한편 사람들이 모여 사는 마을이 번성하려면, 우물이 적당한 곳에 있어야 한다. 수원(水源)은 정해져 있으므로, 고대에는 마을은 옮길 수 있어도, 우물은 옮길 수 없었다. 단사를 보자.

단사에서 이르기를, 나무가 물에 있고 그 위에 물이 있는 것이 정이다. 정은 길러주되 다함이 없다. 마을은 바꿔도 우물은 바꾸지 않는다 함은 굳센 양이 중을 얻었기 때문이다. 거의 이르러 우물에 두레박줄을 드리우지 못한다고 함은 공이 없는 것이다. 두레박이 깨진다 함은 그 때문에 흉하다는 뜻이다(象曰, 巽乎水而上水, 井, 井養而不窮也. 改邑不改井, 乃以剛中也, 汔至亦未繘井, 未有功也, 羸其瓶, 是以凶也).

수풍정에서 하괘 손(巽)은 나무, 상괘 감(坎)은 물이다. 우물의 물속에 두레박이 있는 모습이 괘의 모습이다. 고대의 두레박은 그리 단단하지 않았다. 미숙하게 다루면, 깨지기 쉬웠다. 때로 옹기로 된 두레박은 조심하지 않으면, 더욱 잘 깨졌다.

두레박이 깨진 것이 우물의 잘못은 아니다. 그것을 다루는 사람들에게 적당한 규범이 필요한 이유다. 다행이 강력한 구이와 구오가 중도가 있기 때문에, 우물을 바꾸는 일은 없다. 상사를 보자.

상사에서 이르기를, 나무 위에 물이 있는 것이 정이다. 군자는 이로써 백성을 위로하며 서로 돕기를 권한다(象曰, 木上有水, 井, 君子以勞民勸相).

어려움을 풀기 위해서는 서로 위로하고 돕는 수밖에 없다. 수풍정의 시대에 지도자는 백성의 노고를 위로하고, 사람들이 서로 협력할 수 있도록 정책을 펴야 한다.

공자는 《계사전》에서 "정은 덕의 터전이다(井, 德之地也)."라고 했다. 우물은 한 곳에 움직이지 않고 있지만, 그 혜택은 모든 곳에 두루 미친나. 군자의 덕성도 그렇다. 그래서 공자는 "정은 그 자리에 있으나 옮김이 있다(井, 居其所而遷)."고 풀이했다.

더불어 공자는 "정의를 판별하라(辯義)."고 주문했다. 우물은 비록 한곳에 고정되어 있지만, 변통을 통해 사회에 이익을 준다. 그러나 변통에는 정의의 잣대가 필요하다.

수풍정의 잡괘를 보면, 풍수환(風水渙, ䷺), 화택규(火澤睽, ䷥), 화뢰서합(火雷噬嗑, ䷔), 택수곤(澤水困, ䷮) 등이 있다. 우물이 있는 곳에 사람들이 모이고, 사회가 형성된다. 그러나 사회가 조화롭게 성장하기 위해서는 양극적인 요소들을 잘 조율해서 갈등과 모순을 극복하고, 새로운 사회에 맞는 융복합 표준 모델링을 만들어 널리 보급할 필요가 있다.

초육(初六)

우물이 진흙바닥에 있어 먹지 못한다. 낡은 우물에는 날짐승도 없다. 상사에서 이르기를, 우물이 진흙바닥에 있어 먹지 못한다 함은 아래에 있기 때문이다. 낡은 우물에는 날짐승도 없다 함은 시간이 흘러 버려진 것이다(井泥不食, 舊井无禽. 象曰, 井泥不食, 下也, 舊井无禽, 時舍也).

초육은 음효가 양위에 있다. 위치가 낮고, 육사와 정응(正應)하고 있지도 않다. 가장 아래에 있는 초육은 우물 바닥을 의미한다. 물이 우물 바닥에만 있다면, 진흙이 있을 수밖에 없다. 새들은 인간보다 생명 에너지에 대한 감응이 빠르다. 당연히 이런 우물은 새들도 찾지 않는다.

물을 먹을 수 없는 상황은 마치 아직 사회를 바로 세울 수 있는 토대가 되는 규범이 없는 것과 같다. 서로 믿고 의지할 도덕과 기준이 없다면, 소통과 거래가 일어나지 않는다. 이런 상황에서는 사람들이 모여 살 수 없다.

괘의 변화를 보자. 만약 1효가 양으로 변하면 수천수(水天需, ䷄)가 되고, 1효는 그대로 있고 나머지 효가 모두 반대로 바뀌면 화지진(火地晉, ䷢)이 된다.

어려운 시대를 함께 이겨나가면, 서로에 대한 믿음이 생긴다. 이런 믿음을 바탕으로 전진할 때도, 시작은 미약하므로 조심해야 탈이 없다.

구이(九二)

우물이 깊은 굴속에 있어 피라미만 논다. 동이가 깨져 물이 샌다. 상사에서 이르기를, 우물이 깊은 굴속에 있어 피라미만 논다 함은 함께 하는 이가 없기 때문이다(井谷射鮒, 甕敝漏. 象曰, 井谷射鮒, 无與也).

구이는 양효가 음위에 있다. 비록 하괘의 가운데 자리를 차지하고 있으나, 수풍정의 상황에서는 구이는 우물의 중턱에도 미치지 못한 위치다.

피라미가 사는 곳은 돌 틈 사이이므로, 조심하지 않으면 두레박 항아리가 깨질 수밖에 없다. 더욱이 대응하는 구오와 정응(正應)하고 있지 않다. 도움을 받을 수 없는 상황이다.

사회의 규범이 있기는 하나 너무 미약해서, 아직은 많은 사람들이 함께 의지할 것이 못된다. 좀 더 사회적 합의를 거쳐야 한다. 괘의 변화를 봐도 알 수 있다.

만약 2효가 음으로 변하면 화산려(火山旅, ䷿)가 되고, 2효는 그대로 있고 나머지 효가 모두 반대로 바뀌면 화택규(火澤暌, ䷥)가 된다. 사회적 합의가 덜 된 규범으로 사회의 질서를 잡으려면 분란만 일어나기 마련이다. 이 상태로 반전을 노린다면, 결국 패망할 수밖에 없다.

구삼(九三)

우물을 쳐내도 먹지 않는다. 내 마음을 슬프게 만든다. 물은 길을 수는 있으니, 왕이 현명하면 함께 그 복을 받을 것이다. 상사에서 이르기를, 우물을 쳐내도 먹지 않는다 함은 슬퍼하며 지나간다는 뜻이다. 왕이 현명하기를 바라는 것은 복을 받기 위해서다(井渫不食, 爲我心惻, 可用汲, 王明並受其福. 象曰, 井渫不食, 行惻也, 求王明, 受福也).

구삼은 양효가 양위에 있다. 우물의 물을 퍼낼 정도가 되었다. 그러나 사람들이 아직 무지하기 때문에, 마시지 않는 상황이다. 그러므로 현명한 왕은 사람들이 마실 수 있도록 교화시킬 것이다.

비록 중도는 없지만, 구삼은 상육과 정응(正應)하고 있다. 따라서 우물을 퍼서 먹을 수는 있는 상황이다. 그러나 아직 사람들이 마실 물에 대한 믿음이 부족하기 때문에, 못 마시고 있을 뿐이다. 왕의 도움이 필요한 상황이다.

사람들이 따를 만한 사회적 규범을 만들어도, 그 규범에 대한 믿음이 없으면, 사람들이 따르기 힘들다. 이때는 지도자가 솔선수범해서 규범을 따르는 모습을 사람들에게 보여줘야 한다. 그리하면 많은 사람들이 혜택을 볼 것이다.

괘의 변화를 보자. 만약 3효가 음으로 변하면 중수감(重水坎, ䷜)이 되고, 3효는 그대로 있고 나머지 효가 모두 반대로 바뀌면 중화리(重火離, ䷝)가 된다. 밝은 도리를 사람들에게 교육시키는 것이 어려움과 재난을 막는 길이다.

육사(六四)

우물에 벽돌을 쌓는다. 허물이 없다. 상사에서 이르기를, 우물에 벽돌을 쌓으면 허물이 없다 함은 우물을 수리하기 때문이다(井甃, 无咎. 象曰, 井甃无咎, 修井也).

육사는 음효가 음위에 있다. 마실만한 위치에 다다른 것이다. 우물에 벽돌을 쌓는 것은 깨끗이 우물을 유지하기 위함이다. 우물을 오래 사용하기 위해서는 끊임없이 우물을 수리하고 청소해야 한다.

마찬가지로 사회적 규범도 사회의 변화와 시류에 맞게 수정과 보완을 끊임없이 해야, 사람들이 인정하고 따를 수 있다. 모든 것은 고정된 것이 없다. 변하지 않으려 하는 것이 패악(悖惡)이 될 수 있다. 마치 고여 있는 물이 썩는 것과 같은 이치다.

괘의 변화를 보자. 만약 4효가 양으로 변하면 택풍대과(澤風大過, ䷛)가 되고, 4효는 그대로 있고 나머지 효가 모두 반대로 바뀌면 산풍고(山風蠱, ䷑)가 된다.

변화의 흐름이 좋지 않다. 그만큼 변화의 흐름에 맞는 적절한 사회적 규범을 찾기란 힘들다는 것을 말해준다. 그럼에도 불구하고 불굴의 의지를 가지고 계속 새로운 시대에 맞는 바른 규범을 찾을 수밖에 없다.

구오(九五)

우물이 맑다. 차가운 샘물을 먹는다. 상사에서 이르기를, 차가운 샘물을 먹는다 함은 중정하기 때문이다(井洌, 寒泉食. 象曰, 寒泉之食, 中正也).

구오는 양효가 양위에 있고, 중도도 있다. 이제 우물이 제 기능을 할 수 있는 위치에 이르렀다. 자연에서 우러나온 맑고 차가운 물은 건강에 좋다.

사회적 규범으로 보면, 이제 사람들이 믿고 따를 만큼 도의적으로나 법률적으로나 그 규범이 깨끗하다는 것을 의미한다. 규범이 사회의 양극적 요소들을 잘 조율한다면, 사회의 질서가 잡히고 사회가 건강해질 것이다.

괘의 변화를 보자. 만약 5효가 음으로 변하면 지풍승(地風升, ䷭)이 되고,

5효는 그대로 있고 나머지 효가 모두 반대로 바뀌면 천뢰무망(天雷无妄, ䷘)이 된다. 지도자는 천지인삼재의 변화를 살펴서 가장 적절한 규범을 계속 찾아야 한다. 그리하면 사회가 크게 발전할 수 있다.

상육(上六)

우물을 길어 덮지 않는다. 믿음이 있으면 크게 길하다. 상사에서 이르기를, 크게 길하다 함은 위에 있어 크게 이룬다는 뜻이다(井收, 勿幕, 有孚, 元吉. 象曰, 元吉, 在上, 大成也).

상육은 음효가 음위에 있다. 위치도 바르고, 대응하는 구삼과도 정응(正應)하고 있다. 상육은 수풍정의 시대에 가장 크게 덕을 펼치는 위치다. 덮개로 우물을 덮지 않음으로써, 모든 사람이 우물의 혜택을 보고 생명력을 기를 수 있다. 사람들이 서로 간에 믿음을 지니면, 사회가 크게 살찌게 된다.

우물의 물을 서로 믿고 마시듯이, 사회적 규범을 모든 사람이 조금의 의심도 없이 믿고 따른다. 역의 도리에 맞게 규범이 조율되는 단계라고 말할 수 있다. 이 단계에 이르면, 지상에 천국이 구현되는 것과 같다.

괘의 변화를 보자. 만약 6효가 양으로 변하면 중풍손(重風巽, ䷸)이 되고, 6효는 그대로 있고 나머지 효가 모두 반대로 바뀌면 중뢰진(重雷震, ䷲)이 된다.

기운생동(氣韻生動)하는 역의 도리에 맞게 사회적 규범이 계속 조율된다면, 사회 전체가 이에 순응해서 질서가 부드럽게 유지될 것이다.

49.

택화혁(澤火革)

혁명의 도리

혁은 기일이 돼야 믿음이 있다. 크게 형통하고, 올곧으면 이롭다. 후회는 사라진다(革, 己日乃孚, 元亨, 利貞, 悔亡).

아무리 유익한 우물도 오래되면 오염되기 마련이다. 사회질서도 그렇다. 이때는 일대혁신이 필요하다. 그러므로 정(井) 다음에 혁(革)을 놓는다. 혁은 옛것을 없앰(去故)의 의미를 담고 있다.

택화혁의 시절이 되면 묵은 것을 새롭게 바꿔야 한다. 새로운 것을 추구하는 것은 생명의 이치다. 자연의 모든 것은 날마다 새롭게 바뀌고 있다. 그러나 변화의 시점은 기일(己日)이 의미하듯이, 반환점을 지난 바로 그 시점이다.

기일은 천간(天干), 즉 갑(甲), 을(乙), 병(丙), 정(丁), 무(戊), 기(己), 경(庚), 신(辛), 임(壬), 계(癸) 중에서 여섯 번째 날을 지칭한다. 이것은 전체 변화 과정 중에서 절반이 막 넘은 시점이 개혁의 적기라는 의미다. 특정한 날짜를 지칭하는 것이 아니라, 대세의 흐름이 막 기운 시점을 말한다. 대세가 기울기 전에 개혁을 시도한다면, 실패할 확률이 높다. 때문에 변화의 기미를 잘 살펴야 한다.

개혁을 할 때 가장 중요한 것은 올곧음이다. 올곧지 않은 개혁은 성공할지라도, 언젠가 패가망신하게 되는 원인을 미리 심는 것과 다를 것이 없다. 단사를 보자.

단사에 이르기를, 혁은 물과 불이 서로 없애는 것이다. 두 여자가 한 곳에 살되, 그 뜻이 서로 맞지 않는 것을 혁이라 한다. 기일이 돼야 믿음이 있다 함은 변혁되어야 믿음이 있다는 뜻이다. 밝게 빛나며 기뻐한다. 바름으로써 크게 형통한다. 변혁하여 마땅하면 후회는 이에 사라진다. 천지가 변혁하여 사계절을 이룬다. 탕왕과 무왕이 혁명하여 하늘에 순종하고 사람들에게 부응하였다. 혁의 시대가 갖는 의의가 참으로 크다(象曰, 革, 水火相息, 二女同居, 其志不相得, 曰革. 己日乃孚, 革而信之, 文明以說, 大亨以正, 革而當, 其悔乃亡. 天地革而四時成, 湯武革命, 順乎天而應乎人, 革之時大矣哉).

상괘 태(兌)는 작은 딸이고, 하괘 이(離)는 둘째 딸이다. 두 딸이 서로 마음이 안 맞아 집안에 변혁이 일어나는 모습이다. 개혁이 사람들의 믿음을 사려면, 개혁이 타당하고 성공을 해야 가능하다. 실패한 개혁과 올곧지 않은 개혁은 결국 사람들로부터 외면당하게 된다. 개혁은 하늘의 이치다. 다만 그 절차와 방법 등이 시절인연과 맞아야, 크게 성공할 수 있다. 상사를 보자.

상사에서 이르기를, 못 가운데 불이 있음이 혁이다. 군자는 이로써 역수를 계산하여 때를 밝힌다(象曰, 澤中有火, 革, 君子以治歷明時).

고대에는 큰일을 하기 전에 천문을 보았다. 하늘의 변화를 통해 세상의 변화를 미리 감지하기 위함이다. 하늘의 이치는 땅에 구현되어 있기 때문에, 세상의 변화흐름을 보아도 그 시절인연을 알 수 있다. 민심(民心)이 천심(天心)인 것이다.

택화혁의 잡괘를 보면, 화택규(火澤暌, ䷥), 천풍구(天風姤, ䷫), 산수몽(山水蒙, ䷃), 화풍정(火風鼎, ䷱) 등이 있다. 모든 적폐는 어리석음에서 기인한다. 적폐를 그대로 방치하면, 사회에 모순과 갈등이 비등하게 된다. 사회의 붕괴를 막기 위해서는 일대혁신이 필요하다. 모든 갈등 요소들을 한데 녹여 새로운 질서를 만들어야 한다.

초구(初九)

> 묶는 데는 황소 가죽을 쓴다. 상사에서 이르기를, 묶는 데는 황소를 쓴다 함은 이로써 될 일이 아니라는 뜻이다(鞏用黃牛之革. 象曰, 鞏用黃牛, 不可以有爲也).

초구는 양효가 양위에 있다. 비록 개혁의 의지는 굳세지만, 너무 낮은 위치에 있고 정응(正應)하는 자도 없다. 아직 움직일 때와 위치가 아니라는 것이다. 따라서 자신을 단단히 묶어둘 수밖에 없다.

정치와 경제는 관련이 깊다. 경제는 삶의 근간이자 방식이다. 삶의 방식이 변화하는 흐름에 맞게 정치가 변해야 한다. 그러나 그 변화의 시점이 서로 깔끔하게 맞아 들어가지 않는다. 가진 자가 쉽게 기득권을 내주지 않기 때문이다. 따라서 적당한 때를 기다려서 혁명을 해야 하는 것이다.

괘의 변화를 보자. 만약 1효가 음으로 변하면 택산함(澤山咸, ䷞)이 되고, 1효는 그대로 있고 나머지 효가 모두 반대로 바뀌면 산택손(山澤巽)이 된다.

혁명이 일어나는 원인은 대개 위에 있기 마련이다. 부와 권력의 불균형이 극에 이르렀음에도 불구하고, 아래를 덜어 위를 보태는 상황이 지속되기 때문에, 혁명이 일어난다. 따라서 근본적으로 위아래의 소통과 더불어 지도층의 탐욕과 부패를 근절해야, 그 원인을 제거할 수 있다.

육이(六二)

기일이 되어 이에 개혁한다. 가면 길하고 허물이 없다. 상사에서 이르기를, 기일이 되어 이에 개혁한다 함은 행함에 경사가 있다는 뜻이다(己日乃革之, 征吉, 无咎. 象曰, 己日革之, 行有嘉也).

육이는 음효가 음위에 있고, 중도가 있다. 육이는 혁명의 주체인 이(離)의 괘주다. 중정(中正)을 모두 갖추고 있다. 더불어 대응하는 구오와 정응(正應)하고 있다. 기일(己日)에 맞춰 거사를 한다면, 개혁을 성공적으로 완수할 수 있다.

앞서 말한 대로, 개혁에는 적기가 있다. 대세의 흐름이 꺾이는 전환점이 있다. 변화의 기미를 잘 살펴 그 시점을 파악해야 한다. 상황이 성숙되기 전에 거사를 치르면, 혁명이 실패할 수 있다. 역은 철저한 물리의 법칙으로 움직이기 때문이다. 작용하는 힘이 더 큰 상황에서 반작용은 효력을 발휘하기 힘들다.

괘의 변화를 보자. 만약 2효가 양으로 변하면 택천쾌(澤天夬, ䷪)가 되고, 2효는 그대로 있고 나머지 효가 모두 반대로 바뀌면 산지박(山地剝, ䷖)이 된다. 혁명을 완수하기 위해서는 적기에 결단이 필요하다. 우왕좌왕하면 때마침 찾아온 기회가 무산될 수 있다.

구삼(九三)

가면 흉하다. 올곧음을 지켜도 위태롭다. 개혁의 말이 세 번 나오면, 믿음이 있다. 상사에서 이르기를, 개혁의 말이 세 번 나오면, 또 다른 일이 있겠는가 (征凶, 貞厲, 革言三就, 有孚. 象曰, 革言三就, 又何之矣).

구삼은 양효가 양위에 있지만, 중도는 없다. 위치는 바르지만 낮은 위치에 비해서, 개혁의 열망과 의지가 너무 강하다. 그러나 구삼은 중도의 지혜가 없고, 정응(正應)하는 상육은 미약해서 돕기 힘들다.

구삼의 단계에서는 여론과 명분을 쌓아 개혁의 기운을 높일 때다. "개혁의 말이 세 번 나오면, 믿음이 있다."는 말은 여론을 충분히 쌓아야 문제의 여지가 없다는 의미다. 또한 대의명분이 있는 혁명이라도, 과정과 도리가 있다. 이러한 역의 이치를 거스르면, 도리어 화를 입을 수 있다.

괘의 변화를 보자. 만약 3효가 음으로 변하면 택뢰수(澤雷隨, ䷐)가 되고, 3효는 그대로 있고 나머지 효가 모두 반대로 바뀌면 산풍고(山風蠱, ䷑)가 된다. 혁명이 성공하려면, 무엇보다 믿음이 중요하다. 만약 이러한 믿음이 약하다면, 병폐가 생긴다.

구사(九四)

후회가 사라진다. 믿음이 있다. 천명을 고치면 길하다. 상사에서 이르기를, 천명을 고치면 길하다 함은 뜻을 믿어주기 때문이다(悔亡, 有孚, 改命, 吉. 象曰, 改命之吉, 信志也).

구사는 양효가 음위에 있다. 비록 중도는 없지만, 개혁의 여론이 어느 정도 성숙했고, 강한 힘을 조율해주는 위치를 확보하고 있다. 그것은 개혁의 주체인 이(離)가 바로 밑에서 자신을 단련시키고 있기 때문이다.

"천명을 고치면 길하다."는 말은 혁명의 당위성이 성립되었음을 의미한다. 구사는 상응하는 자가 없다. 그러나 홀로 일어서서 거사를 치를 의지와 지혜가 있다. 시기도 적당하므로, 문제가 없다. 천명(天命)은 역의 도리에 맞게 늘 변화하는 것이다.

괘의 변화를 보자. 만약 4효가 음으로 변하면 수화기제(水火旣濟, ䷾)가 되고, 4효는 그대로 있고 나머지 효가 모두 반대로 바뀌면 화수미제(火水未濟, ䷿)가 된다.

모든 것은 시작이 있으면, 끝이 있기 마련이다. 어떻게 시작하느냐가 결과를 결정한다. 따라서 역의 도리에 맞게 혁명을 바르게 해야 좋은 결과를 얻을 수 있다.

구오(九五)

대인이 호랑이처럼 변한다. 점치지 않아도 믿음이 있다. 상사에서 이르기를, 대인이 호랑이가 변하듯 변한다 함은 그 문채가 빛난다는 뜻이다(大人虎變, 未占有孚. 象曰, 大人虎變, 其文炳也).

구오는 양효가 양위에 있고, 중도도 있다. 더욱이 온유하고 중도가 있는 육이가 돕고 있으므로, 개혁이 성공할 것임을 알 수 있다. 호랑이가 털갈이를 하면 호랑이 문양이 더 빛을 내듯이, 점을 치지 않아도 개혁의 결과를 알 수 있다.

혁명이 성공한다는 것은 혁명의 기운이 이미 사회 도처에 잠재해 있었다는 것을 의미한다. 구오에 이르러 잠재된 기운이 드러나 화려한 꽃을 피우고 있다.

괘의 변화를 보자. 만약 5효가 음으로 변하면 뇌화풍(雷火豐, ䷶)이 되고, 5효는 그대로 있고 나머지 효가 모두 반대로 바뀌면 풍수환(風水渙, ䷺)이 된다.

혁명의 성과를 그것을 기대한 사람들과 나누어야, 사람들이 믿고 따를 수 있다. 더불어 사회의 기강을 바로 잡아야, 사회의 혼란을 막을 수 있다.

상육(上六)

군자는 표범처럼 변한다. 소인은 얼굴만 바꾼다. 가면 흉하다. 올곧음에 머무르면 길하다. 상사에서 이르기를, 군자는 표범처럼 변한다 함은 문채가 화려하다는 뜻이다. 소인은 얼굴만 바꾼다 함은 순순히 군주를 따른다는 뜻이다(君子豹變, 小人革面, 征凶, 居貞吉. 象曰, 君子豹變, 其文蔚也, 小人革面, 順以從君也).

상육은 음효가 음위에 있다. 비록 중도는 없지만, 구삼과 정응(正應)하고 있다. 상육은 택화혁의 정점에 있다. 혁명의 진정한 성과를 함께 누리려면, 자기 자신이 그에 맞게 변해야 한다.

개혁이 완성되는 시점에서, 군자는 자신의 모든 것을 개혁하고 새롭게 태어난다. 그러나 소인은 겉으로만 따를 뿐이다. 군자는 개혁의 주체가 되고, 소인은 그 개혁에 순종하는 모습이다. 같은 시공에 같은 상황에 있어서도, 군자와 소인의 길은 큰 차이가 있다.

괘의 변화를 보자. 만약 6효가 양으로 변하면 천화동인(天火同人, ䷌)이 되고, 6효는 그대로 있고 나머지 효가 모두 반대로 바뀌면 지수사(地水師, ䷆)가 된다.

혁명의 뜻이 바르다면, 모든 사람들이 하나가 되어 그 기쁨을 누릴 것이다. 반대로 그 뜻이 바르지 않다면, 사회는 사분오열되어 끊임없는 싸움이 전개될 것이다.

50.
화풍정(火風鼎)

혁명의 완성

정은 크게 길하고 형통하다(鼎, 元吉, 亨).

낡은 것을 새로운 것으로 융합하는 데는 도가니나 가마솥만한 것이 없다. 그러므로 혁(革) 다음에 정(鼎)을 놓는다. 혁과 반대로 정은 새것을 취함(取新)의 의미를 담고 있다. 정혁(鼎革)의 과정을 통해 혁명이 완성된다.

택화혁(䷰)의 혁명이 진정으로 성공하려면, 화풍정의 시절인연이 더불어 이어져야 한다. 모든 갈등과 분열 요소들을 큰 솥에 넣고 하나로 융합시켜, 새로운 시대에 맞는 문화를 만들고, 인재를 육성해야 사회가 한 단계 도약할 것이다. 단사를 보자.

단사에서 이르기를, 정은 형상이다. 나무에 불을 들여 삶아 익히는 것이다. 성인이 삶아서 상제께 제사지내고, 크게 삶아 성현을 기른다. 공손하고 이목이 총명하다. 부드러운 음이 나아가 위로 올라가고, 가운데를 얻었으며 굳센 양에 호응한다. 이 때문에 크게 형통하다고 하는 것이다(象曰, 鼎, 象也. 以木巽火, 亨飪也.

聖人亨以享上帝, 而大亨, 以養聖賢. 巽而耳目聰明, 柔進而上行, 得中而應乎剛, 是以元亨).

상괘 이(離)는 불이고, 하괘 손(巽)은 바람이자 나무다. 그리고 전체 괘의 모습은 솥의 형상이다. 솥에 불을 때는 모습이다. 육오가 온유하면서 중도의 자리에 있으므로, 공손하고 총명하다. 제사를 지내는 정성스런 마음으로 인재를 육성한다면, 세상에 큰 복이 있을 것이다. 상사를 보자.

상사에서 이르기를, 나무 위에 불이 있음이 정이다. 군자는 이로써 자리를 바르게 하여 천명을 이룬다(象曰, 木上有火, 鼎, 君子以正位凝命).

화풍정의 시대에 지도자는 새로운 시대의 기틀을 바르게 만들 책무가 있다. 자신의 자리를 바르게 하고 나서, 세상을 바르게 하는 것이 순리다. 각자가 자신의 자리에서 자기 직분에 충실하면, 세상은 바르게 돌아가게 된다. 수신제가(修身齊家) 이후 치국평천하(治國平天下)다. 무엇보다 자기 주변을 바르게 정리해야, 새로운 관계의 망을 바르게 짤 수 있다.

천명은 별다른 것이 아니라, 각자의 위치에서 하늘의 인연법을 세상에 바르게 세우는 것이다. 그런 의미에서, 새로운 시대에 맞는 인연법을 바르게 설정하는 것이 천명이다. 화풍정의 시대적 요구가 성공하려면, 역의 도리에 맞게 혁명이 완수돼야 한다.

화풍정의 잡괘를 보면, 풍화가인(風火家人, ䷤), 택천쾌(澤天夬, ䷪), 수뢰준(水雷屯, ䷂), 택화혁(澤火革, ䷰) 등이 있다. 혁명이 성공하기 위해서는 먼저 완벽한 준비를 해야 한다. 그리고 적당한 시기를 기다리고, 때가 되면 빠른 판단과 결단을 내리고 혁명을 완성해야 한다. 그리고 무엇보다 가정의 법도와 나라의 법도를 바로 세울 필요가 있다.

초육(初六)

솥의 발이 뒤집어진다. 나쁜 것이 나오니 이롭다. 첩을 두어 아들을 얻는다면 허물이 없다. 상사에서 이르기를, 솥의 발이 뒤집어진다 함은 어긋나지 않았다는 뜻이다. 나쁜 것이 나오니 이롭다 함은 귀함을 따르기 때문이다(鼎顚趾, 利出否, 得妾以其子, 无咎. 象曰, 鼎顚趾, 未悖也, 利出否, 以從貴也).

초육은 솥의 발에 해당한다. 초육은 음효가 양위에 있다. 비록 위치는 낮지만, 구사와 정응(正應)하고 있다. 새로운 것을 만들려는 욕구가 강하다. 그래서 솥이 뒤집어지지만, 오히려 그로 인해 솥에 있던 구정물들이 쏟아져 나온다.

솥의 발이 뒤집어져 나쁜 것이 나온다는 것은 새로운 것을 준비 하는 의미다. 그것을 "첩을 두어 아들을 얻는다."고 비유하고 있다. 솥을 뒤집는 목적이 귀하기 때문에, 그 결과도 귀하다.

괘의 변화를 보자. 만약 1효가 양으로 변하면 화천대유(火天大有, ䷍)가 되고, 1효는 그대로 있고 나머지 효가 모두 반대로 바뀌면 수지비(水地比, ䷇)가 된다. 혁명이 성공하려면 무엇보다 뜻이 같은 사람들끼리 협력이 이루어져야 대업을 성공할 수 있다.

구이(九二)

솥에 음식물이 있다. 나의 원수에게 질병이 있다. 나에게 올 수 없다. 길하다. 상사에서 이르기를, 솥에 음식물이 있다 함은 갈 바를 신중히 한다는 뜻이다. 나의 원수에게 질병이 있다 함은 끝내 허물이 없다는 뜻이다(鼎有實, 我仇有疾, 不我能卽, 吉. 象曰, 鼎有實, 愼所之也, 我仇有疾, 終无尤也).

2효는 솥의 배 아랫부분에 해당한다. 구이는 양효가 음위에 있지만, 중도가 있다. 대응하는 육오와 정응(正應)하고 있으므로 좋은 결과를 만들 수 있다. 그러나 초육이 넘어져 국면이 새롭게 전환되는 단계이기 때문에, 신중할 필요가 있다.

'나의 원수(我仇)'는 초육을 말한다. 솥의 발이 뒤집어진 것을 질병이 있다고 한다. 혁명 과정에는 도처에 위험이 산재해 있다. 특히 밑을 조심해야 한다.

괘의 변화를 보자. 만약 2효가 음으로 변하면 화산려(火山旅, ䷽)가 되고, 2효는 그대로 있고 나머지 효가 모두 반대로 바뀌면 수택절(水澤節, ䷻)이 된다. 혁명을 하는 과정에서 절도와 도리를 지켜야 한다. 만약 그렇게 하지 못하면, 자신의 생명과 터전마저 잃게 될 것이다.

구삼(九三)

솥귀의 상태가 좋지 않다. 가지고 운반할 길이 없다. 꿩고기를 먹지 못한다. 장차 비가 오면 후회가 줄 것이다. 마침내 길하다 상사에서 이르기를, 솥귀의 상태가 좋지 않다 함은 그 법도를 잃었기 때문이다(鼎耳革, 其行塞, 雉膏不食, 方雨虧悔, 終吉. 象曰, 鼎耳革, 失其義也).

3효는 솥의 배 중간부분에 해당한다. 구삼은 양효가 양위에 있지만, 그 힘을 활용할 중도가 없다. 또한 대응하는 상구와도 정응(正應)하지 않기 때문에, 비록 꿩고기가 안에 있어도 먹을 길이 없다.

다행한 것은 육오가 온유하기 때문에 음양의 조화로 비가 오듯이, 앞으로 어려움이 해소될 전망은 있다. 구삼의 단계는 혁명을 완수할 위치가 적당하지 않음을 알 수 있다.

괘의 변화를 보자. 만약 3효가 음으로 변하면 화수미제(火水未濟, ䷿)가 되고, 3효는 그대로 있고 나머지 효가 모두 반대로 바뀌면 수화기제(水火旣濟, ䷾)가 된다. 좀 더 상황을 지키고 역의 도리를 따르는 것이 좋다. 함부로 움직이면, 다시 혼란 속으로 돌아간다.

구사(九四)

솥의 다리가 부러진다. 대중의 음식을 엎지른다. 그 모양이 젖어 있다. 흉하다. 상사에서 이르기를, 대중의 음식을 엎지른다 하니 믿음이 어떻겠는가(鼎折足, 覆公餗, 其形渥, 凶. 象曰, 覆公餗, 信如何也).

4효는 솥의 배 윗부분에 해당한다. 구사는 양효가 음위에 있고, 중도도 없다. 더욱이 정응(正應)하는 초육이 약해서 솥의 발이 부러지는 형국이다. 공속(公餗)은 대중이 함께 먹을 음식이란 뜻도 되고, 공후(公侯)들의 음식이라고 할 수도 있다. 어찌됐든 대중의 음식이다.

구사는 비록 대신의 위치에 있으나 무능하다. 《계사전》에서 구사에 대한 공자의 경책은 엄중하다.

덕은 얄팍하나 지위는 존귀하거나, 아는 것은 적으나 큰일을 도모하거나, 힘은 적은데도 맡은 일은 막중하면, 재앙에 이르지 않는 자가 드물다. 역에 이르기를, 솥의 다리가 부러져 대중의 음식을 엎지르니 그 모양이 젖어서 흉하다 함은 책임을 감당하지 못함을 말한다(德薄而位尊, 知小而謀大, 力小而任重, 鮮不及矣. 易曰, 鼎折足, 覆公餗, 其形渥, 凶. 言不勝其任也).《계사전》

능력이 낮은 자가 큰일을 추진하면, 자기 자신뿐만 아니라 주위 사람들도 다친다. 모든 믿음을 일순간에 잃게 된다. 진리의 세계는 평등하나, 현상계는 평등하지 않다. 능력에 따른 역할과 대우가 평등할 뿐이다.

자신의 능력에 맞는 일을 하면서, 서서히 능력을 키우고 주위에 믿음을 주는 것이 현명하다. 만약 자신을 망각하고 일을 도모하면, 큰 낭패를 볼 수 있다.

괘의 변화를 보자. 만약 4효가 음으로 변하면 산풍고(山風蠱, ䷑)가 되고, 4효는 그대로 있고 나머지 효가 모두 반대로 바뀌면 택뢰수(澤雷隨, ䷐)가 된다.

구사는 육오의 명령을 따르고 수행해야 할 위치다. 구사가 함부로 거사를 정한다면, 대중의 믿음을 잃게 되고 혁명을 완수할 수 없게 된다.

육오(六五)

솥에 누런 솥귀와 금고리가 있다. 올곧으면 이롭다. 상사에서 이르기를, 누런 솥귀라 함은 중도로써 충실하다는 뜻이다(鼎黃耳金鉉, 利貞. 象曰, 鼎黃耳, 中以爲 實也).

육오는 솥의 귀에 해당한다. 육오는 음효가 양위에 있지만, 중도가 있다. 누런색은 중도를 상징한다. 강직하고 중도를 겸비한 구이와 정응(正應)하고 있는 덕분에, 솥의 기능을 충실히 할 수 있다. 금고리는 상구를 의미한다.

혁명이 완수하기 위해서는 지도자는 중도의 덕으로 너그럽게 이끌고, 그를 따르는 사람들은 강직하게 일을 처리해야 한다. 강유가 조화를 이루면, 사람들이 믿고 따를 수 있다.

괘의 변화를 보자. 만약 5효가 양음으로 변하면 천풍구(天風姤, ䷫)가 되고, 5효는 그대로 있고 나머지 효가 모두 반대로 바뀌면 지뢰복(地雷復, ䷗)이 된다.

사회에 밝은 기운을 새롭게 불어넣기 위해서는 지도자는 중심을 잡고 바른 도리로 명령을 하달하는 것이 좋다. 태풍이 힘을 쓰는 것은 중심이 고요하기 때문이다. 함부로 중심이 움직이면, 전체가 무너질 수 있다.

상구(上九)

솥에 달린 옥으로 장식한 고리다. 크게 길하고, 불리함이 없다. 상사에서 이르기를, 옥으로 장식한 고리가 위에 있다 함은 굳센 양과 부드러운 음이 적절하다는 뜻이다(鼎玉鉉, 大吉, 无不利. 象曰, 玉鉉在上, 剛柔節也).

상구는 솥의 귀에 달린 고리를 말한다. 상구는 양효가 음위에 있다. 상구의 강한 기운을 음유한 자리가 절제를 하고 있다. 화풍정의 시대를 완성하는 조화로움이 있다.

한편 상구는 가운데 자리도 아니고, 구삼과 정응(正應)하고 있지도 않다. 비록 혁명에 직접 관여하지는 않지만, 상구는 혁명에 필요한 밝은 도리를 전하는 멘토(mentor)다. 무슨 일이든 큰 성공을 거두려면, 정신적 스승이 있어야 한다. 멘토가 없이 일을 추진하는 것은 몸만 있고, 머리가 없는 것과 다르지 않다.

괘의 변화를 보자. 만약 6효가 음으로 변하면 뇌풍항(雷風恒, ䷟)이 되고, 6효는 그대로 있고 나머지 효가 모두 반대로 바뀌면 풍뢰익(風雷益, ䷩)이 된다.

사회의 스승이 된 자는 무엇보다 자신을 바로 세우고, 세상의 이치대로 사는 표본을 보여야 한다. 그에게는 자신의 밝은 도리를 사람들에게 전해야 하는 책무가 있다.

51.

중뢰진(重雷震)

매사에 조심하라

진은 형통하다. 우레가 오면 놀라다가, 하하 웃으며 말한다. 우레가 백 리를 놀라게 하지만, 숟가락과 술을 떨어뜨리지 않는다(震, 亨. 震來虩虩, 笑言啞啞, 震驚百里, 不喪匕鬯).

사회를 통합하고 새롭게 융합하려면, 무엇보다 강한 추진력이 필요하다. 그러므로 정(鼎) 다음에 진(震)을 놓는다. 진(震)은 움직임(動)을 뜻한다. 그러나 움직임에는 위험이 따른다. 매사에 조심하는 길밖에 없다.

우레가 진동하면, 놀라는 것은 당연하다. 그러나 우레는 잠시의 현상이기 때문에, 우레가 그치면 두려움은 사라진다. 곧 다시 웃으며 얘기하기 마련이다. 진(震)은 장남을 상징하기도 한다. 우레가 와도 장남은 제사에서 숟가락과 제주(祭酒)를 놓치는 법이 없어야 한다. 단사를 보자.

단사에서 이르기를, 우레가 오면 놀란다 함은 두려움이 복을 부른다는 것이다. 하하 웃으며 말한다 함은 뒤에 일상의 법도가 있다는 뜻이다. 우레가 백 리를 놀라게 한다 함은 멀리 있는 자는 놀라게 하고, 가까이 있는 자는 두렵게 하는 것이다. 세상에 나가 종묘와 사직을 지킬 수 있고, 이로써 제주가 될 것이다(象

曰, 震, 亨. 震來虩虩, 恐致福也, 笑言啞啞, 後有則也. 震驚百里, 驚遠而懼邇也, 出, 可以守
宗廟社稷, 以爲祭主也).

중뢰진은 우레를 상징하는 진(震)이 겹쳐있다. 혁명의 소용돌이 속에서
사람들은 먹고 살만하면, 다시 헤이해지기 마련이다. 따라서 이때를 경책하
는 의미가 중뢰진에 있다. 두려움은 우환을 방비하는 마음을 일으키므로,
오히려 복을 부르는 촉매제라고 할 수 있다. 상사를 보자.

상사에서 이르기를, 우레가 거듭된 것이 진이다. 군자는 이로써 두려워하며 닦
고 살핀다(象曰, 洊雷, 震, 君子以恐懼脩省).

우레가 거듭 치는 모습을 보고 군자는 위험이 일상에 상존하고 있음을
깨닫는다. 중뢰진의 경책을 교훈삼아, 군자는 평소에 유비무환의 정신으로
자신을 갈고 닦는다. 구체적인 상황은 다르지만, 천지비(天地否, ䷋)와 같은 경
책을 이 괘는 담고 있다.
　　중뢰진의 잡괘를 보면, 수산건(水山蹇, ䷦), 중풍손(重風巽, ䷸), 중산간(重山艮,
䷳) 등이 있다. 혁명이 성공해도 그 후에 혁명의 여진이 남아 있고, 혁명에 반
대하는 잔존 세력들이 있기 마련이다. 따라서 공손한 태도는 난관을 헤치고
나아가야 한다. 더불어 행동에 앞서 멈추어 뒤를 돌아보는 자세가 필요하다.
이런 조심성이 없다면, 다시 어려움이 찾아올 수 있다.

초구(初九)

우레가 오면 놀란다. 뒤에 하하 웃으며 말한다. 길하다. 상사에서 이르기를, 우레가 오면 놀란다 함은 두려움이 복을 부른다는 것이다. 하하 웃으며 말한다 함은 뒤에 일상의 법도가 있다는 뜻이다(震來虩虩, 後笑言啞啞, 吉. 象曰, 震來虩虩, 恐致福也, 笑言啞啞, 後有則也).

초구는 양효가 양위에 있다. 비록 중도도 없고 대응하는 구사와 정응(正應)하고 있지도 않지만, 하괘 진(震)의 괘주다. 맏아들로서 흔들림이 없는 자다. 우레 소리가 처음 울릴 때, 가장 강력한 효과를 낸다.

하괘 진(震) 위에 상괘 진이 중첩된 양상이다. 우레가 연이어 오는 상황이다. 두려움이 상존하므로, 근신하지 않을 수 없다. 이처럼 평소에 어려운 상황을 두려워하고 조심하는 자세로 대한다면, 어떠한 난국도 극복할 수 있다. 안이한 태도보다는 위기의식이 오히려 공동체를 살리는 법이다.

괘의 변화를 보자. 만약 1효가 음으로 변하면 뇌천대장(雷天大壯, ䷡)이 되고, 1효는 그대로 있고 나머지 효가 모두 반대로 바뀌면 풍천소축(風天小畜, ䷈)이 된다.

혁명의 여파와 기운이 강성할 때에 함부로 움직이면, 여러 사람이 다친다. 따라서 예의를 지키면서 서로 협력하고, 조금씩 나아가야 한다. 너무 무리하게 밀어붙이면, 사회의 소통과 순환이 막힐 수 있다.

육이(六二)

우레가 오니 위태롭다. 재물 잃을 생각으로, 아홉 구비 언덕에 오른다. 쫓을
필요 없다. 이레 만에 얻을 것이다. 상사에서 이르기를, 우레가 오니 위태롭다
함은 굳센 양을 타고 있기 때문이다(震來, 厲, 億喪貝, 躋于九陵, 勿逐, 七日得. 象曰,
震來厲, 乘剛也).

육이는 음효가 음위에 있다. 비록 대응하는 육오와 정응(正應)하고 있지
않지만, 육이는 중도가 있다. 그러나 육이는 강한 초구를 올라타고 있다. 위
험이 닥치면 피하는 것이 상책이다. 재물은 위험이 사라진 뒤에 찾아도 늦
지 않다.

'아홉 구비'는 위험이 거듭되는 것을 말한다. "쫓을 필요 없다."는 말은
구이가 중심을 잡고 있으면, 비록 재물은 잃어도 마음은 그대로이니, 잃은
것이 없게 된다는 뜻이다. 현상을 쫓지 않음으로써 본질을 지키는 도리다.

"이레 만에 얻을 것이다." 라는 말은, 괘의 효가 6개이듯이, 변화의 단계
가 6단계임을 뜻한다. 따라서 일곱 번째는 새로운 시작이다. 간 것은 다시
돌아오기 마련이라는 역의 도리를 말하고 있다.

괘의 변화를 보자. 만약 2효가 양으로 변하면 뇌택귀매(雷澤歸妹, ䷵)가 되
고, 2효는 그대로 있고 나머지 효가 모두 반대로 바뀌면 중산간(重山艮, ䷳)이
된다. 모든 일에는 시작과 끝이 있다. 잠시 멈추어서 시작과 끝 전체를 살피
는 중도의 시각이 필요하다.

육삼(六三)

우레가 멀리 약하게 들린다. 떨쳐 나아가면 재앙은 없다. 상사에서 이르기를, 우레가 멀리 약하게 들린다 함은 위치가 합당하지 않기 때문이다(震蘇蘇, 震行无眚. 象曰, 震蘇蘇, 位不當也).

육삼은 음효가 양위에 있다. 또한 중도도 없고, 대응하는 상육과 정응(正應)하고 있지도 않다. 육삼은 진(震)의 괘주인 초구와 멀리 떨어져 있다. 따라서 우레 소리가 미약하게 들린다. 비록 힘은 약한 음효이지만, 분발해나가면 재앙을 미리 방비할 수 있을 것이다.

비록 초구와는 멀리 떨어져 있지만, 육삼은 상괘 진(震)의 괘주인 구사를 마주하고 있다. 두려운 마음을 잃지 않고 매사에 조심한다면, 어려움을 떨쳐낼 수 있다.

괘의 변화를 보자. 만약 3효가 양으로 변하면 뇌화풍(雷火豊, ䷶)이 되고, 3효는 그대로 있고 나머지 효가 모두 반대로 바뀌면 산수몽(山水蒙, ䷃)이 된다. 대중의 어리석은 마음을 깨우치고 법도를 바로 세워야, 사회의 질서를 잡을 수 있다.

구사(九四)

우레 소리에 진흙탕에 떨어진다. 상사에서 이르기를, 우레 소리에 진흙탕에 떨어진다 함은 아직 빛나지 못한 것이다(震遂泥. 象曰, 震遂泥, 未光也).

구사는 양효가 음위에 있다. 중뢰진의 시절인연에서 위치가 힘을 쓰기 어려운 자리다. 더욱이 중도도 없다. 위아래로 음효가 있고, 구사도 음위에 있다. 마치 진흙탕에 떨어진 것과 같다. 비록 상괘 진(震)의 괘주이지만, 우레가 겹쳐오는 까닭에 그 빛을 잃었다.

나아가고 물러남이 조화를 이루면서 사회는 발전하게 되어 있다. 그러나 구사는 초구와 정응(正應)하고 있지 않고 있다. 강약의 조화가 깨진 상황이다. 시절 인연에 맞지 않을 때는 조신하게 있는 것이 상책이다.

괘의 변화를 보자. 만약 4효가 음으로 변하면 지뢰복(地雷復, ䷗)이 되고, 4효는 그대로 있고 나머지 효가 모두 반대로 바뀌면 천풍구(天風姤, ䷫)가 된다. 우주는 율려(律呂)의 작용을 통해 순환하고 있다. 전진과 후퇴, 상승과 하강의 순리를 따라야, 어려움과 위험을 피할 수 있다.

육오(六五)

우레가 왕래하니 위태롭다. 잘 헤아려 잃지 않도록 하라. 분명 일이 있다. 상사에서 이르기를, 우레가 왕래하니 위태롭다 함은 위태로운 가운데 행한다는 뜻이다. 그 일이 중도에 있으므로, 크게 잃음이 없다(震往來, 厲, 億无喪, 有事. 象曰, 震往來厲, 危行也, 其事在中, 大无喪也).

육오는 음효가 양위에 있다. 대응하는 육이와 정응(正應)하고 있지 않지만, 육오는 중도가 있다. 육오는 유약한 주군의 자리에 있는 상황이다. 밑에 있는 초구와 구사의 위협을 느끼지만, 중도의 도리를 지킨다면 큰 낭패는 없다.

위험을 알리는 신호가 연이어 오는 것을 전화위복의 기회로 삼아야 한다. 어려운 가운데 자신의 중심을 확고히 잡고 있다면, 위기가 오히려 발전의 기회가 될 수 있다.

괘의 변화를 보자. 만약 5효가 양으로 변하면 택뢰수(澤雷隨, ䷐)가 되고,

5효는 그대로 있고 나머지 효가 모두 반대로 바뀌면 산풍고(山風蠱, ䷑)가 된다. 위험이 상존하는 세상에서는 중도의 균형을 잡아야 한다. 그렇지 못하면 위험에 직면하게 될 것이다.

상육(上六)

우레로 불안이 거듭되고, 눈을 두리번거린다. 가면 흉하다. 우레가 자신에게 미치지 않고 이웃에 미친다. 허물은 없다. 혼인을 구하는 데 말이 많다. 상사에서 이르기를, 우레로 불안이 거듭된다 함은 중도를 얻지 못했기 때문이다. 비록 흉해도 허물은 없다 함은 이웃의 두려움에 경계하는 것이다.(震索索, 視矍矍, 征凶, 震不于其躬, 于其鄰, 无咎, 婚媾有言. 象曰, 震索索, 中未得也, 雖凶无咎, 畏鄰戒也).

상육은 음효가 음위에 있지만, 중도가 없다. 다행히 초구나 구사가 멀리 떨어져 있기 때문에, 상육은 우레의 피해를 볼 수 있는 위치는 아니다.

그럼에도 불구하고 육오가 매우 미약하므로 불안하다. 자신을 위로하고 구할 짝을 찾으나, 말만 많을 뿐이다. 상육과 정응(正應)하는 자가 없기 때문이다. 따라서 상육은 여전히 두려운 마음으로 자신을 갈고 닦고, 매사에 주위를 경계하고 살피는 것이 좋다.

괘의 변화를 보자. 만약 6효가 양으로 변하면 화뢰서합(火雷噬嗑)이 되고, 6효는 그대로 있고 나머지 효가 모두 반대로 바뀌면 수풍정(水風井, ䷯)이 된다. 주변의 정황을 잘 살피고, 바른 규범을 세워야 위험을 예방할 수 있다.

51. 중뢰진(重雷震) ䷲

52.

중산간(重山艮)

멈추는 자가 멀리 간다

그 등을 지고 멈추면, 그 몸을 얻지 못한다. 그 뜰을 걸어도 그 사람을 보지 못한다. 허물은 없다(艮有背, 不獲其身, 行其庭, 不見其人. 无咎).

움직이는 것은 멈추기 마련이다. 그러므로 진(震) 다음에 간(艮)을 놓는다. 간은 멈춘다는 뜻이다. 간은 지나치게 앞서 나가는 진을 억제하는 역의 도리가 있다.

중산간은 멈춤이 중첩된 괘다. 또한 위아래가 모두 정응(正應)하지 않고 있다. 등지고 멈춘 형국이므로, 서로 모습을 볼 수가 없다. 등을 진다는 것은 바로 볼 수 없다는 의미다. 감각에 물든 눈으로 보면, 보이는 모든 것이 허상일 뿐이다. 단사를 보자.

단사에서 이르기를, 간은 멈춤이다. 때가 멈출 때 바로 멈추고, 때가 움직일 때 바로 움직인다. 움직임과 고요함이 그 때를 잃지 않으면, 그 도리가 밝게 빛난다. 멈출 곳에서 멈추는 것은 바로 그 곳에 멈춘다는 뜻이다. 위와 아래가 적대하여 서로 함께하지 않는다. 그러므로 그 몸을 얻지 못하며 그 뜰을 걸어도 그 사람을 보지 못하지만 허물은 없다고 하는 것이다(象曰, 艮, 止也. 時止則止, 時行則 行, 動靜不失其時, 其道光明. 艮其止, 止其所也. 上下敵應, 不相與也, 是以不獲其身, 行其 庭, 不見其人, 无咎也).

멈춰야 할 때 멈추고, 가야할 때 가는 것이 바른 이치다. 역의 도리에 맞는 인연법을 실천하는 삶이다. 태양이 아무리 밝아도 때가 되면, 저무는 법이다. 나아가기 위해서는 멈추는 도리를 알아야, 오래 그리고 멀리 갈 수 있다. 상사를 보자.

상사에서 이르기를, 산이 중첩함이 간이다. 군자는 이로써 생각을 그 지위에서 벗어나지 않게 한다(象曰, 兼山, 艮, 君子以思不出其位).

인생은 끝없는 고행길이다. 그러나 고된 인생항로를 계속 가기 위해서는 역(逆)으로 멈추어서는 법을 배워야 한다. 각자 자신의 위치에 따른 역할이 있다. 그러므로 멈춤도 시간, 공간, 그리고 자신의 역할에 맞게 적절해야, 자신의 인생 목적지에 안전하게 도달할 수 있다.

중산간의 잡괘를 보면, 뇌수해(雷水解, ䷧), 중택태(重澤兌, ䷹), 중뢰진(重雷震, ䷲) 등이 있다. 어려움을 해소하기 위해서는 균형을 잡고 조심스럽게 처신을 해야 한다. 역의 도리에 맞는 처신의 법도를 함께 배우면, 기쁨을 누릴 수 있다.

초육(初六)

발꿈치에서 멈춘다. 허물이 없다. 오래 올곧으면 이롭다. 상사에서 이르기를, 발꿈치에서 멈춘다 함은 바름을 잃지 않는다는 뜻이다(艮其趾, 无咎, 利永貞. 象曰, 艮其趾, 未失正也).

초육은 음효가 양위에 있다. 비록 멈추어서야 하는 위치이지만, 어둡지 않고 밝다. 그러나 대응하는 육사와 정응(正應)하고 있지는 않다. 초육은 중산간의 가장 아래에 있다. 그래서 발꿈치에서 멈춘다고 한다.

중점은 올곧음에 있다. 가고 멈춤의 바른 도리를 지킨다면, 어떤 위험도 피해를 줄 수 없다. 멈춰야 할 기미를 미리 알고 멈추는 것이므로, 허물이 있을 수 없다.

괘의 변화를 보자. 만약 1효가 양으로 변하면 산화비(山火賁, ䷕)가 되고, 1효는 그대로 있고 나머지 효가 모두 반대로 바뀌면 택수곤(澤水困, ䷮)이 된다.

언제까지나 멈추어 설 수는 없다. 다시 전진할 준비를 갖추어야 한다. 자신의 허물을 돌아보고, 인문 문화로 정신을 가다듬을 필요가 있다.

육이(六二)

장딴지에서 멈춘다. 따름을 받아들이지 않는다. 그 마음이 유쾌하지 않다. 상사에서 이르기를, 따름을 받아들이지 않는다 함은 물러나 듣지 않는다는 뜻이다(艮其腓, 不拯其隨, 其心不快. 象曰, 不拯其隨, 未退聽也).

육이는 음효가 음위에 있다. 비록 중도가 있으나, 대응하는 육오와 정응(正應)하고 있지 않다. 육오와 등을 돌리고 있으므로, 육이는 중산간의 시대를 맞아 중도를 쓸 곳이 없다.

위에 강력한 간(艮)의 괘주인 구삼이 있다. 구삼의 힘에 밀려, 마지못해 멈추는 형국이다. 기분이 좋을 리 없다. 한편 교호괘로 보면 구삼은 2, 3, 4 효로 짝을 이룬 감(坎)괘의 중심이다. 따라서 육이는 위험의 중심에 있는 구삼을 따를 수 없다.

괘의 변화를 보자. 만약 2효가 양으로 변하면 산풍고(山風蠱, ䷑)가 되고, 2효는 그대로 있고 나머지 효가 모두 반대로 바뀌면 택뢰수(澤雷隨, ䷐)가 된다. 육이는 멈춤의 균형을 잡고 싶지만, 쉽지 않은 상황이다. 그럼에도 불구하고 매사에 조심하고 병폐를 미연에 방비하는 수밖에 없다.

구삼(九三)

허리에서 멈춘다. 등뼈를 끊는다. 위태로움이 마음을 태운다. 상사에서 이르기를, 허리에서 멈춘다 함은 위태로움에 마음을 태운다는 것이다(艮其限, 列其夤, 厲薰心. 象曰, 艮其限, 危薰心也).

구삼은 양효가 양위에 있고, 중도는 없다. 때문에 구삼의 강한 기운을 막기 힘들다. 또한 대응하는 상구와 정응(正應)하고 있지 않다. 위태로움이 가중된 상황이다.

하괘 간(艮)의 괘주인 구삼은 세 번째 효이기 때문에, 위치상 구삼을 허리 부위에 비유하고 있다. 괘의 모습으로 보면, 마치 구삼이 위와 아래를 끊는 듯하다. 그러므로 위태롭고 애가 탈 수밖에 없다.

괘의 변화를 보자. 만약 3효가 음으로 변하면 산지박(山地剝, ䷖)이 되고, 3효는 그대로 있고 나머지 효가 모두 반대로 바뀌면 택천쾌(澤天夬, ䷪)가 된다. 병폐가 깊어지기 전에, 결단을 내려 썩은 부위를 도려내야 한다. 그렇지 않으면 위험에 빠질 수 있다.

육사(六四)

그 몸에서 멈춘다. 허물이 없다. 상사에서 이르기를, 그 몸에서 멈춘다 함은 자신에게서 멈추는 것이다(艮其身, 无咎. 象曰, 艮其身, 止諸躬也).

육사는 비록 중도는 없지만, 음효가 음위에 있다. 멈춤의 도(道)에 합당한 자리다. 여기서 몸은 가슴 정도 부위를 말한다. 가슴을 멈추는 것은 자신의 모든 활동을 멈추는 것과 같다.

가슴은 몸과 마음이 교차하는 곳이다. 모든 허물은 생리와 심리의 작용이라고 할 수 있다. 외부 현상, 특히 오감을 자극하는 유혹에 대해 끌려가지 않고 멈출 수 있다면, 위험을 예방할 수 있다.

괘의 변화를 보자. 만약 4효가 양으로 변하면 화산려(火山旅, ䷷)가 되고, 4효는 그대로 있고 나머지 효가 모두 반대로 바뀌면 수택절(水澤節, ䷮)이 된다. 절도 있는 생활로 오감을 단속하는 것만이 자신의 생명과 지위를 지키는 길이다.

육오(六五)

볼에서 멈춘다. 말에 순서가 있다. 후회는 사라진다. 상사에서 이르기를, 볼에서 멈춘다 함은 중도로써 바르기 때문이다(艮其輔, 言有序, 悔亡. 象曰, 艮其輔, 以中正也).

육오는 음효가 양위에 있다. 비록 대응하는 육이와 정응(正應)하고 있지 않지만, 중도가 있다. 볼에서 멈춘다는 의미는 말을 삼간다는 뜻이다. 말을 함부로 내뱉지 않고, 말에 조리가 있다.

구설수가 총칼보다 무서운 결과를 초래한다. 말을 절제하고 조리 있게 한다면, 인간관계가 질서와 예의를 회복하게 된다. 지도자가 말을 할 때 중도의 도리가 있다면, 사람들이 그 말을 믿고 따를 수 있다.

괘의 변화를 보자. 만약 5효가 양으로 변하면 풍산점(風山漸, ䷴)이 되고, 5효는 그대로 있고 나머지 효가 모두 반대로 바뀌면 뇌택귀매(雷澤歸妹, ䷵)가 된다. 멈추어서는 것도 때와 위치가 중요하다. 천지인삼재를 잘 고려해서 적당히 멈추고, 나서 점차 전진하는 법을 알아야 한다.

상구(上九)

> 도탑게 멈춘다. 길하다. 상사에서 이르기를, 도탑게 멈춰서 길하다 함은 후덕하게 끝나기 때문이다.(敦艮, 吉. 象曰, 敦艮之吉, 以厚終也).

상구는 양효가 음위에 있다. 또한 중도도 없고, 대응하는 구삼과 정응(正應)하고 있지 않다. 그러나 상괘 간(艮)의 괘주다. 멈춤의 정점에 있기 때문에, 멈춤의 덕이 두텁다. 유종의 미를 거둘 수 있다.

멈추어서 해로운 것은 드물다. 모든 것은 멈춤으로써 움직일 수 있는 동력을 얻기 때문이다. 멈춤은 고요함이고, 고요함에 이르러야 만물을 비추어 보는 지혜와 새로운 생명을 꽃피울 수 있는 생명력을 얻을 수 있다. 정혜쌍수(定慧雙修)의 도리가 여기에 있다. 멈춤(止)과 심신의 안정(定)이 유가에서도 수도의 비결이다.

괘의 변화를 보자. 만약 6효가 음으로 변하면 지산겸(地山謙, ䷞)이 되고, 6효는 그대로 있고 나머지 효가 모두 반대로 바뀌면 중택태(重澤兌, ䷹)가 된다.

멈춤의 도를 지극히 하기 위해서는, 소박한 생활태도와 겸양의 정신을 잃지 말아야 한다. 그렇게 하면 생명의 활기를 오래 유지할 수 있다.

53.

풍산점(風山漸)

단계를 밟아 나아가라

점은 여자가 시집을 가는 것이며 길하다. 올곧으면 이롭다(漸, 女歸吉, 利貞).

고요히 멈추어 있는 것은 새로운 생명력을 응축하기 마련이다. 힘이 생기면 나아갈 수 있다. 그러므로 간(艮) 다음에 점(漸)을 놓는다. 점은 점차 나아간다는 뜻이다. 노자도 하늘의 도는 천천히 움직인다고 말한 바 있다.

상괘 손(巽)은 장녀(長女)를 상징하고, 하괘 간(艮)은 소남(小男)을 뜻한다. 괘의 형상이 여자가 시집갈 적에 남자가 기다렸다가 가는 모습이다.

멈춘 후에 움직일 때는, 서둘러서는 안 된다. 점진적으로 앞으로 나가는 것이 좋다. 자연 현상에서 볼 수 있듯이, 새로운 상황에 진입할 때는 천천히 들어가서, 나올 때는 빠르게 나오는 것이 안전하다. 그리고 어떤 상황이든, 올곧음은 성공의 전제조건과 같다. 단사를 보자.

단사에서 이르기를, 점은 나아간다 함은 여자가 시집을 가는 것이 길하다는 것이다. 나아가 자리를 얻으면, 감에 공이 있다. 올바름으로 나아가면, 나라를 올

바르게 할 수 있다. 그 자리는 굳센 양이 중을 얻는 것이다. 그침과 공손함이므로, 움직임에 곤궁하지 않다(象曰, 漸之進也, 女歸吉也. 進得位, 往有功也, 進以正, 可以正邦也. 其位, 剛得中也, 止而巽, 動不窮也).

풍산점은 공손하게 나아가는 모습이므로, 허물이 없다. 또한 하괘 간(艮)이 있으므로, 멈추어야할 때 멈출 줄도 알고 있다. 좋은 결과를 낼 수 있다. 구오가 굳세고 중도의 도리를 갖추고 있어서, 막힘없이 조직을 바르게 정비할 수 있다. 상사를 보자.

상사에서 이르기를, 산 위에 나무가 있는 것이 점이다. 군자는 이로써 현명한 덕에 머물러 풍속을 선하게 한다(象曰, 山上有木, 漸, 君子以居賢德善俗).

사회를 정비하는 데 가장 기본이 되는 것이 풍속이다. 풍산점의 시절인 연에서 지도자는 먼저 자신의 현덕(賢德)을 기르고, 그것을 사회에 행사해야 사람들이 따르는 법이다.

풍산점의 잡괘를 보면, 산풍고(山風蠱, ䷑), 화수미제(火水未濟, ䷿), 뇌택귀매(雷澤歸妹, ䷵) 등이 있다. 사회가 발전해나가면, 풍속이 저속해지기 십상이다. 풍속의 저속화는 사람들이 자신의 지위와 본분을 망각하기 때문이다. 따라서 사회의 폐단과 병폐를 예방하는 것이 사회의 붕괴를 막는 길이다.

초육(初六)

기러기가 점차 물가로 날아간다. 어린이는 위태롭다. 말이 있지만, 허물은 없다. 상사에서 이르기를, 어린이는 위태롭다 함은 의리상 허물이 없다는 뜻이다(鴻漸于干, 小子厲, 有言, 无咎. 象曰, 小子之厲, 義无咎也).

초육은 음효가 양위에 있고, 위치가 낮다. 아직 움직일 단계가 아닌데, 움직이려는 의지가 있다. 그러나 초육은 정응(正應)하는 상대가 없다. 그래서 기러기가 짝을 찾아 물가에 나아가는 것에 비유하고 있다.

세상에 나가는 초기이므로, 어린이에 해당한다. 세상에는 위험이 널려 있다. 그러므로 어린이가 나가기에는 위태롭지만, 어차피 감내할 수밖에 없는 일이다. 다행히 초육은 멈춤을 뜻하는 하괘 간(艮)의 아래에 있기 때문에, 멈추는 도리 속에 있다. 때문에 허물은 없다고 말하고 있다.

괘의 변화를 보자. 만약 1효가 양으로 변하면 풍화가인(風火家人, ䷤)이 되고, 1효는 그대로 있고 나머지 효가 모두 반대로 바뀌면 뇌수해(雷水解, ䷧)가 된다.

멈추었다 나아가기 시작할 때는 어려움이 따른다. 그 어려움을 푸는 데는 가족의 힘처럼 중요한 것이 없다. 자신과 가정의 법도를 바로 세우면, 모든 어려움을 극복하고 발전할 수 있다.

육이(六二)

기러기가 점차 물가로 날아간다. 어린이는 위태롭다. 말이 있지만, 허물은 없다. 상사에서 이르기를, 어린이는 위태롭다 함은 의리상 허물이 없다는 뜻이다(鴻漸于干, 小子厲, 有言, 无咎. 象曰, 小子之厲, 義无咎也).

육이는 음효가 음위에 있다. 위치도 바르고 중도에 있다. 더불어 중정한 구오와 정응(正應)하고 있다. 뜻이 맞는 상대와 함께 즐기는 모습이다. 그러나 즐김에 절도가 있다. 육이는 일을 하기 위해 적당히 먹는 품성을 지니고 있다. 배만 채우는 자는 아니다.

중점은 음식을 먹는 즐거움에 있는 것이 아니라, 조화의 기쁨에 있다.

인간세상의 상하가 조화를 이루고 있고, 자연의 음양과 강유가 그 조화를 뒷받침하고 있다.

괘의 변화를 보자. 만약 2효가 양으로 변하면 중풍손(重風巽, ䷸)이 되고, 2효는 그대로 있고 나머지 효가 모두 반대로 바뀌면 중뢰진(重雷震, ䷲)이 된다. 움직이는 데는 위험이 상존하므로, 매사에 조심하면서 균형을 잡고 겸손한 마음으로 나가야 한다.

구삼(九三)

기러기가 점차 뭍으로 날아간다. 남편은 나가서 돌아오지 않고, 부인은 잉태를 해도 기르지 못한다. 흉하다. 도적을 막으면 이롭다. 상사에서 이르기를, 남편은 나가서 돌아오지 않는다 함은 무리를 떠나 추한 것이다. 부인은 잉태를 해도 기르지 못한다 함은 도를 잃어버렸기 때문이다. 도적을 막으면 이롭다 함은 순종하며 서로 보호한다는 뜻이다(鴻漸于陸, 夫征不復, 婦孕不育, 凶, 利禦寇. 象曰, 夫征不復, 離羣醜也, 婦孕不育, 失其道也, 利用禦寇, 順相保也).

구삼은 양효가 양위에 있다. 그러나 중도가 없기 때문에, 넘치는 기운을 억제하기 힘들다. 또한 정응(正應)하는 자도 없다. 짝을 찾아 위로 올라간다면, 하괘 간(艮)의 무리를 떠난 것과 같다.

구삼이 무리를 떠난다면, 부인이 자식을 잉태해도, 기를 수 없는 상황이 된다. 따라서 구삼은 간(艮)의 괘주답게 멈춤의 도를 실천하는 것이 좋다.

괘의 변화를 보자. 만약 3효가 음으로 변하면 풍지관(風地觀, ䷓)이 되고, 3효는 그대로 있고 나머지 효가 모두 반대로 바뀌면 뇌천대장(雷天大壯, ䷡)이 된다. 욕망을 절제하지 못하면, 사회의 풍속을 해치게 된다. 예의와 법도를 벗어난 행동을 삼가 해야 한다.

육사(六四)

기러기가 점차 나무로 날아간다. 혹 넓은 나무 가지를 얻으면, 허물이 없다. 상사에서 이르기를, 혹 나무 가지를 얻는다 함은 순종하고 공손하기 때문이다 (鴻漸于木, 或得其桷, 无咎. 象曰, 或得其桷, 順以巽也).

육사는 음효가 음위에 있다. 비록 바른 위치에 있지만, 대응하는 초육과 정응(正應)하고 있지 않다. 상괘 손(巽)은 바람과 더불어 나무를 상징하기 때문에, 나무에 오른다고 한다.

기러기가 안전하게 앉기 위해서는 넓은 나무 가지가 필요하다. 그 가지는 구오를 의미한다. 육사는 구오 밑의 대신의 위치이기 때문에, 구오에게 순종하고 공손하면 허물이 없다.

괘의 변화를 보자. 만약 4효가 양으로 변하면 천산돈(天山遯, ䷠)이 되고, 4효는 그대로 있고 나머지 효가 모두 반대로 바뀌면 지택림(地澤臨, ䷒)이 된다. 전진에 앞서, 한발 물러서서 자신을 돌아볼 필요가 있다. 자신의 허물을 미리 방비하면, 장차 큰일을 할 수 있다.

구오(九五)

기러기가 점차 높은 구릉으로 날아간다. 부인이 삼년 동안 잉태를 하지 못한다. 끝내 이기지 못한다. 길하다. 상사에서 이르기를, 끝내 이기지 못한다 함은 원하던 바를 얻는다는 뜻이다(鴻漸于陵, 婦三歲不孕, 終莫之勝, 吉. 象曰, 終莫之勝吉, 得所願也).

구오는 양효가 양위에 있고, 중도가 있다. 또한 육이와 정응(正應)하고 있다. 구오는 주군에 해당하므로 높은 구릉에 오를 수 있다. 부인은 여기서 육이를 가리킨다. "끝내 이기지 못한다."는 것은 구삼과 육사의 유혹에 육이가 넘어가지 않는 것을 의미한다.

육이는 마침내 구오와 하나가 되는 모습이다. 그러므로 이보다 좋을 순 없다. 구오는 원하던 현모양처를 얻은 셈이다. 육이는 세상에 숨겨진 보배와 같은 현자(賢者)다. 현명한 조력자를 얻는 지도자는 세상을 경영할 만하다.

괘의 변화를 보자. 만약 5효가 음으로 변하면 중산간(重山艮, ䷳)이 되고, 5효는 그대로 있고 나머지 효가 모두 반대로 바뀌면 중택태(重澤兌, ䷹)가 된다. 지도자는 기다릴 줄 아는 미덕을 지녀야 하고, 올곧음을 지켜야 기쁨을 누릴 수 있다.

상구(上九)

기러기가 점차 뭍으로 날아간다. 그 깃을 의례에 쓸 수 있다. 길하다. 상사에서 이르기를, 그 깃을 의례에 쓸 수 있다 함은 어지럽힐 수 없다는 뜻이다(鴻漸于陸, 其羽可用爲儀, 吉. 象曰, 其羽可用爲儀, 吉, 不可亂也).

상구는 양효가 음위에 있고, 중도도 없다. 기러기 깃은 고대에는 예복의 장식으로 썼다. 아래 정응(正應)하는 자도 없으므로, 상구는 속세의 티끌로부터 벗어난 자다. 그러므로 그의 마음을 어지럽힐 수 없다. 중도의 위치가 아니지만, 중도에도 매이지 않는다.

진리를 추구하는 사람은 홀로 있어도 우주와 함께 할 수 있다. 우주의 도가 그와 함께 하기 때문이다. 그러므로 세상의 어떠한 것도 그의 마음을 어지럽힐 수 없다. 진리에 이르는 법도 최후에는 버려야 할 대상이 된다. 일체의 것으로부터 자유로운 것이 진리의 세계다.

괘의 변화를 보자. 만약 6효가 음으로 변하면 수산건(水山蹇, ䷦)이 되고, 6효는 그대로 있고 나머지 효가 모두 반대로 바뀌면 화택규(火澤睽, ䷥)가 된다. 진리를 추구하는 과정에는 수많은 고난과 난관이 있다. 오직 중도의 도리에 의지해 모든 어려움을 이겨나갈 수 있다. 또한 수행상의 고난을 자신의 허물을 바로 잡는 원동력으로 삼아야 한다.

54.

뇌택귀매(雷澤歸妹)

균형을 잡고 폐단을 막아라

귀매는 가면 흉하다. 이로울 것이 없다(歸妹, 征凶, 无攸利).

가는 것은 반드시 돌아오기 마련이다. 그러나 돌아올 곳도 없이 간다면, 매우 불리한 상황에 직면하게 된다. 그러므로 점(漸) 다음에 귀매(歸妹)를 놓는다. 가고 옴의 균형을 잡아야 한다.

뇌택귀매의 상괘 진(震)은 장남이고, 하괘 태(兌)는 소녀다. 어린 소녀가 나이 많은 장남에게 시집가는 모습으로 경책을 삼은 괘다. 음양이 교류하여 만물이 생성하는 것처럼, 남녀가 만나 자손을 낳는 것은 자연스런 일이다. 그런데 괘사는 좋지 않다. 그 이유를 단사에서 보자.

단사에서 이르기를, 귀매는 천지의 큰 뜻이다. 하늘과 땅이 교감하지 않으면, 만물이 일어나지 못한다. 귀매는 인간에게 끝과 시작이다. 기뻐하며 움직이는 것이 소녀를 시집보냄이다. 가면 흉하다 함은 위치가 합당하지 않기 때문이다. 이로울 것이 없다 함은 부드러운 음이 굳센 양을 탔기 때문이다(象曰, 歸妹, 天地

之大義也. 天地不交, 而萬物不興, 歸妹, 人之終始也. 說以動, 所歸妹也, 征凶, 位不當也, 无

攸利, 柔乘剛也).

    나이 어린 소녀가 늙은 남자에게 시집가는 이유는 여러 가지가 있을 것이다. 가장 큰 이유 중의 하나는 노인이 자식을 얻으려는 목적이다. 비록 그 뜻은 자연의 이치에 맞으나, 일반적인 상리(常理)에서 보면 새로운 위치, 즉 관계 설정이 쉽지 않다. 어찌 보면 노욕(老慾)에 가까울 수도 있다. 상사에 이에 대한 경책이 있다.

    상사에서 이르기를, 연못 위에 우레가 있는 것이 귀매다. 군자는 이로써 길게 끝마무리를 보아 폐단을 안다(象曰, 澤上有雷, 歸妹, 君子以永終知敝).

    아무리 뜻이 좋아도 위치가 맞지 않으면, 그 결과는 좋지 않을 수 있다. 군자는 시작과 끝을 동시에 잘 살펴, 폐단을 줄이는 지혜를 갖추어야 한다.

    뇌택귀매의 잡괘를 보면, 택뢰수(澤雷隨, ䷐), 수화기제(水火旣濟, ䷾), 풍산점(風山漸, ䷴) 등이 있다. 모든 일은 시작하는 대로 끝나는 법이다. 그러나 시작이 안 좋은 경우도 점진적으로 믿음을 쌓아 가면, 비록 시작은 부족하지만 완성을 지향해갈 수 있다.

초구(初九)

소녀를 시집보내는데 손아래 사람으로 보낸다. 절름발이지만 걸을 수 있다. 가면 길하다. 상사에서 이르기를, 소녀를 시집보내는데 손아래 사람으로 보낸다 함은 일상의 일이라는 뜻이다. 절름발이지만 걸을 수 있어 길하다 함은 서로 받들기 때문이다(歸妹以娣, 跛能履, 征吉. 象曰, 歸妹以娣, 以恒也, 跛能履, 吉, 相承也).

초구는 양효가 양위에 있다. 비록 낮은 위치이지만, 시집을 갈 수 있는 생명력을 지니고 있다. 초구는 대응하는 구사와는 정응(正應)하고 있지 않다. 절름발이처럼 균형이 맞지 않는 관계이지만, 생명의 순환이란 대자연의 법칙으로 보면 길한 일이다.

고대에는 시집을 갈 때, 아래 사람을 대동하고 갔다. 비록 잉첩(勝妾)으로 가는 길이지만, 뜻이 있는 일이고 서로 도울 수 있는 상황이기 때문에 길하다고 하는 것이다.

괘의 변화를 보자. 만약 1효가 음으로 변하면 뇌수해(雷水解, ䷧)가 되고, 1효는 그대로 있고 나머지 효가 모두 반대로 바뀌면 풍화가인(風火家人, ䷤)이 된다. 가문의 자손을 잇는 일은 중요한 문제다. 정부인이 아이를 낳지 못해 생기는 집안의 문제를 잉첩이 해결할 수 있으니 기쁜 일이다.

구이(九二)

애꾸눈이지만 볼 수 있다. 유인의 올곧음이면 이롭다. 상사에서 이르기를, 유인의 올곧음이면 이롭다 함은 변함없이 한결같아야 한다는 뜻이다(眇能視, 利幽人之貞. 象曰, 利幽人之貞, 未變常也).

구이는 양효가 음위에 있지만, 중도가 있다. 유인(幽人)은 남의 눈에 뜨지 않고 조용히 사는 사람을 뜻한다. 일종의 은자(隱者)와 같은 처지다. 상황은 좋지 않지만, 위치가 적당하므로 올곧음을 지켜나가면 나쁘지 않다. 또한 대응하는 육오와 정응(正應)하므로 어려움을 이겨나갈 수 있다.

구이는 본부인이다. 잉첩이 시집오는 상황에서 애꾸눈처럼 못 본척하고 올곧음을 지킨다면, 모두가 이롭게 된다. 정처(正妻)는 집안의 질서를 잡는 사람이다. 고대에는 대가족 사회였다. 여자가 질투하고 반목하면, 집안의 질서가 무너졌다. 따라서 구이는 한결같은 도리로 집안의 법도를 세워야 한다.

괘의 변화를 보자. 만약 2효가 음으로 변하면 중뢰진(重雷震, ䷲)이 되고, 2효는 그대로 있고 나머지 효가 모두 반대로 바뀌면 중풍손(重風巽, ䷸)이 된다.

집안의 질서를 잡는 일은 쉬운 일이 아니다. 도처에 집안의 질서를 깰수 있는 위험한 요인들이 도사리고 있다. 따라서 항상 조심하고 온순한 태도로 대처해야, 집안의 평화를 유지할 수 있다.

육삼(六三)

소녀를 시집보내는데 혼기를 기다려야 한다. 도리어 손아래 사람으로 보낸다. 상사에서 이르기를, 소녀를 시집보내는데 혼기를 기다려야 한다 함은 합당하지 않기 때문이다(歸妹以須, 反歸以娣. 象曰, 歸妹以須, 未當也).

육삼은 음효가 양위에 있다. 더구나 육삼은 기쁨을 뜻하는 하괘 태(兌)의 괘주다. 그러나 중도가 없기 때문에, 지나치게 기쁨에 들떠 있기 쉽다. 더욱이 대응하는 상육과 정응(正應)하고 있지 않다. 때문에 시집보낼 만한 품성이 갖춰질 때까지, 기다리는 것이 좋다.

육삼은 정처인 구이를 올라타고 있는 형국이다. 첩이 분수를 모르고 교만을 떠는 상황이다. 아직 덕이 부족하므로, 시간을 두고 덕성을 길러야 한다는 경책이 들어 있다.

괘의 변화를 보자. 만약 3효가 양으로 변하면 뇌천대장(雷天大壯, ䷡)이 되고, 3효는 그대로 있고 나머지 효가 모두 반대로 바뀌면 풍지관(風地觀, ䷓)이된다. 대가족이 질서를 잡고 발전해나가기 위해서는, 무엇보다 집안의 풍속을 잘 살펴야 한다.

구사(九四)

소녀를 시집보내는데 기일이 어그러진다. 지체하여 시집보냄은 때가 있기 때문이다. 상사에서 이르기를, 기일이 어그러지는 뜻은 기다렸다가 가려는 것이다(歸妹愆期, 遲歸有時. 象曰, 愆期之志, 有待而行也).

구사는 양효가 음위에 있다. 비록 중도도 없고 상괘 진(震)의 괘주이지만, 음유한 자리가 구사의 힘을 억제하는 효과가 있다. 한편 구사와 대응하는 초구와는 정응(正應)하고 있지 않다. 아직 때가 아니므로, 혼기가 지체되더라도 기다려야 탈이 없다.

구사는 집안에서 비교적 높은 위치에 있고, 지혜와 부인의 덕을 지녔다. 상괘 진의 괘주로서 실질적으로 집안의 살림을 도맡아 하면서도, 자기를 내세우지 않는 도리를 지키고 있다. 육삼과는 대조적이다.

괘의 변화를 보자. 만약 4효가 음으로 변하면 지택림(地澤臨, ䷒)이 되고, 4효는 그대로 있고 나머지 효가 모두 반대로 바뀌면 천산돈(天山遯, ䷠)이 된다.

집안에 길흉화복이 반복되기 마련이다. 집 안팎을 돌아보고 가족을 포용하고 보살피는 여자가 있다면, 장차 그 집안은 큰일을 할 수 있을 것이다.

육오(六五)

제을이 어린 딸을 시집보낸다. 왕비의 소매가 첩의 소매보다 좋지 못하다. 달이 거의 보름에 가깝다. 길하다. 상사에서 이르기를, 제을이 어린 딸을 시집보내는데 왕비의 소매가 첩의 소매보다 좋지 못하다 함은 그 위치가 가운데이므로 귀함으로 행한다는 뜻이다(帝乙歸妹, 其君之袂, 不如其娣之袂良, 月幾望, 吉. 象曰, 帝乙歸妹, 不如其娣之袂良也, 其位在中, 以貴行也).

육오는 음효가 양위에 있지만, 중도가 있다. 또한 대응하는 구이와 정응(正應)하고 있다. 제을은 주(周)문왕의 장인인 제을이다. 비록 육오는 화려하지 않지만 품격이 있다. 따라서 육오는 존귀함을 잃지 않고 있다.

육오를 제을로 볼 수도 있고, 제을의 딸로 볼 수도 있다. 《주역》은 주문왕을 중심으로 편집된 것이니, 후자로 보는 것이 무방하다. 뇌택귀매(☳)의 형국에서 가장 중도의 위치에 합당한 자리다. 비록 존귀한 위치에 있지만, 자신을 내세우지 않는 겸손한 자세를 갖추고 있다.

괘의 변화를 보자. 만약 5효가 양으로 변하면 중택태(重澤兌,☱)가 되고, 5효는 그대로 있고 나머지 효가 모두 반대로 바뀌면 중산간(重山艮,☶)이 된다.

혼사는 인륜지대사이고 일생에서 가장 중요한 일 중의 하나다. 따라서 혼인을 서두르는 것은 좋지 않다. 때를 기다려 멈출 줄 알아야, 기쁨을 누릴 수 있다.

상육(上六)

여자가 광주리를 받지만, 담겨진 물건이 없다. 남자가 양을 찔렀으나 피가 없다. 이로울 바가 없다. 상사에서 이르기를, 상육은 담겨진 물건이 없다 함은 빈 광주리를 받는다는 뜻이다(女承筐, 无實, 士刲羊, 无血. 无攸利. 象曰, 上六无實, 承虛筐也).

상육은 음효가 음위에 있다. 그러나 중도는 없다. 더욱이 상육은 대응하는 육삼과 정응(正應)하고 있지 못하다. 여기서 양(羊)은 육삼, 광주리는 상육에 비유되고 있다. 남자가 너무 늙어 씨를 줄 수 없는 상황이다.

상괘 진(震)은 괘의 형상이 광주리 모양이다. 상육은 그 입구에 해당한다. 여기서 광주리는 제사에 올릴 음식을 담는 역할을 한다. 그런데 대응한 육삼에게 씨를 줄 수 없다면, 상육은 대를 이을 길이 없고, 앞으로 제사를 지낼 수도 없다.

괘의 변화를 보자. 만약 6효가 양으로 변하면 화택규(火澤睽, ䷥)가 되고, 6효는 그대로 있고 나머지 효가 모두 반대로 바뀌면 수산건(水山蹇, ䷦)이 된다. 집안의 대가 끊어지고 제사가 끊어지면, 집안의 질서가 어그러지고 장차 몰락의 길을 가게 된다.

그러나 이것은 눈에 보이는 가문의 모습이다. 가문의 뜻을 확대하면, 뜻을 같이 하는 사람이 모두 한 가문이 된다. 대동사회를 이루면, 가문이 끊어질 일은 없다. 예를 들어, 예수나 석가의 가문은 몰락했지만, 그 바른 뜻은 영원히 함께 하기 때문이다.

물리적 가문은 보통 3대, 길어야 5대면 끊어지게 된다. 그 이상으로 확대되면 다른 씨와 피가 들어와 사실상 같은 가문이 아니기 때문이다. 생물학적으로 볼 때, 전혀 다른 씨가 된다고 할 수 있다.

인류의 관점에서 보면, 물리적 씨보다는 정신적 씨가 더 중요하다. 제사도 그런 의미에서 재조명해야 할 것이다. 조상의 고귀한 정신을 기리고, 그 정신을 이어가고자 다짐을 하는 것이 진정한 제사의 의미라고 할 수 있다.

55.

뇌화풍(雷火豊)

물질의 노예가 되지 말라

풍은 형통하다. 왕이 이곳에 이른다. 걱정할 필요 없다. 해가 중천에 있음이 마
땅하다(豊, 亨, 王假之, 勿憂, 宜日中).

언제나 돌아와 쉴 곳이 있는 자는 장래에 큰 것을 기약하고 도모할 수 있
다. 큰 것을 얻는 자는 분명히 풍요를 누릴 수 있다. 그러므로 귀매(歸妹) 다음
에 풍(豊)을 놓는다. 풍은 옛것이 많음(多故)을 함축하고 있다.

뇌택귀매(☳)의 시절에 첩이 늘어나면 자식이 많아진다. 집안에 일손이
많아지기 때문에, 집안이 풍요롭게 된다. 그러므로 뇌화풍의 시절이 돌아온
다. 그러나 물질이 풍요로우면, 여러 가지 걱정거리가 늘어나기 마련이다.
풍요로움을 누릴 만한 지도자의 품격과 덕성이 필요하다. 역(易)은 반면교사
(反面敎師)다. 이 점에 역의 묘미가 있다. 단사를 보자.

단사에서 이르기를, 풍은 크다는 뜻이다. 밝게 움직이므로 풍성하다. 왕이 이곳
에 이른다 함은 큰 것을 숭상한다는 뜻이다. 걱정할 필요 없고 해가 중천에 있
음이 마땅하다 함은 마땅히 천하를 비추어야 한다는 뜻이다. 해가 중천에 있으

면 곧 기울고, 달은 차면 곧 이지러진다. 천지가 차고 빔도 때에 따라 사그라지고 자라나는데, 하물며 사람이나 귀신에 있어서야 어찌하겠느냐(象曰, 豊, 大也. 明以動, 故豊. 王假之, 尙大也, 勿憂, 宜日中, 宜照天下也. 日中則昃, 月盈則食, 天地盈虛, 與時消息, 而況於人乎. 況於鬼神乎).

물질적 풍요에 더불어 마음의 그릇이 그만큼 커져야, 물질에 의해 지배되지 않을 수 있다. 사람은 말할 것도 없고, 귀신도 영고성쇠(榮枯盛衰)의 자연법칙을 거스를 수는 없다. 오직 대인의 품격과 덕성을 지닌 자만이 정신적 여유를 가지고 물질적 풍요로움에 좌우되지 않고, 그것을 오래 그리고 제대로 누릴 수 있을 뿐이다.

상사에서 이르기를, 우레와 번개가 모두 이르는 것이 풍이다. 군자는 이로써 죄를 판단하고 형벌을 준다(象曰, 雷電皆至, 豊, 君子以折獄致刑).

뇌화풍의 상괘는 우레를 뜻하는 진(震)이고, 하괘는 번개를 의미하는 이(離)다. 죄를 판단할 때는 번개처럼 밝고 분명하게 판단하고, 형벌은 우레처럼 엄해야 나라의 기강이 바로 서게 된다. 바른 판단과 빠른 결단은 지도자의 중요한 덕목이다. 지도자는 이 괘의 뜻을 잘 헤아려 사회의 법질서를 바로 잡을 필요가 있다.

뇌화풍의 잡괘를 보면, 화뢰서합(火雷噬嗑, ䷔), 택풍대과(澤風大過, ䷛), 풍수환(風水渙, ䷲), 화산려(火山旅, ䷷) 등이 있다. 물질적 풍요는 양날의 칼과 같다. 지나치게 물질을 강조하면, 정신이 타락할 수 있다. 바른 정신이 무너지면 사회의 질서가 무너지고, 결국 사회가 몰락할 수 있다. 따라서 사회의 양극적 요소들을 잘 조율해서 모순이 갈등으로 비화되지 않도록, 바른 도리를 사회에 널리 보급시켜야 한다.

초구(初九)

그 짝이 되는 주인을 만난다. 비록 동등해도 허물은 없다. 가면 존중받을 수 있다. 상사에서 이르기를, 비록 동등해도 허물은 없다 해도 지나친 동등은 재앙이라는 뜻이다(遇其配主, 雖旬无咎, 往有尙. 象曰, 雖旬无咎, 過旬災也).

초구는 양효가 양위에 있다. 초구와 대응하는 구사도 양강(陽剛)하다. 서로 정응(正應)하지는 않지만, 각자 맡은 역할이 다르므로, 허물은 없다. 그러나 위치에 따른 지위가 서로 다르므로, 지나치게 동등함을 내세우면 화를 면치 못할 것이다.

여기서 순(旬)은 동등, 균일의 의미지만, 달리 순을 10일로 보아도 무방하다. 초구가 10일 안에 가서 그 짝인 구사를 만나면 좋다. 10은 완성을 의미하는 숫자다. 여기서 10일은 특정한 날수를 의미하는 것이 아니라, 상황이 반전되기 전까지의 일정한 기한을 의미한다. 완성된 것은 허물어지기 마련이다. 너무 지체되어 10일을 넘기면, 해가 중천에서 기울 듯이, 좋지 못한 일이 생긴다.

괘의 변화를 보자. 만약 1효가 음으로 변하면 뇌산소과(雷山小過, ䷽)가 되고, 1효는 그대로 있고 나머지 효가 모두 반대로 바뀌면 풍택중부(風澤中孚, ䷼)가 된다.

화무십일홍(花無十日紅)이란 말이 있듯이, 어떤 것도 영원히 왕성한 것은 없다. 따라서 사소한 허물이 큰 허물이 되지 않도록, 중도의 도리를 지켜야 한다.

육이(六二)

어둠이 짙다. 대낮에 북두칠성을 본다. 가면 의심과 미움을 얻는다. 믿음으로 분발하면, 길하다. 상사에서 이르기를, 믿음으로 분발하면 길하다 함은 믿음으로 뜻을 드러내는 것이다(豐其蔀, 日中見斗, 往得疑疾, 有孚發若, 吉. 象曰, 有孚發若, 信以發志也).

육이는 음효가 음위에 있고, 중도가 있다. 육이는 밝은 태양을 뜻하는 하괘 이(離)의 괘주다. 육이와 육오는 정응(正應)하지 않기 때문에, 중간에 의심이 있을 수 있다. 그러나 온유한 중도의 덕을 지니고 있으므로, 끝내 서로 뜻이 일치한다.

괘의 형상을 보면 구삼과 구사에 의해 육이와 육오는 서로 분리되어 있는 모습이다. 마치 태양이 가려져, 낮인데도 밤과 같이 어둡다. 어둠을 뚫고 육이가 육오를 만나기 위해서는 믿음을 가지고 분발하는 수밖에 없다.

괘의 변화를 보자. 만약 2효가 양으로 변하면 뇌천대장(雷天大壯, ䷡)이 되고, 2효는 그대로 있고 나머지 효가 모두 반대로 바뀌면 풍지관(風地觀, ䷓)이 된다.

역의 도리를 잘 살펴서 때와 위치를 잡아야 한다. 천지인삼재의 요점을 파악하면, 물질의 노예가 되지 않고 큰 정신을 발휘할 수 있다.

구삼(九三)

비가 줄기차게 내린다. 중천에 해가 떠도 작은 별을 본다. 오른 팔뚝이 부러진다. 허물이 없다. 상사에서 이르기를, 비가 줄기차게 내린다 함은 큰일을 할 수 없다는 뜻이다. 오른 팔뚝이 부러진다 함은 끝내 쓸 수 없다는 것이다(豊其沛, 日中見沬, 折其右肱, 无咎. 象曰, 豊其沛, 不可大事也, 折其右肱, 終不可用也).

구삼은 양효가 양위에 있지만, 중도가 없다. 하괘 이(離)의 바른 위치에 있으니, 밝음이 해가 중천에 뜬 것과 같다. 그러나 구삼과 대응하는 상육은 비록 바르게 상응하고 있지만, 빛과 힘을 잃은 상태다. 상육이 상괘 진(震)의 끝에 위치해 있기 때문에, 움직임이 멈춘 듯하고, 대낮인데도 밝음을 잃은 듯하다.

한편 "오른 팔뚝이 부러진다."는 말은 괘의 정황상 구삼이 현재 힘을 쓸 수 없는 상태라는 것을 의미한다. 그것은 구삼의 허물이 아니라, 육오와 상육이 밝은 도리를 펼칠 힘이 없기 때문이다.

괘의 변화를 보자. 만약 3효가 음으로 변하면 중뢰진(重雷震, ䷲)이 되고, 3효는 그대로 있고 나머지 효가 모두 반대로 바뀌면 중풍손(重風巽, ䷸)이 된다.

물질이 정신을 가리면, 사람들이 허례허식에 빠지게 된다. 물질적 풍요가 사회를 안락하게 하지만, 반면에 정신을 타락시키는 위험 요소이기도 하다. 따라서 물질적 풍요에 비례해서 더욱 검소한 생활을 통해 사회의 병폐를 미리 제거해야 한다.

구사(九四)

어둠이 짙다. 대낮에 북두칠성을 본다. 동등한 상대를 만난다. 길하다. 상사에서 이르기를, 어둠이 짙다 함은 위치가 부당하기 때문이다. 대낮에 북두칠성을 본다 함은 어두워서 밝지 못하기 때문이다. 동등한 상대를 만난다 함은 길하게 행한다는 뜻이다(豐其蔀, 日中見斗, 遇其夷主, 吉. 象曰, 豐其蔀, 位不當也, 日中見斗, 幽不明也, 遇其夷主, 吉行也).

구사는 양효가 음위에 있다. 비록 중도는 없지만, 상괘 진(震)의 괘주다. 대응하는 초구와 정응(正應)하지 않기 때문에, 어려움이 있겠지만 빠른 판단과 결단을 하면 서로 만날 수 있다.

실질적으로 뇌화풍의 풍요를 이끄는 것은 초구와 구사로서 동등한 힘과 지혜가 있다. 구사는 육오의 신하된 자이지만, 여기서는 주도권을 쥐고 있다. 육오는 무명(無明)이 짙어 물질적 풍요를 제어할 힘이 부족하다.

괘의 변화를 보자. 만약 4효가 음으로 변하면 지화명이(地火明夷, ䷣)가 되고, 4효는 그대로 있고 나머지 효가 모두 반대로 바뀌면 천수송(天水訟, ䷅)이 된다.

뇌화풍의 시절인연에는 구사의 역할이 크다. 구사가 제 역할을 바르게 하지 못하면, 밝은 도리가 사라지고 혼란과 다툼의 세상이 오게 된다.

육오(六五)

밝음이 온다. 경사와 명예가 있다. 길하다. 상사에서 이르기를, 육오의 길함은 경사가 있다는 것이다(來章, 有慶譽, 吉. 象曰, 六五之吉, 有慶也).

육오는 음효가 양위에 있어서, 자리가 바르지 않다. 또한 중도의 자리에

55. 뇌화풍(雷火豐) ䷶

있지만, 육오는 대응하는 육이와 정응(正應)하고 있지 않다. 뇌화풍의 시절인 연에서 보면, 육오는 물질에 도취되어 정신이 밝지 못한 지도자다.

그러나 효사는 좋다. 그것은 오로지 초구와 구사와 같은 현자들이 인재들을 데려오기 때문이다. 육오가 좋은 것은 그들 덕분이다. 어찌 보면, 좋은 말로 육오를 경책하는 뜻이 내포되어 있다.

역은 반면을 주로 말하고 있다는 사실을 잊지 말아야 한다. 좋은 것이 반드시 좋은 것이 아니고, 나쁜 것이 반드시 나쁜 것도 아니다. 모든 것은 자신의 의지와 선택에 달려 있다.

비록 육이와 정응(正應)하고 있지 않지만, 육오는 믿음을 가지고 기다려야 한다. 육오가 중정(中正)의 도와 덕을 회복하면, 중정한 육이도 믿고 따를 수 있다.

괘의 변화를 보자. 만약 5효가 양으로 변하면 택화혁(澤火革, ䷰)이 되고, 5효는 그대로 있고 나머지 효가 모두 반대로 바뀌면 산수몽(山水蒙, ䷃)이 된다. 괘의 변화를 봐도, 육오의 상황을 알 수 있다. 육오는 무엇보다 자신의 어리석음을 깨치고, 일상의 부조리와 폐단을 일소해야 한다.

상육(上六)

가옥은 크게 지었지만, 집에 어둠이 짙다. 그 문을 엿보니, 고요할 뿐 사람은 없다. 삼년 동안 보지 못한다. 흉하다. 상사에서 이르기를, 가옥은 크게 지었다 함은 하늘 위로 날아오르는 듯하다는 뜻이다. 그 문을 엿보니, 고요할 뿐 사람은 없다 함은 스스로 감추는 것이다(豐其屋, 蔀其家, 闚其戶, 闃其无人, 三歲不覿, 凶. 象曰, 豐其屋, 天際翔也, 闚其戶, 闃其无人, 自藏也).

상육은 음효가 음위에 있지만, 중도가 없다. 뇌화풍의 극에 이르러 물질은 하늘을 찌를 듯 높게 쌓았다. 그러나 중도의 덕은 없으니, 주변에 사람이 없다.

비록 구삼과 정응(正應)하고 있지만, 그 사이에 장막이 가려져 있어서 삼 년 동안 볼 수 없다. 삼년이란 구삼과 상구 사이의 효의 차이다. 상육은 정 신적 스승의 자리다. 그러나 물질만 가득하고 정신이 비어있는 상태인데, 어찌 흉하지 않겠는가? 이 점에서, 부자가 하늘나라에 가는 것보다 낙타가 바늘귀를 통과하는 것이 쉽다는 예수의 말을 새겨들어야 한다.

괘의 변화를 보자. 만약 6효가 양으로 변하면 중화리(重火離, ䷝)가 되고, 6효는 그대로 있고 나머지 효가 모두 반대로 바뀌면 중수감(重水坎, ䷜)이 된 다. 사회의 정신적 스승이 밝은 지혜를 잃으면, 사회에는 밝은 도리가 사라 지고 어려움이 중첩될 것이다.

56.

화산려(火山旅)

어려울수록 도리를 지켜라

여는 조금 형통하다. 나그네가 올곧으면 길하다(旅, 小亨, 旅貞吉).

풍요로움이 극에 이르면, 큰 것을 잃게 된다. 큰 것을 잃으면 궁색해지고, 그 결과 있던 곳마저 잃게 된다. 그러므로 풍(豐) 다음에 여(旅)를 놓는다. 여는 친한 이가 적음(親寡)을 내포하고 있다.

화산려의 괘의 형상은 밝은 태양이 산에 조금 가린 모습이다. 타지에 가면, 그곳 지리와 사정에 어두울 수밖에 없다. 단사를 보자.

단사에서 이르기를, 여는 조금 형통하다 함은 부드러운 음이 밖에서 중을 얻고 굳센 양을 따르며, 멈춤이 있고 아름답게 빛난다. 이 때문에 조금 형통하며, 나그네가 올곧으면 길하다고 하는 것이다. 여의 시대적 의의는 크다(象曰, 旅, 小亨, 柔得中乎外而順乎剛, 止而麗乎明, 是以小亨, 旅貞吉也. 旅之時義大矣哉).

화산려는 상괘 이(離)와 하괘 간(艮)으로 구성된 괘다. 육오가 중도를 얻어 양강(陽剛)한 것에 부드럽게 대처하고 있다. 마치 나그네가 처음 가는 먼 타지에서의 상황과 같다.

잘 모르는 곳에 갈 때는, 그곳의 지리와 풍속에 어두울 수밖에 없다. 이때 언행을 함부로 한다면 그곳 사람들의 질서를 해칠 수 있다. 따라서 말과 행동을 부드럽게 하고, 올곧음을 지키며, 지나침을 삼가는 것이 안전을 유지하는 최고의 방책이다. 상사에는 이러한 상황에 대한 방책을 담고 있다.

상사에서 이르기를, 산 위에 불이 있는 것이 여다. 군자는 이로써 형벌을 밝고 신중하게 쓰고 삼가며 감옥에 억류시키지 않는다(象曰, 山上有火, 旅, 君子以明愼用 刑而不留獄).

뇌화풍(☲☳)의 시대에는 지도자가 엄격히 법질서를 확립하는 것이 사회의 안정에 필요하다. 그러나 화산려의 상황이 되면, 지도자는 반대로 사람들의 마음을 부드럽게 다독일 필요가 있다. 형벌을 함부로 쓰지 않는 이유는 여기에 있다.

화산려의 잡괘를 보면, 산화비(山火賁, ☲☶), 택풍대과(澤風大過, ☱☴), 수택절 (水澤節, ☱☵), 뇌화풍(雷火豊, ☲☳) 등이 있다. 사회가 극히 어려워지게 되는 근본 원인은 정신문화를 도외시 하고, 지나치게 물질주의에 경도된 것이라고 볼 수 있다. 따라서 인문 정신문화를 통해 사회의 법도를 바로 세우는 것이 큰 허물을 방비하는 근본 해결책이다.

초육(初六)

여행길에 초라해진다. 이는 재난을 당하는 원인이다. 상사에서 이르기를, 나그네가 초라해진다 함은 뜻이 궁하여 재난이 있다는 것이다(旅瑣瑣, 斯其所取災. 象曰, 旅瑣瑣, 志窮災也).

초육은 음효가 양위에 있다. 자리도 바르지 않고 위치도 낮은 상태다. 여행길에 지치고 남루해진 모습이다. 부서진 창문이 있는 건물은 더욱 빨리 황폐화 되듯이, 모습이 초라해지면 날강도가 더욱 침범하기 쉽다. 다행히 대응하는 구사와 정응(正應)하고 있다.

마치 타지에서 모든 것을 잃고 노숙자가 된 형국이다. 그러나 호랑이 굴에 들어가도 정신만 차리면, 산다는 말이 있다. 위급한 상황일수록 마음을 담대하게 가지는 것이 좋다. 뜻을 잃지 않는 자는 어디를 가든 초라해 보이지 않는다.

괘의 변화를 보자. 만약 1효가 양으로 변하면 중화리(重火離, ䷝)가 되고, 1효는 그대로 있고 나머지 효가 모두 반대로 바뀌면 수지비(水地比, ䷇)가 된다. 아무리 궁색해도 주위를 둘러보면, 도움을 청할 곳이 있기 마련이다. 밝은 지혜를 발휘해서 주위와 협력해서 위기를 돌파해야 한다.

육이(六二)

여행길에 여관에 들어간다. 노잣돈을 품고 있다. 어린 종의 올곧음을 얻는다. 상사에서 이르기를, 어린 종의 올곧음을 얻는다 함은 끝내 허물이 없다는 뜻이다(旅卽次, 懷其資, 得童僕, 貞. 象曰, 得童僕貞, 終无尤也).

육이는 음효가 음위에 있고, 중도가 있다. 중정을 모두 갖추고 있으므로, 두둑한 노잣돈을 지니고 있는 것과 같다. 또한 육이는 자신을 시봉할 초육도 있다. 초육은 육이를 잘 따르는 어린 종복이니, 육이의 여행길은 힘들지 않을 것이다.

육이는 멈춤을 뜻하는 간(艮)의 중심에 있다. 어려운 상황에서 잠시 마음을 쉴 곳을 찾을 수 있는 위치에 있다. 아무리 어려운 상황이라 해도 피할 곳이 있다는 것을 역은 말하고 있다. 그러나 육오와 정응(正應)하고 있지는 않다. 어려움이 완전히 해소된 것이 아니라는 사실을 알 수 있다.

괘의 변화를 보자. 만약 2효가 양으로 변하면 화풍정(火風鼎, ䷱)이 되고, 2효는 그대로 있고 나머지 효가 모두 반대로 바뀌면 수뢰준(水雷屯, ䷂)이 된다.

물질적 풍요 속에 있다가 궁색하게 되면, 좌절하기 쉽다. 그러나 다시 힘을 내야 한다. 비록 어려움을 극복하는 과정에 힘이 들겠지만, 자신의 폐단을 쇄신하고 새로운 모습으로 변신해야겠다.

구삼(九三)

여행길에 여관이 불탄다. 올곧은 어린 종을 잃는다. 위태롭다. 상사에서 이르기를, 여행길에 여관이 불탄다 함은 또한 다친다는 뜻이다. 여행길에 아랫사람에게 베풂이 그 의리를 상실한 것이다(旅焚其次, 喪其童僕貞, 厲. 象曰, 旅焚其次, 亦以傷矣, 以旅與下, 其義喪也).

구삼은 양효가 양위에 있지만, 중도가 없다. 구삼은 강한 힘을 주체하기 힘든 위치다. 더욱이 대응하는 상구와 정응(正應)하고 있지 않다. 한편 구삼은 간(艮)의 괘주로서 상괘 이(離)의 구사를 마주하고 있다. 효사에서, 불은 구사를 의미한다.

구삼은 너무 양강(陽剛)한데다가 중도가 없기 때문에, 넘치는 힘을 조율하기 힘들다. 그러므로 도리를 상실한 것이다. 객지(客地)에서 함부로 객기(客氣)를 부리면, 객사(客死)할 수 있다. 인생을 여행길이라고 보면, 객기는 예의를 벗어난 행동으로 사회질서를 해치는 것과 같다.

괘의 변화를 보자. 만약 3효가 음으로 변하면 화지진(火地晉, ䷢)이 되고, 3효는 그대로 있고 나머지 효가 모두 반대로 바뀌면 수천수(水天需, ䷄)가 된다.

화산려의 상황은 극히 어려운 상황이다. 이런 형국에서 함부로 힘을 쓰는 것은 불나방이 죽는 줄도 모르고 불 속으로 뛰어드는 것과 다를 것이 없다. 구삼은 간의 괘주답게 지나침을 멈출 줄 알아야 한다. 넘치는 기운을 적당히 억제하고, 무엇보다 밝은 덕과 믿음을 회복해야 한다.

구사(九四)

여행길에 처소에 든다. 노잣돈과 도끼를 얻는다. 내 마음은 유쾌하지 않다. 상사에서 이르기를, 여행길에 처소에 든다 함은 지위를 얻지 못함이다. 노잣돈과 도끼를 얻는다 하지만 마음은 유쾌하지 않다(旅于處, 得其資斧, 我心不快. 象曰, 旅于處, 未得位也, 得其資斧, 心未快也).

구사는 양효가 음위에 있다. 음양이 중화되고 있다. 여행길에 객기를 억제할 수 있는 위치다. 비록 중도는 없지만, 대응하는 초육과 정응(正應)하고 있다.

다행히 주위의 도움으로 거처할 집과 자금과 생활용품을 얻었지만, 일시적일 뿐이다. 외지에서 마음은 들떠 있으므로, 편안하지 않다. 다행히 위에 현덕(玄德)을 지닌 온유한 지도자가 있다. 그에게 의지해볼 만하다.

괘의 변화를 보자. 만약 4효가 음으로 변하면 중산간(重山艮, ䷳)이 되고, 4

효는 그대로 있고 나머지 효가 모두 반대로 바뀌면 중택태(重澤兌, ䷹)가 된다.

어려움에 봉착해서 들뜬 마음을 가라앉히고, 자신과 주위의 허물을 돌아볼 필요가 있다. 멈춤의 도를 활용하는 자는 어려움을 극복하고 기쁨을 기대할 수 있다.

육오(六五)

꿩을 쏘아 화살 하나를 잃는다. 끝내 명예와 천명을 얻는다. 상사에서 이르기를, 끝내 명예와 천명을 얻는다 함은 위에 이른다는 뜻이다(射雉, 一失亡, 終以譽命, 象曰, 終以譽命, 上逮也).

육오는 음효가 양위에 있다. 비록 대응하는 육이와 정응(正應)하고 있지 않지만, 중도가 있다. 괘사에서 말한 부드러운 음이 밖에서 중을 얻은 경우다. 비록 화살 하나는 잃더라도, 꿩으로 상징되는 목적은 이루고 있다. 자신을 비움으로써, 오히려 모든 것을 얻는 이치다. 비움이 곧 채움이다.

"위에 이른다."는 것은 명예가 중천에 뜬 태양과 같고, 동시에 하늘의 도움을 받는다는 의미이다. 비움과 멈춤 그리고 밝게 비추어봄으로써 아름답게 빛나는 경우다. 하늘의 이치에 부합하는 지도자는 그에 따른 하늘의 보답을 받게 된다. 하늘의 보답은 인연법의 결과다.

괘의 변화를 보자. 만약 5효가 양으로 변하면 천산돈(天山遯, ䷠)이 되고, 5효는 그대로 있고 나머지 효가 모두 반대로 바뀌면 지택림(地澤臨, ䷒)이 된다.

어려움이 목전에 있는데, 전진하는 자는 어리석은 자다. 한발 물러서서 사태를 파악하고 대응할 힘과 지혜를 모으는 것이 현명하다. 자신의 문제점들을 보완하고 올곧음을 회복하면, 장차 큰일을 할 수 있다.

상구(上九)

새가 둥지를 불태운다. 나그네가 먼저는 웃지만 뒤에는 울부짖는다. 소를 쉽게 잃는다. 흉하다. 상사에서 이르기를, 나그네로서 위에 있으니, 의리를 불태우는 것이다. 소를 쉽게 잃는다 함은 끝내 소식을 듣지 못한다는 뜻이다(鳥焚其巢, 旅人先笑, 後號咷, 喪牛于易, 凶. 象曰, 以旅在上, 其義焚也, 喪牛于易, 終莫之聞也).

상구는 양효가 양위에 있지만, 중도가 없다. 또한 정응(正應)해주는 자도 없다. 화산려의 시절인연에 맞지 않는 위치다. 여행객이 주인이 되려는 형국이니, 좋을 리 없다. 지나친 교만과 욕심이 화를 부른다.

새는 나그네를 상징한다. 새의 둥지가 불탄 것은 여행길에 머물 곳을 잃은 상황을 암시한다. 소를 잃는다는 것은 유순함을 잃어버린 것을 의미한다. 낯선 곳에서 강한 기운을 함부로 드러내는 것은 좋지 않다.

상구는 정신적 스승의 위치다. 지혜는 많지만, 편협한 지혜를 지니고 있다. 이런 지혜는 조화로운 생명공동체를 양육할 수 없는 마른 지혜에 불과하다. 멘토가 어려운 상황에서 언행을 함부로 한다면, 그 자신은 말할 것도 없고 사회가 혼란에 빠질 수 있다. 어려운 상황에서는 상구도 멈춤의 도를 명심해야 한다는 경책이 들어 있다.

괘의 변화를 보자. 만약 6효가 음으로 변하면 뇌산소과(雷山小過, ䷽)가 되고, 6효는 그대로 있고 나머지 효가 모두 반대로 바뀌면 풍택중부(風澤中孚, ䷼)가 된다.

정신적 멘토의 생명은 중도의 지혜다. 하늘의 도리인 중도를 잃게 되면, 작은 허물이 큰 허물로 발전하기 쉽다. 멘토는 지나친 치우침 없이 사회적 조율을 균형감 있게 해야 한다. 그러나 사회의 변화에 맞는 작은 치우침은 크게 문제가 되지 않는다.

57.

중풍손(重風巽)

걸림이 없는 삶을 지향하라

손은 조금 형통하다. 갈 곳이 있으면 이롭다. 대인을 보면 이롭다(巽, 小亨, 利有
攸往, 利見大人).

밖으로 정처 없이 떠돌다 보면, 몸 둘 곳이 없게 된다. 받아들이는 곳이
없으면, 어디든 들어가려고 한다. 그러므로 여(旅) 다음에 손(巽)을 놓았다. 손
(巽)은 부드럽게 들어감(入)을 뜻한다.

중풍손은 손이 겹쳐 있다. 손은 겸손, 바람, 부드러움 등을 의미한다. 어
려운 상황에서는 겸손과 부드러움은 배가할수록 좋다. 바람이 미세한 틈만
있으면 뚫고 들어가듯이, 공손한 태도는 난관을 헤치고 나아가는 데 일조한
다. 단사를 보자.

단사에서 이르기를, 중첩된 손으로 명을 거듭 알린다. 굳센 양이 손에 있고 중
정하므로 뜻을 행하는 것이다. 부드러운 음이 모두 굳센 양에 따른다. 이 때문
에 조금 형통하고, 갈 곳이 있으면 이로우며, 대인을 보면 이롭다 하는 것이다
(象曰, 重巽以申命. 剛巽乎中正而志行, 柔皆順乎剛, 是以小亨, 利有攸往, 利見大人).

구오가 중정(中正)을 모두 얻고 있고, 중풍손의 시절인연을 맞아 부드러움과 겸양의 덕을 지녔으므로, 지도자는 사람들의 지지를 받아 난관을 뚫을 수 있다. 상사를 보자.

상사에서 이르기를, 바람을 따름이 손이다. 군자는 이로써 명을 거듭 알려 정사를 행한다(象曰, 隨風, 巽, 君子以申命行事).

중풍손은 바람이 바람을 따르는 형국이다. 거듭해서 부드럽게 공손하게 퍼져 나가는 모습이다. 지도자는 상황에 따라 명령을 행사하는 방식이 달라야 한다. 그리고 수고스럽더라도 반복해서 대의명분을 이해시키는 것이 좋다.

난제를 만나 해결하고자 할 때는, 거듭해서 해결 방안을 알리고 이해를 구해야 대중의 협조를 받을 수 있다. 《논어》 안연편에 나오는 "군자의 덕은 바람과 같다(君子之德風)."는 말이 여기에 해당한다.

공자는 《계사전》에서 "손은 덕의 규정이다(巽, 德之制也)."라고 했다. 바람은 들어가지 못하는 곳이 없다. 그래서 공자는 "손은 모든 곳에 꼭 들어맞되 드러나지 않는다(巽, 稱而隱)."고 손의 품성을 설명했다.

이러한 성질을 본받아 공자는 "임기응변을 행하라(行權)."고 경책했다. 임기응변은 중도의 도리이기도 하다. 선입관을 두지 않고, 상황에 따라 가장 적절한 행동을 하는 것이 최고의 임기응변이다. 이것은 일찍이 최치원(崔致遠)이 간파한 우리민족의 현묘지도(玄妙之道)인 풍류도(風流道)와 일맥상통한다. 바람처럼 걸림이 없는 무애(無碍)의 삶이다. 역의 도리에서 보면, 우리민족의 전통사상과 공자, 노자, 석가, 예수는 하나로 통한다. 진리는 진리로 통하기 때문이다.

중풍손의 잡괘를 보면, 화택규(火澤暌, ䷥), 중뢰진(重雷震, ䷲), 중택태(重澤

兌, ䷹ 등이 있다. 지도자는 임기응변의 변통을 통해 사회의 어그러짐을 해소하고, 위험이 상존하고 있는 현실을 타개하는 방법을 교육과 토론을 통해 사람들에게 거듭 이해시켜야 한다.

초육(初六)

나아갔다 물러난다. 무인의 올곧음이면 이롭다. 상사에서 이르기를, 나아갔다 물러난다 함은 뜻이 의심스럽기 때문이다. 무인의 올곧음이면 이롭다 함은 뜻을 다스렸기 때문이다(進退, 利武人之貞., 象曰, 進退, 志疑也, 利武人之貞, 志治也).

초육은 음효가 양위에 있다. 비록 위치는 낮지만, 하괘 손(巽)의 괘주다. 음효가 양위에 있고 정응(正應)하는 바가 없기 때문에, 나아갈 수도 없고 물러날 수도 없는 상황이다. 이럴 때 무인의 과감한 결단이 필요하다. 의심을 끊어버리면 길이 열린다.

부드러움이 강한 것을 이긴다. 부드러움 속에 강한 의지가 들어있기 때문이다. 아직은 중풍손의 초기라 부드러움의 세력이 미약하다. 그러므로 강한 의지를 불러내기 위한 경책이 들어 있다.

괘의 변화를 보자. 만약 1효가 양으로 변하면 풍천소축(風天小畜, ䷈)이 되고, 1효는 그대로 있고 나머지 효가 모두 반대로 바뀌면 뇌지예(雷地豫, ䷏)가 된다.

어려움을 이겨내고 새로운 변화의 바람이 불어오는 상황에서, 엄격한 규율이 필요하다. 새로운 사회적 규범과 질서가 잡혀야, 사람들이 서로 협력하여 새로운 경제와 문화를 이룩할 수 있다.

구이(九二)

겸손하게 평상 아래에 있다. 사무를 많이 쓰면 길하고, 허물이 없다. 상사에서 이르기를, 많이 쓰면 길함은 중을 얻었기 때문이다(巽在牀下, 用史巫紛若吉, 无咎. 象曰, 紛若之吉, 得中也).

구이는 양효가 음위에 있고, 중도가 있다. 양강한 힘을 제어하는 위치에 있다. 그 덕에 대응하는 구오와 정응(正應)하고 있지 않지만, 구이는 구오에게 예의를 지킬 수 있다.

사무(史巫)는 무당과 사관의 여러 업무를 동시에 관장 하는 사람을 말한다. 구오는 사무를 시켜 구이의 행적을 기록함으로써, 그의 강한 기운을 다스릴 필요가 있다. 한편 구이가 중도의 덕이 있기 때문에, 정사의 도리를 이해하고 유순하게 따를 수 있다.

괘의 변화를 보자. 만약 2효가 음으로 변하면 풍산점(風山漸, ䷴)이 되고, 2효는 그대로 있고 나머지 효가 모두 반대로 바뀌면 뇌택귀매(雷澤歸妹, ䷵)가 된다.

어려움이 가면 즐거움이 오기 마련이다. 그러나 오는 시기나 상황이 지나치면 복이 화로 변할 수 있다. 때문에 항시 조급한 마음을 비우고 점진적으로 나가는 것이 좋다.

구삼(九三)

빈번히 겸손하다. 부끄럽다. 상사에서 이르기를, 빈번히 겸손하여 부끄럽다 함은 뜻이 궁한 것이다(頻巽, 吝. 象曰, 頻巽之吝, 志窮也).

구삼은 양효가 양위에 있지만, 중도가 없다. 또한 대응하는 상구와 정응(正應)하고 있지 않다. 강한 기운을 중화시킬 자리가 아니므로, 구삼은 중풍손의 시절인연에 맞지 않다. 뜻을 펼 수 있는 위치가 아니다.

효사의 상사는 부드러움의 뜻을 다시 새길 것을 경책하고 있다. 부드러움은 새로운 질서를 잡기 위한 역의 도리다. 옛것이 가고 새로운 것이 올 때는 모순과 갈등이 있기 마련이다. 강한 것끼리 부딪칠 때, 부드러움이 윤활유 역할을 할 수 있다.

괘의 변화를 보자. 만약 3효가 음으로 변하면 풍수환(風水渙, ䷲)이 되고, 3효는 그대로 있고 나머지 효가 모두 반대로 바뀌면 뇌화풍(雷火豊, ䷶)이 된다.

사회에 새로운 활력을 불어넣을 때 자칫 지나치면, 풍속이 저속화되기 쉽다. 따라서 매우 신중하게 물질과 정신의 균형을 잡아야 한다.

육사(六四)

후회가 사라진다. 사냥을 하여 세 가지 물품을 얻는다. 상사에서 이르기를, 사냥을 하여 세 가지 물품을 얻는다 함은 공이 있다는 뜻이다(悔亡, 田獲三品. 象曰, 田獲三品, 有功也).

육사는 음효가 음위에 있다. 비록 중도는 없지만, 상괘 손(巽)의 괘주다. 구오의 신하로서 충실히 그의 명을 따르는 대신이다. 삼품(三品)은 구이, 구삼, 상구를 가리킨다.

육사는 연이어 부드럽게 자신을 낮추는 모습을 보이고 있다. 일인지하 만인지상의 대신이 겸손한 모습을 보이기 때문에, 사람들이 믿고 따르게 된다.

괘의 변화를 보자. 만약 4효가 양으로 변하면 천풍구(天風姤, ䷫)가 되고, 4

효는 그대로 있고 나머지 효가 모두 반대로 바뀌면 지뢰복(地雷復, ䷗)이 된다.

　이제 사회가 새로운 질서를 잡아가기 시작했다. 지도자를 보필하는 자는 제도와 법령을 정비하고, 새로운 활동을 준비하는 것이 좋다.

구오(九五)

　올곧으면 길하다. 후회는 사라진다. 불리함이 없다. 시작은 없어도 끝은 있다. 경일 삼일 전과 경일 삼일 뒤에 하면 길하다. 상사에서 이르기를, 구오의 길함은 위치가 바르고 중도를 얻었기 때문이다(貞吉, 悔亡, 无不利, 无初有終, 先庚三日, 後庚三日, 吉. 象曰, 九五之吉, 位正中也).

　구오는 양효가 양위에 있고, 중도도 있다. 비록 구이와 정응(正應)하고 있지 않지만, 중풍손 시대의 중정(中正)한 군주다. 따라서 구오는 구이를 통솔할 수 있는 지혜와 힘이 있다. 비록 어렵게 시작했으나, 결실을 맺을 수 있는 단계에 이르렀다.

　경(庚)은 변경의 의미를 담고 있다. 경일(庚日)을 기준으로 변화를 준다는 것은 천도(天道)의 이치에 따라야 한다는 경책이다. 지도자는 변화의 기미를 잘 살펴 새로운 질서를 확립해야 한다.

　괘의 변화를 보자. 만약 5효가 음으로 변하면 산풍고(山風蠱, ䷑)가 되고, 5효는 그대로 있고 나머지 효가 모두 반대로 바뀌면 택뢰수(澤雷隨, ䷐)가 된다.

　사회의 질서가 균형을 잡으면, 사람들이 믿고 따를 수 있다. 그러나 균형이 무너지면 사회에 병폐가 생긴다. 따라서 지도자는 항상 일신우일신(一新又一新)의 자세를 견지해야 한다. 역에는 만족이 없다. 끊임없는 자기 혁신이 있을 뿐이다.

상구(上九)

겸손하게 평상 아래에 있다. 자금과 도끼를 잃는다. 올곧아도 흉하다. 상사에서 이르기를, 겸손하게 평상 아래에 있다 함은 위가 궁색하기 때문이다. 자금과 도끼를 잃는다 함은 정녕 바를 수 없고 흉하다는 뜻이다(巽在牀下, 喪其資斧, 貞凶. 象曰, 巽在牀下, 上窮也, 喪其資斧, 正乎凶也).

상구는 양효가 음위에 있고, 중도도 없다. 또한 대응하는 구삼과도 정응(正應)하고 있지 않다. 상구는 변화의 끝에 위치해 있고, 호응하는 자가 없다.

상구의 상황은 부드러움이 극에 이르러 오히려 부드러움의 뜻을 해치게 되는 경우다. 수행의 차원으로 해석하면, 이러저러한 수행의 지식과 방편이 너무 많아 오히려 수행을 방해하는 것과 같다.

종교적으로 보면, 종교의 교리가 구원에 방해가 되는 경우다. 종교가 교리의 독선에 빠지면, 교리가 인간 정신의 해방이라는 종교의 목적을 위반하게 된다. 진리가 인간을 자유롭게 하는 것이 아니라, 진리로 위장한 교리 때문에 인간의 정신이 감옥에 갇히는 결과를 초래한다.

괘의 변화를 보자. 만약 6효가 음으로 변하면 수풍정(水風井, ䷯)이 되고, 6효는 그대로 있고 나머지 효가 모두 반대로 바뀌면 화뢰서합(火雷噬嗑, ䷔)이 된다.

정신적 스승은 어려움을 대중들과 함께 해소하고, 그 결실을 함께 누릴 수 있어야 한다. 더불어 사람들의 풍속이 저속화 되는 것을 막기 위해, 양극적 요소들을 잘 조율해서 중도적 지혜를 주어야 한다.

57. 중풍손(重風巽) ䷸

58.

중택태(重澤兌)

교언영색(巧言令色)을 경계하라

태는 형통하다. 올곧으면 이롭다(兌, 亨, 利貞).

    밖으로 떠돌다 자신에게 어울리는 곳에 들어가면, 기쁨이 있기 마련이다. 그러므로 손(巽) 다음에 태(兌)를 놓는다. 태는 기뻐한다는 뜻이다. 그러나 지나치게 기쁨에 빠지면, 판단력이 흐려진다. 행복 속에서 불행의 씨앗이 싹트는 법이다.

    중풍손☴이 어려움을 부드러운 음으로 뚫고 나가는 상황이라면, 중택태는 그 성과를 확장해가는 형국이다. 널리 펼쳐나갈 때, 가장 중요한 덕목은 올곧음이다. 단사를 보자.

    단사에서 이르기를, 태는 기뻐함이다. 굳센 양이 중을 얻고 부드러운 음이 밖에 있다. 기뻐하며 올곧으면 이롭다. 이 때문에 하늘에 따르고 사람에게 호응하여, 기쁨으로 백성에 앞서 이끌면, 백성은 수고로움을 잊는다. 기쁨으로 어려움을 무릅쓰면, 백성은 죽음을 잊는다. 기쁨이 커서, 백성이 힘쓰게 된다(彖曰, 兌, 說

也. 剛中而柔外, 說以利貞. 是以順乎天而應乎人. 說以先民, 民忘其勞, 說以犯難, 民忘其死, 說之大, 民勸矣哉).

중택태는 결실의 기쁨이 있지만, 그것에 자만하지 않고 올곧음을 지켜나가라는 경책을 담고 있다. 올곧음을 지키는 가장 좋은 방법은 지도자가 먼저 솔선수범의 모범을 보이는 것이다. 양강(陽剛)한 구이와 구오가 중도를 얻고, 음유(陰柔)한 육삼과 상육이 밖에 있다. 구이와 구오가 앞장서고 나머지는 기쁘게 따라가는 모습이다. 상사를 보자.

상사에서 이르기를, 못이 아름다운 것이 태다. 군자는 이로써 벗들과 강론하고 학습한다(象曰, 麗澤, 兌, 君子以朋友講習).

기쁨이 중첩되고 연못이 연이어 있기 때문에, 생명의 활기가 소진될 일이 없다. 이런 분위기를 올곧게 널리 확산하는 방법으로는 함께 모여 토론하고 익히는 방법이 최고다. 또한 기쁨이 지나쳐서 풍속이 해이해지는 것을 막기 위해서는, 무엇보다 도덕교육이 절실하다:

중택태의 잡괘를 보면, 풍화가인(風火家人, ䷤), 중산간(重山艮, ䷳), 중풍손(重風巽, ䷸) 등이 있다. 사람은 누구나 기쁘게 살기를 원하지만, 기쁨은 영원한 것이 아니다. 따라서 항시 자신을 돌아보고 겸양의 정신으로 사는 것이 중요하다. 그리고 가정은 사회의 초석이므로, 가정을 잘 단속하는 것이 기쁨을 오래 누리는 평범한 비결이다.

초구(初九)

화합하는 기쁨이다. 길하다. 상사에서 이르기를, 화합하는 기쁨이라 길하다 함은 행함에 의심이 없기 때문이다(和兌, 吉. 象曰, 和兌之吉, 行未疑也).

초구는 양효가 양위에 있다. 위치도 낮고, 정응(正應)하는 자도 없다. 그러나 중택태의 시절을 맞아 초구는 스스로 기뻐할 줄 아는 자다. 자립과 공존의 기쁨을 느끼고 있다.

중택태는 중풍손☴과 반대의 상황이다. 중풍손☴의 경우에는 부드러움이 쌓여가는 형국이라면, 중택태의 상황은 반대로 기쁨이 점차 줄어드는 흐름을 보이고 있다. 초구는 마음속에서 기쁨이 스스로 우러나오는 모습이다. 생명의 기운이 화합하는 것이다.

괘의 변화를 보자. 만약 1효가 음으로 변하면 택수곤(澤水困, ☵)이 되고, 1효는 그대로 있고 나머지 효가 모두 반대로 바뀌면 산화비(山火賁, ☲)가 된다.

사회 저변에서 우러나온 기쁨이 사회 전체로 확대 되가는 과정에서 파급력이 미약해지거나 반작용이 생기면, 곤궁하게 된다. 따라서 인문 정신으로 무장할 필요가 있다.

구이(九二)

믿는 기쁨이다. 길하고 후회는 사라진다. 상사에서 이르기를, 믿는 기쁨이라 길하다 함은 뜻에 믿음이 있기 때문이다(孚兌, 吉, 悔亡. 象曰, 孚兌之吉, 信志也).

구이는 양효가 음위에 있고, 중도가 있다. 양강한 구이가 가운데 자리에 있기 때문에, 스스로 믿는 힘이 있다. 비록 대응하는 구오와 정응(正應)하고 있지 않지만, 스스로 힘을 내는 자는 사그라지는 법이 없다.

사사로운 믿음에 근간한 기쁨은 오래 가지 않는다. 그러나 뜻이 바르고 크면, 그 뜻을 믿는 기쁨도 크고 오래 간다. 기쁨의 중점이 일시적인 쾌락이 아니라, 바른 뜻에 있다는 경책을 주고 있다. 바른 변화의 도리를 따르는 기쁨이 가장 크다.

괘의 변화를 보자. 만약 2효가 음으로 변하면 택뢰수(澤雷隨, ䷐)가 되고, 2효는 그대로 있고 나머지 효가 모두 반대로 바뀌면 산풍고(山風蠱, ䷑)가 된다. 기쁨에는 책임이 따른다. 중도의 도리를 지키는 자만이 책임을 질 수 있다. 균형을 잡을 수 없다면, 사회의 병폐를 막을 수 없다.

육삼(六三)

다가오는 기쁨이다. 흉하다. 상사에서 이르기를, 다가오는 기쁨이라 흉하다 함은 위치가 부당하기 때문이다(來兌, 凶. 象曰, 來兌之凶, 位不當也).

육삼은 음효가 양위에 있다. 중도도 없다. 더욱이 상구와 정응(正應)하고 있지도 않다. 그러나 육삼은 하괘 태(兌)의 괘주다. 태는 건(乾)의 삼효가 음효로 바뀐 것이다. 몸체는 건이지만, 쓰임은 태다. 건의 뜻을 망각하고, 남에게 다가가 아첨함으로써 오는 기쁨이다. 그러므로 흉하다.

마음 한 가운데서 우러나오는 기쁨이 아니라, 형식적이고 가식적인 기쁨이다. 뭔가 사적인 목적이 있는 태도라고 할 수 있다. 공자는 《논어》 양화(陽貨)편에서 이런 자를 매우 경계했다.

들기 좋은 말이나 교묘하게 잘하고 보기 좋은 태도나 꾸미는 자들 중에는 어진 자가 드물다(巧言令色, 鮮矣仁).《논어》

괘의 변화를 보자. 만약 3효가 양으로 변하면 택천쾌(澤天夬, ䷪)가 되고, 3효는 그대로 있고 나머지 효가 모두 반대로 바뀌면 산지박(山地剝, ䷖)이 된다. 사회의 붕괴는 육삼과 같은 자들이 활개를 치기 때문이다. 이런 자들을 척결하지 못하면, 사회의 질서가 무너질 수 있다.

구사(九四)

기쁨을 헤아려 보지만, 편안하지 못하다. 절개를 지키고 미워하면, 기쁨이 있다. 상사에서 이르기를, 구사의 기쁨은 경사가 있기 때문이다(商兌未寧, 介疾有喜. 象曰, 九四之喜, 有慶也).

구사는 양효가 음위에 있다. 기쁨을 절제하는 자리에 있다. 중도도 없고, 초구와 정응(正應)하고 있지도 않다. 중택태의 시절인연에는 이런 자가 오히려 사회의 풍속이 저속화 되는 것을 막는 자다. 스스로 중심을 잡고 있기 때문이다.

소인인 육삼이 구사에게 다가가 아첨을 떨지만, 구사는 달가운 모습이 아니다. 소인의 의도가 훤히 보이기 때문에, 구사는 마음이 편치 않다. 구사는 절개를 지키고, 소인의 사악한 마음을 경계해야 할 것이다. 소인을 멀리 하면, 장차 경사가 있을 것이라는 위안을 주고 있다.

괘의 변화를 보자. 만약 4효가 음으로 변하면 수택절(水澤節, ䷂)이 되고, 4효는 그대로 있고 나머지 효가 모두 반대로 바뀌면 화산려(火山旅, ䷷)가 된다.

일시적인 쾌락에 빠지면, 모든 것을 탕진할 수 있다. 개인과 사회 모두 예외가 없다. 따라서 기쁨이 지나치지 않도록, 절도 있고 검소한 생활태도를 견지해야 한다.

구오(九五)

믿음을 가지고 제거한다. 위태로움이 있다. 상사에서 이르기를, 믿음을 가지고 제거한다 함은 위치가 정당하기 때문이다(孚于剝, 有厲. 象曰, 孚于剝, 位正當也).

구오는 양효가 양위에 있고, 중도가 있다. 구오는 중택태의 시절에 지나치게 기쁨에 들떠 사회에 병폐가 되는 존재들을 제거하는 임무를 부여받았다. 군주의 자리이고 중정하므로, 그렇게 할 수 있는 힘과 지혜를 겸비하고 있다.

그러나 교언영색을 일삼는 자들은 교묘하게 자신을 낮추는 자들이기 때문에, 언제 흉심을 드러낼지 알 수 없다. 때문에 매우 위태로우므로, 극히 조심해야 한다.

괘의 변화를 보자. 만약 5효가 음으로 변하면 뇌택귀매(雷澤歸妹, ䷵)가 되고, 5효는 그대로 있고 나머지 효가 모두 반대로 바뀌면 풍산점(風山漸, ䷴)이 된다.

사회에는 선악(善惡)이 공존하기 마련이다. 지도자는 선악을 가려 제때에 알맞은 곳에 쓰는 중도의 도리를 잃지 말아야 한다. 따라서 지도자는 항시 자신을 뒤돌아보고, 사회의 풍속을 잘 살펴야 한다.

선이 가면 악이 오고, 악이 사라지면 선이 다시 돌아온다. 그런데 독(毒)도 쓰기에 따라서 약이 되듯이, 악은 활용하기에 따라서는 약이 될 수도 있다. 그러나 이때는 주의해야 한다. 악은 사회적 공익을 위해서 최소한으로, 그리고 도리에 맞게 써야 탈이 적다.

상육(上六)

잡아당기는 기쁨이다. 상사에서 이르기를, 상육은 잡아당기는 기쁨이다 함은 아직 빛나지 못한다는 뜻이다(引兌. 象曰, 上六引兌, 未光也).

상육은 음효가 음위에 있지만, 중도가 없다. 대응하는 육삼과 정응(正應)하고 있지도 않다. 육삼처럼 태(兌)의 괘주이기는 하지만, 상육은 음유한 자리에 있고 중택태의 맨 위에 있다. 따라서 상황이 다르다. 비록 흉하다는 말은 없지만, 기쁨이 과해 중도를 상실한 모습이다.

정신적 스승의 자리에 있는 자가 기쁨에 들떠서 지도자의 눈을 흐린다면, 사회의 바른 뜻이 사라질 것이다. 육삼처럼 교언영색하는 자가 아닐 수 없다.

사회의 원로에 해당하는 자들이 만약 육삼처럼 지도자에게 사탕발림의 말로 지도자의 판단을 흐리게 한다면, 사회가 붕괴될 수 있다. 육삼처럼 상육도 과감히 처단해야 한다.

괘의 변화를 보자. 만약 6효가 양으로 변하면 천택리(天澤履, ䷉)가 되고, 6효는 그대로 있고 나머지 효가 모두 반대로 바뀌면 지산겸(地山謙, ䷎)이 된다.

정신적 스승의 위치에는 있는 자들은 항시 극기복례(克己復禮)의 자세와 겸양의 정신으로 사람들에게 임해야 한다. 자신을 낮춤으로써, 사람들이 오히려 자신을 높이는 법이다.

59.

풍수환(風水渙)

소아(小我)를 버려라

환은 형통하다. 왕이 종묘를 둠이 지극하다. 큰 내를 건너면 이롭다. 올곧으면 이롭다(渙, 亨, 王假有廟, 利涉大川, 利貞).

　　기쁨을 누린 다음에는 흩어지기 마련이다. 그러므로 태(兌) 다음에는 환(渙)을 놓았다. 풍수환에 이르러서는, 중택태☱의 기쁨을 사람들과 함께 널리 나누어야 한다. 민심이 천심이기 때문에, 기쁨이 모든 사람들에게 이르면 하늘도 기뻐할 일이다.

　　기쁨을 사람들과 함께 누리는 것은 마치 종묘에 제사를 올리는 것과 같이 중차대한 문제다. 왜냐하면 기쁨은 지나치기 쉬운 속성을 지니고 있고, 지나치면 쾌락이 되기 때문이다. 사람들이 쾌락에 물들면, 풍속이 저속화되고 사회질서가 문란해진다. 때문에 아무리 좋은 일이라도 올곧지 않으면, 도리어 화가 생긴다. 단사를 보자.

　　단사에서 이르기를, 환은 형통하다. 굳센 양이 와서 궁하지 않고, 부드러운 음이 밖에서 자리를 얻어 위와 하나가 되기 때문이다. 왕이 종묘를 둠이 지극하다 함은 왕이 중심에 있다는 것이다. 큰 내를 건너면 이롭다 함은 나무를 올라타서 공이 있는 것이다(象曰, 渙, 亨, 剛來而不窮, 柔得位乎外而上同. 王假有廟, 王乃在中也, 利涉大川, 乘木有功也).

풍수환의 하괘 감(坎)은 물을 뜻한다. 물은 낮은 곳으로 흐르고, 결국 대해에 이른다. 물이 큰 흐름의 힘을 보이는 것은 그 속에 강한 에너지, 즉 화기(火氣)가 있기 때문이다.

상괘 손(巽)은 바람이자 나무를 상징한다. 나무는 물의 흐름에 따라 모든 곳에 이른다. 공자는 《계사전》에서 풍수환의 괘에서 인류문명이 서서히 발달해가는 모습을 보았다.

나무를 도려내 배를 만들고, 나무를 깎아 노를 만들어, 배와 노의 이로움으로 통행하지 못하는 곳을 건넜다. 멀리 가서 천하를 이롭게 하니, 이것은 환괘에서 취한 것이다(刳木爲舟, 剡木爲楫, 舟楫之利以濟不通, 致遠以利天下, 蓋取諸渙).
《계사전》

풍수환의 굳센 구오가 중도를 얻었고, 육사가 부드러움을 주기 때문에, 마치 배를 타고 가는 모습과 같다. 시절인연이 큰 공을 세울 수 있는 상황이다. 상사를 보자.

상사에서 이르기를, 바람이 물 위에 부는 것이 환이다. 선왕은 이로써 상제에게 제사지내고 종묘를 세운다(象曰, 風行水上, 渙, 先王以享于帝立廟).

여기서 역은 반면(反面)을 보여주고 있다. 지도자는 사회에 새로운 활력을 불어넣을 때, 제사를 지내듯 신중하게 해야 한다. 그렇지 않으면 사회의 풍속이 들뜨고, 저속하게 흐리기 쉽다. 그러므로 풍수환의 시절에 군주는 제사를 지내고, 마음을 엄숙하게 다졌다.

풍수환의 잡괘를 보면, 수풍정(水風井, ䷯), 산뢰이(山雷頤, ䷚), 뇌화풍(雷火豐, ䷶), 수택절(水澤節, ䷻) 등이 있다. 문물이 교류되고 새로운 문화가 풍성하게 꽃피는 시절에는 법도를 잘 지켜나가야 한다.

초육(初六)

구원하는 말이 힘차다. 길하다. 상사에서 이르기를, 초육의 길함은 순종하기 때문이다(用拯馬壯吉. 象曰, 初六之吉, 順也).

초육은 음효가 양위에 있다. 비록 위치는 낮지만, 위에 굳센 구이가 있다. 구이는 자신을 구할 힘찬 말과 같다. 초육은 구이에게 순종하면, 어려움을 헤쳐 나갈 수 있다.

초육은 중택태(☱)의 기쁨이 흩어지는 것을 막기 위한 움직임의 초기 단계다. 병이 깊지 않으니, 흩어짐을 막기가 어렵지 않다. 모든 것은 시작하는 대로 끝나는 법이다. 초기에 대응을 어떻게 하느냐가 나중의 결과를 좌우한다.

괘의 변화를 보자. 만약 1효가 양으로 변하면 풍택중부(風澤中孚, ䷽)가 되고, 1효는 그대로 있고 나머지 효가 모두 반대로 바뀌면 뇌산소과(雷山小過, ䷽)가 된다. 비록 위치가 낮고 힘이 없어도, 자신보다 힘이 있고 중도를 지닌 자와 협력하면, 작은 허물을 막아 큰 허물을 예방할 수 있다.

구이(九二)

구원하는 말이 힘차다. 길하다. 상사에서 이르기를, 초육의 길함은 순종하기 때문이다(用拯馬壯吉. 象曰, 初六之吉, 順也).

구이는 양효가 음위에 있고, 중도가 있다. 하괘 감(坎)은 위기를 상징하기도 한다. 위기의 격랑 속에서 구이가 있기 때문에, 편안히 물의 흐름에 맡길 수 있다. 위험 속에서도 편안함을 유지할 수 있는 힘과 지혜를 겸비하고 있다.

위급한 상황에는 가까운 이웃이 먼 친척보다 나은 법이다. 초육과 구이 둘 다 대응하는 상괘의 효와 정응(正應)하지 않기 때문이다. 양강한 구이는 음유한 초육과 위급한 상황에서 서로 의지할 수 있는 처지다. 나무토막은 초육이다. 음양이 조화를 이루고 있다.

괘의 변화를 보자. 만약 2효가 음으로 변하면 풍지관(風地觀, ䷓)이 되고, 2효는 그대로 있고 나머지 효가 모두 반대로 바뀌면 뇌천대장(雷天大壯, ䷡)이 된다.

변화의 흐름을 잘 살펴보면, 위기를 모면하고 큰 힘을 낼 수 있는 기회가 있음을 알 수 있다. 고요히 비추어볼 수 있는 마음의 자세가 필요하다.

육삼(六三)

몸을 흩어버린다. 후회는 없다. 상사에서 이르기를, 몸을 흩어버린다 함은 뜻이 밖에 있기 때문이다(渙其躬, 无悔. 象曰, 渙其躬, 志在外也).

육삼은 음효가 양위에 있고, 중도도 없다. 육삼은 하괘 감(坎)의 맨 위에 있다. 물의 표면에 있는 육삼이 바람을 뜻하는 상괘 손(巽)의 괘주 육사와 마주하고 있는 모습이다.

바람에 물이 날려가는 모습이기도 하다. 물이 흩어지면 만물이 혜택을 보게 된다. 그러므로 뜻이 밖에 있는 것이다. 소아(小我)를 버림으로써 대아(大我)를 얻게 된다. 육삼은 자신을 버리고 사회를 구하는 의인(義人)의 모습을 보여주고 있다.

괘의 변화를 보자. 만약 3효가 양으로 변하면 중풍손(重風巽)이 되고, 3효는 그대로 있고 나머지 효가 모두 반대로 바뀌면 중뢰진(重雷震, ䷲)이 된다.

자신의 아집과 편견으로 뭉친 소아를 버리고 대아를 회복하기 위해서는 상황에 맞게 자신을 낮추고 변통하는 자세가 필요하다. 이런 의인이 많으면, 사회는 강한 추진력으로 발전할 수 있다.

육사(六四)

> 무리를 흩어버린다. 크게 길하다. 흩어버리면 구릉처럼 크게 모인다. 보통 사람이 생각할 바가 아니다. 상사에서 이르기를, 무리를 흩어버리면 크게 길하다 함은 빛나고 큰 것이다(渙其羣, 元吉, 渙有丘, 匪夷所思. 象曰, 渙其羣元吉, 光大也).

육사는 음효가 음위에 있다. 비록 중도는 없지만, 위치가 바르다. 또한 바람을 뜻하는 손(巽)의 괘주다. 육사는 풍수환의 군주인 구오와 음양의 조화를 이루고, 크고 빛나는 일을 할 수 있다. 흩어짐으로써 크게 모이는 법이다.

육사는 사사로운 이해관계를 모두 흩어버림으로써, 진실로 바른 뜻을 가진 사람들을 불러 모을 수 있다. 육사는 공무원의 표상이 될 만하다. 흩어짐의 반면(反面)은 모임이다.

괘의 변화를 보자. 만약 4효가 양으로 변하면 천수송(天水訟, ䷅)이 되고,

4효는 그대로 있고 나머지 효가 모두 반대로 바뀌면 지화명이(地火明夷,)가 된다. 공무(公務)를 맡은 자가 사적인 이해관계에 연루되면 송사와 다툼이 일어나고, 사회에 밝은 도리가 사라질 것이다.

구오(九五)

> 큰 호령으로 땀이 나듯 흩어버린다. 흩어지는 곳에 왕이 자리한다. 허물이 없다. 상사에서 이르기를, 왕이 자리하므로 허물이 없다 함은 바른 위치이기 때문이다(渙汗其大號, 渙王居, 无咎. 象曰, 王居无咎, 正位也).

구오는 양효가 양위에 있다. 비록 구이와 정응(正應)하고 있지 않지만, 구오는 중도가 있다. 풍수환의 시절인연을 맞아 왕의 권위가 매우 드높다. 왕의 명령이 일사분란하게 전달되는 모습이다. 중도를 지닌 왕이므로, 헛되고 과한 명령이 없다.

밑에 공익에 헌신하는 육삼과 육사가 있기 때문에, 구오는 이에 힘을 얻고 큰 믿음으로 호령하는 모습이다. "땀이 나듯 흩어버린다."는 말은 진심에서 우러나온 지도자의 명령을 의미한다. 또한 기쁨을 모든 사람들과 공유하고자 하는 지도자의 의지를 엿볼 수 있다.

괘의 변화를 보자. 만약 5효가 음으로 변하면 산수몽(山水蒙, ䷃)이 되고, 5효는 그대로 있고 나머지 효가 모두 반대로 바뀌면 택화혁(澤火革, ䷰)이 된다.

기쁨이 지나치면, 쾌락이 된다. 특히 지도자가 쾌락에 빠지면, 간신들이 주위에 들끓게 되고, 지도자의 눈과 귀를 가리게 된다. 무지몽매한 사회로 가는 첩경이다. 따라서 지도자는 이를 경계하고 부패의 여지를 항시 단속하고 혁신해야 한다.

상구(上九)

피를 흩어버린다. 멀리 나가면 허물이 없다. 상사에서 이르기를, 피를 흩어버린다 함은 해로움을 멀리한다는 뜻이다(渙其血, 去逖出, 无咎. 象曰, 渙其血, 遠害也).

상구는 양효가 음위에 있다. 비록 중도도 없지만, 상구는 육삼과 정응(正應)하고 있다. 상구는 육삼이 소아(小我)를 버리고 대아(大我)를 취할 수 있도록 이끌어주는 스승이다. 상구는 육삼이 진리의 대해(大海)로 멀리 나갈 수 있도록 지도할 수 있다.

"피를 흩어버린다."는 말은 육삼이 위험의 끝에 있기 때문에, 그 위험을 제거하는 상황을 의미한다. 상구는 사람들의 무지(無知)를 깨울 의무가 있다.

괘의 변화를 보자. 만약 6효가 음으로 변하면 중수감(重水坎, ䷜)이 되고, 6효는 그대로 있고 나머지 효가 모두 반대로 바뀌면 중화리(重火離, ䷝)가 된다.

사람들이 밝은 도리를 회복하면, 세상의 위험은 사라질 것이다. 모든 위험과 고난은 무지의 산물이기 때문이다. 정신적 스승은 사람들의 어리석음을 깨우는 일에 헌신해야 한다.

60.

수택절(水澤節)

도리를 지켜 절제하라

절은 형통하다. 괴로운 절개는 올곧을 수 없다(節, 亨, 苦節, 不可貞).

흩어지는 것은 중간 중간 마디를 형성하기 마련이다. 그러므로 환(渙) 다음에 절(節)을 놓는다. 절은 그침(止)을 내포한다. 절제, 절개 등은 그침을 통해 구현된다.

풍수환(䷺)이 물을 퍼뜨리는 모습이라면, 수택절은 물을 연못에 가두는 모습이다. 지나친 발산은 위험을 초래하므로, 균형을 잡기 위해서는 적당한 수렴이 필요하다. 단사를 보자.

단사에서 이르기를, 절은 형통하다. 굳센 양과 부드러운 음이 나뉘고 굳센 양이 중도를 얻었기 때문이다. 괴로운 절제는 올곧을 수 없다 함은 그 도가 궁하기 때문이다. 기뻐하며 위험한 가운데 행하고, 합당한 위치에서 절제한다. 중정함으로써 통한다. 천지도 절도가 있으므로 사계절이 이루어진다. 법도가 있게 제도를 정비하여, 재물을 상하지 않고 백성을 해치지 않는다(象曰, 節, 亨, 剛柔分而

剛得中. 苦節不可貞, 其道窮也. 說以行險, 當位以節, 中正以通. 天地節而四時成, 節以制度, 不傷財不害民).

상괘 감(坎)은 위험을 뜻한다. 하괘 태(兌)는 기쁨을 의미한다. 위험한 상황에서 기쁘게 생활할 수 있는 것은 절제할 줄 아는 중도의 정신이 있기 때문이다. 구오가 중정을 모두 얻었기 때문에, 위기가 오히려 기회가 될 수 있다. 상사를 보자.

상사에서 이르기를, 못 위에 물이 있는 것이 절이다. 군자는 이로써 역법과 법제를 제정하고 덕행을 의논한다(象曰, 澤上有水, 節, 君子以制數度, 議德行).

절도 있는 생활을 하기 위해서는 그 기준을 바로 세우는 것이 중요하다. 고대에 농업은 주로 천문에 의지했다. 따라서 역법(曆法)을 바로 정비하는 것이 가장 중요했다. 고대에는 법과 제도도 자연의 법도를 따르고, 인간의 덕행도 자연의 순리를 따르는 것이 미덕(美德)이었다.

수택절의 잡괘를 보면, 택수곤(澤水困, ䷮), 산뢰이(山雷頤, ䷚), 화산려(火山旅, ䷷), 풍수환(風水渙, ䷺) 등이 있다. 기쁨이 지나치게 되는 것을 절제로 균형을 잡아야 한다. 따라서 곤란과 몰락을 반면교사로 삼아서, 풍속이 타락하는 것을 막아야 한다.

초구(初九)

방 앞마당에도 나가지 않는다. 허물이 없다. 상사에서 이르기를, 방 앞마당에도 나가지 않는다 함은 통함과 막힘을 안다는 뜻이다(不出戶庭, 无咎. 象曰, 不出戶庭, 知通塞也).

초구는 양효가 양위에 있지만, 위치가 낮다. 하괘 태(兌)는 건(乾)에서 온 것이다. 천도의 이치로 보면, 초구는 아직 움직일 때가 아니다. 초구는 제자리에서 멈춤으로써 세상과 통한다.

방 밖을 나가지 않으면, 말이 새나갈 일이 없다. 《계사전》에서 공자는 초구를 설명하면서, "혼란이 생기는 것은 말이 그 계단이 되기 때문이다(亂之所生也, 則言語以爲階)."라고 설명했다. 인간관계를 해치는 가장 간단하고 강력한 수단이 말이다.

세 치 혀가 개인뿐만 아니라 사회를 혼란으로 몰아넣을 수 있다. 말이 꼬리에 꼬리를 물면서 한없이 왜곡되기 때문이다. 그 과정에서 진실은 사라지고, 감정싸움만 남게 된다. 거짓말도 천번만번이 되면 진실이 된다는 말이 있듯이, 구설수(口舌數)가 총칼보다 무섭다. 특히 공인(公人)에게는 치명적이다. 내용 없이 말이 많은 자를 조심해야 하는 이유가 여기에 있다.

공자는 결론적으로 "거의 임박한 일을 비밀로 하지 않으면 일이 이루어지는 데 방해가 된다. 때문에 군자는 신중히 비밀로 하고 입 밖에 내지 않는다(幾事不密則害成. 是以君子愼密而不出也)."고 경책했다.

큰일이든 작은 일이든, 일이 이루어지기 전에는 함부로 발설하지 않는 것이 좋다. 보다 현실적으로 말하자면, 말을 할 사람이 있고, 하지 말아야 할 사람이 있다. 만약 주변에 충심으로 믿고 말을 할 사람이 있다면, 그 사람은 큰일을 할 수 있다.

괘의 변화를 보자. 만약 1효가 음으로 변하면 중수감(重水坎, ䷜)이 되고, 1효는 그대로 있고 나머지 효가 모두 반대로 바뀌면 중화리(重火離, ䷝)가 된다.

말은 혼란으로 가는 계단이기도 하지만, 사회의 질서를 유지하고 대업을 성사시키는 매개역할도 한다. 바른 도리의 말은 사회를 밝게 하고, 반대로 도리를 저버린 말은 사회를 위험에 빠지게 한다.

구이(九二)

문 앞뜰에도 나가지 않는다. 흉하다. 상사에서 이르기를, 문 앞뜰에도 나가지 않으니 흉하다 함은 때를 잃음이 극에 이른 것이기 때문이다(不出門庭, 凶. 象曰, 不出門庭, 失時極也).

구이는 양효가 음위에 있고, 중도가 있다. 비록 대응하는 구오와 정응(正應)하고 있지 않지만, 구이는 위험을 뜻하는 감(坎)의 한 가운데 있는 구오를 가서 구할 수 있는 능력이 있다. 그러나 구이는 수택절의 시기를 맞아 움직이지 않고 있다.

이것은 절제와 절도의 뜻을 잘 못 새긴 것이다. 진정한 절제와 절도는 갈 때는 가고, 멈출 때는 멈추는 도리다. 구이는 가야 할 때 멈추고 있으므로, 쓸데없는 멈춤으로 모든 것을 잃을 수 있다는 경책을 주고 있다.

괘의 변화를 보자. 만약 2효가 음으로 변하면 수뢰준(水雷屯, ䷂)이 되고, 2효는 그대로 있고 나머지 효가 모두 반대로 바뀌면 화풍정(火風鼎, ䷱)이 된다. 구이는 세상에 나가 경륜을 쌓고, 새로운 시대의 기틀을 바르게 만들 책무가 있다.

육삼(六三)

절제하지 못하면, 한탄한다. 허물이 없다. 상사에서 이르기를, 절제하지 못하면 한탄한다 함은 또 누구의 허물이겠는가(不節若, 則嗟若, 无咎. 象曰, 不節之嗟, 又誰咎也).

육삼은 음효가 양위에 있고, 중도도 없다. 더욱이 대응하는 상육과 바르게 상응하고 있지도 않다. 육삼은 하괘 태(兌)의 괘주다. 기쁨이 지나쳐 절제하기 어려운 자리다.

기쁨이 지나치면 역의 도리로 슬픔으로 화한다. 그런데 육삼은 다행히 상괘 감(坎)의 위험을 해소할 수 있는 입구에 있다. 그러므로 허물이 없다고 하는 것이다. 허물이 있고 없음은 모두 육삼 자신에게 달려 있다. 다른 자에게 허물을 돌릴 수 없다.

괘의 변화를 보자. 만약 3효가 양으로 변하면 수천수(水天需, ䷄)가 되고, 3효는 그대로 있고 나머지 효가 모두 반대로 바뀌면 화지진(火地晉, ䷢)이 된다. 절제에 대한 믿음이 부족하면 발전할 수 없다. 그리고 절제는 베풂의 덕으로 완성된다.

육사(六四)

편안하게 절제한다. 형통하다. 상사에서 이르기를, 편안하게 절제하니 형통하다 함은 위의 도를 계승하기 때문이다(安節, 亨. 象曰, 安節之亨, 承上道也).

육사는 음효가 음위에 있다. 비록 중도는 없지만, 수택절의 시절인연으로 구오 밑에서 안심하고 절제하면, 만사형통한다. 또한 육사는 초구와 정응(正應)하므로, 서로 막힘을 뚫어 줄 수 있는 사이가 된다.

절제는 형통하기 위함이다. 육사는 구오를 온순하게 보필하는 것이 절제의 도리를 지키는 것이다. 자기 자리에 바로 위치하고, 자신의 맡은 바 일을 제대로 하는 것이 절제의 도리다. 육사가 절제의 도리를 지키면, 사회가 형통하게 된다.

괘의 변화를 보자. 만약 4효가 양으로 변하면 중택태(重澤兌, ䷹)가 되고, 4효는 그대로 있고 나머지 효가 모두 반대로 바뀌면 중산간(重山艮, ䷳)이 된다. 육사가 지나친 기쁨에 빠지기 전에, 멈추어 서서 자신을 돌아보고 허물을 방비한다면, 사회가 큰 기쁨을 누리게 될 것이다.

구오(九五)

절제를 달게 지킨다. 길하다. 가면 숭상 받는 일이 있다. 상사에서 이르기를, 절제를 달게 지키니 길하다 함은 중도의 자리에 있기 때문이다(甘節, 吉, 往有尙. 象曰, 甘節之吉, 居位中也).

구오는 양효가 양위에 있고, 중도도 있다. 중도의 도리를 지키니 상황에 맞게 절제한다. 절제로 괴로운 일이 없고 오히려 즐겁다. 군주의 자리에서 천하를 다스릴 만하다. 비록 구이와 정응(正應)하고 있지 않지만, 문제될 것이 없다.

공자가 《논어》 위정(爲政)편에서 "마음 가는 대로 해도, 법도에 어긋나지 않는다(從心所欲, 不踰矩)."고 한 상태와 같다고 할 수 있다. 지도자가 이 정도의 수준에 있다면, 성군(聖君)이라고 할 수 있다. 이런 사람이 앞으로 미래 사회의 지도자로 오길 바란다. 공자가 정치를 논하는 위정편 속에 이 말씀이 들어 있는 것도 같은 이유일 것이다.

괘의 변화를 보자. 만약 5효가 음으로 변하면 지택림(地澤臨, ䷒)이 되고, 5효는 그대로 있고 나머지 효가 모두 반대로 바뀌면 천산돈(天山遯, ䷠)이 된다. 지도자는 역의 바른 도리에 맞게 올곧음을 지키고 있는지, 항상 자신을 돌아보아야 한다.

상육(上六)

괴로운 절제다. 올곧더라도 흉하다. 후회는 사라진다. 상사에서 이르기를, 괴로운 절제니 올곧더라도 흉하다 함은 그 도가 궁하기 때문이다(苦節, 貞凶, 悔亡. 象曰, 苦節貞凶, 其道窮也).

상육은 음효가 음위에 있고, 중도가 없다. 대응하는 육삼과도 정응(正應)하고 있지 않다. 수택절의 맨 위에 있으므로, 절제가 지나친 자리다. 지나침과 부족은 모두 중도를 잃은 것이다. 공자가 지적한 과유불급(過猶不及)이다. 그러나 상육은 시절인연이 그러하므로 후회는 없다.

절제의 목적은 잘 통하기 위함인데, 상육은 절제에 매여서 형통함이 없다. 수행의 입장에서도 볼 수 있다. 율법은 정신의 영원한 자유를 위해 심신의 활동을 일시적으로 규제하는 것이다. 그런데 형식적 율법에 매이면, 정신이 오히려 지나치게 억압된다. 그 결과, 수단이 목적이 되는 상황이 전개된다.

괘의 변화를 보자. 만약 6효가 양으로 변하면 풍택중부(風澤中孚, ䷚)가 되고, 6효는 그대로 있고 나머지 효가 모두 반대로 바뀌면 뇌산소과(雷山小過, ䷽)가 된다.

절제가 지나치거나 부족함이 없도록 균형을 잘 잡아야 한다. 양극단을 조율하는 과정에 적당한 허물은 불가피하다. 그러나 균형조율이 지나치거나 부족하면 재난이 될 수 있다.

예를 들어, 종교는 사회의 악을 막고 선을 장려하는 좋은 제도다. 그러나 종교 세력이 지나치게 커지면, 사회의 흐름을 막게 된다. 중세 유럽 사회가 종교만능의 사회였지만, 결국 종교로 망했다. 종교단체가 너무 없으면, 사회의 정화(淨化)가 힘들다. 반대로 너무 많으면, 사회가 마비된다. 우리 사회도 예외가 아닌 것 같다.

61.

풍택중부(風澤中孚)

현재의 삶에서 중심을 잡아라

중부는 돼지와 물고기도 길하다. 큰 내를 건너면 이롭다. 올곧으면 이롭다(中孚, 豚魚吉, 利涉大川, 利貞).

절제하는 모습을 보이면, 믿음이 생긴다. 그러므로 절(節) 다음에 중부(中孚)를 놓는다. 중부는 중도의 믿음(信)을 뜻한다. 부(孚)는 어미 새가 알을 품듯, 그 믿음이 진실함을 의미한다.

동서양의 모든 성현의 공통 가르침이 중도다. 그것을 중용, 황금률 등으로 부르고 있다. 중도의 지혜를 체득하고 있으면, 어떤 고난과 위기도 더욱 발전할 수 있는 계기로 만들 수 있다. 중도의 지혜와 덕을 완성한 성인이 출현한다면, 돼지와 물고기와 같은 미물도 그 혜택을 볼 수 있다. 단사를 보자.

단사에서 이르기를, 중부는 부드러운 음이 안에 있고 굳센 양이 가운데 자리를 얻었다. 기뻐하고 공손하며, 믿음은 이에 온 나라를 교화한다. 돼지와 물고기도 길하다 함은 믿음이 돼지와 물고기까지 미친 것이다. 큰 내를 건너면 이롭다 함은 텅 빈 나무배에 올라탔기 때문이다. 중도를 지니고 믿음이 있으므로 올곧으면 이로우니, 이에 하늘에 순응하는 것이다(象曰, 中孚, 柔在內而剛得中, 說而巽, 孚乃化邦也. 豚魚吉, 信及豚魚也, 利涉大川, 乘木舟虛也, 中孚以利貞, 乃應乎天也).

중도는 어떤 고정관념이 아니다. 변화되고 있는, 현재의 직면한 상황을 풀어가는 가장 안전하고 바른 길이 중도다. 현재의 상황이 앞으로 어떻게 전개될지 알 수 없다.

따라서 일체의 편견을 버려야, 객관적 시각을 지닐 수 있다. 그러므로 중도는 빈 배와 같다. 그때그때 상황에 맞게 대응하면서 목적지에 이른다. 텅 빔으로써 모든 것을 담을 수 있다.

구이와 구오가 중도를 지니고 있고, 상괘는 부드러운 손(巽)이고, 하괘는 기쁜 태(兌)다. 위는 부드럽게 이끌고, 아래는 기쁨으로 힘차게 따른다. 이와 같은 상태에서 위아래가 올곧음을 지켜간다면, 온 나라가 조화롭게 될 것이다.

중도를 지닌 지도자는 위기를 오히려 기회로 전환시킬 수 있다. 위기는 폐단을 보강하고 새롭게 혁신할 수 있는 좋은 기회이기도 하다. 이 기회를 잘 살리면, 큰 공을 세울 수 있다.

중도는 하늘의 이치이기도 하다. 하늘의 인연법에 따라 사는 것이 바로 중도의 삶이다. 따라서 중도적 삶은 뿌린 대로 거둘 수 있다. 뿌린 대로 거두지 못하는 삶은 역의 순리를 거역하고 있기 때문이다. 상사를 보자.

상사에서 이르기를, 못 위에 바람이 있는 것이 중부다. 군자는 이로써 범죄를 논의하며 사형을 늦춘다(象曰, 澤上有風, 中孚, 君子以議獄緩死).

나라의 기강을 바로 세우기 위해서는 형벌과 판결을 공정하게 해야 한다. 너무 지나치면 사회적 저항을 불러오고, 너무 미흡하면 사회질서가 무너진다. 시대와 사회의 변화에 맞게 형량을 적절하게 판결하는 것이 중요하다.

중택중부의 잡괘를 보면, 택풍대과(澤風大過, ䷛), 산뢰이(山雷頤, ䷚), 뇌산소과(雷山小過, ䷽) 등이 있다. 중도의 도리는 양극단을 중화(中和)시키는 데 있다. 양극단을 조율하기 위해서는 먼저 바름(正)을 잘 양육할 필요가 있다. 중도의 세력이 사회의 중심으로 바로 잡으면, 작은 허물을 잘 조율하고 큰 허물을 방비할 수 있다.

초구(初九)

헤아려 대비하면 길하다. 다른 마음이 있으면 편안하지 못하다. 상사에서 이르기를, 초구는 헤아려 대비하면 길하다 함은 뜻이 변하지 않기 때문이다(虞吉, 有它不燕. 象曰, 初九虞吉, 志未變也).

초구는 양효가 양위에 있다. 초구는 가장 낮은 단계에 있기 때문에, 아직 움직일 상황이 아니다. 지금은 딴 마음을 먹지 말고 앞으로 상황을 헤아려서, 미리 대비하는 것이 최선이다. 일념(一念)에 사념(邪念)이 끼면, 마음이 어지럽게 된다.

풍택중부의 시대에는 자신의 중심을 잡아야 성공할 수 있다. 사사로운 것에 마음이 이끌리면, 중도를 상실하게 된다. 비록 초구는 육사와 정응(正應)하고 있지만, 쾌락에 이끌려 섣불리 움직인다면 중도가 아니다.

괘의 변화를 보자. 만약 1효가 음으로 변하면 풍수환(風水渙, ䷺)이 되고, 1효는 그대로 있고 나머지 효가 모두 반대로 바뀌면 뇌화풍(雷火豊, ䷶)이 된다.

모든 사람이 결실을 함께 누린다는 것은 쉬운 일이 아니다. 그것은 오직 마음의 중심을 바르게 잡고, 물질과 정신의 균형을 잡을 때 가능하다.

구이(九二)

학이 그늘에서 울고 있다. 그 새끼가 화답한다. 내게 좋은 술잔이 있으니, 내가 너와 함께 호사를 즐기리라. 상사에서 이르기를, 그 새끼가 화답한다 함은 마음 한가운데서 원하는 것이다(鳴鶴在陰, 其子和之, 我有好爵, 吾與爾靡之. 象曰, 其子和之, 中心願也).

구이는 양효가 음위에 있고, 중도가 있다. 어미 학과 그 새끼는 생명의 에너지 파장이 같다. 그러므로 어미가 보이지 않는 응달에서 울어도, 새끼는 그 생명파장을 느낄 수 있다. 동기상구(同氣相求)의 자연법칙에 따라, 서로 찾게 돼 있다. 새끼의 화답은 중도에 대한 자연스럽고 강한 믿음을 설명하는 데 매우 적절하다.

마음속에서 우러나온 언행은 천지가 감응하게 된다. 때문에 공자는《계사전》에서 구이 효사에 대한 보충설명으로, "말과 행동은 군자가 천지를 움직이는 원인이 된다(言行, 君子之所以動天地也)."고 해설하고 있다.

모든 오염된 마음을 떠난 청정한 본심(本心)은 대자연의 법칙에 따라 움직인다. 본심을 회복한 자는 대자연과 더불어 기운생동(氣韻生動)하는 기쁨을 함께 누릴 수 있다.

괘의 변화를 보자. 만약 2효가 음으로 변하면 풍뢰익(風雷益, ䷩)이 되고, 2효는 그대로 있고 나머지 효가 모두 반대로 바뀌면 뇌풍항(雷風恒, ䷟)이 된다.

사람들의 마음이 물질에 오염되지 않는 청정심(淸淨心)을 유지하면, 생명공동체가 조화를 이루고 홍익사회(弘益社會)가 구현된다.

육삼(六三)

적을 만나다. 혹 북을 울리고 혹 그만둔다. 혹 울고 혹 노래한다. 상사에서 이르기를, 혹 북을 울리고 혹 그만둔다 함은 위치가 합당하지 않기 때문이다(得敵, 或鼓或罷, 或泣或歌. 象曰, 或鼓或罷, 位不當也).

육삼은 음효가 양위에 있고, 중도가 없다. 육삼은 하괘 태(兌)의 괘주다. 그리고 인접한 육사는 상괘 손(巽)의 괘주다. 서로 다른 상황을 만나기 때문에, 적이기도 하고 기쁨을 주는 대상이기도 하다.

한편 육삼은 상구와 정응(正應)하고 있다. 그러나 상구는 지상을 떠나 하늘로 올라가려는 욕심이 있기 때문에, 육삼을 도와줄 수가 없다. 육삼은 상구의 승천이 기쁘기도 하지만, 세상의 고통 속에 홀로 남겨져 있는 슬픔 또한 크다.

괘의 변화를 보자. 만약 3효가 양으로 변하면 풍천소축(風天小畜, ䷈)이 되고, 3효는 그대로 있고 나머지 효가 모두 반대로 바뀌면 뇌지예(雷地豫, ䷏)가 된다.

육삼은 물질적 욕심이 지나친 자이고, 상구는 정신적 욕심이 지나친 자이다. 그러나 세상은 물질과 정신이 조화를 이루어야 안정을 이루고 발전할 수 있다. 그러므로 물질과 정신이 조화롭게 한 몸을 이룰 수 있도록, 사회의 풍속과 규율을 잘 잡아야 한다.

육사(六四)

달이 거의 보름이다. 말의 짝이 없어진다. 허물이 없다. 상사에서 이르기를, 말의 짝이 없어진다 함은 같은 무리를 끊고 위로 올라가는 것이다(月幾望, 馬匹亡, 无咎. 象曰, 馬匹亡, 絶類上也).

육사는 음효가 음위에 있다. 비록 중도는 없지만, 상괘 손(巽)의 괘주다. 바른 자리에 있기 때문에, 육사의 음덕(陰德)은 거의 원만하다. 육삼은 육사와 짝을 이루고자 하지만, 육사는 육삼을 끊고 중도를 성취한 구오에게 가려고 한다. 바른 방향이다.

중도는 단순히 중간을 의미하지 않는다. 그것은 바른 도리로서 변화의 흐름을 따르는 것이다. 육사는 같은 동류인 육삼에게 끌릴 수도 있지만, 풍택중부의 시절인연에 맞게 제자리를 찾아가고 있다. 구오를 따르는 것이 육사의 바른 중도의 방향이다.

괘의 변화를 보자. 만약 4효가 양으로 변하면 천택리(天澤履, ䷉)가 되고, 4효는 그대로 있고 나머지 효가 모두 반대로 바뀌면 지산겸(地山謙, ䷠)이 된다. 지도자를 보필하는 사람은 예의와 겸손이 중요한 덕목이다. 충심(忠心)에서 우러나온 예의와 겸손은 사람들을 움직이게 한다.

구오(九五)

믿음이 있어 이어진다. 허물이 없다. 상사에서 이르기를, 믿음이 있어 이어진다 함은 위치가 정당하기 때문이다(有孚攣如, 无咎. 象曰, 有孚攣如, 位正當也).

구오는 양효가 양위에 있고, 중도도 있다. 중정을 모두 겸비한 구오는 모든 사람을 하나로 모이게 할 수 있다. 대응하는 구이와 비록 정응(正應)하지 않고 떨어져 있지만, 중도에 대한 믿음으로 서로 연결되고 있다.

구오는 다름으로 하나가 되는 화이부동(和而不同)을 이루고 있다. 지도자가 빈 마음으로 중도의 도리로 중심을 잡고 있다. 풍택중부괘의 형상을 봐도 그렇다. 가슴 한 가운데가 텅 비어있는 모습이다. 빈 마음으로 모든 것을 담고, 믿음으로 전체를 연결할 수 있다.

괘의 변화를 보자. 만약 5효가 양으로 변하면 산택손(山澤損, ䷨)이 되고, 5효는 그대로 있고 나머지 효가 모두 반대로 바뀌면 택산함(澤山咸, ䷞)이 된다.

지도자는 무엇보다 욕심을 비우고 마음을 부드럽게 가져야 한다. 그래야 사회의 실체를 볼 수 있다. 더불어 절도와 도리를 잘 지켜야 사회의 질서를 오래 유지할 수 있다.

상구(上九)

닭이 울며 하늘로 오른다. 올곧더라도 흉하다. 상사에서 이르기를, 닭이 울며 하늘로 오른다 한들, 어찌 오래갈 수 있겠는가(翰音登于天, 貞凶. 象曰, 翰音登于天, 何可長也).

상구는 양효가 음위에 있고, 중도도 없다. 대응하는 육삼과는 정응(正應)하고 있지만, 서로 뜻이 다르다. 한음(翰音)은 《예기(禮記)》에서도 밝혔듯이, 닭을 뜻한다. 바람을 뜻하는 상괘 손(巽)의 맨 위에서 상구는 자신의 능력을 망각하고, 하늘로 올라가려는 만용을 부리고 있다. 지나친 명예욕에 빠진 모습이다.

풍택중부의 시절인연에서 상구의 역할은 삶의 현실에서 바른 중도의 이치를 보존하고 전하는 일이다. 정신세계를 바르게 지향해야 할 자가 명예욕

61. 풍택중부(風澤中孚) ䷼

이 있다면, 중도를 제대로 지킬 수 없다. 정신세계는 일상의 삶이 바르게 될 때, 바르게 지향할 수 있다. 평상심(平常心)이 도(道)인 것이다.

괘의 변화를 보자. 만약 6효가 음으로 변하면 수택절(水澤節, ䷻)이 되고, 6효는 그대로 있고 나머지 효가 모두 반대로 바뀌면 화산려(火山旅, ䷷)가 된다. 정신적 스승이 절도를 잃고 중도를 지키지 못하면, 사회의 정신적 토대가 무너질 수 있다.

62.

뇌산소과(雷山小過)

작은 허물을 잘 관리하라

소과는 형통하다. 올곧으면 이롭다. 작은 일은 할 수 있지만, 큰일은 할 수 없다. 나는 새가 소리를 남긴다. 올라감은 마땅하지 않고, 내려옴이 마땅하며, 크게 길하다(小過, 亨, 利貞, 可小事, 不可大事, 飛鳥遺之音, 不宜上, 宜下, 大吉).

믿음이 강한 자는 행동하기 마련이다. 그러나 믿음과 의지가 강하기 때문에, 조금 지나치게 될 우려가 있다. 그러므로 중부(中孚) 다음에 소과(小過)를 놓는다.

뇌산소과는 괘의 형상이 새가 날개를 펴고 날아가는 모습이다. 새가 목적지를 향해 날아가기 위해서는, 좌우 날개의 균형이 어느 정도 맞아야 한다. 그러나 좌우 날개 짓이 완전한 균형을 이루면, 목적지에 이를 수 없다. 목적지의 비행 궤적이 일직선이 아니기 때문이다.

마찬가지로 사회활동에 있어서 약간의 지나침이 없으면, 사회는 발전할수 없다. 그러므로 지나침을 좋은 쪽으로 유도하는 사회적 조율이 필요하다. 작은 허물을 잘 관리하면, 큰 성과와 발전을 이룰 수 있다.

"나는 새가 소리를 남긴다."는 말은 새가 내려올 때라는 것을 암시한다. 구삼과 구사는 새의 몸통에 해당한다. 이 두 효는 강하지만, 중정(中正)이 모두 없다. 한편 육오와 육이는 날개의 중심에 해당한다. 육오는 중도가 있으나 심약하고, 육이는 중정하다. 괘의 구조에 볼 수 있듯이, 큰일은 할 수 없지만, 작은 일에는 문제가 없다. 단사를 보자.

단사에서 이르기를, 소과는 작은 일에는 지나치지만 형통하다. 지나침에는 올곧으면 이롭다. 때에 따라 행하는 것이다. 부드러운 음이 중도를 얻었다. 때문에 작은 일에 길하다. 굳센 양이 지위를 잃고 중도가 없다. 때문에 큰일은 할 수 없다는 것이다. 나는 새의 모습이다. 나는 새가 소리를 남기고 올라감은 마땅하지 않고 내려옴이 마땅하며 크게 길하다 함은 올라감은 거스름이고 내려옴은 순응함이기 때문이다(象曰, 小過, 小者過而亨也, 過以利貞, 與時行也. 柔得中, 是以小事吉也, 剛失位而不中, 是以不可大事也. 有飛鳥之象焉, 飛鳥遺之音, 不宜上, 宜下, 大吉, 上逆而下順也).

뇌산소과의 시절인연이 되면 큰일은 벌리지 말고, 작은 소소한 일에 충실함으로써 내실을 기하는 것이 이롭다. 이때는 치국평천하(治國平天下)와 같은 큰일보다는 수신제가(修身齊家)와 같은 작은 일에서 활로를 찾는 것이 이롭다. 후자가 없이는 전자가 이루어질 수 없으므로 경중을 따질 수 없지만, 둘 다 시절인연에 따라 행하는 것이 역의 도리에 부합한다. 상사를 보자.

상사에서 이르기를, 산 위에 우레가 있는 것이 소과다. 군자는 이로써 행동함에는 공손함을 조금 지나치게 하고, 상사에는 슬픔을 조금 지나치게 하며, 씀씀이에는 검소함을 조금 지나치게 한다(象曰, 山上有雷, 小過, 君子以行過乎恭, 喪過乎哀, 用過乎儉).

중도는 적절성이지만, 실제 생활에 있어서는 다소 지나침이 있을 수밖에 없다. 세상은 고정되어 있지 않기 때문이다. 일상의 삶에서는 약간의 지나침은 문제가 되지 않는다. 오히려 팍팍한 삶에 윤활유가 되고 발전의 원동력이 된다. 그러나 중점은 그침에 있다. 하괘에 멈춤을 뜻하는 간(艮)이 있는 이유다. 너무 지나치면 문제가 된다.

뇌산소과의 잡괘를 보면, 산뢰이(山雷頤, ䷚), 택풍대과(澤風大過, ䷛), 풍택중부(風澤中孚, ䷼) 등이 있다. 소과(小過)가 대과(大過)가 되지 않도록 적당한 절제와 훈육이 필요하다. 그 핵심은 중도의 도리로 양극단을 적절하게 조율해서, 무엇보다 사회가 정체되지 않게 하는 데 있다.

초육(初六)

나는 새와 같으니 흉하다. 상사에서 이르기를, 나는 새와 같으니 흉하다 함은 어쩔 수 없는 것이다(飛鳥以凶. 象曰, 飛鳥以凶, 不可如何也).

초육은 음효가 양위에 있고, 위치가 낮다. 초육은 구사와 정응(正應)하고 있어서, 위로 올라가려는 망상에 사로잡혀 있다. 내려가야 할 때를 모르기 때문에, 흉한 결과를 막을 길이 없다.

초육은 하괘 간(艮)의 밑에 있는 자가 상괘 진(震)의 괘주에게 이끌리고 있다. 멈춤의 도리를 알아야 할 자가 지나치게 움직이려는 모습이다. 그러나 새가 날기 위해서는 어쩔 수 없는 일이다. 도처에 위험이 있기 때문에, 움직이면 위험하다. 그러나 움직이지 않을 수 없다.

괘의 변화를 보자. 만약 1효가 양으로 변하면 뇌화풍(雷火豐, ䷶)이 되고, 1효는 그대로 있고 나머지 효가 모두 반대로 바뀌면 풍수환(風水渙, ䷻)이 된다. 움직임에는 위험이 따른다. 위험을 피하기 위해서는 신중하게 행동해야 한다. 또한 위험에 직면해서는 바른 판단과 빠른 결단이 필요하다.

육이(六二)

그 할아버지를 지나쳐 그 할머니를 만난다. 그 주군에게 미치지 않고 그 신하를 만난다. 허물이 없다. 상사에서 이르기를, 그 주군에게 미치지 않는다 함은 신하를 지나쳐서는 안 된다는 것이다(過其祖, 遇其妣, 不及其君, 遇其臣, 无咎. 象曰, 不及其君, 臣不可過也).

육이는 음효가 음위에 있고, 중도도 있다. 그러나 육이는 대응하는 육오와 정응(正應)하고 있지 않다. 육이는 하괘 간(艮)의 중심에 있는 자다. 중정을 모두 갖춘 육이는 멈춤의 도를 안다.

육이는 구삼과 구사를 지나쳐 육오를 만나야 하지만, 뇌산소과의 시절인연으로 육오의 신하인 구사와 만나는 것으로 만족한다. 멈춤의 도리로 작은 것에 만족하고 있다.

사회가 도약을 하기 위해서는 위아래가 각자 맡은 바 일에 성심을 다해야 한다. 만약 육이가 욕심을 내어 성급하게 육오에게 나아간다면, 중심 부분이 힘을 잃게 된다. 더구나 육이와 육오는 정응(正應)하고 있지 않기 때문에, 구삼과 구사와 협력해야 음양의 조화를 이룰 수 있다.

괘의 변화를 보자. 만약 2효가 양으로 변하면 뇌풍항(雷風恒, ䷟)이 되고, 2효는 그대로 있고 나머지 효가 모두 반대로 바뀌면 풍뢰익(風雷益, ䷩)이 된다.

음양과 강유의 조화가 생명 공동체의 유지와 발전에 필수적이다. 양극단의 이질적인 요소들이 서로 조화를 이루고 위가 아래를 위하면, 사회가 크게 발전할 수 있다.

구삼(九三)

지나침을 방비하지 않고, 따라가면 혹 손상을 입을 수 있다. 흉하다. 상사에서 이르기를, 따라가면 혹 손상을 입을 수 있다 함은 흉함이 어떠하겠는가(弗過防 之, 從或戕之, 凶. 象曰, 從或戕之, 凶如何也).

구삼은 양효가 양위에 있지만, 중도가 없다. 더욱이 움직임을 뜻하는 진(震)과 마주하고 있다. 강한 힘을 주체할 수 없는 상황이다. 구삼은 구사와 더불어 새의 몸통에 해당한다. 새가 날 수 있는 것은 날개에 달려있다. 그러나 날개는 몸통에 의지한다.

몸통과 날개는 서로 역할이 다르다. 구삼은 간(艮)의 괘주다. 구삼이 중심을 잡아야, 새가 균형을 잡고 제대로 날 수 있다. 그런데 구삼이 중심을 잡지 않는다면, 큰 힘을 쓸 수 없다. 때문에 중심을 잡으라는 경책이 들어 있다.

괘의 변화를 보자. 만약 3효가 양으로 변하면 뇌지예(雷地豫, ䷏)가 되고, 3효는 그대로 있고 나머지 효가 모두 반대로 바뀌면 풍천소축(風天小畜, ䷈)이 된다.

사회적 역할에는 차이가 있지만, 그 차이의 일정한 조화가 사회를 움직이는 원동력이다. 그리고 그 조화는 일정한 질서 속에서 이루어진다. 결국, 질서가 확립돼야 사람들이 서로 협력하면서 경제와 문화를 발전시켜 나갈 수 있다.

구사(九四)

허물이 없다. 지나침이 없이 만난다. 가면 위태로우니 반드시 경계해야 한다. 쓰지 말고, 오래도록 올곧음을 지켜야 한다. 상사에서 이르기를, 지나침이 없이 만난다 함은 위치가 합당하지 않기 때문이다. 가면 위태로우니 반드시 경계해야 한다 함은 끝내 오래 갈 수 없다는 뜻이다(无咎, 弗過遇之, 往厲必戒, 勿用, 永貞. 象曰, 弗過遇之, 位不當也, 往厲必戒, 終不可長也).

구사는 양효가 음위에 있다. 비록 중도는 없지만, 구사는 강한 힘을 부드럽게 억제할 수 있는 자리에 있다. 정응(正應)하는 초육과 만나기 위해서는 올곧음을 지키고 기다려야 한다. 움직이면 해롭다.

구사는 움직임을 뜻하는 진(震)의 괘주다. 그러나 효사는 움직임을 경책하고 있다. 구사는 구삼과 더불어 새의 몸통에 해당하기 때문에, 함부로 움직이면 중심을 잃게 된다.

구사는 육오를 보필하는 자로서, 움직이지 않음으로써 움직이는 역할을 해야 한다. 정중동(靜中動)의 이치가 여기에 있다. 드러내지 않고 보필하는 것이 최고의 보필이다.

괘의 변화를 보자. 만약 4효가 음으로 변하면 지산겸(地山謙, ䷎)이 되고, 4효는 그대로 있고 나머지 효가 모두 반대로 바뀌면 천택리(天澤履, ䷉)가 된다. 조신하게 예의를 지키고, 겸양의 정신으로 천천히 나아가야 문제가 없다.

육오(六五)

구름은 두껍게 쌓여 있으나, 비는 오지 않는다. 서쪽 성 밖부터 그렇다. 공이 주살로 구멍에 있는 것을 잡는다. 상사에서 이르기를, 구름은 짙게 뭉쳐있지만 비는 오지 않는다 함은 이미 올라갔기 때문이다(密雲不雨, 自我西郊, 公弋取彼在穴. 象曰, 密雲不雨, 已上也).

육오는 음효가 양위에 있지만, 중도가 있다. 뇌산소과의 시절인연을 맞아 힘이 없다. 또한 대응하는 육이와 정응(正應)하고 있지도 않다. 움직일 수 있는 상황이 아니다. 구오는 폭군 주(紂)를 피해 주(周)문왕이 미래를 암중모색하는 상황과 같다. 다행히 구사가 그의 의중을 잘 따르고 있다.

비는 음양이 조화를 이루어야 내린다. 그런데 괘의 모습을 보면, 음은 많고 양은 적다. 구름만 짙게 뭉쳐있는 상황이다. 한편 폭군 주는 이미 정사에는 관심이 없다. 그 덕에 마치 구멍 안에 들어있는 먹잇감을 잡듯이, 문왕은 강태공 같은 천하의 인재를 쉽게 구할 수 있었다. 풍천소축䷈을 참고하기 바란다.

괘의 변화를 보자. 만약 5효가 양으로 변하면 택산함(澤山咸, ䷞)이 되고, 5효는 그대로 있고 나머지 효가 모두 반대로 바뀌면 산택손(山澤損, ䷨)이 된다.

주군과 신하가 서로 뜻이 교류되면, 어려운 상황을 벗어날 수 있다. 지도자가 어려운 상황에서 그를 보필하는 아랫사람이 성심을 다해 돕는다면, 가만히 앉아서도 자신의 뜻을 만 리 밖에 전할 수 있는 것과 같다.

상육(上六)

만나지 못하고 지나친다. 나는 새가 멀리 떠나간다. 흉하다. 이를 재앙의 조짐이라 이른다. 상사에서 이르기를, 만나지 못하고 지나친다 함은 이미 높다는 것이다(弗遇過之, 飛鳥離之, 凶, 是謂災眚. 象曰, 弗遇過之, 已亢也).

상육은 음효가 음위에 있지만, 중도가 없다. 상육은 상괘 진(震)의 맨 위에 있다. 움직임을 주체하지 못하고 너무 올라간 상황이다. 정응(正應)하고 있는 구삼과 만나야 하는데, 그만 지나치고 말았다. 재앙이 일어날 조짐이다.

상육은 태상왕(太上王)으로 폭군 주(紂)의 상황과 같다. 상육은 구삼과 협력하여 육오를 도와야 하는 법인데, 그 도리를 망각하고 있다. 권력이 지나치면, 남에게 휘두른 칼이 오히려 자신을 해치게 된다. 살아서 움직이는 모든 존재는 멈춤의 도를 잊지 말아야, 온전히 자신의 생명을 보존할 수 있다.

괘의 변화를 보자. 만약 6효가 양으로 변하면 화산려(火山旅, ䷷)가 되고, 6효는 그대로 있고 나머지 효가 모두 반대로 바뀌면 수택절(水澤節, ䷻)이 된다. 절제와 법도를 상실한 자는 자신이 거처할 집마저 잃게 되는 법이다.

63.

수화기제(水火旣濟)

완성은 잠시에 불과하다

기제는 조금 형통하다. 올곧으면 이롭다. 처음은 길하지만 끝은 어지럽다(旣
濟, 亨小, 利貞, 初吉終亂).

절제와 강한 믿음으로 행동하는 자는 비록 조금 지나친 면이 있어도, 결
국 목표한 바를 성취할 것이다. 그러므로 소과(小過) 다음에 기제(旣濟)를 놓는
다. 기제는 안정(定)의 의미를 담고 있다. 안정은 완성을 뜻하지만, 완성은 일
시적인 현상이다.

물리적 세계에는 끝없는 시작이 있을 뿐이다. 따라서 끝을 준비하는 자보
다는 새로운 시작을 준비하는 자가 보다 더 현명하다. 가장 현명한 자는 시작
과 끝을 평등하게 보고, 언제나 중도의 삶을 영위하는 자다. 단사를 보자.

단사에서 이르기를, 기제는 조금 형통하다 함은 작은 것이 형통하다는 것이다.
올곧으면 이롭다 함은 굳센 양과 부드러운 음이 바르고 위치가 합당하기 때문
이다. 처음은 길하다 함은 부드러운 음이 중도를 얻었기 때문이다. 끝에서 멈추
면 어지러운 것은 그 도가 궁하기 때문이다(象曰, 旣濟, 亨, 小者亨也. 利貞, 剛柔正而

位當也. 初吉, 柔得中也, 終止則亂, 其道窮也).

기제는 보름달에 비유할 수 있다. 보름달은 충만함과 완성을 이루고 있지만, 곧 스러지기 직전이기도 하다. 모든 것은 극에 이르면 변하게 돼 있다. 모든 효들이 바른 위치에 있고, 대응하는 효들도 모두 정응(正應)하고 있다.

육이와 구오가 중정을 모두 얻어 완벽한 모습을 보이고 있지만, 상육에 이르러서는 위태로움에 직면하게 된다. 아무리 완벽해도, 변화의 법칙을 거스를 수는 없기 때문이다. 노자가 말한 대로, 도가 다하면 물러나는 것이 만고의 진리다. 상사를 보자.

상사에서 이르기를, 물이 불 위에 있는 것이 기제다. 군자는 이로써 환란을 생각하여 미리 방비한다(象曰, 水在火上, 旣濟, 君子以思患而豫防之).

상괘는 감(坎)으로 물이고, 하괘는 이(離)로 불이다. 수승화강(水升火降)을 통해 수화가 조화롭게 교류하는 모습으로, 가장 이상적이고 건강한 상태다. 그러나 물이 위에 있기 때문에, 균형이 무너지면 불이 꺼지는 것은 시간문제일 뿐이다.

수화기제의 상황에 이르면, 끊임없이 변해야 산다. 스스로 변하는 것은 오래 사는 길이고, 타의에 의해 내몰리는 것은 빨리 죽는 길이다. 지도자는 유비무환의 정신을 늘 갖추어야 한다.

수화기제의 잡괘를 보면, 화수미제(火水未濟, ䷾)가 있다. 완성은 또 다른 시작일 뿐임을 알 수 있다. 시작과 끝이 한 몸을 이루고 변화해 나가는 것이 우주의 법칙이다.

초구(初九)

수레바퀴를 끈다. 꼬리가 물에 젖는다. 허물은 없다. 상사에서 이르기를, 수레바퀴를 끈다 함은 의리상 허물이 없다는 뜻이다(曳其輪, 濡其尾, 无咎. 象曰, 曳其輪, 義无咎也).

초구는 양효가 양위에 바르게 자리하고 있다. 비록 위치는 낮지만, 육사와 정응(正應)하고 있다. 수레바퀴는 대자연의 흐름이다. 모든 것은 진리의 수레바퀴, 즉 인연법에 의해 순환하고 있다.

"꼬리가 물에 젖는다."는 것은 완전함이 서서히 사그라질 징조를 의미한다. 조짐이 보일 때 미리 대비를 해야, 몰락을 예방할 수 있다. 정점을 향해 나간다는 것은, 역의 도리로 보면, 내려갈 때가 다가온다는 의미이기도 하다.

괘의 변화를 보자. 만약 1효가 음으로 변하면 수산건(水山蹇, ䷦)이 되고, 1효는 그대로 있고 나머지 효가 모두 반대로 바뀌면 화택규(火澤睽, ䷥)가 된다.

사회 발전이 극에 이르기 시작하면, 사회가 정체되게 된다. 정체가 길어지면 사회의 질서가 어긋나기 시작하고, 결국 파국으로 치닫게 된다.

육이(六二)

부인이 머리장식을 잃었다. 쫓아갈 필요 없다. 칠일 만에 얻는다. 상사에서 이르기를, 칠일 만에 얻는다 함은 중도의 이치이기 때문이다(婦喪其茀, 勿逐, 七日得. 象曰, 七日得, 以中道也).

63. 수화기제(水火旣濟) ䷾

육이는 음효가 음위에 있고, 중도도 있다. 불(茀)은 불(髴), 즉 머리장식을 말한다. 모든 것은 칠일을 기준으로 변한다. 일주일이 칠일인 것은 변화의 이치가 그러하기 때문이다.

엄밀히 말하면, 모든 것은 6단계의 변화를 보인다. 마지막 7단계는 중화 작용으로 이것도 저것도 아닌 상태다. 그래서 7단계에는 아무것도 하지 않고 쉬는 것이 역의 도리에 맞다. 일요일에 쉬는 이치가 여기에 있다. 일종의 공(空)의 상태다. 공즉시색(空卽是色)의 원리가 역의 이치이기도 하고, 중도실상(中道實相)이기도 하다.

때문에 육이는 구오에 대한 믿음으로 아무 걱정 없이 때를 기다리면 된다. 수화기제의 시절인연에 있다면, 긁어 부스럼을 만들 필요가 없다. 아무것도 하지 않음으로써, 모든 것을 하는 예방책이다. 최고의 방책이다.

괘의 변화를 보자. 만약 2효가 양으로 변하면 수천수(水天需, ䷄)가 되고, 2효는 그대로 있고 나머지 효가 모두 반대로 바뀌면 화지진(火地晉, ䷢)이 된다.

음양의 조화가 언제까지나 유지될 수는 없다. 오로지 중도에 대한 믿음으로 나아갈 뿐이다. 새로운 변화에 맞는 새로운 조화를 끝없이 추구하는 것이 유일한 길이다.

·

구삼(九三)

고종이 귀방을 정벌하여 삼년 만에 이겼다. 소인을 쓰지 말라. 상사에서 이르기를, 삼년 만에 이겼다 함은 심신이 피곤하다는 뜻이다(高宗伐鬼方, 三年克之, 小人勿用. 象曰, 三年克之, 憊也).

구삼은 양효가 양위에 있다. 비록 중도는 없지만, 상육과 정응(正應)하고 있다. 고종(高宗)은 은(殷) 나라 무정(武丁)이고, 귀방(鬼方)은 그 나라의 서북부 변경지역을 일컫는다고 한다. 고종은 당시 강한 리더십으로 59년간 강국을 건설했다.

고종으로 비유한 구삼은 상괘 이(離)의 끝에 위치에 있어서, 힘과 지혜가 넘치는 자다. 고종과 같이 지략과 용맹을 겸비한 제왕도 삼년이나 걸려서 이길 정도로 힘든 전쟁이라면, 소인은 감히 나설 수 없는 일이다.

힘든 전쟁을 통해 겉으로는 나라가 커지고 있지만, 속으로는 국력이 쇠진 돼가는 모습이다. 점점 위기가 고조되는 상황을 암시하고 있다. 이에 대해 미리 대비하라는 경책을 주고 있다.

괘의 변화를 보자. 만약 3효가 음으로 변하면 수뢰준(水雷屯, ䷂)이 되고, 3효는 그대로 있고 나머지 효가 모두 반대로 바뀌면 화풍정(火風鼎, ䷱)이 된다.

세상은 날마다 새롭다. 눈에 잘 뜨지 않지만, 날마다 새로운 것이 새로운 변화를 만들어내기 때문이다. 그러나 새로운 것이 세상에 유익한 것이 되려면, 단단히 제련이 되어야 한다. 모든 불순물을 뽑아낸 순순한 알맹이만이 세상을 바르게 변화시킬 수 있다.

육사(六四)

물이 배어들어옴에 헤진 옷 헝겊으로 종일 경계한다. 상사에서 이르기를, 종일 경계한다 함은 의심할 바가 있다는 뜻이다(繻有衣袽, 終日戒. 象曰, 終日戒, 有所疑也).

육사는 음효가 음위에 바로 있고, 초구와 정응(正應)하고 있다. 육사는 상괘 감(坎)의 첫 효다. 위험한 상황에 진입한 것이다. 경계의 상황이 더욱 엄중해졌다. 단순한 조짐을 넘어서 의심이 들 정도가 됐다.

완성이 코 앞에 이르렀는데, 효사는 좋지 않다. 승리에 도취되는 것을 효사는 경책하고 있다. 괘의 변화를 봐도 알 수 있다. 만약 4효가 양으로 변하면 택화혁(澤火革, ䷰)이 되고, 4효는 그대로 있고 나머지 효가 모두 반대로 바뀌면 산수몽(山水蒙, ䷃)이 된다.

완성에 만족하는 순간 뒤처지는 것이 역의 이치다. 오히려 위기의식이 생명을 구한다. 항상 깨어있는 삶을 살아야 하고, 자신의 허물을 혁신하는 자가 살아남을 뿐이다.

구오(九五)

동쪽 이웃이 소를 잡는 것은 서쪽 이웃이 약식으로 제사를 지내 실제로 받는 복보다 못하다. 상사에서 이르기를, 동쪽 이웃이 소를 잡는 것은 서쪽 이웃이 때에 맞추는 것만 못하다. 실제로 받는 복이라 함은 길함이 크게 온다는 뜻이다(東鄰殺牛, 不如西鄰之禴祭, 實受其福. 象曰, 東鄰殺牛, 不如西鄰之時也, 實受其福, 吉大來也).

구오는 양효가 양위에 있다. 더불어 중도도 있고, 육이와 정응(正應)하고 있다. 약제(禴祭)는 봄과 여름에 올리는 약식 제사와 같은 검소한 제사를 의미한다. 검소하고 정성어린 제사가 거창하고 성의 없는 제사보다는 낫다.

복희팔괘도에서 동쪽은 이(離)고, 서쪽은 감(坎)이다. 하괘를 지나 상괘의 중심에 이른 것을 비유하고 있다. 수화기제의 시절인연의 정점에 이르러 더 이상 좋을 수가 없다. 그러나 효사에 좋다고 해서, 기쁨에 도취되어 있으면 곤란하다. 이제 저물 일만 남았음을 암시하고 있다. 이에 대한 경책이 필요하다.

괘의 변화를 보자. 만약 5효가 음으로 변하면 지화명이(地火明夷, ䷣)가 되고, 5효는 그대로 있고 나머지 효가 모두 반대로 바뀌면 천수송(天水訟, ䷅)이 된다. 괘의 변화도에서 알 수 있듯이, 영광 뒤에는 괴로움이 있을 뿐이다. 괴로움을 미리 예방하는 자가 영광을 오래 누릴 수 있다.

상육(上六)

그 머리를 적신다. 위태롭다. 상사에서 이르기를, 그 머리를 적셔서 위태롭다 하니 어찌 오래갈 수 있겠는가(濡其首, 厲. 象曰, 濡其首, 厲, 何可久也).

상육은 음효가 음위에 있다. 구삼과 정응(正應)하고 있으나, 이미 중도를 상실한 이후다. 스러짐을 막을 길이 없다. "머리를 적신다."는 말은 생명력을 상실한다는 의미다. 이제 물러날 일만 남았다.

천도(天道)는 상승과 하강을 반복하며 돌고 있다. 상승이 끝나면, 하강을 준비해야 한다. 운이 상승할 때는 나가서 활동하고, 하강할 때는 돌아와서 생명의 기운을 회복하는 것이 자연의 이치이자 역의 도리다.

괘의 변화를 보자. 만약 6효가 양으로 변하면 풍화가인(風火家人, ䷤)이 되고, 6효는 그대로 있고 나머지 효가 모두 반대로 바뀌면 뇌수해(雷水解, ䷧)가 된다. 생명력을 회복하는 데는 집만 한 곳이 없다. 수신제가를 통해 다시 세상사를 풀어나갈 힘을 얻을 수 있다.

64.

화수미제(火水未濟)

영원한 시작이 있을 뿐이다

미제는 형통하다. 어린 여우가 거의 건너다가 그 꼬리를 적신다. 이로운 바가
없다(未濟, 亨, 小狐汔濟, 濡其尾, 无攸利).

모든 것은 궁극에 이르면 허물어진다. 그러므로 기제(既濟) 다음에 미제(未
濟)를 놓는다. 완성과 미완성, 끝과 시작은 동전의 앞뒤처럼 서로 한 몸이다.

완성의 기제는 허물어질 운명이고, 미완성의 미제는 새로운 완성을 향
해 나아갈 운명이다. 따라서 기제는 처음은 좋지만 나중에는 어지럽고, 미제
는 시작은 힘들지만 마침내는 형통하게 되는 이치를 담고 있다. 괘사의 의미
가 무엇인지 단사를 보자.

단사에서 이르기를, 미제는 형통하다 함은 부드러운 음이 중도를 얻었기 때문
이다. 어린 여우가 거의 건넜다 함은 위험한 가운데에서 벗어나오지 못한 것이
다. 그 꼬리를 적시니 이로운 바가 없다 함은 계속하여 끝마치지 못했기 때문이
다. 비록 위치가 합당하지 않지만, 굳센 양과 부드러운 음이 상응한다(象曰, 未濟,
亨, 柔得中也. 小狐汔濟, 未出中也, 濡其尾, 无攸利, 不續終也. 雖不當位, 剛柔應也).

화수미제는 새로운 시작을 의미한다. 끝나면 바로 시작하게 되고, 시작하면 언젠가 끝나기 마련이다. 시작하는 대로 끝난다 하는 것은 역의 이치가 그렇기 때문이다. 물리의 법칙도 이와 다르지 않다.

어린 여우는 새로운 여정을 따나는 자를 의미한다. 하괘가 감(坎)이기에 위험이 상존하고 있다. 상사를 보자.

상사에서 이르기를, 불이 물 위에 있는 것이 미제다. 군자는 이로써 사물을 신중하게 분별하고 바르게 자리한다(象曰, 火在水上, 未濟, 君子以愼辨物居方).

상괘 이(離)는 밝은 지혜를 뜻한다. 비록 위험이 상존하지만, 지혜의 눈으로 사물의 흐름을 파악하고 자신의 위치를 바로 잡으면, 모든 위험에서 벗어날 수 있다.

화수미제의 잡괘를 보면, 수화기제(水火既濟, ䷾)가 있다. 미완성을 잘 마무리하면, 완성으로 감을 알 수 있다. 우주는 작용과 반작용의 절대적 균형을 이루고 있다.

초육(初六)

꼬리를 적신다. 부끄럽다. 상사에서 이르기를, 꼬리를 적신다 함은 또한 한계를 알지 못하기 때문이다(濡其尾, 吝. 象曰, 濡其尾, 亦不知極也).

초육은 음효가 양위에 있다. 비록 대응하는 구사와 정응(正應)하고 있지만, 아직 미약한 시작 단계에 있다. 극(極)은 능력의 한계점을 의미한다. 자신의 한계를 알지 못하고 함부로 나아가면, 화를 입게 될 것이다. 초육은 이에 대한 경책이다.

완성된 것이 무너지고 새로운 상황이 전개될 때는, 모든 것이 질서가 없다. 따라서 앞길이 잘 보이지 않는다. 사회 도처에 위험이 상존하고 있다. 괘의 변화를 봐도 알 수 있다. 만약 1효가 양으로 변하면 화택규(火澤睽, ䷥)가 되고, 1효는 그대로 있고 나머지 효가 모두 반대로 바뀌면 수산건(水山蹇, ䷦)이 된다.

변화의 시작에는 위험도 많지만, 그만큼 기회도 많다. 사회의 모순과 갈등을 잘 조율하고, 새로운 문화와 질서를 찾는 자는 위기를 기회로 만들 수 있다. 그에게는 무한한 가능성이 열려있다.

구이(九二)

수레바퀴를 끈다. 올곧으면 길하다. 상사에서 이르기를, 구이는 올곧으면 길하다 함은 중도로써 바름을 행하기 때문이다(曳其輪, 貞吉. 象曰, 九二貞吉, 中以行正也).

구이는 양효가 음위에 있지만, 중도가 있다. 구이는 강한 힘을 제어할 위치와 지혜를 얻었다. 또한 대응하는 육오와 정응(正應)하고 있다. 새로운 세상을 돌릴 만하다. 새로운 세상이 어렵고 힘들어도, 중도로써 바르게 행한다면, 모든 어려움을 헤쳐 나갈 수 있다.

수레바퀴는 수화기제(䷾) 초구의 효사처럼, 변화와 진리의 수레바퀴다. 중도의 이치대로 진리의 바른 길을 간다면, 성경의 구절처럼, 비록 시작은 미약하나 나중은 창대하게 될 것이다.

괘의 변화를 보자. 만약 2효가 음으로 변하면 화지진(火地晉, ䷢)이 되고, 2효는 그대로 있고 나머지 효가 모두 반대로 바뀌면 수천수(水天需, ䷄)가 된다. 진리에 대한 바른 믿음이 없다면, 칠흑같이 어두운 세상에 한 걸음도 내딛을 수 없다. 진리는 어둠을 밝히는 횃불이 될 것이다.

육삼(六三)

아직 성공하지 않으매, 무리해서 가면 흉하다. 큰 내를 건너면 이롭다. 상사에서 이르기를, 아직 성공하지 않으매 무리해서 가면 흉하다 함은 위치가 합당하지 않기 때문이다(未濟, 征凶, 利涉大川. 象曰, 未濟征凶, 位不當也).

육삼은 음효가 양위에 있고, 중도도 없다. 중정이 모두 없는 상태에서 무리하게 감행하는 것은 좋지 않다. 다행히 상구와 정응(正應)하고 있다. 그의 도움을 받는다면, 육삼은 큰 내를 건널 수 있다. 미래에 대한 희망이 있다.

노자는 《도덕경》에서 도(道)는 "천천히 움직인다(徐動)."고 말한 바 있다. '천천히'란 말은 변화의 도리를 차례로 거친다는 의미다. 마치 음식이 깊은 맛을 내려면, 숙성의 시간이 걸리는 것과 같다. 때 이른 것은 위험하다.

육삼은 위험을 상징하는 하괘 감(坎)의 위에 있다. 그러나 밝은 태양과 지혜를 상징하는 상괘 이(離)와 마주하고 있다. 때문에 도리를 다해 천천히 준비하고, "큰 내를 건너면 이롭다."고 할 수 있다.

괘의 변화를 보자. 만약 3효가 양으로 변하면 화풍정(火風鼎, ䷱)이 되고, 3효는 그대로 있고 나머지 효가 모두 반대로 바뀌면 화뢰서합(火雷噬嗑, ䷔)이 된다. 가마솥에서 진액을 뽑아내듯이, 위험한 요소들을 조율하고 완전히 제거하면, 새로운 질서를 만들 수 있다.

구사(九四)

올곧으면 길하고, 후회가 사라진다. 위세를 떨쳐 귀방을 정벌한다. 삼년 만에 큰 나라의 상이 있다. 상사에서 이르기를, 올곧으면 길하고, 후회가 사라진다 함은 뜻이 행하기 때문이다(貞吉, 悔亡, 震用伐鬼方, 三年有賞于大國. 象曰, 貞吉悔亡, 志行也).

구사는 양효가 음위에 있다. 강한 힘을 음유한 환경이 제어하고 있다. 비록 중도는 없지만, 대응하는 초육과 정응(正應)하고 있다. 수화기제(☲☵)의 3효에 나오는 고종(高宗)의 일화가 다시 등장하고 있다. 전쟁의 고단함이 승리로 실질적으로 보상받고 있다.

전쟁을 치를 때도 올곧음을 지켜야 길하다. 무력을 함부로 행사하면, 반드시 재앙이 뒤따른다. 전쟁을 승리로 이끈 뒤에 나라가 망하는 이유는 바로 여기에 있다. 그러므로 반드시 바른 뜻이 섰을 때, 무력을 절제해서 행사해야 후환이 없다.

괘의 변화를 보자. 만약 4효가 음으로 변하면 산수몽(山水蒙, ☶☵)이 되고, 4효는 그대로 있고 나머지 효가 모두 반대로 바뀌면 택화혁(澤火革, ☱☲)이 된다.

새로운 것들이 새로운 질서를 잡기 시작할 때는, 어떤 것이 새로운 세상이 주인공이 될지 알기 힘들다. 세상에 대한 바른 식견을 갖추고, 더불어 자신의 허물을 혁신하는 자세를 갖춘 자가 새로운 세상의 주인공이 될 수 있다.

육오(六五)

올곧으면 길하고, 후회가 사라진다. 군자는 빛난다. 믿음이 있으면 길하다. 상사에서 이르기를, 군자는 빛난다 함은 그 광휘가 길하기 때문이다(貞吉, 无悔, 君子之光, 有孚吉. 象曰, 君子之光, 其暉吉也).

육오는 음효가 양위에 있지만, 중도가 있다. 육오는 상괘 이(離)의 중심에 있다. 지혜를 갈무리하고, 온유한 덕성을 지닌 군주다. 더욱이 구오는 대응하는 구이와 정응(正應)하고 있다. 구이에 대한 믿음을 올곧게 지키고 있으면, 영광스런 결과를 맞이할 수 있다.

지혜가 있어도, 자신을 함부로 내세우지 않는 자는 대업을 성취할 수 있다. 자신의 내밀한 속내를 쉽게 내보이는 지도자는 절대 큰일을 도모할 수 없다.

말은 그 사람의 속을 들여다 볼 수 있는 거울과 같다. 진리의 세계에서는 본성을 보여줄수록 복이 오지만, 현상의 세계에서는 그렇지 않다. 현상의 세계는 선악(善惡)이 마주하기 때문이다.

괘의 변화를 보자. 만약 5효가 양으로 변하면 천수송(天水訟, ䷅)이 되고, 5효는 그대로 있고 나머지 효가 모두 반대로 바뀌면 지화명이(地火明夷, ䷣)가 된다.

화수미제의 시절인연에서는 변화의 상황이 좋지 않다. 어두운 현실에서 함부로 움직이면, 사회가 싸움판으로 변할 수 있다. 따라서 지도자는 올곧게 중심을 잡고 있는 것이 좋다.

상구(上九)

술을 마셔도 믿음이 있으면, 허물이 없다. 그 머리를 적시면 믿음이 있어도 옳음을 잃는다. 상사에서 이르기를, 술을 마셔 머리를 적신다 함은 또한 절제를 알지 못한 것이다(有孚于飲酒, 无咎, 濡其首, 有孚失是. 象曰, 飲酒濡首, 亦不知節也).

상구는 양효가 음위에 있다. 비록 대응하는 육삼과 정응(正應)하고 있지만, 중도가 없다. 상구는 화수미제의 끝에 있기 때문에, 무엇보다 절제가 필요하다. 승리에 취해 술을 마셔도, 절도 있게 마셔야 뒤탈이 없다.

트로이의 목마에서 알 수 있듯이, 재앙은 어디서든 일어날 수 있다. 가장 안심하고 있을 때, 가장 무서운 재난이 닥칠 수 있다. 불행은 행복 속에서 자라나고, 행복은 불행 속에서 싹튼다. 따라서 지나친 성취감이나 과도한 좌절감 모두 절제해야, 오래 살아남을 수 있다.

괘의 변화를 보자. 만약 6효가 음으로 변하면 뇌수해(雷水解, ䷧)가 되고, 6효는 그대로 있고 나머지 효가 모두 반대로 바뀌면 풍화가인(風火家人, ䷤)이 된다.

고진감래(苦盡甘來)라는 말이 있듯이, 어려운 시기는 끝이 있기 마련이다. 그러나 아무나 기쁨을 누릴 수 있는 것은 아니다. 자신을 갈고 닦고, 집안을 잘 다스리는 자가 위기를 극복하고 기회를 잡는 법이다.

Ⅲ

세상의 주인공으로
사는 비결

어떻게 살아야 할까? 단순히 잘 먹고 잘 살기 위해 산다면, 인생이 너무 짧고 허무하다. 공수래공수거(空手來空手去)란 말이 있듯이, 아무리 돈과 명예가 많은 사람도 결국 빈손으로 왔다가 빈손으로 갈 수밖에 없기 때문이다.

　동서양의 성인(聖人)들 말씀을 종합하면, 인간이 이 세상에 나온 궁극적인 목적은 물질적인 부와 권세를 얻기 위함이 아니라, 정신을 단련하고 정화시켜 순수한 영혼을 회복하기 위한 것이다.

❖ 카르마(karma)

영혼의 입장에서 본다면, 인간의 운명은 각자의 카르마(karma, 業)에 맞게 설계된 것이라고 볼 수 있다. 카르마는 유전적 요인, 환경적 요인, 교육, 생활습관 등이 총체적으로 쌓여서 이루어진 자신의 운명이다. 이 카르마는 각자의 생명의식 수준에 맞게 현재의 시간과 공간, 몸과 마음, 그리고 삶의 관계에 의해 결정된다.

우리는 자신의 운명을 탓하고 남을 부러워하는 경향이 있지만, 의식상승의 차원에서는, 실상 자신의 현재 운명이 가장 이상적인 운명이라고 말할 수 있다. 그 이유를 과학적으로 설명하면 이해가 쉬울 것이다.

우리의 생명을 하나의 파장이라고 본다면, 생명파장은 그동안 쌓아온 결과물인 의식수준에 의해 결정된다. 현재의 생명이 다하면 몸은 사라져도, 의식파장은 살아남는다. 이 파장을 영혼의 숨결이라고 불러도 좋다.

의식수준의 주파수에 따라 움직이는 생명파장은 목숨이 다해도 시간과 공간을 가로질러 그에 맞는 형태를 찾아간다. 도를 증득한 성인은 그 자체가 진리의 빛이기 때문에, 가고 옴도 없다. 그러나 보통 사람들은 사후에 자신의 업에 맞는 에너지 파장에 빨려 들어갈 수밖에 없다. 여기서 중요한 것은 자신의 의식파장의 수준을 높일 수 있는 것은 현재의 자신밖에는 없다는 사실이다.

과거는 흘러갔고, 미래는 잡을 수 없기 때문이다. 따라서 과거와 미래를 담고 있는 현재의 모습, 즉 자신의 카르마가 모든 운명적 굴레를 벗어날 수 있는 유일한 통로다. 카르마는 자신의 한계이자, 동시에 해방의 열쇠인 셈이다.

❖운명대로 사는 것이 좋은가?

그렇다면 운명대로 사는 것이 좋은가? 아니면 운명을 거역하면서 사는 것이 좋은가? 말하자면, 결정된 파장과 형태에 맞게 사는 것이 의식상승에 도움이 될까? 아니면, 그 파장을 거슬러가는 것이 좋을까? 여기서 하나의 문제가 발생한다. 운명대로 산다면 발전이 있을 수 없고, 운명을 거역하면서 살면 자칫 하늘의 이치에 역행할 수도 있다.

운명학의 관점에서 보면, 사람들을 크게 3등분 할 수 있다. 운명대로 사는 사람, 주어진 운명도 다 못 살고 가는 사람, 그리고 운명을 극복하고 새로운 세상을 만들어가는 사람이 있을 수 있다. 어떤 쪽이 좋은지 생각해 보자.

운명에 대한 생각은 동서를 막론하고 인간의 공통적인 관심사다. 그 중에서 19세기 미국의 문인이자 사상가인 에머슨(Ralph Waldo Emerson)의 운명에 대한 생각은 독특하다. 우리는 운명하면 사주팔자로 정해진 것으로 생각하기 쉽다. 그러나 에머슨은 운명을 숙명처럼 받아들이진 않았다. 내가 자주 인용하는 산문 〈운명〉에서 운명에 대해 에머슨은 다음과 같이 말했다.

> 만약 당신이 스스로 운명의 편에 기꺼이 서서 운명이 전부라고 말한다면, 우리는 운명의 일부분이 인간의 자유라고 말하리라. 끊임없이 영혼 속에서 선택하고 행동하는 충동이 솟아오른다. 지능은 운명을 폐기한다. 인간이 생각하는 한, 그는 자유롭다. 〈운명〉

유사 이래로 운명에 대한 인간의 도전은 끊임없이 이어지고 있다. 인류 문명의 발전은 운명에 도전한 위대한 인간의 역사라고 할 수 있다. 물론 주어진 운명에 순응하면서 세상의 풍파를 감내하고 사는 사람들도 있다. 그리고 비록 극소수이긴 하지만, 운명의 굴레를 피해 세속을 벗어나 사는 사람들도 있다.

에머슨의 입장은 세상 속에서 사람들과 더불어 살면서, 자신의 운명을 자신의 의지대로 개척하는 것이 가장 실질적이고 합리적이라고 보았다. 에머슨의 저작 중에서 현대 미국의 지도자들에게 가장 많은 영향을 끼친 작품이 〈Self-Reliance〉다. 이것을 나는 〈자립〉이라고 번역한 바 있다.

자립이라는 말이 의미하듯이, 자신의 인생은 자신의 것으로 운명의 방향은 스스로 정해야 하고, 그 과정과 결과도 온전히 자신의 몫이라는 관점이 에머슨의 의식저변에 깔려 있다. 에머슨의 운명론은 역의 기본 논리와 다르지 않다.

❖운명에 대한 주역의 입장

운명에 대한 주역의 입장은 어떨까? 주역은 기본 입장을 알려면, 주역의 원형인 역경(易經)에 대해 알 필요가 있다. 역경은 단순히 인간의 길흉화복을 위해 만들어진 것이 아니었다. 그것은 우주의 변화원리를 인간 삶에 적용한 것이다.

우주는 기본적으로 끝없이 진화, 팽창하고 있다. 물론 직선적으로 뻗어가는 진화와 팽창은 아니다. 우주도 기제(旣濟)와 미제(未濟)를 통해 성주괴공을 반복하고 있다. 미시적으로는 일직선으로 팽창하는 것 같지만, 거시적으로는 둥글게 거대한 원을 그리며 우주는 순환하고 있다.

순환반복을 통해 우주는 가장 적합한 존재만을 엄선해서, 우주 의식을 상승시키고 있다. 비록 일시적인 후퇴와 수축은 있을 수 있지만, 후퇴와 수축을 발판으로 우주가 끝없이 앞으로 나아가고 있다고 보는 것이 주역의 우주론이자 운명론이다. 그리고 개인의 운명은 우주의 변화흐름에 어떻게 대응하느냐에 달려있다고 본다.

모든 것은 역의 변화에서 예외가 없다. 그런 의미에서, 우리의 운명도 고정된 것이 아니다. 그래서 공자도 《계사전》에서 역을 "마땅한 바대로 오직 변하는 것이다(唯變所適)."라고 정의하고 있다. 적소(所適)는 우주의 운행법칙에 맞는 것을 의미한다. 그리고 그것은 운명을 주재자인 자신의 바른 처신에 달려있다.

❖ 성공의 3요소를 찾아라

세상을 구성하는 3대 요소는 하늘과 땅과 인간이다. 하늘은 시간, 땅은 공간, 인간은 인간관계의 망을 대표한다. 하늘의 도(道)는 음(陰)과 양(陽)이고, 땅의 도는 유(柔)와 강(剛)이며, 인간의 도는 인(仁)과 의(義)다.

인생의 성공은 크게 보면 시간(天), 공간(地), 그리고 인간(人)의 3가지 요소가 자아내는 결과물이다. 작은 차원으로 개인의 일상 현실에서 보면, 성공은 몸, 마음, 그리고 삶이 만드는 관계와 변화가 복합적으로 상호작용하는 결과물이라고 할 수 있다.

특히 주역은 성공을 위해서는 때와 위치에 맞는 행동을 요구하고 있다. 아무리 능력이 있는 사람도 때에 맞지 않으면 제 능력을 발휘할 수 없다. 때 이르게 혹은 때 늦게 자신의 능력을 드러내면, 자신의 자리가 위태하거나 고단할 수 있다.

또한 자신의 위치에 맞지 않는 행동을 하면, 주변 사람들로부터 외면당하거나 자신의 지위를 잃을 수도 있다. 심지어 생명이 위태로울 수 있다. 주역은 우리에게 적절한 때에, 적절한 위치에서, 적절한 행동을 하는 것이 생명을 보존하고 안정과 번영을 누릴 수 있음을 알려주고 있다.

보다 적극적으로 해석하면, 우리는 각자 자신에게 맞는 시공간을 찾아갈 수도 있다. 안타깝게도 우리는 시간을 바꿀 수 있는 능력은 없다. 그러나 공간은 얼마든지 본인 의지에 따라 바꿀 수 있다.

시간과 공간은 상대적이다. 공간이 바뀌면, 시간도 다르게 흐른다. 또한 공간이 바뀌면, 주변의 사람들도 바뀌게 된다. 따라서 자신의 운명을 일시적으로 바꿀 수 있는 가장 쉽고 간단한 방법 중의 하나는 자신에게 맞는 공간을 찾아가는 것이다.

그러나 여기에는 전제조건이 있다. 먼저 자신이 처한 천지인의 상황을 정확히 파악해야 한다. 그러나 그 파악이 쉽지 않다. 그렇다면 어떻게 자신만의 열쇠를 찾을 것인가? 우주 본체는 자신을 볼 수 없다. 그 본체는 음양의 작용도 없고, 일체의 의식작용이 고요하기 때문이다. 따라서 우주의 본체는 역으로 그 현상을 보고 알 수 있다.

이와 마찬가지로 나는 나 자신을 볼 수 없다. 왜냐하면 나의 본질은 겉으로 느끼는 것이 전부가 아니기 때문이다. 내가 마주하고 있는 천지인의 교집합인 나의 인연법을 알고 싶다면, 나를 포함해서 내 주변을 철저하게 성찰해보면 된다. 현재의 자신을 둘러싸고 있는 모든 운명적 환경은 내가 지은 인연의 결과이기 때문이다.

❖ 정업(正業)

한편 우리가 아무리 삶의 공간을 바꾸더라도, 자신의 카르마는 근본적으로 바뀌지 않는다. 어느 정도 시간이 흐르면, 자신과 비슷한 사람들을 또 다시 만나게 된다. 그렇게 되면 결국 운명의 흐름을 근본적으로 바꿀 수는 없는 것이다. 유유상종(類類相從), 동기상구(同氣相求)의 물리의 법칙은 인간사회에도 그대로 적용된다.

따라서 근본적으로 자신의 운명을 바꾸고 싶다면, 자신의 생각과 말과 행동을 바꿔야 한다. 한마디로 삶의 습관을 통째로 바꿔야 운명 전환이 가능하다. 자신의 생활습관을 바르게 바꾸는 정업(正業)만이 유일한 해결책이다.

단순한 기도로는 자신의 운명이 바뀌지 않는다. 진정한 기도는 우리의 삶이 하늘의 뜻, 즉 인연법의 도리에 맞는지 성찰하고, 그 성찰한 바를 일상 속에서 구현하는 것이다. 그렇게 잘못된 습관을 하나하나씩 바꾸다 보면, 서서히 자신의 업(karma)이 바르게 전환된다.

이런 맥락에서 보면, 하늘의 도움을 받는다는 것은 하늘의 인연법을 따름으로써 좋은 결과를 얻는 것에 불과하다. 좋은 결과를 바란다면, 좋은 씨를 뿌리고 잘 가꾸어야 한다. 그리고 그 결실을 오래 누리고 싶다면, 역의 "요점은 허물을 없애는 것이다(其要无咎)."(계사전)라고 한 공자의 말을 잘 음미하는 것이 좋다.

하늘의 인연법은 철저한 인과법이다. 부처나 신에게 기도해서 감응을 받은 결과가 아님을 알 수 있다. 그렇다고 신적 존재를 부정하는 것은 아니다. 분명 신적 존재는 있다. 그러나 그 존재는 인과법으로 승화된 존재이기 때문에, 인과법을 거스르면서 사는 사람들을 도와줄 수 없다. 마치 도둑이 열심히 기도한다고, 도둑질을 도와줄 수 없는 것과 같다.

주역의 이치는 물리의 법칙과 다르지 않다. 인간 사회의 상호관계는 자연 현상의 작용, 반작용과 다르지 않다. 바다의 밀물과 썰물이 균형을 이루듯이, 생명현상도 작용과 반작용의 균형을 통해 생태계가 유지된다. 조류의 흐름이 무질서한 듯 보이지만 일정한 규칙이 있듯이, 인간 사회도 무질서하지만 일정한 관계와 변화의 법칙이 있다.

역의 근본 이치는 변함없이 모든 사람에게 한결같다. 그러나 그 구현은 사람마다 상황마다, 그 인연법에 따라 천차만별이다. 하늘의 인연법을 대하는 방식은 사람마다 다르기 때문이다.

❖ 점은 믿을 만한가?

주역은 인간사회의 법칙을 64괘로 설명하고 있다. 64괘를 가지고 길흉을 점치고 있지만, 엄밀히 볼 때 어떤 괘도 완전한 괘는 없다. 하나의 괘도 6단계의 변화와 관계를 괘로 나타내고 있을 뿐, 영원히 변화지 않는 상황을 설정하고 있지 않다.

그런 의미에서 주역으로 점을 치는 것은 일시적인 처방이나 위로에 불과할 수도 있다. 보다 근본적인 처방은 시간, 지위, 그리고 인간의 관계와 변화에 따른 상황변화의 이치와 행동요령을 아는 것이다.

주역점을 쳐서 미래를 계획하고 하루하루를 산다면, 우리는 매일 점치는 데 모든 시간과 정성을 들이느라, 다른 일을 할 수가 없을 것이다. 사실 제대로 주역점을 치자면, 수일 전부터 준비를 해서, 목욕재계하고 정갈한 마음으로 하루 종일 정성을 들여야, 비로소 제대로 된 점사(占辭)를 얻을 수 있다.

이것은 너무 번거롭고, 시간이 많이 든다. 따라서 대부분 간단한 방법으로 점을 친다. 더욱이 문제가 되는 것은 점을 치는 목적이 공공의 선(善)이 아닌 개인의 이익을 위함이기 때문에, 점을 치는 마음이 깨끗하지 않다. 따라서 점사가 제대로 나올 리 없다.

엄밀히 말하면, 마음을 깨끗이 비워두고, 정신을 하나로 집중해야, 정확한 점사를 얻을 수 있다. 이런 일은 사실 도를 증득한 사람이나 가능하다. 보통 사람은 엄두도 낼 수 없는 일이다.

이런 상황에서, 주역점으로 자신의 미래를 결정하는 것은 바른 방법이 되지 않을 확률이 높다. 오히려 그 보다는 주역의 원리가 근본적으로 중도, 즉 바른 정도를 지향하는 이치임을 깨닫고, 그 이치에 맞게 인생을 영위하는 것이 바람직하다. 역의 이치를 깨닫고 삶에 응용하는 것이 최고의 지혜다. 역의 효용에 대해 공자는 《계사전》에서 다음과 같이 말했다.

> 대저 역은 지나간 것을 드러내고 앞으로 올 것을 살피며, 미미한 것을 드러내고 그윽한 것을 밝힌다(夫易, 彰往而察來, 而微顯闡幽).《계사전》

미(微)는 변화의 아주 작은 조짐이고, 유(幽)는 일반인의 눈에는 보이지 않고 알 수 없는 초현실적인 현상을 말한다. 역에는 미유(微幽)가 암시적으로 드러나 있다. 지나간 과거와 앞으로 올 미래를 동시에 살피고, 현재 속에 드리워진 미유(微幽)를 파악하는 것이 역이다. 현재는 과거와 미래가 모두 포함하면서 변화화고 있다.

공자의 해석을 유추해 보면, 역과 인연법은 같은 이치라고 볼 수 있다. 자신의 미래를 알고 싶다면, 자신의 현재 상황을 면밀하게 분석하고, 시대의 흐름과 공간의 환경을 파악해서, 자신을 중심에 두고 천지인(天地人)의 합일점을 찾으면 된다.

세상의 주인공으로 사는 비결

그렇기 때문에 역과 인연법의 이치에 통달한 사람은 따로 점을 칠 이유가 없다. 그런 의미에서 공자는 "변화의 도를 아는 자는 신이 하는 바를 아는 자로다(知變化之道者, 其知神之所爲乎)."라고 말했다.

그러나 일반사람들이 역의 오의를 깨닫기는 힘들다. 다행한 것은 주역은 매 효사마다 변화의 원리와 구체적인 처세의 방법들을 제시해주고 있다. 물론 너무 암시적이기 때문에, 공자의 십익을 통해 보충하고, 그 외에 공자의 다른 말씀, 그리고 노자, 석가, 예수 등의 말씀으로 보충해야 그 진의를 조금이나마 알 수 있다. 조금씩 진의를 파악해가다 보면, 언젠가 진리의 광명에 이를 것이다.

❖ 현재의 운명을 역이용하라

새로운 세상이 도래하기 위해서는 거대한 혼란과 충돌이 불가피하다. 예를 들어, 민주주의가 봉건주의를 깨고 나오기 까지 얼마나 많은 피를 흘렸는지 생각해보면 알 수 있다. 세상에 공짜가 없다. 세상에 새로운 것이 나올 때는 야단법석 정도가 아니라, 거대한 혼란과 충돌 속에서 나온다.

마치 빅뱅으로 우주가 탄생하는 것처럼, 충돌과 폭발의 엄청난 압력과 온도 속에서 쭉정이는 모두 불태워지고, 건실한 알맹이만 남아 새로운 세상을 만들게 된다. 세상이 이러하니 참고 이겨내는 자가 새로운 세상의 주인공이 되는 법이다. 성인들이 공통적으로 인욕(忍辱)을 강조한 이유가 여기에 있다.

정신적 성장의 측면에서 운명을 보면, 고통과 충돌이 많을수록 깨달음도 클 수 있다. 불교에서, 이 사바세계를 깨달음을 얻을 수 있는 유일한 세계로 보는 이유와 일맥상통한다. 과거의 카르마와 미래의 무한가능성을 모두 품고 있는 지금 여기의 내 운명이 나를 개선시킬 수 있는 가장 좋은 조건이다.

모든 문제해결의 열쇠는 지금 여기에 있다. 따라서 현재의 운명 조건을 피하지 말고 맞서서, 그 조건을 역이용해서 운명을 개선하는 것이 현명하다. 피하면 피할수록 더 깊은 수렁 속으로 빠져들기 마련이기 때문이다.

지금 내가 겪고 있는 고통은 운명을 개선시키기 위한 촉매작용이다. 우리가 고통스러운 것은 세상의 이치, 즉 역의 이치를 잘 모르고 변화에 역행하며 살기 때문이다. 우리는 삶의 고통을 새롭게 인식할 필요가 있다. 고통은 자신의 삶을 각성시키고 인생을 전환하게 만드는 원동력이다. 그런 의미에서 보면, 고통은 축복이다.

역의 이치를 제대로 파악한다면, 변화의 흐름을 타면서 동시에 그 흐름을 거슬러 올라가, 변화의 근원에 이를 수 있다. 그렇게 되면 역의 지배를 받는 것이 아니라, 역의 흐름을 타고 고통의 바다에서 서핑을 즐길 수 있을 것이다. 자신이 운명의 주인공이 되는 것이다.

❖ 궁즉변(窮卽變) 변즉통(變卽通) 통즉구(通卽久)

사람은 누구나 살면서 한번쯤은 인생길이 막막할 때가 있다. 나도 대학에서 교수로 있다가 나와서 한 동안 막막했다. 다행히 수행을 연구해서 새로운 길에 들어섰지만, 이 길도 그리 녹녹치 않다. 아마 가장 힘든 길인지도 모르겠다. 깨달음이란 것이 단순히 공부해서 되는 것도 아니고, 공부한다고 해도 누가 제대로 가르쳐주지 못하기 때문이다.

세상의 주인공으로 사는 비결

사업이든 수행이든 어떤 분야에서든 성공하는 과정에서, 수많은 위기에 봉착하기 마련이다. 그 어려움을 이겨나가기 위해서는 먼저 자신이 변해야 한다.

궁한데 변하지 않는 것은 너무 어리석은 짓이다. 아마도 구중궁궐에서 어려움 없이 자란 사람은 자신을 변화시키는 데 익숙하지 않을 수도 있다. 때문에 쉽게 성공한 사람은 상황이 변할 때, 쉽게 무너질 수 있다.

그렇다면 현재 안정적인 위치에 있는 것이 영원히 안전한가? 불행하게도 영원히 안전한 것은 없다. 반대로 보면, 다행히도 영원히 불안한 것도 없다.

때문에 《계사전》에서 역(易)에 대한 공자의 결론은 "시종일관 두려워하며 경계하라(懼以終始)."는 것이다. 신중한 자세로 성취한 것은 허물이 없다. 역의 도는 이처럼 행복과 불행을 평등하게 보고 있다. 변화의 여건이 성숙되면, 상황이 언제든 변할 수 있음을 역은 알려주고 있다.

그러나 변한다고 다 성공하는 것은 아니다. 그래서 공자는 "변해서 통하는 것을 사업이라고 한다(通變之謂事)."고 말했다. 변해도 통하지 않은 것은 사업이 될 수 없다. "역은 궁하면 변하고, 변하면 통하고, 통하면 오래간다(易, 窮卽變, 變卽通, 通卽久)."라고 한 공자의 말이 실현되기 위해서는, 역의 바른 이치로 돌아갔을 때 가능하다.

자신의 중심을 잡고 바른 이치로 변화를 이용할 때, 진정한 성공을 이룰 수 있다. 자신의 변화가 역의 순리를 거스르고 있다면, 성공하기 힘들 뿐만 아니라 자신의 생명을 온전히 지키기도 어렵다. 비록 일시적으로 성공을 이룬다 해도, 오래 지속하기 힘들다. 또한 무너질 때, 그 고통이 더욱 크고 암담하다.

한편 변화를 꾀할 때, 자신의 적성과 사회의 흐름을 잘 파악해서, 변화의 방향을 잘 잡아야 한다. 아무리 자신의 천부적 재능에 맞는 것이라도, 변화의 대세를 거스르는 것은 성공하기 힘들다. 사회의 흐름을 무시하고 홀로 산다면 관계없을 지도 모르겠지만, 가능하면 시대의 흐름에 따라 사람들과 더불어 사는 것이 좋다. 그것이 대승(大乘)의 삶이다.

❖ 경양지덕(謙讓之德)

궁할 때 위기를 탈출할 수 있게 하고, 좋은 시절을 오래 유지하게 하는 덕목 중에 하나는 겸양이다. 겸양은 쉽게 말하면, 자신을 낮추는 것이다. 일종의 하심(下心)이다. 요즘은 자신을 내세우는 시대이기 때문에, 언뜻 이해하기 힘든 말이다.

자신을 낮추는 것이 자신의 자존감을 버리는 것은 아니다. 겸양은 자신의 힘과 지위를 함부로 드러내지 않음으로써, 오히려 자존감을 오래 유지할 수 있는 방법이다.

자신이 소중한 존재이듯이 남도 소중하다. 때문에 허튼 자만심은 갈등과 충돌을 일으키기 마련이다. 자신을 낮추고 상대방을 올려주면, 상대도 이에 감응해서 자신을 올려주게 돼 있다. 역은 상호관계의 조절작용이기 때문이다.

그런데 자만심이 지나친 폭군이나 기업가는 상대방의 겸양을 무시하는 경향이 있다. 이런 사람은 결국 파멸의 길로 스스로 들어가는 불나방 같은 존재다. 주문왕이 폭군 주(紂)의 폭정에서 살아남고, 후세에도 명예를 유지할 수 있던 것은 겸양의 마음 덕분이다.

한편 성공한 후에는 겸양이 보다 중요한 덕목이 된다. 대개 벼락출세한 사람에게 부족한 것이 겸양지덕(謙讓之德)이다. 겸양지덕이 없는 사람은 출세한 속도만큼 빠르게 망하기 마련이다.

재산과 명예를 오래 지키고 싶다면, 겸양의 정신을 길러야 한다. 주역에서도 지산겸(地山謙, ䷲)의 괘는 잡괘를 통해 여러 변화도를 봐도 다른 괘에 비해 비교적 무난하다.

꾸준한 노력과 자기 수양 없이 어떤 우연한 기회에 정상에 오른 부자나 정치인 중에 안하무인격으로 행동하는 사람을 우리는 주변에서 종종 본다. 그들의 앞날은 구지 점을 치지 않아도 알 수 있다.

❖ 중도와 바름

주역을 통틀어 가장 강조하는 요소가 중도(中道)와 바름(正)이다. 이 둘을 모두 갖춘 것을 중정(中正)이라고 하고 있다. 중도는 몇 가지 측면에서 말할 수 있다.

첫째, 시간의 중도다. 변화의 흐름을 잘 파악해서 자신이 나설 때를 판단해야 한다. 너무 빨라도 안 되고, 너무 늦어도 안 된다. 주역에서 말한 기일(己日), 즉 상황의 반전이 막 이루어졌을 때, 움직여야 성공할 수 있다. 그 전에는 변화에 대비하고 준비를 마쳐야 한다.

둘째, 위치의 중도이다. 자신의 위치를 제대로 잡는다면, 변화에 능동적으로 대응할 수 있다. 자신의 위치는 자신의 능력과 관계가 있다. 따라서 자신의 능력이 부족할 때는 함부로 나서지 말고, 참고 인내하며 자신의 역량을 기르는 것이 현명하다. 이때는 능력 있는 사람을 보조하는 역할을 하는 것이 좋다.

셋째, 관계의 중도다. 관계는 역할로 작용한다. 따라서 자신의 역할을 찾는 일은 관계의 중도와 직결된다. 자신의 역할은 관계의 망에 따라 달라진다. 예를 들어, 가정, 학교, 직장, 모임, 사회조직 등에서 각자의 관계 설정에 따라 역할은 달라진다.

따라서 자신이 어떤 관계의 망에 있는지 그리고 앞으로 어떤 관계를 맺을지가 매우 중요하다. 위치의 변화에 따라 관계를 재설정하고, 새로운 관계에 맞는 바른 역할 수행이 행복과 불행을 결정한다고 봐도 무방하다.

넷째, 바름(正)이다. 시간, 공간, 관계 등의 변화에 맞는 바름뿐만 아니라, 역할을 어떻게 수행할 것인가가 중요하다. 단순히 자신의 위치를 잡고 역할을 수행하는 것으로는 부족하다. 지위와 역할에 맞는 충실함과 정성스런 마음이 뒤따라야 한다.

그런 의미에서, 바름은 올곧음(貞)과 비슷한 의미로 쓰이고 있다. 차이가 있다면 바름은 가치 판단의 기준이라는 의미가 강하다면, 올곧음은 언행과 태도를 도덕적으로 유지하는 측면이 좀 더 강하다. 어려운 상황에 처해도 올곧음을 지키면, 어느 정도는 흉함을 피할 수 있다.

한편 현상계에서 바름은 시대와 환경의 변화에 따라 달라질 수 있다. 예를 들어, 봉건주의 사회에서 바름은 군주에게 충성하는 일이다. 그러나 민주주의 사회에서 그 의미는 사뭇 달라진다. 군주에 대한 충성은 사라지고, 그 자리에 개인의 존엄과 행복이 제일 중요한 가치로 자리 잡는다.

그러나 중도는 시대를 떠나 영원히 변하지 않는 도리이자 지혜다. 중도적 지혜는 바름처럼 어떤 특정한 가치를 의미하는 것이 아니라, 상황에 따른 최적의 선택이기 때문이다.

주역에서 중도를 표현할 말 중에서 가장 적절한 표현은 중부(中孚)다. 어미 새가 알을 품듯이, 한시도 몸과 마음에서 떨어짐이 없다. 단순히 이해된 것이 아니라, 체화된 것이 중도에 대한 믿음, 즉 중부다.

❖ 항룡유회(亢龍有悔)

중천건(☰)의 상구의 효사는 항룡유회, 즉 "너무 높이 올라간 용은 후회가 있다."는 경책을 담고 있다. 모든 것은 극점(極點)이 있다. 극점에 다다르면, 반작용이 발생한다. 물리 현상에서도 항룡의 이치는 그대로 적용된다. 원심력이 극한에 이르면, 구심력이 작용하는 것이다.

이런 이치는 인간사회의 모든 현상에서도 마찬가지로 적용된다. 명예나 재산도 발산이 극에 이르면, 수렴하게 돼 있다. 사회조직이나 국가 체제도 번영이 극에 이르면, 무너지기 시작한다. 과거의 찬란했던 대제국도 어느 순간 몰락했다. 현상세계에서 영원한 것은 없다.

어떻게 하면 항룡유회를 막을 수 있을까? 노자의 이에 대한 대답은 간단명료하다. "공이 다하면 물러나는 것이 하늘의 도다(功成身退, 天之道也)." 물러나는 것은 끝이 아니라, 새로운 시작을 의미한다. 대세의 기운이 떨어지면, 물러나서 새로운 힘을 기르는 것이 순리다. 끊임없이 새롭게 변하는 자만이 몸과 마음의 안정을 오래 누릴 수 있다.

한편 물러남에도 도가 있다. 첫째, 물러날 때가 돼서 물러나는 것이다. 둘째, 바른 도가 없는 곳이나 시대에서 물러나는 것이다. 그래서 공자는《논어》태백(泰伯)편에서 "천하에 도가 있으면 세상에 나가고, 도가 없으면 세상을 피한다(天下有道則見, 無道則隱)."고 말했다.

그러므로 제 때에 물러나지 않으면, 바르게 시작할 수 없다. 물러날 줄 모르는 사람은 운명이 하향곡선을 그리게 돼 있다. 운명의 상승곡선을 오래 유지하고 싶다면, 미리 물러날 준비를 하고 있다가 적기에 미련 없이 물러나는 것이 현명하다.

우주의 진행은 전진과 후퇴를 반복하면서 변화하고 있다. 따라서 나아갈 줄 밖에 모르는 항룡(亢龍)은 몰락할 수밖에 없다. 때가 되면 물러나서, 또 다시 나아갈 힘을 회복해야 하는 것이 하늘의 이치에 부합한다. 그러나 실제 이런 도리를 실천하는 사람은 거의 없다. 개인이든, 기업이든, 심지어 국가든 팽창할 줄만 알지, 물러설 줄을 모른다.

우주의 진화법칙을 인류문명사에 적용에 보면, 진화의 법칙을 알 수 있다. 인류문명은 정신과 물질이 뫼비우스의 띠처럼 연결되어 발전을 하고 있다. 물질문명이 발전할수록 정신문명이 쇠퇴하지만, 물질문명이 극에 이르면 오히려 정신문명이 모습을 드러내고 있다. 물질과 정신이 동전의 앞뒷면처럼 붙어있기 때문에, 함께 하지 않는 것 같이 보일 뿐이다.

물질과 정신의 균형을 잡는 일은 쉬운 일이 아니지만, 물질적 운세가 좋지 않을 때가 오히려 정신의 균형을 잡을 수 있는 좋은 기회다. 주역에서도, 멈춤을 뜻하는 간(艮)이 들어간 괘는 대체로 전화위복의 의미를 담고 있다.

오직 중도의 이치를 깨닫고 체득한 사람만이 물질과 정신에 매이지 않고, 자유를 누릴 수 있다. 이 점에서 새옹지마(塞翁之馬)의 고사는 역의 이치와 상통한다. 물질적으로 좋아도 너무 들뜨지 말고, 반대로 안 좋아도 슬퍼할 필요가 없다. 중요한 것은 물질의 흥망이 아니라, 정신이 바르게 살아 있느냐 하는 것이다.

그러나 대부분의 사람들은 지나치게 물질에 경도되어 물러날 줄을 모른다. 중요한 것은 물질이 아니라, 정신이라는 사실을 망각하기 때문이다. 또한 정신의 경우도 특별한 경계에 집착하면, 물질에 대한 집착보다 더 큰 피해를 볼 수 있다. 따라서 물러난다는 것은 물질과 정신의 양면에서 걸림 없는 삶을 사는 것을 의미한다.

역사상 수많은 영웅호걸이 물러날 때를 놓치고, 비극적으로 인생을 마감했다. 현명한 소수의 현인(賢人)만이 세상에서 때에 맞게 물러나서, 자신의 생명에너지를 온전히 보존하고 보충하면서, 의식을 더욱 상승시켜나갔다.

세상의 주인공으로 사는 비결

❖ 의식 혁명

많은 사람들이 운세가 좋은지 나쁜지의 기준을 물질적 번영, 명예나 지위의 높고 낮음 등으로 삼고 있다. 그러나 이것은 세상 이치를 잘 모르고 하는 생각이다. 의식상승이라는 차원에서는 운세의 좋고 나쁨이 없다.

주역의 효사를 자세히 보면, 역의 도리에 맞지 않게 사는 자에게 가차 없는 응보(應報)가 있음을 알 수 있다. 주역이 지향하는 기본 입장은 물질을 토대로 한 정신의 상승에 있다. 우주의 진화에 맞춰 인간도 의식수준을 높이도록 되어 있다.

그러기 위해서는 먼저 몸을 바로하고, 정신을 바로 해서, 영혼의 세계로 나아가야 한다. 주역의 괘가 기본적으로 하부에 지(地)의 두 괘가 있고, 가운데에 인(人)의 두 괘가 있고, 상부에 천(天)의 두 괘가 있는 이치와 같다.

몸의 기본 바탕을 단단히 이루지 못하면, 마음을 바로하기 힘들다. 마찬가지로 물질의 기본 토대가 조화롭게 유지되지 못하면, 정신문화가 꽃피기 힘들다. 물질과 정신의 조화를 통해 의식을 상승시키는 것이 역의 원리다. 정신의 건(乾)이 목적이고, 물질의 곤(坤)은 수단이 된다. 따라서 무엇보다 정신문화가 제대로 갖추어져야, 영혼의 세계로 나아갈 수 있다.

세상의 이치를 아는 사람은 물질적인 운세가 강할 때는 세상에 나가서 활동하고, 정신적인 운세가 강할 땐 물러나서 자신을 돌아보고 심신을 수양하는 데 힘을 쏟았다. 이 세상은 음(陰)과 양(陽), 물질과 정신이 맞물려 돌아가기 때문에, 물질적인 운세가 강할 때는 정신적인 에너지가 상대적으로 약해지기 마련이다.

정신에너지가 약해지면 물질에 의해 정신이 혼탁해진다. 혼탁한 정신에너지가 임계점에 이르면, 물질적 에너지도 하락하게 된다. 물질에너지를 유지시키는 기본바탕이 정신이기 때문이다. 따라서 정신이 흐려지면 물질적인 활동에서 잠시 물러나, 정신에너지를 보충할 필요가 있다.

물질은 가져갈 수 없으나, 정신은 영원히 함께 한다. 정신은 그에 맞는 몸을 찾게 돼있다. 정신에너지 파장과 물질은 함께 하기 때문이다. 그러므로 핵심은 정신을 상승시키는 데 있다.

이제 문명의 대변혁이 시작되는 문명의 특이점 시대가 20여년 정도 남았다. 인류가 인공지능의 지배를 벗어나 진정한 자유인으로 살아남기 위해서는 의식상승을 통한 의식혁명이 유일한 길이다.

의식혁명은 기적을 부리는 신비주의를 의미하지 않는다. 그것은 철저한 과학적 인과법으로 사는 것을 의미한다. 주역의 핵심도 바로 인과에 의한 역의 도리를 말하고 있다. 성인이 우리에게 준 가르침의 핵심도 인과법이다.

물질이든 정신이든 현상의 모든 것은 수많은 원인과 결과들이 서로 복합적으로 작용한 결과일 뿐이다. 따라서 자신의 운명을 바꾸기 위해서는 자신의 인연들을 바른 인과법이자 인연법, 즉 역의 도리로 돌려야 한다. 일상 속 모든 삶의 과정들에서 바른 도리로 살면, 그에 따라 우리의 심신이 점차 고양된다. 고양된 상태에서 하는 모든 행위는 그에 맞는 바른 결과를 만들게 된다.

이렇게 자신의 의식수준이 상승하면, 마치 문명의 특이점 시대가 열리듯이, 어느 순간 우리의 모든 생각과 말과 행동이 인연법의 도리와 완전히 합일되는 상태에 이른다.

인간이 천지인삼재의 합일점에 이르면, 공자가 말한 것처럼, "마음 가는 대로 해도, 법도에 어긋나지 않는다(從心所欲, 不踰矩)."는 상태에 이르게 되는 것이다. 이 상태에 이르는 것이 하늘의 문을 여는 열쇠다. 예수가 하늘의 뜻을 실천하는 자만이 하늘에 갈 수 있다고 본 것과 같은 맥락이다. 또한 석가가 자등명(自燈明) 법등명(法燈明)이라고 한 것과 같은 이치다.

진리의 모습으로 사는 것이 역의 도리를 체득한 단계다. 또한 이것이 바로 깨달음을 증득한 것이기도 하다. 어떤 상황에서도 역의 도리인 중도를 벗어나지 않는 것이 하늘의 뜻을 세상에 실현한 것이다. 이것이 진정한 기적이자 의식혁명이다.

대자유로 가는 길

나는 운명의 속박에서 벗어나고자 하는 욕망으로 오랫동안 수행을 연구해 왔다. 그 과정에서 나는 주로 성인(聖人)들의 말씀에 의지했다. 예전 성인들이 하신 말씀의 공통점은 진실한 삶을 살도록 인간의 정신을 일깨우는 것이었다. 그 말씀을 진리의 말씀이라 보고, 후세 사람들이 그것을 한데 모아 성경(聖經) 또는 경전(經典)으로 편찬했다.

안타까운 것은 현재 성인들의 말씀은 오랜 세월동안 사람들에 의해 종교화 되고 정치적으로 이용되는 과정에서 많이 왜곡되었다. 다행히 다른 한편으로는 본래의 정신을 회복하고자 하는 노력들이 또한 있었다. 그 결과 많은 연구서들이 나왔다.

나도 그런 작업의 일환으로 《공자·노자·석가·예수를 관통하는 진리》를 썼다. 그리고 성인들의 공통적인 정신인 중도의 정신을 인공지능시대의 의식혁명을 위한 생활방법론으로 제시한 바 있다. 그 책은 균형조율프로

그램(BMP)을 담은《나답게 사는 법》이다.

이번에 주역을 새롭게 풀어 쓴《주역 인생전략》은 이러한 내 노력의 결정판이다. 현재 주역은 역경의 일부분으로 유일하게 남아있다. 따라서 이것도 왜곡의 여부가 남아있지만, 성인들의 말씀에 의지해서 그 본뜻을 찾아나가면, 인간의 의식을 깨우고 진리의 세계로 나가는 데 길잡이 역할을 충분히 할 수 있다고 본다.

인간의 몸과 마음은 우주의 일부분이다. 따라서 우주의 물리법칙을 벗어날 수 없다. 특히 몸은 음양의 물리법칙에 의해 직접 지배받기 때문에, 우리는 그 영향을 쉽게 이해할 수 있다.

우리의 마음도 구심력과 원심력이 작용하듯이, 기분이 뻗칠 때가 있고 반대로 움치려질 때가 있다. 우리 사회도 수렴과 발산, 작용과 반작용 등의 상호 모순된 작용이 새로운 질서를 끊임없이 만들어 가고 있다.

모든 생명이 가지고 있는 생명 에너지가 충돌하고 교류하면서, 새로운 세상이 만들어지고 있다. 그러나 생명 에너지 간의 파장과 힘이 다르기 때문에, 세상의 질서가 쉽게 잡히지는 않는다. 주역은 바로 이러한 세상에서 자신의 생명을 온전히 유지하면서 발전할 수 있는 방법을 알려주고 있다.

예전 같으면 주역은 아무나 함부로 볼 수 있는 책이 아니었다. 한마디로 제왕의 학문이었다. 그러나 지금은 시대가 바뀌어 모두가 주인공으로서 나답게 살 수 있는 시대다. 이러한 시대에 자신의 중심을 잡고 멋지게 살기 위해서는, 주역의 지혜에 귀를 기울일 필요가 있다.

지금까지의 주역은 일종의 암호체계와 같았다. 특별한 기술과 학문을 가진 사람들만이 해독하고 특수한 목적에 사용했다. 나는 수행과 인간교육이라는 차원에서 주역을 쉽게 풀고자 했다. 누구나 이 책을 통해서 크게는 세상경영에서 작게는 자신의 인생경영에 활용할 수 있다.

지금 세상은 급격히 변하고 있다. 코로나 사태로 그 변화가 새로운 양상을 맞이하고 있다. 요즘 언택트(Untact)가 유행하고 있지만, 언택트의 끝판왕은 수행이라고 할 수 있다. 수행이라고 해서 산속이나 외진 곳에서 홀로 하는 것이라고 생각할 필요는 없다.

진정한 수행은 단절과 소통의 양면에서, 인간의 삶을 혁명적으로 전환하는 데 있다. 그런 의미에서, 진정한 언택트는 개인의 삶과 공동체의 상황을 개관적 거리를 두고 조망하고, 가장 균형적인 판단과 삶을 영위하는 것이다.

객관적 통찰을 통해 변화의 기미를 안다면, 변화에 끌려가지 않고 변화에 앞서, 먼저 자신을 변화시키고 나아가 사회의 변화를 선도할 수 있다. 주역은 바로 변화의 지혜를 길러주는 최적의 책이다. 특히 시대를 선도하는 지도자들은 반드시 음미해야 할 책이다.

나는 주역을 수행의 입장에서 인간교육이라고 생각한다. 인간은 나면서 죽을 때까지 관계와 변화를 끝없이 지속하게 된다. 그 과정에서 어떠한 입장을 취하느냐에 따라서, 성공과 명예뿐만 아니라 정신적 성장도 달라진다.

새벽이 밝기 전에 가장 어두운 것처럼, 새로운 세상이 도래하기 직전이 가장 혼란스럽다. 지금 세상이 그렇다. 온갖 사이비 종교가 난무하고 사기꾼이 활개치고 있다. 기술이 발전할수록 요상한 현상들이 많이 나타나고 있다. 없는 사실도 동영상을 조작해서 만들 정도다. 이런 세상에서 제정신 차리고 사는 것도 사실 힘들다. 제정신 차리고 사는 것 자체가 일종의 수행이라고 할 수 있다.

그러나 다행한 것은 인공지능시대를 맞아 모든 정보의 진위가 빠르게 검증될 수 있다는 점이다. 그동안 정치, 경제, 종교 등 다양한 목적을 위해 왜곡돼온 모든 경전의 말씀들이 서로 검증을 통해 쭉정이는 사라지고 알맹이만 남기를 바란다. 이 책을 비롯해 경전의 말씀과 관련한 모든 책이 예외가 될 수 없다.

비록 세상은 혼탁하지만, 그럼에도 불구하고 언제나 맑은 정신을 유지할 수 있다면, 그 사람은 이미 진리를 증득했다고 볼 수 있다. 글로만 보고 말로만 들었을 뿐, 우리 주변에서 아직 이런 사람을 보지 못했다. 비록 그런 경지는 아니더라도 진리를 지향하는 사람을 우리는 존경하지 않을 수 없다. 단순히 존경만 할 것이 아니라 우리 자신도 그런 사람이 돼야겠다.

미래사회에서 인공지능으로부터 자신을 보호하는 유일한 길은 스스로 의식을 상승시키는 길밖에 없다. 그 길은 바로 진리를 깨닫는 길이다. 진리를 깨닫는 것만이 운명으로부터 자유로울 수 있는 유일한 길이다.

하늘(시간)도 변하고, 땅(공간)도 변하고, 사람도 변하는 것이 우리가 처한 상황이다. 변화가 있는 곳에 위험이 있기 마련이다. 이런 위험한 상황 속에서, 항상 겸손하게 자신을 돌아보고, 바른 길로 조심스럽게 나아가는 것만이 살길이라고, 역은 가르치고 있다.

좋은 상황도 잘못 처신하면 대재앙으로 변할 수 있고, 극도로 나쁜 상황도 처신하기에 따라 대반전의 기회가 될 수 있다. 역이 우리에게 주는 위안은 하늘이 무너져도 솟아날 구멍이 있다는 것이다. 그리고 그 선택은 바로 우리 자신의 지혜, 겸양, 그리고 도덕에 달려있다. 단순한 잔꾀로는 결코 역의 굴레를 벗어날 수 없다.

마지막으로 인류사회에 고한다. 새로운 인류가 출현하는 시기가 멀지 않았다. 신인류는 사이비 종교가 말하는 그런 인류는 아니다. 새로운 사회의 주인공은 과학과 철학과 종교가 서로 소통하고 융합되는 상식적인 사회의 일원이다. 인공지능과 첨단과학의 발달 덕분에, 거의 실시간으로 이루어지는 통합적인 사실 검증을 통해 거짓은 점차 사라지고, 오직 진실만이 남게 될 것이다.

진실에 대한 각성은 자연히 의식혁명을 유발하게 된다. 그 결과, 미래사회는 특정 종교나 이념으로 함께 하는 사회가 아니라, 보편 윤리와 진리로 함께 하는 사회가 될 것이다. 그런 사회를 지향하는 사람들이 이 책을 통해 깨어나서, 진리의 길에 동참하고, 대자유를 성취하길 희망한다.

주역인생전략

변화를 읽고 선도하는 주역 경영법

발행일 2021년 3월 15일

지은이 서동석
펴낸이 박승합
펴낸곳 노드미디어

편 집 박효서
디자인 권정숙

주 소 서울시 용산구 한강대로 341 대한빌딩 206호
전 화 02-754-1867
팩 스 02-753-1867
이메일 nodemedia@daum.net
홈페이지 www.enodemedia.co.kr

등록번호 제302-2008-000043호

ISBN 978-89-8458-344-3 03140
정가 29,000원